Willy Peter Müller
Traumsymbole 1 – Lexikon der häufigsten Traumbilder

AF234750

Willy Peter Müller

Traumsymbole I

Lexikon der häufigsten Traumbilder

A–K

Bibliografische Information der Deutschen Nationalbibliothek:
Die Deutsche Nationalbibliothek verzeichnet diese Publikation
in der Deutschen Nationalbibliografie, detaillierte bibliografische
Daten sind im Internet über http://dnb.dnb.de abrufbar.

© 2021 Willy Peter Müller (www.traumpsychologie.de)
Herstellung und Verlag: BoD – Books on Demand, Norderstedt
Layout und Satz: Katharina Jüssen
Fotos: Helmut Schnieder (Landschaften) und Pixabay (Eisvogel)
Cover: Kathrin Gerke

ISBN 978-3-7534-5354-5

INHALT

Vorwort............. 7

A 9
B 54
C 107
D 111
E 132
F 161
G 200

H 239
I 275
J 281
K 286

Literaturverzeichnis
Traumsymbole I + II 340

„Wer wagt, durch das Reich der Träume zu schreiten,
gelangt zur Wahrheit." (E.T.A. Hoffmann)

„Der beste Traumdeuter ist, wer Ähnliches mit
Ähnlichem vergleichen kann." (Aristoteles)

„Traut euren Träumen, denn in ihnen ist das
Tor zur Ewigkeit verborgen." (Khalil Gibran)

Der Traum ... ist ein kosmisches Erleben.
Die Seele lebt außerhalb des Körpers". (Rudolf Steiner)

Aktuell pflegen wir zu sagen „Ich träumte", und das meint natürlich, dass das Ich träumt und dass jeder seine Träume als Verantwortlicher oder Urheber gestaltet. Gehen wir zurück zur Romantik oder zum Mittelalter, finden wir die Formulierung „Mir träumte" oder „Es träumte mir". In der heidnischen mitteleuropäischen Antike, vor dem Christentum, sagte man sogar: „Ich wurde geträumt". Diese Alten wussten: gegen Träume kann man sich nicht wehren, ein Ich-Wille richtet da wenig aus. Träume entziehen sich dem leitenden Ich-Bewusstsein, sie agieren selbständig. Wir sind Empfänger im Schlaf – für Botschaften, die uns selbst überraschen, oft aus der transzendenten Welt. Dennoch sind die Träume gleichzeitig auch unser eigenes Produkt.

Die griechische Antike wusste: das Unbewusste ist uferlos (die Seele ist apeiron = nicht abgeschlossen, nicht begrenzt); daher ist die Zahl der möglichen Trauminhalte nicht begrenzt – im Gegenteil. Es gab früher die mythische Ansicht, dass die (anderen) Personen, die im Traum vorkommen, diejenigen wären, die den Traum erzeugten, als kämen sie aus eigenem Antrieb in der Nacht zu Besuch. Niemand weiß, wer die Macher des Traumes sind, und es kann grundsätzlich alles hereinkommen. Wer ruft den Traum herbei? Die Frage ist auch: Wo sitzt der Geist, wo befinden sich die Trauminhalte? Im Gehirn? In einer Art Speicher-Cloud? Im Meer des Unbewussten? Wie viel Unerledigtes, Tabuisiertes, Verdrängtes hat nicht Energie genug, um einen Traum zu erzeugen! Drängt nicht jede unterdrückte Wahrheit aus dem Unbewussten heraus auf Gestaltung, brennt sie nicht geradezu auf Werden und Entstehen? Auch im Albtraum meldet sich Wahrheit, nicht nur im Heilungstraum in einem Tempel von Delphi.

Der Traum ist ein informatives und unterstützendes Phänomen, dem Dank gebührt, er „korrigiert" unsere festgefahrenen, z.T. verhärteten Dogmen des Ichs und des Ich-Bewusstseins. Das Unbewusste ist natürlicher, authentischer und wahrer als unser bewusstes Ich, was nicht objektiv ist, sondern immer einen Korb voll von Zielen hat, parteiisch ist und die Realität sich passend macht. Die Theorien des Ichs können lügen – die Herren des Traumes nicht. „Weisheit kommt zu uns in Träumen", sagen die Indianer in der nordamerikanischen Prärie. Diese

Weisheit umfasst auch die Stammesgenese (im kollektiven Unbewussten), das Schicksal des Einzelnen oder der Familie, die „Aufgaben" eines jeden Lebens, den transzendenten Sinn des Kosmos und die Zukunft.

Die Sprache des Unbewussten ist die Symbolsprache. Der Traum ist das ideale Medium, um das Unbewusste zu erkennen. Der Traum verstellt und zensiert nicht, ist auch nur selten Wunsch, wie C.G. Jung korrigierte gegenüber S. Freud. Das Unbewusste agiert grundsätzlich assoziativ (als Traumkomprimierung bei Freud bezeichnet), d.h. es sind im Traumbild viele Erlebnisstufen des Schlafenden zusammengefasst, zusammengeschweißt, und zwar oft vom Geburtserlebnis an.

Der Traum ist nur deshalb unverständlich, scheint einer Mär oder einer Fantasie zu entsprechen, weil wir die Bildersprache und die Archetypen, die ständig in Träumen verwendet werden und die im Prinzip weltweite Gültigkeit haben, nicht mehr kennen. Auch haben wir noch einseitige Ansichten über die Träume, es werden z.B. die Theorien des Hinduismus, des Buddhismus und der indigenen oder alten Völker außer Acht gelassen. Dies Lexikon hilft, die Bildersprache des Traumes wieder besser zu verstehen. Das Lexikon ist das Fazit von fast 40.000 Träumen, in einem Zeitraum von 40 Jahren gesammelt sowie dokumentiert in über 60 Aktenordnern.

Abbild: Vgl. dazu das Stichwort „Wolke"

Abbruch: Es geht um das Traumbild, dass jemand mit dem Abbruch von Mauern, Wänden, Häusern beschäftigt ist. Da möchte jemand seine Vergangenheit löschen oder verändern, vielleicht auch nur ein einzelnes Ereignis. Es kann auch bedeuten, dass jemand seine Spuren verwischen, ausradieren will, möglicherweise wegen eines schlechten Gewissens.

Abdrängen bei Autorennen: Der aggressive Akteur möchte hier die andere Person beiseite schieben bzw. letztlich tot sehen. Es geht also nicht selten um ein vernichtendes Entfernenwollen. Es kann sich z.b. um einen Konkurrenten oder um ein unerwünschtes Familienmitglied handeln.

Abend: Meistens der Lebensabend, denn das Symbol Tag ist ein Leben. Oft ist das Abend-Symbol aber auch nur Ausdruck dafür, dass sich irgendeine Zeit oder Phase dem Ende zuneigt, z.B. wenn die Schwangerschaftszeit zu Ende geht und die Geburt naht, ist es für die Uteruszeit „Abend". Da Abend Reifung, Ende, Neige von etwas bedeutet, kann indirekt Start, Neubeginn, sogar (zukünftiges) Morgen gemeint sein. Auch als Komplementärphänomen meint abends manchmal sein Gegenteil: nämlich anfänglich. Das bezieht sich besonders auf die Uhrzeit: 8.00 abends, also eigentlich 20.00 Uhr, und das bedeutet oft im Traum dennoch morgens 8.00.

Abendessen: Nicht selten ein sexuelles, partnerschaftliches Angebot. Abendessen bereiten: Eine Liebesszene für jemanden vorbereiten.

Abendessen-Einladung: Das ist eine Einladung für ein sexuelles Verhältnis. Sex und Liebe sind allgemein oft hinter Essens-Einladungen verborgen.

Abfahrt: Manchmal liegt eine Art Sausefahrt vor, d.h. eine Fahrt in rasendem Tempo, und nicht selten führt sie von einem höher gelegenen Ort, z.b. von einer Burg, hinab. In der Interpretation kann man daher nicht selten an einen Geburtsvorgang denken.

Abfall-Platz: Hier geht es um die Gelegenheit, seinen psychischen Ballast bzw. seine Traumata zu entsorgen, zu entfernen. Leider fehlt es oft im Leben an einem solchen ‚Abfallplatz'. Das ist also ein üblicher Stress: Wohin mit meinem Müll? So ist es eben: Wer kann sich schon ausreichend reparieren?

Abfalltonne: Zeichen dafür, dass (in ihr) etwas vernichtet wird, gegebenenfalls aggressiv, oder aber etwas nur verdrängt, versteckt wird.

Abflug: Manchmal Geburt, Geburtstermin; großer Änderungswunsch, entscheidender Start von etwas, also grundsätzlich Neubeginn. Der Abflug steht in ähnlicher Weise für den Tod. Geburt kann auch umgekehrt und häufiger durch Anfliegen, Landen dargestellt werden.

Abflugproblem: Manchmal mit Stress, Uhrzeit-, Kofferproblem verbunden. Das ist ein Streben nach Entwicklung, nach neuen Lebensformen. Es können sich hier Hindernisse im Geburtsprozess oder in der Pubertätsentwicklung darstellen oder auch Hindernisse, zur Lebenslust, zur Emotionalität zu gelangen.

Abfluss: Das ist ein Zeichen dafür, dass etwas Wesentliches droht oder drohte, verloren zu gehen.

Abgehakt: Das ist ein Ausdruck dafür, dass die wichtigsten Ereignisse abgelebt, erledigt sind. Betrifft manchmal die eigene Biografie. Zeigt sich im Traum handgreiflich als Haken hinter einer Notiz auf einem Zettel. Gibt es hier eine höhere Führungsperson zusätzlich, meinetwegen einen Schulleiter, dann ist die abgehakte Erledigung wohl auch im Sinne des Schicksals oder des Gottes oder vielleicht aber auch des Vaters.

Abgeschnitten: Die Bedeutung reicht von Ende, Abbruch, Niederlage bis hin eventuell zum Tod und Töten.

Abgeschnitten-Werden: Das passt z.b. zu Touristen oder Wanderern, die von der Umwelt oder von der Gesellschaft sich abgeschnitten fühlen. Da geht es um eine allgemeine Trennung oder Ablehnung, jedenfalls um einen unterbrochenen Kontakt zu einer Person.

Abgrund: Radikaler, einschneidender Neubeginn; der würde sich sozusagen „unten" abspielen, wie vor der Weltschöpfung (vgl. dazu die Mythen mit dem gähnenden Abgrund oder Chaos vor der Schöpfung). Als Bild auch manchmal: wie vor einer Geburt, daher häufig mit Angst besetzt. Insgesamt ein Archetyp für eine tödliche Gefahr, besonders wenn ein Sturz in den Abgrund droht. Wird der Sturz vermieden, hat man eine Lebensgefahr überstanden.

Abhauen: Als deftiger und gefühlsstarker Ausdruck für weggehen, sich davonmachen, kann es in dem Falle, wenn eine Person gar selbst ihr „Abhauen" ins Spiel bringt, sogar eine Suizid-Tendenz andeuten.

Abholen: Das hat mit Vertrauen und mit Wiederbegegnung zu tun. Oft kommt im Traum vor, dass ein Mensch, besonders ein Kind, nicht rechtzeitig abgeholt werden kann. Dann ist das ein hartes Indiz dafür, dass das auf Abholung lange oder vergeblich wartende Subjekt einmal sträflich verlassen oder im Stich gelassen wurde, meistens in der frühen Kindheit. – Im Sinne von jemanden abholen meint es, jemanden empfangen, begrüßen; kann sich auf jeden Gast, aber auch auf neue Erdenbürger beziehen, ebenso auf das Leben nach dem Tod (da wir im Jenseits ‚abgeholt' werden.)

Abitur: In der alpinen Form als „Matura" wird es deutlicher, dass es um Reifung geht, und zwar um seelische Reife, nicht um das Schul-Abitur. Also ein psychologischer Reifeschritt, wie etwa Pubertät, Erwachsen-Werden.

Abkuppeln: Abkuppeln, ankuppeln, verkuppeln hat mit Beziehungen zu tun. Aber nicht nur mit erotischen Beziehungen, sondern auch z.b. mit der Beziehung der Mutter zum Kind.

Abreisen: Eine Situation oder eine Person ziemlich endgültig hinter sich lassen; daher auch manchmal mit der Bedeutung: Ehe, Beziehung beenden; oder gar in eine andere Welt gehen.

Abreißkalender: Verweist auf etwas wie abreisen, sich entfernen, verschwunden sein.

Abrundung: Lebensende – manchmal ungemütlicher, als man es erhofft hatte.

Absage: Wenn im Traum ein Kontakt oder etwas Ähnliches, auch am Telefon, abgesagt wird, so ist eine nicht sanfte, sondern harte Ablehnung gemeint.

Absätze: Hier sind Schuhabsätze gemeint. Und wenn wir im Traum „spitze Absätze" vorfinden, dann ist die Bedeutung einer sexuell interessierten Frau nicht weit.

Abschied von Frau: Meist ist im Kern eine Information gemeint, die zur Trennung von der Mutter gehört. D.h. es kann um eine dramatische Mutter-Kind-Trennung gehen, was im Unbewussten ein Todeserlebnis ist, oder es geht, abgeschwächter, um den Geburtsprozess. Wie man weiß, können Abschiede gelingen oder auch nicht.

Abschied, Verabschiedung: Jedes Weggehen kann immer auch ein endgültiges Gehen sein, d.h. ein Sterben, besonders wenn es sich um eine überraschende, schöne Begegnung handelt, bei der sich aber eine der beiden Personen nach einer Zeit löst und in eine andere Richtung geht (oder gegebenenfalls mit dem Zug wegfährt). Solche Abschiede gehören zu dem Muster typischer Träume mit Verstorbenen. Das Muster heißt: „Suchen, Sich-wieder-Finden, Sich-trennen-Müssen". Es ist Teil der Trauerarbeit und kann z.B. im Fachbuch „Trauern" von Verena Kast nachgelesen werden.

Abschießen: Im Sinne von Abgeschossen-Werden kann es ein populärer oder primitiver Ausdruck dafür sein, dass eine Frau von einem Mann ,erlegt' wird. Es hat natürlich einen deutlichen, negativen Beigeschmack. Und wenn eine Frau das träumt, erkennt man unter Umständen ihre großen Vorbehalte gegenüber harmonischer Heterosexualität bzw. ihre schlechten Erfahrungen. Oder man erkennt wenigstens eine negative, auffällige Besetzung, vielleicht bereits ab der Kindheit. Es gibt eine Redewendung: „1000 Schuss, dann ist Schluss". Hier sehen wir, dass die männliche Ejakulation als Schießen bezeichnet werden kann.

Abschlachtung: Der Kern dieses Symbol ist nicht selten eine tiefe, unbewusste Erinnerung an die Zerstörung eines Embryo oder Foetus, in einer Vorstufe, d.h. in einer Vor-Inkarnation.

Abschließen: Im Traum taucht das Thema manchmal bildlich, wörtlich als das Problem auf, mit dem Schlüssel irgendetwas abzuschließen. Im übertragenen Sinne ist aber gemeint, irgendeine Sache, z.B. eine psychologische Entwicklungsphase, zu beenden, hinter sich lassen zu können.

Abschluss: Als „krönender Abschluss" steht er am Ende einer Prüfung oder Entwicklung. Es geht um einen Reifeschritt, nicht um ein materielles Examen. Ohne Abschluss hat man ein spezielles, seelisches Entwicklungs- und Reifeziel nicht erreicht.

Abschneiden: Trennungs-, Loslösungsthema, nicht selten mit schwierigem Verzicht. „Fußnägel (sich) abschneiden" = ist leicht mit der Aura eines Todesentschlusses verwandt.

Abschreiben: Damit ist nicht ein zu kritisierendes Schülerverhalten gemeint, sondern Erkenntnis und Erkenntnis-Notierung. Der Kluge und Weise schreibt die Erkenntnisse aus der Natur ab, er sammelt sie. Auch die Erleuchteten lesen, schreiben und geben wieder. D.h. der Abschreiber ist gern derjenige, der die richtigen Schlüsse zieht, er ist eine Art Wissenschaftler. In sehr spirituellem Sinne kann gemeint sein, dass man sein Leben so führt, als würde man von einer Ur-Vorlage Abschriften herstellen. Die Kopien sind jedoch stark individuell eingeprägt, das Leben ist keine exakte Abschrift, es hat halt nur irgendeinen Kodex als Originalmodell. Sollte das Letztere die Schicksalsbestimmung sein?

Abschüssigkeit: Problematische oder gefährliche Situation, gern als Erinnerung an Gefahr.

Absperrungen: Hier soll deutlich ein Weg, eine Entwicklung verhindert werden. Ein Geburtsproblem kann sich so zeigen oder aber eine Behinderung auf einem Weg, den man einschlagen möchte. Verbot, Tabu, Blockade, Trauma.

Abstechen: Auch als Abgestochen-Werden = meist ein Abtreibungsthema.

Abstellgleis: Den sozialen Kontakt verlieren, aus Beziehung oder Menschengruppe aussortiert werden. Ein schwerwiegendes Beispiel für eine solche Situation liegt vor, wenn beispielsweise der Säugling nach der Geburt eine Woche von der Mutter getrennt ist (etwa auf der Intensivstation liegt). Man kann leider recht früh „auf dem Abstellgleis" landen, und es ist fast irreparabel.

Abstieg: Kann in Einzelfällen das Ankommen auf der Welt, also den Geburtsprozess, zeigen: z.B. von Turm, Burg, Hochhaus absteigen.

Abstrakt: Ist recht wörtlich gemeint: ab(s)-trahiert, das ist ab-gezogen von Objekten. Meint meist eine Erkenntnis sehr theoretischer, transzendenter Art oder eine grundsätzliche philosophische Zusammenfassung; üblicherweise als Theorie bezeichnet.

Absturz: Kann eine Erinnerung an eine Todesgefahr sein. Z.B. vom Fels stürzen, vielleicht mit knapper Rettung: Erinnerung an eine (tatsächliche) lebensgefährliche Situation. Siehe auch „Abgrund" und "Absturzgefahr"

Absturzgefahr: Ob an der steilen Bergwand oder auch an einem Hochhaus, das Motiv zeigt meist, dass man sehr knapp nur, ob pränatal oder perinatal, überlebt hat. Nicht selten Ur-Angst-Erinnerung an eine schwierige Geburt.

Abtreibendes (wegschwimmendes Gut): Elemente, die in einem Bach, Fluss, Rinnsal „abtreiben", davongeschwemmt werden, die vielleicht sogar noch Teile/Bruchstücke sind und evtl. noch aus negativem Material, wie z.b. aus Plastik, stellen im wörtlichen Sinne manchmal Abtreibungen dar. Im Traum erinnert man in Ausnahmefällen sogar Abtreibungen aus der Sippschaftsvorgeschichte (Komplexwanderung), nicht nur aus eventuellen eigenen Vor-Einzeugungen (Vor-Inkarnationen), manchmal sogar viele, d.h. die des ganzen Clans, gerne auch in „Garten"-Umgebungen. Beispiel: vor der Mutter trieb ehemals die Oma ab, davon träumt die Tochter oder bevorzugt die Enkelin nicht selten (Komplexwamderung). Einer der Gründe ist: sie trägt tatsächlich die psychischen Folgen. Im Unbewussten, wie auch z.b. im sibirischen Schamanismus, werden Fehlgeburten wie Abtreibungen behandelt, als wären die Verursachungen ähnlich. Die Bilder/Symbole, gerade auch mit einem solchen Flusselement des Lebensstroms, des Anfangs-Fließens, für Abgänge und Abtreibungen sind recht gleich. Siehe auch „Abtreibung"

Abtreibung: In der Regel nur symbolisch, chiffriert dargestellt – aber real oft vorkommend und gravierend. Beispiele: aus dem Zug fallen, getötet werden, abgestochen werden (überhaupt Besteck als Indikator), in Eimer oder Toilette landen, massakriert, verletzt, verkrüppelt werden, kein Sehen, keine Stimme haben und schlimm in Not schreien (aber unartikuliert!), Zahnverlust, Wassereinbruch im (undichten) Raum, Überschwemmungen, von wilden Tieren angefallen werden, Einbrecher-Unwesen. Manchmal aber doch deutlich: wenn nämlich etwas im Wasser „abtreibt", davon treibt. Die Häufigkeit des Abtreibungsthemas mag sich aus der Intensität, der großen Angst damals erklären, aber auch weil das Thema selten verarbeitet ist und weil es wirklich um Tod oder Leben ging. Angst und Abtreibungsthema können eventuell auch aus früheren Leben und vorangegangenen Einzeugungen bzw. Einzeugungsversuchen sowie aus dem Leben von Verwandten stammen (= Komplexe können von einer Person zur anderen wandern, besonders innerhalb des Clans).

Abtreibungserinnerungen: Manche Geburtsprobleme entstehen deshalb, weil sich Mutter und/oder Foetus in dieser Stunde an frühere Abtreibungen unbewusst erinnern.

Abwässer: Manchmal ist dieses Wasser deutlich schmutzig oder sämig. Es handelt sich um Komplexe, Probleme, Aggressionen, die von anderen Menschen stammen. Die Frage im Traum ist manchmal, wohin die Abwässer fließen. Wenn sie auf das eigene Grundstück fließen oder geleitet werden oder sonstwie den Träumer unangenehm treffen, dann ist angezeigt, dass andere Personen ihren seelischen Schrott auf den Träumer abgewälzt haben.

Abzählreim: Meist erheblich ernster als im Kinderspiel. Wer „raus" ist oder „aus", wird sozial abgelehnt oder wird gar zum Todbereich hin sortiert. Oder es geht sonst um eine schwerwiegende Entscheidung.

Account: Kontaktaufnahme, manchmal sogar eine starke Beziehung. Die Urfrage bezieht sich hier auf die Frage, bei einem Elternteil anzukommen, angenommen zu werden – oder nicht.

Achat: Stärke, Heilkraft, Vitalität, Potenz.

Acht: Zahl als Qualität (Archetyp) mit erheblichem Potential an Angst, Aggression, Gefahr. Empfehlung: bei der Deutung immer auch an „Achtung" denken. Die 8 ist eine Verdoppelung der Leid-Vier. Die Gegenteilbedeutung ist die ideale Fülle: acht nämlich als Glückszahl und hohe spirituelle Ganzheit (vgl. Buddhismus); Oktagon = Vollkommenheit. Ein sehr ambivalentes Symbol also. Zusätzlich noch ist 8 die Zahl der beiden Karmahälften (Avers + Revers; Täter + Opfer; Gut + Böse), besonders wenn die 8 optisch liegt, quer zu sehen ist, d.h. als Lemniskate erscheint. Insgesamt: Welt, Gefahr, Vollendung/Wandlung, Tod, Idealität. – Berücksichtige auch dies: Acht als Doppel oder Doppelt-Acht: Die bildliche Form bei 8 oder 88 ist, wie bei Zahlen und Buchstaben immer (!), mit zu berücksichtigen. Die Form der 8 sagt: „Oben rund und unten rund". Damit können z.B. auch einmal die Rundungen einer Frau gemeint sein.

Acht-Struktur: Mit einer Figur aus 8 Feldern oder mit einem 8-Set ist eine Art Vollkommenheit gemeint. Man könnte auch von einem total harmonischen, idealen Treffer sprechen. Diese Vollkommenheit schließt Geburt, Erleuchtung und Tod ein. Ersatzweise kann man die 8 auch als ideale Ganzheit bezeichnen. Es handelt sich also um eine optimale Komplexität, die, auch wenn sie Aggression, Zerstörung (Acht steckt in dt. Achtung) includiert, eine Art Vollkommenheit, Ewigkeit andeutet.

Achtundzwanzig: Hinter dieser Zahl können schwierige Umstände stecken, etwas wie Widerstand und Widerspruch. Der Person, die mit 28 affiziert ist, fallen Lösungen im Leben nicht leicht.

Achtzehn: Eine manchmal ungute Qualität; die Zahl 18 meint etwas wie Geheimnis, Kampf, Lüge. Die 18 hat mit dem Mond zu tun und damit indirekt mit Dienen, Esoterik, Jenseits.

Achtzehnter: Ein Mensch mit dieser Charakteristik, ob es sich nun um eine Zimmernummer handelt oder um den 18. Reiter usw., hat irgendetwas zu tun mit Abschluss, Prüfung, Vorbereitungszeit, und sowohl mit Todesnähe als auch mit Prophetie.

Acker: Mutter Erde als Frau, die geschwängert werden kann, deshalb die typische Partnerin eines Vaters/Bauern, denn der Acker nimmt weiblich auf und in ihn wird gesät. Sinnbild für eine erotische Frau in Bezug auf einen Mann, aber eher Sinnbild für die Mutter, d.h. es kann eine Erinnerung des Träumers an seinen ersten Weg als Kind zur Mutter sein, auch symbolisch. Zur Mutter streben ist wie über den Acker gehen. Der Zustand des Ackers ist also bedeutsam im Traum, nämlich ob dieser widrig ist oder einladend. Generell ist etwas wie Fruchtbarkeit angesprochen, im übertragenen Sinne, gern geschlechtlich (der Bauer als Erzeuger hat einen ‚Acker'). Ist der Ackerboden sehr fein bearbeitet und soll unbedingt korrekt und unberührt erhalten bleiben, erkennt man eine Antitendenz gegenüber Schwangerschaft.

Action: Aktionsdrang, auch das Zappelphilipp-Phänomen, können auf ein nachgeholtes Agierenwollen, manchmal konkret sogar ein

A

Überlebenwollen hinweisen. Es kann dann als Kompensation gedacht sein für eine Blockade, für Unaktivität (ggf. für eine dem Kind oder Baby aufgezwungene).

Adel: Da der Adel seine Stellung aus früheren Zeiten hat, ist mit dem Adel im Traum meistens auch etwas sehr Altes verbunden. Auch adelige Schlösser sind ja gerne „alt". So kann sich etwas aus der Kindheit oder aus einer noch früheren Zeit hinter dem Motiv „Adel" im Traum verbergen.

Adler: Geist, Intellekt, Luft, Licht, Höhe, Geheimwissen, Ahnenbotschaft, Sieg, Männliches. Es ist also eine Größe in diesem Sinne gemeint, aber tendenziell bescheiden, nicht angeberisch. Wegen des Wissens-Aspekts hat der Adler auch eine Affinität zum Schamanismus. Vielleicht kann man einfach sagen: Adler sein heißt Klarheit gewinnen. Hinzukommt das Thema Macht. Und Vögel verkünden etwas.

Adoptionskind: In der Regel nicht wörtlich zu nehmen, sondern es meint z.b. ein untergeschobenes Stiefkind oder ein abgelehntes Kind.

Advent: Dieses christliche Symbol kann allgemein etwas Zukünftiges andeuten.

Affe: Eitelkeit, Geilheit, Verspieltheit; Imitation, Betrug, also besonders Nachäffung; aber auch sehr guter, helfender Instinkt (vgl. den indischen Affengott, das Rama-Epos); christlich ein Negativsymbol, da der Teufel als imitatio dei (untunlicher Nachahmer Gottes) gedacht ist. – In Träumen ist der Affe aber nicht ein Teufel, sonder oft ein listenreicher Helfer oder einfach eine Ego-Figur. Imitation ist symbolisch sein Haupt-Charakteristikum. Also haben wir auch verschiedentlich einen äffischen Menschen, der nachahmt, vor uns. Einer, der seine Identität verrät und gern oder gezwungen verschiedene Rollen spielt.

Afrika: Manchmal fiktives Idealbild der großen, Wärme und Liebe gebenden, nährenden Mama. Für Europäer also dann ein Mutterthema darstellend.

Aggression + Angst: Im Traum erkennt man, dass Aggression um-ge-
kehrte Angst ist (ein Anstatt). Aggression ist aus dem Vorhandensein
von unterdrückter Angst entstanden. Unterdrückte Aggression wiederum wird als Ventil und Ersatz zu Angst.

Aggression + Sex: Die beiden Triebe, Phänomene sind zwei Medaillen
desselben Triebpotentials (beim Mann etwa per Testosteron). Im Traum
wie in der Realität kippt oft die Aggression in eine Sexualität um. Unterdrückte Sexualität andererseits wird gern zu Aggression. Aggressionsfähigkeit und Sexualitätsfähigkeit sind ein polares oder besser gesagt ein identisches Paar, relativ untrennbar – auch bei Frauen.

Aggression: Kann auch grafisch, optisch dargestellt werden, z.B. durch
den Buchstaben A oder durch die Zahl 5 oder durch spitze Pfeile >>
(auch durch senkrechte Pfeile). Kernform der Aggression ist fressen,
Beute machen, töten, etwas Totales also, wie in einem Krieg. Jemanden
gänzlich vernichten wollen (töten) lauert daher hinter dem Angreifen.
– Es kann mit Aggression aber auch nur aktives sexuelles Tun gemeint
sein. – Aggression ist in der Symbolik männlich (gehört zum Mars-
Prinzip), aber Frauen können natürlich auch aggressiv sein.

Aggressionsunfähigkeit: Meint meist oder auch Sexualitätsunfähigkeit;
entstanden durch übermäßige Aggression und Einschüchterung gegenüber einem zu erziehenden Menschen, z.B. dem Träumer, in ganz früher Zeit, auch wenn nur als „Stress" oder anderweitige Blockade erin-
nerbar. In der Regel in der Kindheit erlernt, als Gegenwehr-Stop und
Triebunterdrückung, Konfliktvermeidung; Gegenaggression zu leben
war einfach zu gefährlich.

Ahnfrau, Ahnenfrau: Die könnte man assoziieren mit dem Schlossge-
spenst. Auf jeden Fall ist sie wissend und informiert über die ggf. sehr
ferne Vorgeschichte des Träumers.

Akrobatik: Codierter Begriff für sexuelle Tätigkeit.

Akte, Aktenordner: Geheime, sehr wichtige Information; verdrängte Tatsache. Eine spezielle, meist unbewusste Geschichte. Das Symbol

wird auch für die Weitergabe von Erbanlagen oder Komplexen benutzt. Vgl. auch sexuell ein „Akt".

Aktenmappe: Sie beinhaltet eine wichtige Information. Wenn eine Akte im Traum nicht geöffnet werden kann, zeigt es an, dass ein Geheimnis nicht entdeckt werden kann.

Aktenpaket: Entweder ein Erbe (nicht zuletzt psychisch) oder eine Beweisstück für eine (ggf. geheime) Sache.

Aktentasche: Die Bedeutung ist ähnlich wie Koffer, und daher betrifft es oft ein Geburtstrauma, und zwar ein unerledigtes, als solches wird es mitgeschleppt. Siehe auch „Tasche"

Akten-Zerstörung: Informations- und Wahrheitszerstörung.

Alarm: Oft tritt das Motiv im Traum über den Prozess der Auslösung des Alarms auf. Hier bricht ein Geheimnis, ein Tabu, etwas Verbotenes auf. Per Alarm kommt die Wahrheit ans Tageslicht, wie es ja nicht selten im Leben geschieht.

Alb: Ein bedrückender Traum, Angsttraum wurde früher als Geist-, Elfenwesen, das gewaltsam auf dem Träumer saß, dargestellt. Es galt als selbstverständlich, dass Wesen aus der Geisterwelt Träume schicken, erzeugen. Die mythische Formulierung lautete: „Ich wurde geträumt". Damit war ausgesagt, dass z.B. eine geträumte andere Person aus eigener Aktivität in den Schlaf gekommen war. Man wurde besucht von Engeln, Geistern, Alben, Elfen. Vielfach gedacht: von Verstorbenen und Ahnen, diese waren für den Traum verantwortlich. Siehe auch „Seelenanteil"

Albtraum: Erinnerung an wirkliche historische Bedrohung (an eine nicht eingebildete), meist mit Todnähe. Manchmal Vorwegnahme von kommenden, sehr stressigen Tagen. Träume beruhen auf Fakten, diese können gern auch in der Sippschaftsgeschichte liegen (vgl. die Komplexwanderung). Oft beruht ein Albtraum auf der Zeit vor der Bewusstheit, Erinnerungsfähigkeit, d.h. auf einem Ereignis vor dem dritten Lebensjahr, einem nicht-verstandenen oder verdrängten. Extreme Familiengeheimnisse, Tabus erzeugen viele Albträume. Wenn ein Albtraum wirklich „verstanden" ist, ist sein Leben ausgehaucht, seine Existenz zu Ende.

Alfa Romeo: Liebe, Erotik, Potenz. (Assoziation mit Alpha, Amor und Sportwagen.)

Alias-Name: Versteckte oder mögliche Beinamen oder Anstatt-Namen verraten etwas über unbewusste Seiten einer Person, bzw. über Verdrängungen.

Alkohol: Zeichen für eine Form von offenbarer Sucht oder von versteckter Süchtigkeit; meist auf einem Muttertrauma (z.B. Brustdefizit) beruhend; oft nur allgemeines Zeichen der psychischen Verwirrung. In höchstem Stress sein heißt: wie betrunken sein. In der Regel geht es um eine Störung plus Kompensation bzgl. der oralen Phase, mit Auswirkungen auf den Eros, die Beziehungsprobleme später. Indikator für das Bemühen, Wut zu unterdrücken. In seltenen Fällen kann es anzeigen, dass man gezeugt worden ist unter dem Alkohol-Genuss der Eltern. Trinken, Feiern und Sex sind ja nicht unbedingt Gegensätze.

Alkoholische Getränke: Ein Luststreben, gern identisch mit sexueller Anregung. Auch Sexersatz (Alkohol erzeugt im Gehirn Belohnungshormone wie beim Sex).

Allah: Steht für eine transzendente Instanz, die Weisheitsträume sendet. Siehe auch „Gott"

Alleingelassenwerden (zumal von Mutter): Wenn die Mutter ein Kind im Stich lässt, ist dies schlimmer, als wenn andere Personen das tun. Das Verhalten kann manifest, aber auch sehr subtil, versteckt oder übertragen gemeint sein. Es hat viele Folgen, u.a. für die Emotionalität und Heterosexualität später; das Kind kann durch einen Muttermangel, durch ein Muttertrauma tendenziell homosexuell oder bisexuell werden oder impotent bzw. frigide (alles ohne Wertung hier). Präziser gesagt: im Erotikbereich ergeben sich Auffälligkeiten oder

Besonderheiten, aber der Eros ist nur einer von vielen Bereichen. Gravierender noch ist, dass sich die Trennung von der Mutter als Todeserfahrung bzw. Todesangst einprägt; das Urvertrauen in oder für Beziehungen ist weitgehend zerstört.

Alleinsein: Siehe „Angst vor dem Alleinsein" und „Einsamkeit"

Alp: Siehe „Alb"

Alpentier: Dieses Tier als Symbol oder Gleichnis für einen Menschen zeigt, dass der Mensch starke Temperaturunterschiede aushalten kann oder musste und dass er symbolisch sich auf schwierigem, z.b. steinigem, felsigem Gelände halten kann oder konnte. Die Lebensumstände für ein Alpentier sind härter als für ein Tier in der Ebene, und das gilt im übertragenen Sinne für einen Menschen entsprechend.

Alt: Oft im Sinne von sehr alt = d.h. ziemlich verkommen; also psychisch oder biologisch recht defizitär, eine Art Armut, Ungepflegtheit darstellend; ruinös, auch vernachlässigt (ungeliebt), nicht ganz kaputt/zerstört, d.h. alt ist ein Synonym für sehr schwach. In Ausnahmefällen auch gegenteilig zu lesen, nämlich als zukünftig oder neu (Komplementärtraum). Wiederum anders zu deuten sind alte Autos (Oldies), alte Wohnungen und ähnliche Sachen, sie meinen eine Erinnerung aus sehr früher, „alter" biografischer Zeit.

Alte Frau: Es geht um das Grundmotiv der „Alten", alten Frau im Traum. Wir haben schon nach antiken, orientalischen Traumbüchern eine positive Figur in ihr zu sehen, das gilt besonders für Träume von Männern. Sie hilft, sie heilt, sie gesundet, und zwar manchmal als Vorzeichen. Die Konsequenz ist, dass man wohl auch im Alltag alte Frauen sehr behutsam behandeln sollte, das Leben dankt es einem. D.h. man könnte meinen, hinter der alten Frau im Traum steckt ein Engel oder ein Zeichen oder das Schicksal. Die Alte im Traum kann auch bedeuten, dass eine vergessene, sehr alte Geschichte, meist mit Mutter verbunden, im Traum vorgeführt wird. Tendenziell positiv.

Alter: Alter Mann oder Begleitung/Besuch durch einen Alten steht für das Alter, z.B. des Träumers, selbst, das gegebenenfalls erst kommt oder worüber schon informiert wird. Vgl. ansonsten „alt".

Altersangaben: Sie sollen im übertragenen Sinne Entwicklungsstufen symbolisieren. Wenn zu einer real erwachsenen Person im Traum ein Alter von z.B. 1 1/2 Jahren angegeben wird, dann heißt das meistens, dass in dem Babyzustand ein Trauma abgelaufen ist und dass die erwachsene Person innerlich immer noch auf dieses Trauma hin fixiert ist. Charakterlich kann man in diversen infantilen Stufen verbleiben, auch wenn man äußerlich älter wird. Vgl. Freuds Theorien der oralen und analen Phase, auch als Charakter. In diesem Zusammenhang ist das Traumsymbol „sehr alt" nicht unbedingt ein Zeichen für hohes Alter, sondern für aktuelle Verbrauchtheit, Verstresstheit oder Krankheit.

Altrosa: Spricht irgendetwas von einer „alten" inneren Infantilität an. Steht auch gern für Mutters Kleidung oder Rolle oder Dominanz. Siehe auch „Rosa"

Altwarenhändler: Das ist gern ein Typus aus der Vorfahren-Geschichte. (Die Komplexe von Vorfahren sind nicht selten in unseren Träumen.)

Ameise: Stress, unruhiges Nervenkostüm; sich psychisch oder gesundheitlich bedrängt fühlen.

Amerika: Für Träumer, für die Amerika jenseits des großen Wassers und im Westen liegt: erlösendes Jenseitsreich und allgemein tief unbewusster Inhalt, incl. Ur-Erinnerung. Europäer bevorzugen hier auch das Traumsymbol „New York" (vielleicht auch weil Neu komplementär Alt meinen kann). Viele sehr ferne, nebulöse, stark unbewusste sowie todnahe Erfahrungen spielen erstaunlicherweise im Symbol Amerika, und zwar stellvertretend für das Motiv „Westen". Manchmal geht es sogar um Schwangerschaftszeiten und frühere Inkarnationen bzw. um Kurz-Einzeugungen. Kommt dann noch das Gefahr- und Todeselement dazu, wie typisch für Abtreibungen, Abgänge, dann bietet sich Amerika/New York, ähnlich wie für die Zeit nach dem Tod (nämlich „im Westen"), als Archetyp an. Meist sind die Träume zu New York anscheinend unverständlich, doch sie enthalten wichtige, sehr ferne Inhalte, nicht selten Traumata, die nur sehr unbekannt scheinen, in Wahrheit massiv in der Seele verankert sind. „Amerika" ist ein moderner Archetyp für die mythische „Insel der Seligen im Westen." Es ist für Europäer eine Art Anderwelt – die zu einem gehört, aber nicht zum Bewusstsein. Man kann es etwa so umreißen: Jenseits, Paradies, Glück, Erfüllung, Bestimmung, große Entwicklungsetappe, tiefes Unbewusstes, Seligkeit und Erinnerung, auch Verdrängtes, Verlorenes, Tod und Ewigkeit – wie eben der „Westen jenseits des großen Wassers".

Amokläufer: Erinnerung an einen (ehemals tatsächlichen) lebensbedrohlichen Aggressor.

Ampel: Sie regelt, wie eine Bewegung (als Fahrt, Leben) richtig, geordnet zu geschehen hat. Im Traum kommt es öfter vor, dass eine rote Ampel überfahren wird oder man nicht bremsen kann, d.h. Ausstieg, Halt, Wende, irgendein Beginn gelingen nicht, und das kann auf ein Geburtsproblem hinweisen (oder in Ausnahmefällen auch auf einen nicht eingehaltenen coitus interruptus). Wir kennen es sprichwörtlich, wenn jemand die „rote Linie" überfährt: da hat jemand irgendein Problem angezettelt; solche Unkorrektheiten zeigen sich oft in Ampelträumen, es geht also um die problematische Überschreitung von etwas oder um die Erinnerung an eine große Gefahr. Gefährdung; Fehler bei Lebensprozessen an entscheidender Stelle (z.B. bei der Geburt) ist also Kerninhalt.

Amputiertheit: Wie bei den meisten körperlichen Verletzungen ist nur eine seelische Wunde gemeint, etwa eine Neurose, eine Tat- oder Entwicklungshemmung usw.

Ananas: Die Traumbotschaft lautet: Ananas ist gut gegen niedrigen Blutdruck. Das muss man wahrscheinlich so verstehen, dass Ananas ungefähr wie ein Aphrodisiakum wirkt.

Anbau: Wir betrachten hier den Sonderfall, dass als Anbau ein kleines Holzhaus, eine Garage, ein Schuppen auftaucht. Dann geht es um den Schwangerschaftsbauch, der symbolisch als Anbau zum Körper der Frau dargestellt werden kann.

Andere Seite: Das kann auch geographisch im Traum so dargestellt werden, dass es beispielsweise um die andere Flussseite geht, dann haben wir hier ein Indiz dafür, dass irgendetwas zu einseitig, vielleicht falsch geschen wird oder auch versteckt ist. Die andere Seite ist eine gewisse Alternative, z.b. ein Gegenteil zu Lust und Leben auf der hiesigen Seite. Eventuell ist es also etwas sehr Spirituelles, das begleitet.

Aneinander: Es scheint nur um eine äußerliche oder körperliche Nähe zu gehen, wenn sich zwei Menschen im Traum aneinander drücken. Aber diese räumliche „Nähe" steht in der Regel für psychische Nähe und Harmonie, d.h. nicht nur für Harmonie, sondern gar für starke Sympathie.

Anführer: Die Identität oder Eigenart eines Anführers verrät, welcher Geist in Wahrheit in der entsprechenden Gruppe herrscht. – Ansonsten tendenziell Vater oder traditionell ein Familienoberhaupt.

Anführer-Beifall: Mit heftigem, ostentativem Applaus für Chef, Boss, Anführer beklatschen die Menschen eigentlich sich selbst, d.h. sie bejubeln ihr eigenes Ego, das per Zugehörigkeit zum Boss wächst (politisch gut zu beobachten).

Angst vor dem Alleinsein: Dieses Gefühl im Traum hat seinen Grund darin, dass man zu Beginn des Lebens allein gelassen oder im Stich gelassen wurde. So kann es sein, dass die Mutter per Narkose bei der Geburt ausstieg, es kann aber auch um die ersten Tage allein auf der Säuglingsstation, von der Mutter getrennt, gehen. Schließlich sind natürlich auch Kindheitserlebnisse relevant, wo man öfter alleine gelassen wurde von den Erwachsenen, oder frühe Krankenhausaufenthalte.

Angst: Kann als Befürchtung auch einmal ein wirkliches Vorwissen meinen, also die Angst ist dann begründet, es ist eine Ahnung, meist aber nur eine Erwartung, Vermutung. In der Regel ist es jedoch die (nicht eingebildete) Erinnerung an ein Drama. Man tut gut daran, seine

Angst zuerst einmal für berechtigt zu halten – selbst wenn es vielleicht nur um Projektionen, Wiedererinnerungen, gegebenenfalls unbegründete, zu gehen scheint. Das Unbewusste täuscht sich selten. Man sollte sich an S. Freud erinnern, der erkannte, dass jede Angst eine Variante (schwache Abglanzform) der Todesangst ist. D.h. auch: die (alte) Angst ums Leben spielt in vielen Fällen, Traumszenen eine entscheidende Rolle. Große Angst ist entstanden, als extreme Aggressionen gegen den Träumer gerichtet worden sind, diese Angriffe muss man für die Heilung der Angst finden. (Meistens ist beim sehr Ängstlichen auch die Sexualität gestört.) Hochtabuisiert, aber leider oft vorkommend ist die unbewusste Angst vor der Mutter (u.a. wegen ihres Ablehnens). Angst ist die logische Emotion, Energie in der Unterlegenheit des Schwächeren, daher oft als blockierte, tabuisierte, ‚umgedrehte' Aggression zu lesen. Sie ist eine Ersatzreaktion des Unterlegenen, dieser kann seine eigentliche Aggressivität, sprich seine Gegenwehr, nicht ausleben. Angst ist also als Umkehrung von (blockierter) Aggression, von Wut zu verstehen, nicht immer, aber oft.

Angstfreiheit: Wir brauchen gar nicht ausführlich über Attribute des Paradieses oder der Ewigkeit zu sprechen, z.b. von diesen blühenden Bäumen, von den schönen Wassern oder den Früchten oder auch etwa von der Erotik. Die simple Eigenschaft des Paradieses, der Ewigkeit und also des Zustandes nach dem Tod ist: die totale Angstfreiheit. Diese kann man auf der Erde fast nicht nachempfinden, nur ganz ausnahmsweise einmal in einem Traum, in dem man hoch fliegt. Aber es gibt diese Angstfreiheit! Und nichts sonst braucht es, um sich paradiesisch und ewig zu fühlen. Und das Jenseits, der Friede Gottes ist genau das Gegenteil von Welt: Es fehlt jedwede Angst; mehr braucht es nicht, um total glücklich zu sein.

Anhänger: Z.B. als Autoanhänger: eine Last, Aufgabe, die man mitschleppt, etwa Karma, Schicksalsaufgaben, frühere Leben, familiäre und hereditäre Belastungen; also meist Unumgängliches, was es anzunehmen gilt. Sehr oft auch Symbol für den schwangeren Bauch der Mutter (die Frau selbst dann als Auto). Ein Anhänger hat eine Bedeutung wie das sprichwörtliche Anhängsel. Wir denken hier an einen PKW-, Kfz-Anhänger. Was schleppen wohl erwachsene Personen als

Zugfahrzeug mit sich? Meist die Frucht, die sie erzeugt haben, also ihr Kind bzw. einen Embryo oder Foetus. Das unterscheidet sich von sonst einer allgemeinen großen Belastung, die ein Mensch hinter sich her schleppt; so eine Belastung (auch aus der Vergangenheit, also hinter sich) tritt im Traum eher als „LKW" auf. Ein typischer kleiner PKW-Anhänger steht dagegen gern für ein tief unbewusstes Schwangerschaftsthema.

Anhängerkupplung: Oft verbunden mit Problemen bezüglich des Befestigens und der Schlossteile. Die Verbindung zum Anhänger stellt nicht selten dies Thema dar: Verbindung zum Kind, und zwar in der Schwangerschaftszeit. Verlässt z.b. der Erzeuger die Schwangere frühzeitig, so kann sich das im Traum als extremes Defizit in der Anhängerkupplung darstellen.

Anhängerverlust: Im Traum kann man des Anhängers von Zügen oder auch von Autos verlustig gehen. Oft wird es als schockierender, unverständlicher Anhängerabriss dargestellt. Die Deutung dieses Symbols ist: das Kind verliert die Mutter. Oder umgekehrt ausgedrückt, die Schwangere verliert das Kind. Aber es geht nicht nur um Verluste, evtl. medizinischer Art, sondern auch um Ablehnung. D.h. wenn die Mutter ihr Kind verwirft oder abtreiben will oder bei der Geburt im Stich lässt, kann sich das in einem solchen Traumsymbol zeigen. Grundbedeutung: sehr bedrohte Frucht im Mutterbauch.

Anker: Wohl weniger oder seltener ein Symbol für Verbindung, Verankerung als eine Variante des ägyptischen Ankh, desHenkelkreuzes, zumal in der hethitischen, dem Anker ähnlicheren Form. Und das ist ein Symbol für das Weiterleben, für das ewige Leben.

Ankündigung (seiner selbst): In der Bedeutung, Variante, sich selbst (jemandem) vorzustellen, zeigt dies das (hier nicht geringe) Selbstwertgefühl (was abhängig ist vom Uranfang, nämlich z.B. ein gewolltes oder ein abgelehntes Kind gewesen zu sein).

Anorgasmie: Siehe „Orgasmus"

Anreise: Ob die Anreise mit Flugzeug oder Zug geschieht, meistens geht es um ein Ereignis, Erlebnis unmittelbar vor der Geburt.

Anstoßen: Das körperliche, materielle Anstoßen im Traum ist in aller Regel psychisch und charakterlich gemeint. Es geht oft darum, dass wir in unserer sozialen Gruppe anecken, Anstoß erregen.

Anstreichen: Etwas für den äußeren Eindruck ändern, vielleicht etwas nur beschönigen; doch gegebenenfalls, neben sinnvoller Änderung, auch lügen, täuschen, eine Identität betrügerisch umwandeln.

Antenne: Kontaktmittel zur geistigen Welt, wo Ewigkeit und das eigentlich Lebendige herrschen. Antennenbruch, -verlust meint den Abbruch der Verbindung zum Belebenden, Geistigen, Himmlischen oder zum Prana hin, kann also auch Tod oder ein ähnliches Phänomen andeuten. Ansonsten oder meist ein Kontaktverlust, der weniger gravierend ist.

Anthrazit: Für manche Männer ist das die optimale Farbe, die zu ihrer Männlichkeit (auch Potenz) passt.

Antike: Kann in Reinkarnationsträumen, in Ausnahmefällen, eine Szene aus der echten griechisch-römischen Antike meinen. Öfter jedoch besteht Bezug zu der aktuellen Biografie des Träumers, dann meint Antike die erste Babyzeit oder manchmal sogar die Zeit vor der Geburt, d.h. die eigene „ganz alte Zeit".

Antrag (Antragsformular): Wunsch, von einer bestimmten Person angenommen zu werden, von ihr geliebt, nicht abgewiesen zu werden, bei ihr leben zu können; meist auf Eltern oder Partner bezogen; vgl. „Bewerbung"

Antriebslos: Das ist hier mechanisch gemeint, also motorlos sein. Bewegt sich jemand in einem Gefährt ohne Antrieb oder Motor, dann ist dieser Mensch im Moment sehr depressiv. Die Kraft zum Agieren ist ihm genommen, und dann gilt bei diesem Gefährt oder Auto die mentale Antriebslosigkeit.

Anubis: Wie manchmal Hund und Schakal ein Todes-, Jenseitsthema andeutend; oft mit dem Thema des (ägyptischen) Richtens verbunden. Siehe auch „Hund"

Anwachsen: Hier ist das Symbol des Größerwerdens gemeint, innerhalb eines Traumes, bezogen auf ein Motiv. Nehmen wir als Beispiel, dass eine Wespe im Laufe des Traumes doppelt so groß wird wie normal; das kann man natürlich leicht übersetzen: die Gefahr, die die Wespe symbolisiert, steigert sich oder war ehemals enorm groß.

Anzeige aufgeben: Siehe „Kleinanzeige"

Anziehung, erotische: Siehe „Attraktivität"

Anzug in Schwarz: Hier geht es um schwarze Herrenanzüge, die nicht nur bei Trauerfeiern getragen werden, sondern viel öfter bei Feierlichkeiten mit freudigem Anlass. Der Mann im schwarzen Anzug im Traum ist also nicht selten elegant, stark und guter Laune.

Anzug: Ein betonter Anzug, etwa in dunklem Stoff und fein, kann darstellen, dass der Träger das innere versteckte Wesen nicht unbedingt zeigt. Der Anzug steht also für eine gewisse Kaschierung von Absichten oder von Charakter, er übertüncht die Echtheit, wenn man ihn einmal als Verdeckung der Nacktheit, d.h. der Echtheit interpretiert. Aber die Kleidung, hier für einen Mann gedacht, verrät immer auch etwas Echtes, nämlich von der Rolle dieses Menschen oder von seinem Charakter. Haben wir z.B. einen Anzug vor uns ohne Knöpfe, ohne Taschen, ohne Zierrat, so verrät es einen grundehrlichen = also puristischen Menschen, der auf Schnörkel, Getue verzichten kann.

Apfel, fauler: Befallener, poröser, brauner Apfel: Krankheit, ungute Dinge.

Apfel: Symbol für Sex, Fruchtbarkeit, Leben, nicht zuletzt für weibliche Brüste. Interessante Sonderbedeutung jedoch: die Welt (vgl. den mittelalterlichen kaiserlichen „Reichsapfel"); d.h. ein z.B. himmlisches Wesen überreicht einen Apfel, den man „essen" muss, und das ist quasi die Weltkugel, die man integrieren, durchmachen muss, was wiederum meint: ein im Prinzip geistiges Wesen (die ewige Seele des Menschen) muss inkarnieren, Materie werden, zur Erde kommen. So ist der Apfel manchmal Materie, Weltleben, vom Himmel verhängte Biografie. Ähnliches ist im gnostischen Sufismus auch als „Schlange essen müssen" bekannt. Dem Lebensschicksal entsprechen manchmal Farbe und Konsistenz (qualitas) des Apfels im Traum, z.B. ein Apfel, der nicht gut schmeckt = ist ein nicht freudvolles Leben diesmal. Der Archetyp lautet verkürzt: der Apfel ist die Weltkugel (sehr schön erkennbar in einem Traum des amerikanischen Philosophen R.W. Emerson aus dem Jahre 1840), er steht in dieser Weise für ein Weltleben. Davon abgesehen darf man aber die banale, primärere Bedeutung von Apfel sowie auch Apfelbaum nicht vernachlässigen: Fruchtbarkeit, Sex, Schwangerschaft, Schwängerung. Evas Apfel bedeutet den Einbruch der Sexualität, damit auch der Aggression und des Tötens. Entspricht vielleicht alten Legenden, dass Eva fremdgegangen sei, wie vorzeitig, verfrüht (tabuisiert, verboten). Der Apfel im Paradies ist fraglos die Sexualität der ersten Menschen, die zuvor auch nackt waren, aber sich nicht schämten, d.h. keinerlei Fortpflanzung im Sinn hatten und danach als einziges Erlebnis erkannten, dass sie nackt waren (und sich schämten, natürlich, wie Sexualwesen)! Vorher waren sie wie fortpflanzungsunfähige unschuldige Kinder... – Allgemeiner ist der Apfel Leben, Liebe, Zuwendung. In diesem Zusammenhang sind vergiftete Äpfel (Schneewittchen) eine Anti-Lebens- und Anti-Liebes-Gabe; oder besonders harte Äpfel zeigen im Traum, dass jemand einem andern das Leben nur unwillig, ärgerlich ermöglichte. Insgesamt meint das ganze Hantieren mit Äpfeln meist etwas Erotisches. Das Symbol kann also zentral für die Fruchtbarkeit eines Menschen stehen. Das Apfel-Essen im Paradies war wie eine sagenhafte Einweihung, Initiation.

Apfelbaum: Dieser Baum ist die Mutter. Ein Symbol für die Leben-Gebende, für die Gebärende, für den Beginn unseres Lebens. Ähnlich auch als Lebensbaum; also Sex, Zeugung, Lebensstart andeutend. In diesem Sinne gern eine indirekte Information zur Mutter und zur Geburt. Die Geschichte vom Apfelbaum (vermutlich Granatäpfel) im Paradies meint das Ende der Nicht-Sexualität, in die Himmelswesen hinein, in den Kosmos, und zwar bei der Aktion, zur Materie zu werden.

Verbunden mit dem Auftreten der Sexualität entstanden heftige Konkurrenz und das Morden: Kain.

Apfelsine: In der Regel das Lust-Ziel der mütterlichen Brust darstellend. Man soll nicht unterschätzen, dass das Fehlen der mütterlichen Brust in der Stillzeit später gravierende Auswirkungen hat, im Bereich Emotions-, Sexual-, Lebens-Verhalten, im Essens-, Oralthema und im Befriedigungsverhalten allgemein. Meist also gern ein Mutter-Thema, da manches Obst zur Mutterbrust assoziiert; auch Muttersüchtigkeit. Ähnlich deuten Tomaten Süchtigkeit nach Mutter an.

Apfelwein: Erotikgabe oder -erhalt.

Apollon: Indirekt geht es um eine Aussage über eine Biografie, vielleicht die des Träumers, die sehr schwierige, unterdrückte Geburtsumstände aufweist, die aber andererseits einen seherisch und künstlerisch begabten Menschen hervorbrachte. Apoll steht nämlich für Heilkunst und Traumkunst.

Apotheke: Die Deutung hängt von den Zielen ab, die ein Kunde im Traum bei dieser Apotheke erreichen will. Also z.B. Geh-Hilfen oder Beruhigungstabletten oder Material für Schwangerschaftsuntersuchungen. Es geht also um das zu erwerbende Heilmittel. Aber auch allgemein hat „Apotheke" eine Bedeutung: irgendeine codierte Information zur Gesundheit wird durchgegeben. Meist bekommt man hier einen Hinweis auf etwas, was der körperlichen oder seelischen Gesundheit dient. Dabei geht es nicht unbedingt um ein Produkt, sondern vielleicht auch um einen Ratschlag für ein anderes Verhalten. Apotheker-Sein heißt auch: souveräne, überlegene Leitung zu sein. Quasi Rollentraum vieler Hausfrauen, die nicht studieren konnten. Natürlich auch Heilungssymbol im seelischen Sinne.

Apotheker: Ähnlich wie bei Chemikern und Biologen können solche sprechenden Berufsbezeichnungen zu Themen passen, in denen das Entstehen des Lebens abgehandelt wird. Also könnte es z.B. kodiert um einen Erzeuger gehen. In Frauenträumen ist ein Apotheker gern ihre männliche Seite.

Apricot(-farben): Mildern, sanft machen; als rosa-betont = beschönigen; als beige-betont = ein wenig lügen.

Aquarium: Meist Erinnerung an eine Uteruserfahrung, da Unterwasserszenen eine entsprechende unwillkürliche Assoziation haben.

Araber: In der Vorstellung nicht selten ein betont männlicher Mann; von Frauen oft als sexy und potent empfunden; wegen der gesellschaftlich bedingten Dominanz über Frauen im Islam, was des Mannes Potenz simpel steigert, nicht verwunderlich.

Arbeit: Als Beruf, Job, einzelner Arbeitsauftrag: Existenzsinn, Lebensinhalt, Bestimmung, Qualität, Art und Begründung eines individuellen Lebens; daher auch gesellschaftliche und familiäre Einordnung (Position), bis hin zur Identität eines Menschen. Gut zu übersetzen als Lebenswerk und Lebensinteresse, als Diesseits. Steht archetypisch für das Weltleben, das aus Mühen und Pflichten besteht und sein Leid auch hat. Die mittelalterliche Bedeutung für arebeit ist nämlich Leid. Arbeit meint den gesamten Lebensentwurf, nicht so sehr Einzelheiten. Insgesamt geht es auch gern um andere Lebensfragen als die Arbeitswelt, z.B. um die Gefühlswelt. Viele erotische Träume werden codiert in Szenen an der Arbeitsstätte abgehandelt.

Arbeitsamt: Die Arbeit ist ein Archetyp für das Leben. Auf dem Arbeitsamt meldet man sich, fordert man etwas oder erhält etwas. Jedenfalls gibt es dort leitende Personen, Beamte, die beraten oder die etwas anordnen. Diese können z.B. eine Umschulungsmaßnahme anordnen. Ob man von dem Arbeitsamt auch eine Leistung bezieht, ist, wie man weiß, nicht sicher. Wenn man von dem Arbeitsamt einen Auftrag erhält, kann man das so deuten, dass das Schicksal eine bestimmte Lebenskarriere für jemanden vorgesehen hat. Das Arbeitsamt ist also eine Institution, die über das Leben bestimmt, eine Art Schicksalsmacht. Hat man es dort mit einer weiblichen Sachbearbeiterin zu tun, versteckt sich darin gern eine Information über den Einfluss der Mutter in der Kindheit. Und wir wissen ja: Mütter machen das Schicksal. Also sind die Schicksalsmacht und die Mutter nicht sehr getrennt zu sehen. Das Arbeitsamt bestimmt also im Traum, was das Leben mit einem vorhat; und da gibt es eine psychisch sehr wichtige Frage: Wird man gebraucht? Das Amt ist eine Art Infostelle über das eigene Leben, was gern symbolisch oder codiert als „Arbeit" bezeichnet wird.

Arbeitsanzug: In vielen Träumen ist das berufliche Arbeiten, ob es nun ein Handwerkerdasein ist oder die Tätigkeit einer Krankenschwester oder Bibliothekarin, eine Chiffre für emotionales und sexuelles Tun. Der Bauer in der typischen Landarbeiterkleidung und der Handwerker im typischen Arbeitsanzug können daher den genetischen Vater meinen. Oder auch manchmal nur eine primär sexorientierte, sex-interessierte Person. Allgemeine Bedeutung: Kleidung der Weltlichkeit, Diesseitigkeit.

Arbeitsbeginn: Lebensbeginn.

Arbeitshandschuh: Das Motiv ist meist vergleichbar mit dem Symbol „Handschuhe". Aber „Arbeitshandschuh" bezieht sich mehr auf das Leben, auf das Diesseits, auf die Tätigkeit. Das Weltleben wird oft im Traum als „Arbeit" oder Arbeitsstelle oder Fabrik dargestellt. Die Arbeitshandschuhe haben also mit unserer Aktivität, genauer mit Antrieb und Motivation für aktives Leben zu tun. Das Symbol hat auch Nähe zu dem Symbol „Hand". Beide Symbole haben etwas mit unserer Handlung und mit unserer Handlungsaktivität zu tun. Arbeitshandschuhe also etwa = Handlungsfähigkeit, Mut, Aktion fürs Leben.

Arbeitshose: Entspricht gern, in Männerträumen, wie Männerhose generell, der Art der Potenz des Mannes. (Für das Sexuelle, Weibliche der Frau steht als Kleidung, Indikator hier eher der Rock, auch der Slip oder etwas Ähnliches.)

Arbeitskreis: Das ist inniger und tiefer, als es der Begriff vermuten lässt. Mit anderen Worten: es geht um eine nahe, vielleicht verwandtschaftliche Beziehung. Arbeit ist oft ein Symbol für das Private.

Arbeitskritik: Kritik an der Arbeit, am Beruf, an der Tätigkeit meint meistens versteckt eine Kritik an der Person. Es geht also gern um persönliches, nicht um berufliches Verhalten. So eine Kritik kann auch eigentlich eine Selbstkritik meinen, oder aber ggf. auch einen Minderwertigkeitskomplex.

Arbeitslosigkeit: Das trifft den Menschen innerlich viel tiefer, als man so denkt. Im Traum bedeutet es: du bist hier nicht gebraucht, man will dich eigentlich nicht, du bist auf dieser Welt eine überflüssige Existenz. Also sinniges Zeichen dafür, dass man unwillkommen, nicht angenehm ist. Ist oft in der Anfangsgeschichte nach der Zeugung entstanden.

Arbeitsplatz: Meistens beschreiben Szenen am Arbeitsplatz tiefere Szenen und Probleme des Privatlebens.

Arbeitstätigkeit: Ist ähnlich dem fachbezogenen Beruf und dem Auftritt, und dies bezieht sich oft auf Leben, nicht selten auf Sex. Die dem Träumer meist bekannten Arbeitsschritte, Aufgaben stehen im Traum nicht für das Berufsleben, sondern viel allgemeiner für das Leben und für die Sexualität/Emotionalität, sagen wir für Kernauftritte der Entwicklung. Dargestellt wird auch, welche Fähigkeiten, gegebenenfalls welchen Stress, man damit hatte, das Leben (ehemals) zu erreichen und aktueller vielleicht die Sexualität durchzuführen. Es gibt viele Varianten für dieses Tätigkeits-Symbol: z.B. Vorträge, Im-Hörsaal-Sein, Fabrikarbeit. Meist ist es auf die persönliche Biografie bezogen, d.h. bei einem Dozenten geht es um Vorträge, bei einer Röntgen-MTA um Röntgenbilder, bei einem Buchhalter um ein Problem mit Rechnungen usf.; angesprochen sind dabei aber eher die privaten Emotionen.

Archäologie: Archäologische Ausgrabungen oder Bodenaushebungen, die Relikte von Grundmauern oder anderen Konstruktionen zeigen, verraten dem Träumer ein verschüttetes Geheimnis über seine eigene Existenz bzw. seine Genese.

Architekt: Ein Generalsymbol für jeden Typus von Erbauer oder Erzeuger. Der Architekt ist der Schöpfer eines Hauses, und das Haus steht gern für eine Persönlichkeit oder wenigstens für Lebensumstände. Der Architekt ist aber ein sehr sachliches Symbol. Wenn es hier um einen Schöpfer, Erbauer oder Vater geht, dann ist ein eher emotionsarmer Typus gemeint. Meistens ein Vatersymbol, ein Konstruierender, ein

Erzeuger. Damit auch oft Vaterersatz, Männlichkeitsersatz (also Kompensation statt Fakt).

Architektenzimmer: Nicht selten zum Uterusraum assoziierend, d.i. zu dem Raum, wo man eingezeugt, ‚konstruiert‘, erschaffen worden ist.

Argentinien: Für Europäer ist das sehr fern im Westen, Jenseits des großen Wassers, und auch südlich. Es hat mit Gefühl, Eros und fernem Unbewussten zu tun (wie fast mit Vorzeit, Jenseits). Mit Assoziation zu lat. argentum, französisch d'argent, was vielleicht die Anmutung zu Lust, Eros verstärken kann. Fast symbolisch wie Australien: nämlich down under, also etwas sehr weit entfernt Liegendes (ggf. Verdrängtes).

Arm: Handlungen, Beziehungen, Sich-etwas-Nehmen, Aggression, Macht, Durchsetzungsfähigkeit können per Arm dargestellt, angedeutet werden. Empfindlichkeit, auch seelische Verletzungen bis hin zum Suizidalen finden sich an der sensiblen Unterarmstelle der Pulsregion. Arm, starker Arm steht auch für einen Menschen, der hilft, der Stütze ist.

Ärmel: Symbol für den psychischen Inhalt, der in einer Arm- oder Handbewegung unbewusst mit-gemeint ist.

Armut: Zum einen ist es ein Ausdruck psychischer Armseligkeit, emotionaler Vernachlässigung, besonders auch, weil mit Geld Liebesstücke gemeint sind. Zum andern ist es grandioser Ausdruck von Freiheit. Armut stellt Nicht-Anhaftung dar (erst wenn du nichts hast, bist du frei). Armut ist das Gegenteil von Weltabhängigkeit. Vergleiche dazu die spirituellen Armutsideale, u.a. die „Abgeschiedenheit" von allem, bei Meister Eckhart. – In der Regel jedoch meint Armut einen gewissen psychisch-emotionalen Mangel.

Arroganz: Ein arroganter Mensch ist ein mentaler Single, ein sich nur für sich selbst interessierender Egoist. Er verweigert Fragen (rogare, a-rogans) und Antworten, also Kommunikation im Sinne des Du, der Partnerschaft. Der Arrogante ist für Beziehungen nicht sehr geeignet, er zeigt seine offene Seele (welche traumatisiert sein kann) sehr ungern.

Er outet sich nicht, wodurch er sich meint Stärke zu geben, weshalb er aber auch nicht liebenswert ist.

Artemis: Eine schwierige Frau bezüglich Sexualität und Schwanger-Werden. Das römische Pendant heißt Diana. So eine Frau wird quasi nur durch einen glücklichen (eher von ihr abgelehnten) Zufall denn doch schwanger. Man kann z.b. eine Mutter mit Artemis-Charakter haben oder gehabt haben.

Artikel: Im Sinne eines Zeitungsartikels ist an eine Nachricht zu denken, vielleicht an eine indirekte.

Artikulieren: Oft als gerade „nicht-artikulieren-können"! Als hochstressiges Stöhnen, als Stammeln mit vergeblichem Hilferuf-Versuch = schlimme Machtlosigkeit, stammt meist aus Lebensgefahr von Baby oder Foetus (kann zu einem Abtreibungsthema gehören). Umgekehrt: Was man artikulieren kann, ist meist auch ziemlich bewusst.

Arzt: Ambivalentes Symbol. Gesunde und positive Ratschläge kommen vom Arzt. Ein Arzt deutet also an, dass wir ein Thema der Heilung, des Heilungsbemühens im Traum bearbeiten – aber vielleicht auch ein Thema des momentanen Krank-Seins. Meist geht es besonders um psychische Leiden. Leider gibt es auch desinteressierte, unfähige Ärzte, real wie im Traum, so dass vielleicht dargestellt ist, dass wir in unserem intensivsten Bemühen, süchtig Heilung suchend, betrogen werden. Übergreifend, dominierend ist jedoch die positive Bedeutung, dass ein Arzt im Traum sagt und zeigt, was richtig ist, was uns gesund macht, und das ist meist seelisch gemeint. Ein Arzt gibt in der Regel sinnvolle, wichtige Ratschläge oder analysiert/diagnostiziert richtig, natürlich auch schmerzhaft wahr, ungeschönt. Er steht für die innere Analysefähigkeit des Träumers. In aller Regel eine weise Stimme im Traum, seltener ein Indikator für eine Krankheit.

Arzt-Attrappe: Wir denken hier an eine Person, von der der Träumer annimmt, dass es ein Arzt sei, die aber kein Arzt ist und die außerdem auch von einer Reihe von anderen Dingen keine rechte Ahnung hat.

Dann kann man das vielleicht als Vorzeichen dazu verstehen, dass man z.Zt. oder demnächst bei einem unfähigen Arzt in Behandlung ist.

Ärztin: Eine Ärztin ist eine Person, die den psychisch gesunden Zustand eines Menschen unbedingt will, aber auch umgekehrt auf Mängel schonungslos hinweist. Eine Ärztin analysiert, stellt eine Diagnose. Im Traum geht es dabei meistens um eine seelische Befindlichkeit.

Arztuntersuchung: Die Untersuchung in einer ärztlichen Sprechstunde gehört zu dem Bemühen, ein Trauma endlich zu erkennen bzw. dieses zu heilen.

Arztwechsel: Meist positiv zu sehen, in dem Sinne, dass man etwas Richtiges oder Neues für seine Gesundheit, evtl. psychisch, tut.

Asche: Als Relikt eines Feuers weist Asche darauf hin, dass Tod oder Todesgefahr vorher stattgefunden haben können (Feuer ist einer der stärksten, ältesten Archetypen für biologische Vernichtung). Außerdem indiziert bereits die „graue" Farbe etwas Todähnliches; der Träumer oder seine Kleidung (als Rolle) tragen da Spuren eines Zerstörungsthemas. Asche enthält auch verräterische Reste eines alten Geheimnisses. Nicht selten Reste eines Traumas, Rückstände von früheren Geschichten. Es wird etwas noch Unerledigtes verraten. Das mag aber auch gerade beendet sein.

Assistent/Assistentin: Rolle des Menschen, die er gegenüber Geburt und Tod, der Reinkarnationskette oder dem Schicksal hat, d.h. er ist da mehr Zuschauer/Mitarbeiter denn Akteur oder Herr des Geschehens. Weiblich manchmal als Frau, Partnerin, Mutter, die nicht das Sagen hat, sondern die eher dominiert wird oder untergeordnet ist, die eher nur zuarbeitet (altes Frauenbild). Wir dienen dem Schicksal (Gedanken von C.G. Jung und der Antike), sind also irgendwo alle Assistenten.

Asthma: Siehe „Luftnot"

Aststärke: Ein „starker Ast" ist ein Gleichnis für z.B. männliche Kraft oder allgemein für große Stärke und Unterstützung und Ähnliches.

Atmosphäre: Siehe „Klima"

Atmung, Odem: Siehe „Luft"

Attraktivität, allgemeine: Im tiefen Unbewussten ist oft die Anziehungskraft gemeint, die z.b. eine Tochter vorgeburtlich oder in früheren Leben gegenüber dem Vater empfand, also eine kosmisch ferne Attrahierung, etwas Transzendentes. Das hat mit Sex oder Inzucht in diesem Leben nichts zu tun; sondern diese Art Sexappeal ist der Grund, warum die Tochterseele gerade bei diesem Vater inkarnieren wollte. Durch den „Becher des Vergessens", den ein Daimon jedem Neugeborenen reicht (nach Platon), ist von dieser Anziehung/Sympathie nichts mehr bewusst. In Inkarnationen wechseln sowohl das Geschlecht als auch die Beziehungsrollen. Die ödipale Konstellation (vgl. Sigmund Freud oder das Tibetische Totenbuch) wird durch diese Vorgeschichte hinreichend erklärt. Das Thema kann aus Tiefenschichten im Traum auftauchen – und man wundert sich dann über diese Variante allgemeiner Menschenanziehung. Solche Vorzeitanziehung führt auch den Sohn zur Mutter, oder sie führt Seelenverwandtschaften zusammen.

Attraktivität, erotische: Es gibt verschiedene Ebenen, auf denen man sich anzieht, z.b. körperlich, emotional, geistig (oder auch monetär, geschäftlich usw.). Sympathie zwischen Mann und Frau hat in der Regel etwas mit Eros zu tun, wenn auch manchmal nur indirekt. Und wenn es um offensichtliches Verliebtsein geht – so gibt es zur Zeit für diesen Zustand noch nicht hinreichende, wirkliche überzeugende Erklärungen, d.h. wir dürfen also von (anscheinend) irrationalen Gründen sprechen. Dennoch wird in diesen Fragen viel von logischen Erklärungen geredet, versucht, und es werden viele Pseudokausalitäten genannt. Einigermaßen gesichert ist, dass die Gene sich selbst anziehen, an Duplizierung interessiert sind, unabhängig vom Bewusstsein der Beteiligten. Man verliebt sich also – und dabei zählt primär der Anfang –, wenn der „Typ", Typus des anderen Menschen, auch scheinbar irrational und unerklärbar, einem einfach, banal und spontan zusagt (a) und wenn die Genetik sich attrahiert (b); Letzteres in Form von Eros, Körper. Dabei spielt die Ähnlichkeit der Mund/Nasen/Kinn-Partie eine große Rolle, denn nach der Symbolischen Gleichung „oben wie unten"

(Wilhelm Stekel) zeigt das auch eine Affinität (Verliebtheit) der Sexual-
organe unten. Wenn Mundphysiognomie, Profil sehr verschieden sind,
ist eine starke sexuelle Anziehungskraft selten vorhanden. Man kann
das in der Realität wie im Traum erkennen: man empfindet denjeni-
gen Andersgeschlechtlichen als gut aussehend und attraktiv, der einem
selbst im weiteren Mundbereich, im Profil ähnelt (oder auch in einer
sonstigen Kleinigkeit, etwa im Gang). Ein Streitgespräch darüber, wer
oder was „schön" ist, ist also überflüssig, ist zu subjektiv (obwohl es
da auch ein paar objektive Kriterien gibt). Der Fortpflanzungstrieb ist
ein ganz wichtiges Element, welches über die Attraktivität entscheidet;
diese ist eher unbewusst denn rational. Es gilt auch: gleiche Traumata
ziehen sich an, dies auch sozusagen über Kreuz: ein Muttersohn heiratet gern eine Vatertochter. Elternlose oder Missbrauchte ziehen sich an.

Aufbruch, Abmarsch: Hat gern eine Relation zum Start ins Leben, also
zur Geburt.

Aufeinanderliegen: Kann in Einzelfällen eine diffuse Erinnerung an sexuellen Missbrauch in der Kindheit darstellen.

Auferstehung: Als Rückkehr aus dem Totenreich, was ja eine überraschende Angelegenheit ist oder wäre, wird im Traum manchmal dargestellt, dass man aus größter Schwächeposition heraus denn doch zu
Erfolgen, zum Sieg, zum Überleben kommt. Das Motiv ist verwandt
mit dem Bilde des Phönix aus der Asche oder des Stehaufmännchens.
Die Auferstehung kann in Träumen über kurz vorher Verstorbene auftauchen, z.B. als Aufstehen aus dem Sarg. Das Phänomen müsste eigentlich die Wahrheit von Auferstehung und Wiedergeburt andeuten,
oder als das einfache direkte Weiterleben nach dem Tod verstanden
werden. Vieles spricht nach den Träumen dafür, dass uns alle das Himmelreich als sofort Weiterlebende, unmittelbar Auferstandene, erwartet, mag man es nun anerkennen wollen oder nicht. Im Traum wird
lakonisch gezeigt, dass die Toten wieder auferstehen, und zwar in der
Regel „nach drei Tagen", was wohl eine allgemeine Dreistufigkeit an
Entwicklungsetappen andeutet, die man nach dem Tod durchmacht.

Auffahrt: Geburtsthematik. Etwa als kritische, schwierige Autobahn-auffahrt.

Aufgabe: Die Träume legen nahe, dass jeder Mensch für sein Leben auf der Erde eine Aufgabe erhält bzw. vor der Geburt erhalten hat. Diese ist meistens beschwerlich und wird nicht mit Freude angenommen. In der Regel ist diese Aufgabe oder Bestimmung oder Destination für andere Menschen, für die allgemeine Entwicklung, für den Ablauf der Weltgeschichte bestimmt. Sie ist also eine Last und dient nicht der Lust des Träumers. Die Aufgabe zu bejahen ist die Krönung des Lebens. Die Aufgabe ist unbewusst – jedoch in Träumen manchmal zu erkennen! Sie dürfte auch dem Karma entsprechen. Keiner lebt „für sich", sondern er dient der Gemeinschaft, sogar schmerzlich als „Opfer".

Aufgaben-Verteilung: Dahinter kann sich der Lebensauftrag, die Schicksalsbestimmung verbergen.

Aufgaben-Zuteilung: Es kann sich um eine kleine Arbeitsaufgabe z.B. in einer Fabrik handeln, also um eine Art berufliches Phänomen, aber auch um die Lebensaufgabe, um den Sinn des Lebens. In nicht-transzendenter Weise gedeutet, wird mit einer Aufgabe angesprochen, ob man gebraucht wird, ob man geliebt wird, ob man willkommen ist. Wer unwillkommen auf die Welt gekommen ist, hat keine Aufgabe, niemand hat ihm einen Auftrag gegeben, er sucht sie. Unser Leben ist, für manch einen überraschend, Aufgabe, Auftrag, Pflicht, Schicksal, Bestimmung. „Wir sind Instrumente des Schicksals" (C.G. Jung), nicht umgekehrt. In seltenem Traum kann man seine Aufgabe tatsächlich genau sehen. Die Aufgaben können nicht nur charakterliche Besonderheiten oder Pflichten darstellen, sondern auch Traumata und schwere Schicksalsschläge. Das Besondere an den „Aufgaben" des Lebens ist, dass wir solche Lasten oder Leistungen eher zugeteilt bekommen und nicht freiwillig wählen. Auch gibt es dazu manchmal Unterstützer im Traum, das berührt das Engelsphänomen.

Aufgeblasen: Aufgeblasen mit Luft können sich z.B. Körper und Körperteile im Traum darstellen. Das ist ein Indiz dafür, dass die körperliche Haltung und Zuwendung nicht echt ist. Aufgeblasenheit ist ein

Symbol für Bluff, besonders wenn es sich um große Plastikteile, aufgeblasen mit Luft, handelt. Diese Dinge können vor dem Zusammen-
bruch erscheinen.

Aufkleber: Entweder eine von fremder Person zugewiesene Rolle, im
Sinne auch einer Manipulation, oder ein selbstgewählter, aber getarn-
ter, plakativer, nicht authentischer Weg, Lebensweg.

Aufnahme: Ein spezieller Fall ist der, dass sich eine Person im Traum
für Aufnahmen per Foto oder Video zur Verfügung stellt: das ist ein
deutliches Sexinteresse.

Aufnehmen: Im Sinne von beherbergen, jemanden aufnehmen, ist eine
Beschützerrolle gemeint, die manchmal auf Ersatzeltern hinweist, aber
auch manchmal auf echte Eltern.

Aufrecht stehen: Meistens wird es im Zusammenhang dargestellt von
Enge oder Größe bzw. Höhe des Raumes, d. h. es geht oft um das Thema, ob die Traum-Person aufrecht stehen kann. Und das bedeutet dann
frei sein oder sich ausleben können, nicht eingeschränkt zu sein. Es
wird also ein Aktionsmodus gezeigt. Wenn zum Beispiel die Decke zu
niedrig ist, fühlt sich die Person in ihrem Leben oder im Moment sehr
unfrei. Das bezeichnen wir auch mit einer niederdrückenden Situation,
niedergedrückten Stimmung.

Aufregung: Verstecktes Symbol für einen übergeordneten Adrenalin-
zustand, u.a. für Stress oder Sexinteresse.

Aufschieben: Überlastet sein, Stress haben, nicht Nein sagen können.
Es gilt auch: Das, was man im Traum aufschiebt, hat die Tendenz, nie
erreicht zu werden. Es kann sich auch als unwichtig demaskieren oder
als abgelehnt.

Aufschiebung: Das Aufschieben oder Verschieben von beispielsweise
einem Termin, kann ernster sein, als es auf den ersten Blick aussieht.
Oft ist geheim eine deutliche Absage, eine Verweigerung gemeint.

Aufschlag: Aktionsbeginn einer Person, und zwar im Sport-Symbol (Tennis, TT), gern als Anfang einer sexuellen Tätigkeit, als Initiative.

Aufschrift: Beschriftungen von Briefen oder Paketen sind sehr sprechend. Ein solcher kurzer Titel sagt auf die Schnelle alles. Die Aufschrift illustriert den manchmal sehr umfangreichen Inhalt einer Sendung oder eines Paketes oder dergleichen. Sie ist wie eine Kurz- und Zentral-Benennung.

Aufschüttungen: Da kann es um Wälle, Hänge oder auch um Dünen gehen, welche im Traum als eine Sichtbegrenzung auftreten. Da dürfte es um eine versuchte Erkenntnis, Entwicklung gehen, die aktuell leider stark begrenzt ist.

Auftreten: Abgesehen von der normalen Ich-Anmeldung im Leben (Auftritt: „Hier bin ich") – gibt es oft im Traum die Szene, dass jemand betont mit Schuh oder Hacke auf den Boden tritt. Also geht es um ein ostentatives Treten-Auf, Auf-Treten. Das ist wie in der Realität ein Ausdruck von Ärger, Wut, Aktivitätsdrang. Gerne wird so ein sonst nicht gezeigtes, zurückgehaltenes Sich-Durchsetzen-Wollen dargestellt. Symbolisches Auftreten: Es gibt viele Arten, einen Auftritt zu leben. Z.B. verklemmt/ablehnend oder dreist oder im Lampenfieber usw. Ein Auftritt im Traum, meistens mit dem Problem einer zuschauenden Öffentlichkeit, spricht Bände über das erste Auftreten dieses Menschen als Foetus oder als Baby auf der Welt. Es wird also eine erste glückliche oder umgekehrt schmerzliche Erfahrung wiederholt. Alle, die sich betont nicht trauen aufzutreten, können dieses Unbewusste wahrnehmen: Sie waren ganz zu Anfang nicht willkommen und nicht geliebt.

Aufwachen: D.h. in die Erfahrung treten, und das meint wiederum, Einzelheiten (ob nun die ganze Schöpfung oder biografische Stationen) durch Erfahrung erleben. Wenn man auf die Welt kommt, so ist der Lebensstart ein „Aufwachen". Im Uterus träumt und schläft man nämlich (wie es die moderne Pränatalpsychologie beschreibt).

Aufwachen im Traum: Das kann real sein und zeigt an, dass der Trauminhalt sehr wichtig ist und dass man die Information festhalten möchte. Es kann aber auch ein nicht echtes, sondern nur gemeintes Aufwachen im Traum geben; auch in diesem Falle möchte man den Trauminhalt festhalten oder mehr oder weniger zementieren, vom Wunsch her bestätigt haben; aber eventuell ist er etwas unrealistisch.

Augapfel: Kann in Einzelfällen wie die „Ur-Kugel" für den frühen kugeligen Mutterbauch stehen. Verletzungen diesbezüglich deuten ein Abtreibungsgeschehen an. Andere Bedeutung des Augapfels: Manchmal als Kugel mit Augenabbildung darauf im Traum zu sehen – steht für ein hoch-geliebtes Wesen oder für die Liebe zu etwas.

Augapfel-Fehlen: Das Symbol gehört zum Themenkreis blinde Augen. Hier kann es eine seit jeher oder tief ungeliebte, vernachlässigte Person verraten.

Augen: Die Augen sind das Tiefste der Seele oder, volkstümlich, die Fensterchen der Seele, sie zeigen den Kern unserer Psyche und Emotion. Man kann auch sagen: die Wahrheit oder das Geistige. Seele in der Tiefenschicht und im Spirituellen: das ist als „Auge" gemeint. Das schließt Sehen/Erkenntnis/Weisheit mit ein (vgl. das Horusauge) und Liebe (vgl. sich in die Augen sehen, was viel wesentlicher ist als körperliches Anschauen). Das Auge hat Kontakt zum Licht, ist auch selbst sozusagen sonnenhaft; es hat also Himmels- und Gottnähe. Weil man bei der Geburt das Licht der Welt erblickt (bei einer Abtreibung zu früh, als Tod), haben Augenkrankheiten oder z.B. Lichtallergien gern mit dem frühen (oft pränatalen) Thema „Tod oder Leben" zu tun – auch weil das Auge, als Teil fürs Ganze, für den lebendigen Seelenkern des Menschen steht (schon beim Foetus). Augenproblem bedeutet: schwere und frühe Verletzung des Persönchens, des Seelchens, gern im Beziehungsbereich, im Augenkontakt (oder in der Vermeidung) mit einem wichtigen Menschen. In der Erotik steht das Auge auch manchmal stellvertretend für die Vagina; sowieso ist das Auge als Archetyp eher weiblich. Geschlossene Augen (mit doch innerem Sehen) = vorgeburtlicher Zustand. Charakter und Zustand der Augen zeigen Charakter und Zustand der Seele an, meist in ihrem frühesten Werdens-Prozess, in ihrer Genese.

Augenförmige Kugel (Porzellanauge): Ungefähr der „Augapfel" = eine geliebte Person.

Augen-Treffer: Hier wirkt sich das Sprichwort aus „das geht ins Auge". Damit ist eine sehr tiefgehende, zentrale seelische Verletzung gemeint.

Aura: Gemeint ist irgendetwas Strahlendes, quasi Nicht-Materielles um einen Menschen herum, wie der Nimbus um den Kopf der Heiligen, oder auch als Dopplerfigur neben der Person, in verschiedener Variante, und dies meint etwa: die überzeitliche Seele, vergleichbar mit den Seelen (altgriech. Psychai), die in der griechischen Unterwelt als „Schatten" (falsche Übersetzung) bezeichnet werden können, was eigentlich nur bedeutet: unmateriell. Manche Menschen, die einen entsprechenden Traum erzählen, nennen solch ein Phänomen, also das Geistige des Menschen, ob nun innerhalb des Körpers gedacht oder außen, bzw. seine Ausstrahlung behelfsweise „Aura".

Ausbildung oder Ausbildungszeit: Das anfängliche Leben, besonders als Kindheit und Jugend.

Ausblick: Blick von hoch gelegenem Punkt aus: transzendenter Überblick; wissens- und erleuchtungs-ähnlich. (Eine Ausnahme im Weltleben.) Der ideale Blick von hoch oben (z.B. vom Berg, Hochhaus aus) ist auch nicht selten der Moment vor der Geburt.

Ausdruck: Wenn etwas ausgedruckt wird, wird es dokumentiert, und zwar etwas, was vorher nicht sichtbar war. Also erhalten wir entweder eine Wahrheitsinformation oder eine Zukunftsinformation.

Ausfahrt: Gehört gern zur Geburtsbeschreibung, z.B. als Ausfahrt aus einer Tiefgarage.

Ausflug: Kurze Fahrten, Wochenendtrips oder kleine Fortbildungsseminare stehen manchmal für das Interesse an einem Seitensprung. Doch wie bei jeder Tour oder Reise kann manchmal auch das gesamte Leben gemeint sein.

Ausfragen: Sowohl in Träumen als auch in anderen spirituellen Berichten taucht manchmal auf, dass der im Jenseits Ankommende „ausgefragt wird", nämlich nach seinem Erdenleben. Auch der Archetyp „Bericht geben" gehört zum Empfang im Himmel nach dem Sterben.

Ausgehen: In der Regel sind mit einem solchen Aufbruch Erwartungen verbunden, und zwar Erwartungen eines Events, eines Erlebnisses, einer Lust. So mag es die Vorbereitung einer befriedigenden Kommunikation, auch konkret für ein angenehmes Mann-Frau-Verhältnis sein.

Ausgraben: Wer Schächte oder Ähnliches ausgräbt oder ausbuddelt, kann einerseits seine psychischen Wurzeln freilegen – aber andererseits auch eventuell schon mit seinem Ende beschäftigt sein.

Aushäusigkeit: Wenn eine Person im Traum viel „außer Haus" ist, so wird man annehmen können, dass diese Person gedanklich oder emotional erheblich abwesend ist, vielleicht auch ablehnend. Das bezieht sich auf ihre gewünschte Anwesenheit in Haus oder Familie oder Partnerschaft. Die Person befindet sich viel ‚neben' der offiziellen Alltagsrolle.

Ausland: Die Fremde ist unbewusst gleichgesetzt mit Gefährdung, Einsamkeit. Im Mittelalter war Ausland = Elend (elende) oder wenigstens Heimatlosigkeit, und etwas von dieser Problematik schwingt auch heute im tendenziell negativen Traumsymbol Ausland mit, neben der interessanten Herausforderung.

Ausländer: In den Träumen ist das kein gutes Symbol. Ähnlich wie generell „das Fremde" weist dieser Archetyp tendenziell auf Destruktion und Störung hin (hier ganz unpolitisch gemeint). Vertrautheit ist immer positiver zu sehen.

Auspuff: Zumal wenn ein Auspuff über das Karosserieende deutlich hinausragt und als Einzelstück separat im Traum gesehen wird, kann die Bedeutung des männlichen Gliedes vermutet werden.

Ausräumen: Nachhaltig seelische Ordnung schaffen, Komplexe entfernen.

Aussatz: Irgendein geheimes Ablehnungstrauma schleppt der entsprechende Träumer mit sich. Befindet sich etwas wie eine neurodermitisch kranke Situation auf dem Rücken, so ist das Trauma umso mehr geheim. Dieses Rückenaussatzthema kann man in der Erzählung von Franz Kafka. „Die Verwandlung", indirekt nachlesen oder nachvollziehen.

Aussätzig: Hinweis darauf, dass die träumende Person früh oder versteckt abgelehnt worden ist.

Ausscheiden: Das kann im Einzelfall ernster sein, als man annimmt. Es kann sogar der Verlust des Lebens thematisiert sein. Obgleich es im Traum nur um das Ausscheiden aus einem Spiel oder aus einem Wettkampf geht.

Außerhalb: Die Bereiche, die außerhalb der Fenster oder des Hauses oder sonst irgendwo „draußen" liegen, haben gern zu tun mit diesen Inhalten: Unbewusstes, Jenseits, geistige Welt, also auch verschiedentlich mit dem Bereich des Todes.

Aussicht: Aussicht und Fernsicht bedeuten große Weisheit und Erkenntnis.

Aussprechen: Etwas endlich deutlich aussprechen oder auch verspätet benennen, ist manchmal ein Hinweis darauf, dass man eine Lüge oder ein Geheimnis zu lange mit sich herumgetragen hat.

Ausspucken: Heftig etwas Unangenehmes, Widriges loswerden wollen. In Einzelfällen ist eine symbolische Aktion gegen das Schwanger-Werden dargestellt.

Aussteigen: Meist verbunden mit Zug oder sonstigem Gefährt oder mit einer Haltestelle, gern auch mit Problemen versehen, etwa dass die Haltestelle weit entfernt liegt oder dass man das Aussteigen zu verpassen droht. Deutung: oft Beginn des Geburtsprozesses, Verlassen des Mutterleibs, also uterales „Aussteigen".

Ausstellung (Exposition): Informationsmedium, es wird über eine Wahrheit oder einen eventuell unbewussten Tatbestand aufgeklärt, und zwar ziemlich ostentativ. Eine Ausstellung der eigenen Werke entsprich einem Auftritt seiner selbst und meint allgemein das Auftreten im Leben. Also bedeutet das Symbol „Ausstellung" in Einzelfällen etwas wie entweder den Start eines Lebens oder die ganze Biografie selbst. Auch eine Lebensperspektive darstellend, ob nun mit Erfolg oder Misserfolg. Auftreten und Verhalten einer Person.

Australien: Das ist für Europäer eine sehr andere, entlegene Seite. Wie auch der englische Ausdruck „down under" verrät, ist damit eine radikale Alternative gemeint. Es geht also nicht nur um einen alternativen Teil der Erdoberfläche, sondern um eine inhaltliche, mentale Alternative, gern um etwas sehr entlegenes Unbewusstes im Menschen.

Auswanderung: Symbolisch ist eine Trennung gemeint, z.B. von der Familie, wobei aber wahrscheinlich der Hintergrund der ist, dass man ehemals kein willkommenes Mitglied in der Familie war, bzw. dass man es dort schwer hatte.

Ausweis: Siehe „Pass"

Autismus: Autistische Behinderung verrät einen im tiefen Unbewussten eigentlich wütenden, d.h. also verletzten Menschen.

Auto groß und schön: Weltlicher Erfolg. Topzustand des Körpers.

Auto in Alter und Schwäche: Hier ist gern der angegriffene Gesundheitszustand eines Menschen gemeint und aber auch sein hohes Alter. Wie nicht selten, ergibt das Auto eine Information über den Körper.

Auto, entgegen: In der Regel ist hier ein Hindernis, eine sehr unangenehme Situation angesagt. Was „entgegen" kommt, ist meistens als etwas Widriges zu deuten.

Auto: Zum ersten ist es eine typische Beziehungs-Kiste (Nebeneinandersitzen), wo man erkennen kann, wer die Partnerschaft steuert, wer eher passiv mitfährt (beispielsweise auf dem Beifahrersitz), auch wer gegebenenfalls stört, z.b. ins Lenkrad greift... Auf den Rücksitzen stellt sich die Kindheit dar; im Kofferraum und Anhänger die Schwangerschaftszeit. Im Motorraum sitzt die Lebenskraft (z.B. zum gesundheitlichen Zustand des Herzens gehörend). Achsen und Räder können mit den Extremitäten zu tun haben. Kombis, eiförmige, käferförmige Autos und Kleinbusse passen zur Erinnerung an die Schwangerschaftszeit. Lastwagen können die ehemals großen Eltern sein, aber besonders eine schwere Schicksals- oder Seelen-Last. Der „Bus" ist oft Mutter, Mutterbauch (= Ersterlebnis). Das Auto ist ein Symbol des Selbst, des Körpers, der Selbstbestimmung, der Aktivität und der Sexualität (lustvolles Fahren), auch der Aggressivität, und natürlich der Autarkie. Der rote Wagen hat eine Aggressionstendenz, der schwarze Sportwagen eine Sextendenz. Ein Auto kann jede Form von Person (genauer Körper) darstellen, gerne auch den Foetus, Babykörper oder als Umhüllung den Uterusraum (Auto-Unfälle sind sprechend für Probleme im Mutterbauch bzw. bei der Geburt, können als Spät-Indikatoren interpretiert werden, sind auch typisch für ein sogenanntes Malheur). Häufig passiert es im Traum, dass man nicht bremsen kann mit dem Auto oder einen ähnlichen Fehler macht, das verweist auf ein Geburtstrauma, wie ebenfalls das vergebliche Suchen des Autos auf dem Parkplatz. Das Erlangen das „Parkplatzes" ist der endlich erreichte Erfolg, Abschluss der Geburt. Was das Auto erlebt, erlebt(e) das Ich, speziell der Körper.

Autoabmeldung: Verlassen einer gewohnten Umgebung, vielleicht auch Verlust einer wichtigen Bezugsperson. Es wird symbolisch irgendetwas beendet, das kann ggf. gravierend sein.

Autobahn: Siehe „Straße"

Autobahnauffahrt: Siehe „Autobahnausfahrt"

Autobahnausfahrt: Geburtsszene und -moment; oft mit einem Trauma verbunden, diese Ausfahrt richtig zu erwischen; meint also das Geburtsproblem. Der Start ins Leben kann auch durch die „Auffahrt"

auf eine Autobahn/Straße dargestellt werden, auch da ist es manchmal
nicht einfach, symbolisch die Kurve zu kriegen oder sich einzufügen,
sich einzureihen.

Autobahnbrücke: Manchmal gibt es da die Traumszene, dass jemand
von der Brücke, an einem seitlichen Hang, nach unten will, und zwar
zu Fuß und nicht unbedingt auf die Fahrbahn. Da dominiert das Symbol „Brücke", welches ein Archetyp für die Geburt ist, und insofern
wird mit dem Abstieg auf den Erdboden die Geburtspassage beschrieben.

Auto-Crash: Neben der allgemeinen Aggressions- oder Unglücks-Bedeutung, kann beim Zusammenstoß zweier Autos auch eine Zeugung
gemeint sein. Als Crash dürfte es dann eher so zu verstehen sein, dass
es fast einer Vergewaltigung ähnelte oder milder, dass es um eine ungewollte Zeugung ging, ein Malheur.

Autodiebstahl: Steht stellvertretend für einen Umgang mit einem Menschen. Es kann sich bei dem Auto um einen Menschen/Körper handeln, der kein Interesse hat, den man aber an sich reißen möchte, z.B.
einen widerstrebenden Vater oder eine widerstrebende Mutter. – Umgekehrt kann es heißen, dass einem das Ego, genauer ein Ego-Teil,
eine Ego-Stufe geraubt wird. Also insgesamt etwas wie ‚Körperraub',
Diebstahl einer Person oder eines Persönlichkeitsteiles bzw. Unterschlagung. Kann auch für den Verlust eines Mitmenschen stehen, z.B. für
Vater- oder Mutterverlust.

Autofahren: Nur eine von sehr vielen (!) Bedeutungen ist diese: sexuell
tätig zu sein. Wie das Auto im Traum steuert oder gefahren wird, welches Modell gewählt wird (Luxus oder Einfachheit), oder ob überhaupt
Unfähigkeit des Autofahrens herrscht – das alles ist eine Aussage zur
sexuellen Potentialität. (Beruht meist indirekt auf entsprechenden Uterus- oder Geburtserfahrungen.)

Autogenes Training: Das steht für einen Hinweis, vergleichbar mit anderen Methoden, der Entspannung näher zu kommen, präziser: um Stress
abzubauen. Es wird hiermit eine Hilfe genannt, wie man beispielsweise

Burnout angehen könnte. Es geht um ein Mittel, das praktisch angelegt ist, es geht also nicht um eine Erkenntnis, sondern um ein Tun.

Autohändler: Dahinter kann sich eine Vaterfigur verbergen.

Autokauf: Sich eine Rolle oder eine Identität aneignen. Oft bewegt sich dieses Symbol im männlichen Bereich.

Autokennzeichen, Nummernschild: Identität und Wahrheit einer Person, Charakter und ggf. Abstammung.

Automarken: Automarken und Autoformen sind sprechend; z.B. scheint sich in manchen Träumen annäherungsweise (nur symbolisch!) darzustellen: Peugeot = phallisch, Renault = weiblich, BMW = männlich. Auch die anderen Namen/Marken haben durchaus dezidierte unbewusste Bedeutungen, sie tragen Assoziationen mit sich (etwa als schnittiger schwarzer Porsche- oder Ferrari-Sportwagen = ungefähr männliches Sextun). Alle Marken-, Firmenprodukte erwecken unbewusste Assoziationen, nicht nur Autos. Die Werbung setzt ja solche Assoziationen schonungslos ein.

Automat: Auch als Gerät, Gegenstand, Ding, Figur, meint es irgendetwas wie den Sexualbereich einer anderen Person, deren Genital- oder Brustregion oder überhaupt eine Person gegenüber – allerdings zu einem Nutzungszwecke. Es geht um Person, Gegenüber oder Teil-Person in einer Funktion. Auch ein Automat funktioniert zu einem Zweck. Oft ist also das Lustgerät einer anderen Person gemeint, z.B. die Mutterbrust oder das Genitale eines Partners. Genau deshalb gibt es die Automaten-Spiel-Sucht, es ist der infantile Versuch, Lust, d.h. Befriedigendes (quasi Liebe oder Muttermilch), aus dem Gegenüber herauszupressen.
Der Automat ist eine Einrichtung, die auf Anforderung hin etwas herausgibt. Das kann den Gefühlen des Babys entsprechen, das von der Mutter etwas haben will. Automatensucht ist so nicht selten eigentlich eine Mutter-Süchtigkeit. Automaten für Zigaretten, Lebensmittel, Alkohol und ähnlich stellen also in der Regel eine alte unbewusste Erinnerung an eine „Geberin" dar. Daher spielt sich am Automaten auch

gern das Suchtthema ab. Der Automat ist ein Gerät, in das man etwas hineinwirft. Herauskommen sollen z.B. Futter oder Münzen oder Süßigkeiten oder Getränke. Das hat eine gewisse Symbolik von Etwas-Erhalten-Wollen (z.B. ursprünglich von Mutter), weshalb es eben Spielautomaten-Süchtige gibt.

Autopanne: Defekte jeglicher Art können konkret körperliche Krankheiten vorankündigen oder aufzeigen oder nur erinnern; z.B. bei Fahrwerk, Rädern geht es gern um orthopädische Fragen des unteren Körpers.

Autorad, Autoreifen: Manchmal Bein des Körpers, Glied des Körpers (auch Phallus). Denn es liegen Auto und körperliches Ich als Vergleich (unbewusst) nahe beieinander. (Manche junge Fahrerinnen bezeichnen ihren Kleinwagen als ihr ‚Baby'.)

Autoreifen: Kann auch einmal für eine Mutterbauch- und Geburtsassoziation stehen. Ist jedoch das Rad nicht für sich, als allgemein Rundes, sondern als Element eines Autos gemeint, überwiegt die Bedeutung Gliedmaßen.

Autoschaden: Ob nun das Auto zusammengeschlagen ist oder verbeult ist oder der Motor fehlt, oder ob es intakt ist, das Traumsymbol sagt etwas über unseren Körper aus. Krankheiten können sich im Autodefekt spiegeln. Aber auch schwere frühe körperliche Schäden, z.B. Geburtrauma oder Abtreibungsattacken, zeigen sich mitunter im Karosseriezustand des Autos.

Autoschlange: Es geht hier um den Stau, der sich in archaischer Weise nicht selten auf den Geburtsprozess oder auf sexuelle Frustration beziehen kann.

Autoschlüssel: Ein Start-, Lebensschlüssel. Ihn erhält man von den erzeugenden Eltern.

Auto-Schrott: Ein Auto steht gern für einen Körper. So kann gemeint sein, dass ein Körper krank, defizitär ist oder auch dass er nichts taugt zu diesem und jenem Zwecke. Mit einem Körper ist natürlich eine Person gemeint.

Autostau: Z.B. als Stau auf der Autobahn = allgemeine, wiederholte Tat-Hemmung, Blockade von Emotionen, Absichten, geplanten Strategien.

Auto-Stehen-Lassen: In einem seltsamen Ort oder auch auf irgendeinem Fahrstreifen kann eine Person ihr Auto oder das ihres Partners scheinbar unverständlicherweise stehen lassen. Dann wird man überlegen: möchte die Person, vielleicht die Frau, ihren Partner loswerden? Oder verbirgt diese Person ein ganz wichtiges Ereignis in dem fernen Ort und hängt daran fest, so wie man z.b. nostalgisch noch einen „Koffer in Berlin hat".

Autotausch: Manchmal geht es um den Austausch von Persönlichkeiten oder um einen Wechsel von Personen (Autos stehen gern für Körper). Sogar Vater- oder Mutter-Tausch kann so dargestellt werden. Sollte sich dieser Autotausch in kuriosen, mysteriösen, unverständlichen Umständen abspielen, besonders ohne Sichtbarkeit, kann etwas Ähnliches wie etwa ein geheimer Vatertausch gemeint sein.

Autounfall: Meist damit verbunden, nicht bremsen zu können, die Vorfahrt zu missachten oder aggressiv zu fahren – dann meint es manchmal einen Sex-Unfall, sprich ein Malheur beim Geschlechtsverkehr, also das ungewollte Zeugen; für Frauen manchmal mit Gewalt, Überrumpelung verbunden. Der Unfall-Schuldige und unvorsichtige Täter ist dann der zeugende Mann. Kann also auch für Vergewaltigung und Missbrauch stehen (Erinnerung). Oder auch dafür, dass ein frommer Mann nur befürchtet, sexuell die Kontrolle zu verlieren; die Frau agiert in solchen Träumen eher leichtsinnig. Etwas wie ein Autounfall wiederholt sich dann als Bild, Symbol beim Geburtsprozess eines ungewollten Kindes, bzw. allgemein kann sich jedes Geburtsproblem als Unfall/Autounfall darstellen. – Des Weiteren kann irgendeine Art von allgemeiner Aggression angedeutet sein, so wie im Grunde jede Art von Trauma. Typisch ist, dass man einen Unfall meist passiv erleidet (gar nicht will), so dass ein Missgeschick oder Trauma in gewisser

Ohnmacht und Unvorbereitetheit gemeint ist. Etwas wie ein „Autounfall" wiederholt sich dann als Bild, Symbol, ob nun beim Geburtsprozess oder einem anderen markanten Lebensereignis. Weiterhin kann irgendeine oder jede Art von allgemeiner Aggression angedeutet sein, so wie auch fast jedes Trauma. Auch Suizidales kann durchscheinen. Man denke an besonders aggressive Autofahrer in der Realität, sie bewegen sich in potentieller Unfallnähe, riskieren andere und sich als Opfer, als würden sie mit dem Tod spielen; so ahnt man, was ein Autounfall im Traum bedeuten kann.

Autoverkauf: Anwendung früherer Lebenserfahrungen. Z.B. können gute, frühe Bindungserfahrungen später in Beziehungen umgesetzt werden. Das Auto steht dann für ein Ich in einem Kommunikationszusammenhang, in einer symbolischen „Kaufverhandlung" mit Menschen. Wir schauen uns auch einmal diesen Sonderfall an, wenn ein Mann einer Frau ein Auto günstig verkauft oder es etwa sogar schenkt, dann kann das Geheimnis darin stecken, dass er sie geschwängert hat.

Autoverlust: Geburtstrauma; heißt ungefähr = beinahe wäre man bei der Geburt gestorben. Auch als Lebensverlust, Vitalitäts- oder Potenzverlust, Partnerverlust möglich. Deutungsoptionen: Ich-, Beziehungs-, Mutter-, Sex-, Lebens-Verlust. Auch an folgende Möglichkeiten kann man also denken: Vaterverlust, Mutterverlust, Lebensverlust. Das Auto meint aber die materiellen Aspekte dieser Phänomene, und das kann dann heißen, dass ein Ich oder eine Seele vielleicht überlebt hat, während der Körper sich aber (z.B. eines Babys bei der Geburt) fast im Todzustand befand. Auch Erinnerung an den Körper (das Auto als Körper), der nicht mehr funktioniert, der verloren zu gehen scheint. Dieser Verlust grenzt an einen Lebensverlust an, ist z.B. typisch für eine Ohnmacht oder todähnliche Situation (bei Geburtsträumen nicht selten).

Auto-Vielzahl: Unguter Zustand. Bedrängnis, Angst, Enge, versteckte Feindlichkeit anderer. Selten positiv.

Baby sprechend: Eine wahre, erstaunliche Erinnerung aus der frühesten Kindheit wird gemeldet.

Baby vergewaltigen (oder kleines Kind): Meist bedeutet es abtreiben. Sexuell missbrauchen ist oft identisch mit töten, und zeitlich ist dann nicht eine gewisse Zeit nach der Geburt, sondern in Wahrheit eine vor der Geburt gemeint (Umkehrung). Leider erklärt es sich so auch, dass Kinder, die abgetrieben werden sollten (oder in einer Vorinkarnation abgetrieben wurden), statistisch häufiger als andere Kinder, auf scheinbar unerklärliche Weise, in sexuellen Missbrauch geraten.

Baby-im-Wasser: Erinnerung an die Uteruszeit. Meistens als Idylle, d.h. Erinnerung an eine schöne paradiesische Zeit. Hinzu kommt: Grundlage für die Sexualität später.

Baby-Klappe: Das kann man abgeschwächter, als es klingt, deuten. Gemeint ist eine psychische und soziale Vernachlässigung eines Kindes, besonders eines Kleinkindes. Das kann sogar nur ein vorübergehender Zustand sein. Träume extremisieren gern, wählen das ganz starke Bild, damit es nicht übersehen wird. Die Übertreibung arbeitet gegen die Verdrängung.

Babykleidung: Wenn ein Baby auffallend eingehüllt ist, in Überzug, Anzug, Wolle, besonders auch schützend etwas Haubenartiges auf dem Kopf trägt, kann das bedeuten, dass das Baby zu früh geboren oder geholt worden ist. In solchen Fällen hat es real eine Art ‚Käseschmiere‘, die wie ein Überzug wirkt. Bei dem von der Natur vorgegebenen, reellen Geburtstermin gibt es diesen Überzug nicht mehr.

Babysachen: Gemeint sind hier Utensilien und besonders Kleidung für Babys. Diese verweisen auf eine Fixation in der Babyzeit. Dieser Person wird man eine Regression auf ein unbewusstes Ereignis oder Trauma aus der Babyzeit zuschreiben können. Als Rückschritt, Hindernis zeigen Babysachen eine infantile Entwicklungsblockade. Es kann sich natürlich auch einmal um etwas Positives handeln.

Bach: Verlauf eines Prozesses, eines Lebensabschnittes. Abgesehen davon, dass es auch eine Trennungslinie sein kann. Auch kann die Bedeutung des „Wassers" eine Hauptrolle spielen. Doch der Verlaufscharakter ist meist dominierend, und dann ist nicht selten das Fließen der Schwangerschaftszeit gemeint.

Bäcker: Ein Bäcker ist ein Mann, der Süßigkeiten zu bieten hat und auch Brot. D.h. er kann für einen Mann stehen, der sexuelle Befriedigung für eine Frau zu bieten hat, aber auch konkreter für einen Mann, der schwängert, der symbolisch ‚backt', also für einen Erzeuger.

Bäckerei: Ein Mutter-Liebes-Ziel. Oder eine zu große Fixation auf Mutter. Typischer mütterlicher Laden der Lust. Symbol der oralen Phase. Ähnlich ist „Konditorei". Später als Ersatzsymbol für Sexualität.

Backofen: Kann ein Symbol für den weiblichen Unterleib sein, in dem ein Kind ‚gebacken' wird bzw. entstehen könnte. Siehe auch „Ofen"

Backstein: Backsteingebäude haben meistens eine Bedeutung wie der Bauch der schwangeren Mutter; oder sie meinen die Mutter allgemein; manchmal auch die eigene, aber ehemals kleine Person, die gezeugt und gewachsen ist: sozusagen wie gebacken und zusammengesetzt. In der Regel ist dieser Stein ein deutliches Schwangerschaftsindiz, eine uterale Erinnerung. Vgl. „Ziegelsteinmauer"

Backsteinanordnung: Backsteine aus Ton, etwa als Kubus oder als Haus, haben meist mit der Schwangerschaftserinnerung zu tun. Wie nun diese Backsteine angeordnet oder gerichtet sind, das ist eine Aussage über die damals schwangere, eigene Mutter. Backsteine können im Einzelfall etwas zubauen, also ein Hindernis sein, oder auch in einer aversiven Igelhaltung auf den Betrachter gerichtet sein. Das sagt dann schon einiges aus über die eventuelle Abwehr-Haltung der Mutter gegen ihre Frucht.

Backsteinhaus: Ähnlich auch Backsteinhaus-Mauer. Hier ist in aller Regel die Mutter dargestellt. Wenn eine Person ggf. nahe bei den Backsteinen steht oder an die Mauer angelehnt ist, kann vielleicht von einer Mutterabhängigkeit gesprochen werden. Wenn „Backsteine" mit Erde, Mutterboden verbunden sind, ist die Assoziation zur schwangeren Mutter noch deutlicher.

Backsteinpflaster: Eine Art Überlebenserfolg. Backsteine (uterales Element) als gute Basis für frühes Werden.

Bad, Badezimmer: Entwicklungsterrain, -stufe, als Erfolg oder auch als Lücke bzw. Desiderat. So geht es in diesem Zimmer um die Stationen Schwangerschaft, Geburt oder Pubertät. Damit steht Bad auch indirekt oder sekundär für Sexualität.

Bad, Schwimmbad: Ein Wasserbassin meint das Unbewusste (1) oder die Uteruserfahrung (als eingefasster Wasserpool) (2) oder Sexualität/Gefühlsbereich (3) oder aber den reinen Geist (4) (nämlich das Klar-Wasser-Symbol als Geist).

Badeanstalt: In der Regel geht es um ein erotisches Thema. Steht auch allgemein für ein Entwicklungsthema.

Badehose, Badeanzug: Tangiert die sexuelle Seite eines Menschen.

Bademeister: Symbolisch haben wir es hier mit einem Mann zu tun, der sexuell aktiv ist oder erotisch als interessant empfunden wird.

Bahnhof: Entscheidungen und Weichenstellungen im Leben. Anschluss, z.B. an eine Partnerschaft, finden oder verpassen. Sogar das Scheidungsthema kann auf einem Bahnhof oder Bahnsteig dargestellt sein (Trennungs-Archetyp). Ggf. stark verändernder Eingriff in eine biografische Linie (z.B. früher Vaterverlust). Der „Bahnhof" ist primär ein klassisches Geburtssymbol. Siehe auch „Bahnübergang"

Bahnschranke geschlossen: Ein typisches Zeichen für eine schwere, eigentlich verhinderte und abgelehnte Geburt. Oft wird dann ein Zurück gesucht oder der Ersatzweg, Ausweg. Es gibt eben viele Gründe, warum eine Geburt per Schranke blockiert war. Das verbleibt als ein wichtiger Charakterzug im Unbewussten des Menschen.

Bahnsteig: Eine Szenerie der Ankunft und der Erstbegrüßung. Also kann sich ein subtiles Problem bezüglich allgemeiner Kontaktaufnahme zeigen oder auch ein Thema, was mit unserer Ankunft auf der Welt zu tun hat. Schaltstation im Leben, z.B. für Trennung oder Gemeinsamkeit.

Bahnübergang: Zentrale Stelle des Geburtsmoments, eine Schwelle im Prozess; ähnlich wie Schranke, Bahnhof, Barriere. Bahnübergang geschlossen = blockierte, verweigerte Geburt (d.h. in der Praxis sehr verzögerte, mit Todesangst einhergehende Geburt).

Bahn-Überschreitung: Gemeint ist die Überquerung von Bahngleisen und ähnlich, dann können wir in der Regel von einem Geburtsthema ausgehen, und es müsste der Enderfolg damals, trotz eventueller Probleme, angedeutet sein.

Balancieren: Ein Spiel, das manchmal auf eine sehr ernste Sache verweist, nämlich gar auf ein Balancieren zwischen Tod und Leben. D.h., wenn man in seiner Biografie eine lebensgefährliche Phase überstanden hat, kann man vom Balancieren über dem Abgrund träumen.

Balkon: Ähnlich wie Balkonzimmer, Erkerzimmer geht es um einen Außen-Vorbau eines Hauses wie aber auch einer Persönlichkeit. Wer hier untergebracht ist, ist sozusagen vom Hausbesitzer nicht in das Innere gelassen worden – im übertragenen Sinne (als Ablehnung). Als ‚Vorbau oben‘ kann Balkon auch der Busen einer Frau sein (Mutterthema). Dann geht es also um eine Erfahrung als Säugling in der oralen Phase. Balkon ist der ‚Vorbau‘ von Haus/Persönlichkeit/Körper, aber auch eine erhöhte Position, von der aus ein Überlegener nach unten spricht.

Ball: Symbol des amourösen Hin und Her zwischen zwei Menschen, manchmal (selten) auch für eine unerotische gute Beziehung;

57

Kontaktthema; Energie-, Spaß-, Vitalitätsaustausch. Auch Mutter-
bauch. Wer den Ball zuerst wirft oder als Spielzeug mitbringt, ist der
Anfänger, Auslöser, er initiiert das Spiel, er ist der Beginner, z.b. eines
Flirts. Bälle = auch manchmal Mutterbrustsymbol.

Bällchen: Kleine luftige gelbe Bällchen oder Kügelchen z.b. sind ein
Kontaktversuch. Sie sind eine Liebessendung oder ein Liebesgefühl,
von einer Person zur anderen.

Ballon: Schwangerer Mutterleib. Ungeborener Foetus, eventuell in diesem Zusammenhang: als Archetyp des frühen Verlustes der Frucht
fliegt der Ballon davon. Da geht es gern um Leben oder Tod, meist
pränatal, oder gar weiter zurück in der Vorgeschichte (Inkarnationsge-
schichte). Betrifft z.B. Abtreibung oder Fehlgeburt. Vom Ballon abgeholt werden und in die Luft getragen werden ist in der Regel ein Flug
Richtung Jenseits (dazu gehören auch die Motive „Raumfähre" und
„Abgeholtwerden").

Ballspiel: Siehe „Ball" und „Mannschaftsspiel" und „Spiel" und „Spiel-
leitung"

Ballspiel-Fehler: Eine nicht gelingende sexuelle Interaktion.

Ball-Treten: Das hat etwas von einer männlichen Aktivität, mit dem
Ziel, das Tor zu treffen. Also kann es ein allgemeines energiereiches
Streben sein, aber auch gern die männliche Sexualität meinen.

Banane: Nicht selten hat die Banane eine phallische Bedeutung.

Band: Stellt eine Verbindung dar bzw. einen komplex-verbundenen Inhalt. Als Gummiband: Beziehung zu einem Menschen in loser Form,
wie etwa erwachsene Kinder zu den Eltern. Als viele Kabel oder Käbel-
chen = aus vielen Einzelheiten fast unentwirrbar zusammengestrick-
tes Thema, d.h. eine komplizierte Information und Bindung. Auffällige
Bänder = auffällige, starke (personale) Bindung.

Bandtrennung: Bänder zu trennen oder zu zerschneiden, z.b. auch Keilriemen oder Zahnriemen, bedeutet eine sehr gravierende Trennung. Es geht um eine irreparable Trennung, meist von einer Person, um einen endgültigen Verlust.

Bank als Geldhaus: Siehe „Sparkasse"

Bank: Als Sitzbank sagt sie aus, dass ein entsprechender Akteur hier bleiben will. Das kann also bedeuten: auf ein Ziel versessen sein, oder eine Beziehung, d.h. ein „Weitergehen" mit einem andern, beenden (zurückbleiben). Die Bank sagt deutlich: hier will ich Platz nehmen und nirgends sonst = z.B. als Anspruch auf das Leben, am Anfang. Im deutschen und englischen Sprachraum kann eine Sitz-Bank durchaus auch eine Bank als Geldinstitut meinen. Vgl. „Stuhl"

Bankdirektor: Alle Chefs von Geldinstituten vermitteln den Eindruck, „reich" zu sein, und das ist ein Symbol dafür, dass sie von Frauen als erotisch und attraktiv empfunden werden.

Banker: Das sind Menschen, die viel Geld zu haben scheinen, aber in Wahrheit wird verraten, dass diese Menschen reich an erotischem Tun oder Interesse sind.

Bank-Platz: Hier meinen wir eine Holzbank zum Sitzen mit mehr als einem Platz. Da wird angezeigt, inwieweit ein Mensch, nämlich der eine Sitzende, in einer Gruppe integriert ist oder zu dieser gehört.

Bär: Symbol einer mächtigen, dominierenden, meist aggressiven Frau, also gern eine gefährliche Mutter darstellend. Der positive Aspekt ist seltener: im Märchen z.B. (Schneeweißchen und Rosenrot) bricht mit dem Bär die (positive) weibliche Pubertät ein bzw. ein Mann als Sexualitätsauslöser (der „Freier" als „Bär"). In der Regel gilt aber für Bär: zu groß, zu raubtierhaft. Auch als Urs/Ursula auftauchend. Positiv dürfte wohl am Bär-Archetyp die Langsamkeit und Gemütlichkeit sein, d.h. der Bär steht für das Gegenteil von Hektik, hektischer Betriebsamkeit, also für eine innere Bärenruhe. Der steinzeitliche Bärenkult war wohl eine matriarchalische Religion. Die Bärenmutter behält ihr Junges sehr lange bei sich, das spricht für den Bär als Muttertypus. Tendenziell ein gewichtiges weibliches Wesen. Der kleine Bär, etwa als Koala-Bär, meint das Baby oder Kind einer Mutter, das klammert, dass die evtl. abweisende Mutter (besonders die Brust) heftig erstrebt.

Barfuß: Vielleicht ein Mensch ohne elterliche Hilfe, d.h. „ohne Schuhe", ohne Basisausrüstung, im übertragenen Sinne zu deuten, auch evtl. wie verwaist. Positiv: autonom, genuin, originär durchs Leben gehen; sowie unverfälscht, Kraft aufnehmend (aus dem Boden). Ein Barfüßler kann außerordentlich naturnah, echt, authentisch sein sowie sehr wahrheitsliebend, schließlich sehr tief und authentisch im Gefühl. Geht jemand barfuß ins Wasser, geht er dem Unbewussten tief auf den Grund. Armselig, ohne Ausrüstung (fast wie ein Gefangener) ist aber eben auch manchmal die Bedeutung.

Bargeld: Siehe „Bezahlung"

Barrieren: Die Barrieren können variieren, z.B. als Bahnschranken auftreten, oder ihre Wirkung ist verstärkt durch rot-weiße Farbe. Sie erinnern nicht selten an eine schwierige Geburt, wo das Durchkommen behindert war. Sie können aber auch sonst Hindernisse im Leben andeuten, ob nun im beruflichen Erfolg oder in der Erotik bei einem Partner. Vgl. „Bahnübergang"

Bart: Betontes Männlichkeitsattribut; als langer alter grauer Bart ein ausgesprochenes Weisheitszeichen oder auch nur ein Vergangenheitszeichen.

Bassin: Siehe „Schwimmbad"

Batterie: Eine Potentialität für ein Werk (1) oder für einen Körper/Menschen (Gesundheit) (2) oder für eine Beziehung (3). Auch konkret für die Zeugungs- oder Lebensumstände. Insgesamt Hochvitalität oder Lebenskraft überhaupt.

Bauarbeiter: Dahinter kann sich ein Vaterthema verbergen.

Baustelle: Erinnerung an eine sehr behindernde Situation.

Bauch: Meint in der Regel den schwangeren Mutterbauch, bzw. ein Zeugungs- oder Abstammungsthema. Auch ein Zeichen des Besitzens, Habens.

Bauchberührung: Die Berührung des Bauches einer Frau im Traum tippt gern folgendes Thema an: schwanger werden ja oder nein.

Bauchdecke behaart: In Träumen, die mit Frauen zu tun haben, ein Indiz dafür, dass ehemals der schwangere Mutterbauch aversiv und aggressiv war.

Bauch-Loch: Abtreibungswunde, -erinnerung (da blutet es dann auch oft im Traum).

Bauchraum: Es ist immer ratsam bei diesem Symbol, darüber nachzudenken, ob ein Schwangerschaftsthema vorliegt. Des weiteren beinhaltet der Bauch Nerven wie ein zweites Gehirn; man fasst dort Beschlüsse, nämlich Beschlüsse des Unbewussten oder des Gefühls. Das Gehirn im Kopf zeigt an, was das Gehirn im Bauch denkt (und entscheidet).

Bauchzittern: Wellenförmige Muskelbewegungen oder Zittern in der Bauchdecke, unterhalb des Nabels, stellen bei Frauen den Orgasmus dar. Entsprechend reden Frauen bei großer Verliebtheit von „Schmetterlingen im Bauch" (das würde ein Mann nicht sagen, er fühlt anders, und er fühlt woanders). Das Symbol kann im Traum auch in/über der Kleidung laufen, der Körper muss also nicht nackt sein. Der Archetyp findet sich auch offensichtlich im orientalischen Bauchtanz, die Zitterbewegung der Bauchdecke meint dort wohl Sex.

Bauer: Der Vater, besonders der echte Vater, also der Erzeuger; in manchen Fällen auch Gott, Gott-Vater; oder einfach nur derjenige mit einer Ehefrau, d.h. symbolisch mit einem weiblichen Acker.

Bauernhaus: Des Vaters Haus (umgangssprachlich „mein Vaterhaus"), Kindheitshaus, dadurch natürlich auch zusätzlich das mütterliche Haus.

Szenerie, die mit der Abstammung zu tun hat. Wenn auf dem Bauernhof eine Bäuerin und ein Bauer agieren, also ein Bauernpaar auftritt, kann man Bauernhof und Bauernhaus als Gleichnis für die eigenen Geburtsumstände deuten bzw. für die zeugenden Eltern.

Bauersfrau: Frau, die zur Mutter gemacht wird oder gemacht werden kann. Das Thema Schwängerung liegt hier also nahe.

Bauland: Terrain, auf dem ein Mensch irgendeine Aktivität ausüben kann, seine Ziele verwirklichen kann. Vom Mann aus gesehen, könnte es auch eine Frau darstellen, die sich ihm quasi zur Verfügung stellt.

Baum mit Frucht: Hier wird angezeigt, dass ein Plan oder ein Unternehmen erfolgreich sein wird. Die Qualität der Früchte spielt natürlich auch eine Rolle, zum Beispiel, ob es sich um viele oder schöne bunte Früchte handelt.

Baum: Ein Ich-Symbol, kann also eine spezielle Persönlichkeit meinen, natürlich nicht selten den Träumer selbst. Baum-Krone = das Denken und die Ziele der Person. Wurzeln und Unterirdisches = das Unbewusste, die Lebenskraft, die Vorgeschichte. Der Stamm = das Fühlen. Allgemeines Symbol für Leben/Überleben, d.h. für Körper, Gesundheit, für die biologische Vitalitätsenergie. Baumfällung = tod-nahes Thema. In der Allgemeinbedeutung eher weiblich, vgl. die Baumgöttin Isis, daher auch ein typisches Muttersymbol, etwa so: „unter dem Baum sein" = bei der Mutter sein; das Mütterliche steckt stark in dem schützenden Blatt- und Astwerk eines Baumes, vgl. dazu in Mitteleuropa die Dorflinde. Heil und Schutz des Baumes transzendiert, ergibt den idealen Ort für Muße, Ruhe, Erkenntnis, so gehört zum Baum nicht zuletzt das Erleuchtungsthema, oder: dass der Baum eine heilige Person wäre oder dass Gott durch ihn spricht. Ja, er kann das Schicksalsmedium sein, z.B. durch die Vögel im Baum, die im Märchen reden (wie auch die Mutter gern das Schicksal ist). Generell ein Gesundheitsarchetyp. Vgl. auch den Sinn des modernen „Waldbadens".

Baumarkt: Symbol für das Leben, bevorzugt bei männlichen Träumern. In Frauenträumen: der sehr betonte oder eventuell überzogene Animus.

Baumblätter: Sie verdecken, verstecken manchmal eine geheime Information. Schützen aber auch.

Baumdach: Steht für die Mutter, die schützt und bei der eine Schwangerschaft möglich ist.

Bäume-Verwechseln: Identitäten (Abstammungen) oder Geschlechtlichkeiten vertauschen.

Baum-Fällen: Es kann sein, dass man eine geliebte, wichtige Person irgendwie verliert oder verloren hat. Es kann auch sein, dass man selbst eher der Baum ist und arg verlassen und allein dastand oder dasteht. Evtl. geht es um eine schwierige, notwendige Trennung.

Baumhaus: Enge Mutterbeziehung oder der Mutterbauch selbst, in der Regel symbolisch, d.h. als Zuflucht-, Schutzstätte; sowie bevorzugt für Kinder.

Baumkraft: Optimale Lebenskraft, Wachstumschancen, Vitalität.

Baumkronen: Sie sind z.T. die Mutter-Wiege, das schützende Mutterdach. – Eine ganz andere, nämlich mentale Bedeutung ist: Strebungen und Ziele des Menschen; sein geistiger Habitus, seine Absichten, Fernziele. Also vergleichbar mit dem Kopf des Menschen.

Baumstamm: Abgeschnitten oder gefällt und liegend = eine todesnahe Szene. Kann unter anderem auf eine vorangegangene Abtreibungsgeschichte hinweisen. – Allgemein dem „Stammbaum" vergleichbar. Emotionales Gerüst eines Menschen. Ein Ich-Symbol, ein Vater-Symbol, ein Stärke-Symbol. Es geht beim Baumstamm gern um die Basis eines Menschen, um seinen Kern. Dieser hat eben viel mit seiner Abstammung zu tun. Man spricht da nicht umsonst vom „Stammbaum". Der untere Teil des Stammes meint die Anfänge, und zwar nicht nur einer Entwicklung oder einer Gruppe, sondern auch eines speziellen, momentanen Menschenlebens. Das typische Umkehrungswort für „Stammbaum", und dieser hat ja viel mit dem Clan, der Genetik zu tun.

Auch als Ausdruck der Mitte des Gewächses = etwa des Fühlens im Zentrum des Menschen (Emotionen).

Baumstück: Konkret ist hier ein abgesägter Baumstamm gemeint. – Als Symbol „Tannenbaum" hat er übrigens einen verräterischen, starken Mutterbezug. – Ein Baumstammstück kann im Traum auch als schräg abgesägte oder abgeschnittene, diffuse Säule vorkommen. Das ist eine abgeschnittene Entwicklung, und meistens ist es ein gekapptes Leben. Mit anderen Worten, ein Lebewesen im Mutterbauch ist vor der Geburt getötet worden. Manchmal kann aus solchen Baumstümpfen auch viel Blut im Traum herausfließen, das ist dann deutlich.

Baumsturz: Auch als Balken- oder Rundholzsturz auftretend; er legt thematisch, symbolisch nahe, dass es eventuell um den Tod irgendeiner Person geht.

Baumwipfel: Die Position in den Baumwipfeln ist ‚Oben'. Man könnte es vielleicht so ausdrücken: es ist eine Situation ganz knapp vor der Geburt, noch halb im Himmel, Jenseits. – Auf der anderen Seite ist im Wipfel als Kopf das Denken angesiedelt, etwa die hochfliegenden Pläne eines Menschen.

Bauunternehmer: Gern ein Vater, ein Erzeuger.

Beamter: Der Beamte hat das Sagen, ob als Schalterbeamter oder im Zug. Er ist ein Archetyp, der die Autorität darstellt. Gegenüber einem Beamten ist der Träumer in der Regel in der unterlegenen Position. Symbolisch ist man davon abhängig, was der Beamte im Traum entscheidet. Also stehen solche Beamten für gesellschaftlich oder familiär stärkere Mächte oder Personen. Der Beamte symbolisiert die Erwartung, die die aktuelle Gesellschaft an jemanden hat, ggf. als Druck, und betrifft so z.B. auch die Forderungen des momentanen Staates. Eine Gesellschaft kann dabei auch für die Familie stehen. Tendenziell hat der Beamte ähnlich wie ein offizieller Prüfer eine Wirkung im Traum, die etwas Stress verursacht. Er agiert nicht nur wie ein Vertreter, sondern wie ein Kontrolleur der staatlichen, d.h. der übergeordneten Macht. Da kann man sich schnell wie ein kleiner Zivilist fühlen.

Zumal, wenn man seine Geheimnisse hat – und wer hat die nicht. Er ist eine schwächere Variante des Symbols „Polizist", der gern für eine strenge Durchsetzung des Gesetzes bzw. des Richtigen oder des als richtig Angenommenen steht.

Beerdigung: Sehr selten konkret, ernst gemeint, zumal nicht für die eigene Person. In der Regel als Verabschiedung, entscheidende Trennung, große Abwendung von etwas zu deuten, als Erledigung einer Sache, Akzeptanz eines Verlustes. Evtl. auch als nicht erledigter Abschied öfter im Traum mahnend.

Beeren: Ob nun Himbeeren oder Brombeeren oder Erdbeeren, der Bezug zu den mütterlichen Brüsten ist recht eindeutig. Dieses Konkretum hat natürlich auch eine übergeordnete Bedeutung, nämlich Sex, Lust, Beziehung, Befriedigung, bzw. die Mutter allgemein.

Beet: Ein Aspekt des Lebens (auch pränatal) oder der Emotionen oder des Wachstums derjenigen Person, zu der das Beet gehört.

Befugnis: Allgemeines Existenzrecht. Aber auch Berechtigung, etwas (Legales) zu tun.

Begegnung: Wir schauen hier einmal auf die überraschende Begegnung, in idealen Umständen, z.B. in Schönheit, Jugend, Liebe, sie kann auch einmal ein rein geistiger, ein telepathischer Besuch sein, d.h. eventuell kommt sogar ein Verstorbener, vielleicht gerade in seinem Sterben (irgendwo in der Ferne), er besucht und verabschiedet sich, nicht selten ohne Worte, sondern nur mit einem starken Gefühl. Das ist bezeugt, z.B. bei Soldaten, die in der Ferne fielen. Also man muss an viele Dimensionen bei dem Symbol „Begegnung" denken.

Begegnungswiederholung: Trifft man im Traum in zufälliger, aber auffälliger Weise wiederholt auf Menschen, z.B. ein Paar, so drängt sich auf, dass man mit diesem (anscheinend manchmal unbekannten) Paar etwas zu tun hat. Und zwar ist man mit so einem Paar schicksalhaft verbunden oder in sehr früher, vorbewusster Weise. Die Menschen, die man wiederholt trifft, die aber fremd erscheinen, strahlen eine wichtige

Botschaft aus. Z.B. kann man hier sein Elternpaar in ganz unbewussten Aspekten erleben. Fazit: es drängt sich ein Geheimnis auf, dass mehr Bedeutung für den Träumer hat, als er bewusst denkt.

Beifahrer: Ein Mitgenosse des gleichen Geschlechts, wie es der Träumer hat, zeigt gerne eine Schattenpersönlichkeit an. D.h. es geht um einen unbewussten Teil, der sehr selbständig ist und sich durchaus auch abgespalten haben kann und sein Eigenleben führt. Das merkt das Ich nur indirekt an Verhaltensweisen, die es nicht verstehen kann und die es manchmal eigentlich nicht ausführen möchte. Insgesamt ein „Schatten", ohne Bewertung. Manchmal aber konkret reale Beziehungspersonen darstellend, die offiziell nicht führend sind, nicht steuern.

Begleiter: Ein sehr interessantes, aber schwierig zu deutendes Symbol. Die Träume legen nahe, dass wir alle einen unsichtbaren Begleiter bei uns haben, besonders in schwierigen Situationen oder in Entscheidungsprozessen. Da mag man daran denken, dass diese Erfahrung in der Menschheitsgeschichte zum Motiv des „Schutzengels" geworden ist. Für diesen Begleiter kann man verschiedene Namen wählen: das höhere Ich, das Schicksal, ein Engel? Es ist nicht einfach zu benennen oder zu erklären, warum ein einzelnes Ich oft im Traum als Zweie auftritt oder auch als Trinität. Es dürfte sich um ein einziges Ich handeln, also um uns Menschen, die aber vielleicht in Wahrheit nie alleine sind oder die als Duale oder als Dreifaltigkeit auftreten können oder jedenfalls agieren können. – Eine banalere Deutung einer Begleitperson im Traum ist diese: dass die träumende Person ein ähnliches Schicksal hat oder haben wird, wie die Begleitperson. Dann ist die Begleitperson ein Hinweis, der versteckt oder indirekt zur Psyche oder zum Körper der träumenden Person gehört.-- Der Archetyp zum „Begleiter" wäre der klassische, unerkannte Begleitengel Raffael. Der Unbekannte neben einem kann auch einen Verstorbenen meinen, der begleitet oder hilft, oder sonst einen guten Menschen aus der Umgebung (bzw. dessen Geist). Es kommt nicht selten vor in Träumen, dass eine nicht näher bekannte Begleitperson, etwa wie ein Kumpel, mit im Bild, in Aktion ist, und man ist hinterher ratlos, wie man diese zusätzliche Person interpretieren soll, die auch leicht übersehen werden kann. Sie ist ungefähr wie ‚Bruder oder Schwester im Himmel' (Jesiden) oder im Unbewussten zu verstehen, psychologisch gern als „Schatten" zu bezeichnen. Es geht also primär um den Begleiter unbekannter Art. Z.B. gibt es im Traum irgendeinen Zugbegleiter, der beim Aussteigen ein gutes Gelingen oder ähnliches wünscht. Oder es gibt einen Bergführer, den man nicht näher kennt, der aber immer mitgeht. In diesen Personen finden wir ein Symbol für das Wesen, das die Menschen gern als Schutzengel bezeichnen. Vermutlich dürfte es so sein, dass wir mehr von unsichtbaren Kräften oder Wesen begleitet sind, als wir denken. Auch die im Unbewussten manchmal als eigenständige, separat zu sehende Geschlechtsteile können als Begleiter, Kumpel auftreten. Siehe auch „Kumpel"

Begleitung: Begleitende oder auch unmittelbar folgende Personen haben vielerlei Aspekte. Es kann um eine unbewusste Ähnlichkeit des Träumers mit so einer Begleitperson gehen, also um einen Typus. Vielleicht geht es auch um Wege, Ziele (Zukunft). Dann kann angezeigt sein, dass die Perspektive des Träumers der Biografie einer Begleitperson stark ähnelt, im Extremfall kann es darum gehen, dass beide Personen eine ähnliche Lebenserwartung haben. Siehe auch „Begleiter"

Begraben: Hier geht es meistens darum, eine Sache, einen Vorfall zu verstecken, zu verbergen, zu erledigen, unsichtbar zu machen; unter die Erde bringen ist ähnlich wie unter den Teppich kehren. Auch einfach nur als Abschied-Nehmen zu verstehen.

Begräbnis: Große Trennung.

Begräbnisrede: Meist steckt dahinter ein Geheimnis, dass irgendein Tod-Ereignis sehr präsent und faktisch ist bzw. war, aber dem Bewusstsein fehlt. Da gäbe es also noch was zu sagen.

Behandlungsfehler: Das ist ein Begriff aus der Medizin oder aus dem Krankenhausleben. Er meint im übertragenen Sinne, dass das Opfer eines Behandlungsfehlers psychisch gekränkt und verletzt worden ist, selten körperlich.

Behindert: Körperliche Behinderung meint in aller Regel einen (nur) psychischen Schaden. Beispielsweise als Infantilität zu deuten oder auch vielleicht gar einmal als Anorgasmie. Mit „be- oder verhindern" ist allgemein eine Einschränkung gemeint, und so kann es unerwachsen oder nicht-lustfähig oder psychisch traumatisiert meinen. Generell: seelisch durch ein Hindernis von einem Ziel entfernt sein, also mental, psychisch, nicht körperlich verletzt sein.

Behinderter: Körperliches Symbol für seelische Schädigung, Einschränkung. So ist als Beispiel der „behinderte Bruder" im Traum einer Frau ihr sehr defizitärer Animus, d.h. männlicher Seelenteil.

Beifahrerin: Betont Beifahrerin sein, z.b. als Frau, für einen Mann am Steuer, heißt wahrscheinlich: Die Frau hat sexuelles Interesse an dem Mann, oder sie gehört eng zu ihm (sonst hätte sie an diesem Platz kein Interesse).

Beifahrersitz: Es hat einen Touch von Passivität, das meint, dass man die Richtung seines Lebens nicht unbedingt selbst bestimmt, sondern eher andere. Wenn man im Traum auf dem Beifahrersitz sitzt, dann ist die Person, die das Auto steuert, als stärker oder dominanter anzusehen. Das kann eine alte Erinnerung darstellen oder den Jetzt-Zustand, z.B. in einer Beziehung, illustrieren. Kann so auch eine arge (eventuell versteckte) Zurückdrängung aktuell zeigen. Ob in der Familie oder in der Beziehung, der Beifahrer hat das Sagen nicht. Aber: wir sind alle auch einmal Beifahrer.

Beige: Auch als hell-beige oder popeline-farben vorzufinden, meint es Betrug und Lüge. Ein beiger Trenchcoat-Mantel zeigt Unehrlichkeit oder Angepasstheit. Beige ist die Farbe der negativen Welt (Diesseitigkeit), die aus Unwahrheit und Bluff besteht. Es geht um eine Art Betrug, Verschleierung, als würde dunkles Braun verlogen erhellt, kaschiert. Insgesamt also gern ein Illusions-, Unklarheitssymbol, daher oft für den täuschenden ‚Herrn der Welt' gebraucht, für den Teufel, für den Verführer. Natürlich gibt es nicht ausschließlich nur diese negative Funktion.

Bein fehlend: Wenn in der unteren Körperregion etwas fehlt wie ein Bein, ein Schuh oder ein Fuß, dann hat das mit der Bedeutung zu tun, dass die unteren Gliedmaßen gerne unsere zweifache Basis darstellen, nämlich beispielsweise die Eltern. Und wenn ein Elternteil fehlt, kann sich das symbolisch in „einem" fehlenden Bein oder Schuh darstellen. – Auch als Einschränkung der sexuellen Potentialität zu deuten.

Bein, nur „mit einem Bein": Wie in der Redewendung, ist man hier zur Hälfte in der Nähe von Glück oder Erfolg oder Überleben oder aber zur Hälfte im Elend oder Abgrund oder Tod. Gern taucht das Bild auf, dass man mit einem Bein schon im Abgrundbereich hängt. Es kann eine aktuelle Warnung sein, dann sollte man sein Verhalten in irgendeiner Beziehung ändern; es kann aber auch eine Erinnerung an eine alte Todesgefahr sein.

Beine: Den unbewussten und auch stark den sexuellen Bereich eines Menschen aufzeigend, im Rahmen einer nicht seltenen erotischen Fuß-, Bein-, und Unterleibs-Symbolik. Ein Bein kann einen Phallus vertreten, aber der Oberschenkel auch weiblich Genitales. Daneben Fähigkeit, den Lebensweg zu bewältigen, besonders in der Frage, selbständig zu sein und sich der Zukunft zuzuwenden oder sich durchzusetzen. Verletzte Beine = wie zur Regression gezwungen. Ein Problem im Gehen ist ein Entwicklungsproblem.

Beinverletzung: Nicht selten erklärt sich das Symbol durch den Zusammenhang von Bein und Unterleib. Beine (auch Füße) können stellvertretend für den erotischen Bereich stehen. Eine Beinverletzung kann also eine Störung im sexuellen Bereich meinen, aber auch eine bezüglich eines Elternteils. Siehe auch „Beine" und „Krücke"

Bein-Verlust: Die erotische Nebenbedeutung der Beine, unteren Gliedmaße ist nicht gering. Hier können wir also manchmal eine symbolische Kastration annehmen oder eine große Eingeschränktheit, Behinderung bezüglich des sexuellen Tuns.

Beine-Zwischenraum: Gemeint ist hier der Platz zwischen den Beinen, und zwar nicht unbedingt intim oder genital sondern als Platz für ein Lebewesen, was z.B. auf dem Boden zwischen den Beinen einer anderen Person hockt oder sich befindet. Das deutet eine sehr vertrauliche

Beziehung an. Es können ja auch Kinder zwischen den Beinen eines Erwachsenen hocken. Das Sexualthema ist hier zweitrangig.

Beißen: Sehr archaischer Ausdruck für Aggression. Unsere Urwaffe generalisiert, auch zum Zwecke, sich etwas zu nehmen. Jedenfalls kommt die Beiß-Regung aus den tiefsten Tiefen (des Gefühls, der Evolution). – Manchmal so zu übersetzen: mit Gewalt festhalten, jemanden mit den Zähnen fixieren; das kann positiv oder negativ sein. Es hat gern damit zu tun, dass im Traum mitgeteilt wird, dass man eine spezielle Aufgabe zu erfüllen hat, gegenüber dieser kann man nicht weglaufen, sondern unfrei, gebannt, beauftragt ist man, ‚wie von einem Geist gebissen'. Allgemein: Sich durchsetzen wollen, auch nicht unerotisch; ist mit ambivalentem Sinn zu deuten.

Benzin- und Ölflecken: Sehr negativ, unter anderem auch wegen der Schwärze; sie zeigen seelische Wunde, Misslingen oder ein Trauma an; siehe auch „Oel"

Benzin: Wenn es im besonderen Falle darum geht, dass ein Kanister oder sonstwie Erdöl oder Benzin verschüttet werden, also als Makel oder besonderes Unglück, dann steckt ein Trauma oder ein Vergehen oder ein Missgeschick dahinter.

Beobachten: Im Traum kann es manchmal um eine sehr aufwendige Beobachtung gehen, dann kann man vermuten, dass der Beobachtende ein auffälliges, wenn auch vielleicht heimliches Interesse hat. Das kann bis hin zu Kontrollabsichten oder Dominanzabsichten reichen. Also im betonten Beobachten versteckt sich etwas.

Berechtigung: Eine „Berechtigung" kann zu einem auf Erden willkommenen Menschen gehören (Gegensatz: ungewolltes Kind). Recht auf Leben, Recht auf Identität, Recht auf Wahrheit, Recht auf Anwesenheit (Existenz). Taucht als Problem gern in den Träumen illegitimer Kinder auf.

Bereden: Wie man leicht erkennen kann, liegt hier eine Absicht vor, einen anderen Menschen zu beeinflussen. Nicht selten zeigt dieses Traumsymbol aber auch eine heftige, ungute Manipulationsattacke.

Berg (Bergsteigen): Mehrere Ziele befinden sich oben auf dem Berg, nämlich Leben/Geburt/Mutterbrust, ein privates oder berufliches Erfolgsziel, der Vater oder das Männliche, die Erkenntnis/Erleuchtung und die Gottnähe (vgl. zur Optik auch die Tarotkarte „Eremit"), überhaupt der Himmelszugang (Jesus z.B. nahm drei Vertraute mit auf den Berg; vgl. seine Verklärung), auch der sexuelle Höhepunkt (natürlich von Freud schon herausgefunden, als „Gipfelerlebnis"). Also sehr vielschichtig ist das Symbol. Jede Art von menschlicher Anstrengung kann mit dem Bergsteigen verbunden sein, ebenfalls umgekehrt Enttäuschungen und das Scheitern: den Gipfel nicht erreichen. Der Gipfel kann auch das selige, befreiende Lebensende bedeuten. Treppen, Stiegen gehören ebenfalls zu dieser Lebenswegsymbolik – die „Leiter" eher zum kurzzeitigen Gottkontakt und zum geglückten Geburtserlebnis. Wenn man nachfühlen kann, was der Bergsteiger, nach großer Anstrengung, im Gipfelerlebnis fühlt, weiß man ungefähr, um was es bei der Bergsymbolik geht. Eine Bergtour machen gleicht nicht selten dem Geburtsprozess. Besonders hohe Bergwelt auch als Jenseits, Himmel, Pränatales. Tendenziell sind Berge männlich und sprechen indirekt, aber häufig, ein vateraffines Thema an, daneben allgemein jedes Erfolgsthema. Umgekehrt kann vom Berg hinabsteigen oder -fahren (in Serpentinen) den Prozess, wie wir unten auf die Welt kommen, darstellen. Berggipfel = Erinnerung oder Wissen zu: „Ich habe es geschafft". Die Bergeshöhe kann im übertragenen Sinne einen hohen Wissensstandpunkt meinen. Aber auch große Schwierigkeit (angehäuftes Problem) – oder eben umgekehrt hohe Erlösung, Befreiung, Wahrheit.

Berg+Gott: Hier ist das Göttliche und das Höchste kombiniert. Nicht überraschend ist der Sitz des Gottes in vielen Religionen auf einem hohen Berg. Es ist ein griffiges Symbol für die göttliche Leitung von oben. Auch wird damit die Ferne zum Menschen oder die große Distanz der geistigen Welt zum Menschen, zur Materie dargestellt.

Bergführer: Mentaler Hauptakteur, leitende Person in einer Gruppe. Lehrer, Anführer. Auch als unentdeckter Engel möglich.

Berghütte: Heimat, Identität, Familie. Pränataler Aufenthalt, Vorzeit. Besonders dann, wenn im Traum die Hütte verlassen wird zum Zwecke des Abstiegs. Der Weg hinunter ist das Geburtserlebnis, ist das Gehen auf die Welt unten.

Bergkante: Moment vor der Geburt (ähnlich Hochhauskante). Sowie vergleichbare kritische Erlebnisse mit Gefahr oder möglicher Todesnähe.

Bergklettern: Einen Berg erklimmen zu wollen meint nicht selten, das Geburtsziel symbolisch erreichen zu wollen oder ein Geburtstrauma im Nachhinein (immer wieder) bewältigen zu wollen, d. h. ersatzweise, stellvertretend. Streben nach Freiheit und Gefahr-Überwindung.

Bergklüfte: Wir bewegen uns hier in einer rauen, extremen Bilderwelt, die auch Steine, nicht besteigbare Kletterberge beinhaltet oder Bergstürze, in Zerrissenheit von Felsbrocken. Sie stehen dafür, dass der Träumer als Kind ein bestimmtes Hindernis nicht bewältigen konnte. Man kann dann daran denken, dass der Zugang zur Mutter oder zum Vater unmöglich war, dass die Schwierigkeiten nicht zu überwinden waren, dass die versuchte Kommunikation unlösbar war.

Berg-Sinai: Für das Christentum und Judentum ist das ein Symbol dafür, dass Gott einen begleitet, dass Gott einen ruft oder genauer, dass es tatsächlich eine Botschaft aus der göttlichen Welt gibt. Meist ist aber diese Botschaft nicht einfach zu verstehen oder zu übersetzen. In anderen Religionen wird ein anderer Berg für diese Gottesnähe auftauchen. – Nach anderer Theorie auch markantes Orientierungsmal für Prä-Astronauten.

Bergspitze: Vergleichbar mit Pyramidenspitze: Letzter Akt des Geburtsprozesses, oft gefährlich. Umgekehrt: Ankunft im Paradies, bzw. Abhebungsstation.

Bergwandern: Als eine Bergtour, die gern im Flachland beginnt, kann sich ein Weg zur Erreichung des Lebens darstellen. Das heißt, dann wäre der Weg von der Zeugung bis zur Geburt gemeint, seltener der von der Geburt bis zum Lebensende.

Bericht: Wenn man im Traum über ein Ereignis einen Bericht schreiben kann, so zeigt das, dass dieses Ereignis gespeichert, abrufbar und bewusst ist. Das Gegenteil liegt vor, wenn man keinen Bericht schreiben kann, dann geht es um ein Ereignis, nicht selten um ein Trauma, was man im Ohnmachtszustand erlebt hat, oder vielleicht komatös, also tod-nah. Je unbewusster und schockierender ein Ereignis war, umso weniger kann man einen Bericht darüber schreiben. D.h. umso schwieriger ist auch eine Therapie.

Berücksichtigen: Z.B. als Berücksichtigt-Werden-Wollen = Kontaktwunsch.

Berufsausbildung: Symbol für die Kindheit, indirekt für die Unterstützung und die Erziehung und die Gefühle der Eltern.

Berühren: Dieser Kontakt, besonders wenn er unter Menschen stattfindet, zeigt eine sehr tiefe Gemeinsamkeit an. Berührung ist ein Archetyp von großer Liebe und Nähe.

Berührung: Körperliche Berührung, mit den Händen usw., zeigt in der Regel ein herzliches, liebendes Verständnis. Gesprächspartner, die man nicht mag, berührt man nicht. Also insgesamt eher psychisch gemeint bzw. stark emotional. Es ist oft gar ein wunderbares Erlebnis mit einer anderen Person. Zur Bindungs- und Liebeserfahrung gehört ganz praktisch die „Nähe", und ihr Optimum ist die „Berührung". Ein tiefer Kontakt, der sogar dann, wenn er schmerzlich ist, erstrebt und gemocht wird. Z.B. das Ankommen bei einer Mutter, die aversiv und ablehnend ist, wird in einer bestimmten Schicht dankbar als Wert empfunden. Berührung ist also unabhängig von der Qualität etwas, was der Mensch im Prinzip gern hat. Oft geht es um einen viel tieferen, engeren Kontakt, als man bei einer bloßen, vielleicht auch flüchtigen, Berührung annimmt. Berührung im Traum kann eine sehr intensive Beziehung meinen.

Bescheidenheit: Bescheidenheit und Verzicht sind im Traum nicht selten nur vorgegeben und nicht echt – genauso wie im realen Leben. Menschen, die ihren Egoismus verleugnen, können so auftreten; auch Menschen, denen man das Wollen aberzogen hat.

Beschissen: Gewisse Lebens- oder Erfahrungsumstände, nicht zuletzt rückblickend in der Kindheit, können voller Scheiße sein. Also alles ist „beschissen", wie man ja auch deutlich in der Redewendung sagt. Oft stellt sich dann im Traum die Aufgabe, alles zu reinigen. Dies meint eine große psychotherapeutische Anstrengung, nicht selten wie eine Sisyphos-Arbeit. Sollte das Motiv „Stall" dabei sein, dann geht es um die Herkunftsumstände, und es gibt eine Analogie zur mythischen Herkules-Aufgabe: „Stall ausmisten". Familie ist der „Stall", aus dem man kommt.

Beschleunigung: Ein interessanter Archetyp im Zusammenhang damit, dass man die Dimension wechselt. Das meint: Es geht um den Übergang von der geistigen Welt zum materiellen Kosmos, vom Seelischen zum Körperlichen. Das Motiv gehört zum Einfliegen vom Himmel auf die Erde, was allgemein in Träumen nicht selten vorkommt (als Flug plus Landung). Unmittelbar vor der Geburt hat der Mensch einen großen Überblick über Aufgabe und Leben, die ihn erwarten, er sieht Erstaunliches, wie ein Pilot von oben oder im Vorbeifliegen. Der Wandel des Aufenthaltsraumes, die Art von Transformierung, wenn der Weg von einer anderen geheimnisvollen Welt zum Erdendasein sich abspielt, der mit Worten kaum oder eher gar nicht zu beschreiben ist, der Wandel, um im Bild zu bleiben, vom Geist zur Materie, wird gern als enorme, fantastische „Beschleunigung" beschrieben, die große Lust bereitet. Man denkt vielleicht zum Vergleich an den Wandel der Materie bei Lichtgeschwindigkeit zu reiner Energie (vgl. $E=mc^2$). Diese einmalige „Beschleunigung" finden wir auch als Gleichnis, subjektives Erlebnis beim Übergang vom Erdenleben in den Himmel, also beim Sterben, konkret bei den vielen Nahtod- Erlebnissen („Licht am Ende des Tunnels"). Siehe dazu auch das Stichwort „Geschwindigkeit"

Besen: Manchmal der männliche, tätige Phallus. Als Reinigungsgerät benutzt: etwas nachhaltig erledigen wollen.

Besenstiel: Ob nun zusammen mit einer Hexe oder mit einer singenden Putzfrau, tendiert die Bedeutung manchmal zu einem Phallus.

Besetzt-Sein: Man kann erkennen, dass eine Aktivität, ein Wollen des Träumers verhindert wird oder eingeschränkt ist. Interessant ist aber, wer oder was Räume oder Flächen besetzt. Das sind nämlich verräterische Geister bzw. Komplexe. Wenn also beispielsweise eine Frau in einem Zimmer, welches man besuchen will, alle Flächen durch weitere Frauen besetzt hat oder hält, wird man deuten können, dass vor lauter Feminismus oder Mutterabhängigkeit für einen Mann dort, als Gleichnis, kein Platz ist.

Besingen: Etwas positiv annehmen oder mit Freude durchleben.

Bestattungsfeier: Möglicherweise liegt eine Erinnerung vor an eine Person, die man vor langer Zeit, ggf. sogar unwissentlich, verloren hat. Aus dem Unbewussten meldet sich also irgendein Abschied, und manchmal eben nachträglich.

Bestattungsrede: Eine Art Nachruf im Traum ist der Versuch, eine bestimmte verstorbene Person (meist eine nahe Verwandte, beispielsweise die Mutter) zutreffend zu würdigen und im Nachhinein richtig einzuschätzen.

Bestattungswagen oder -mann: Es geht um den Tod, Verlust einer Person. Vielleicht geht es um ein Geheimnis? Insgesamt: Abschluss, Ende einer Geschichte, einer Phase.

Bestellen: Hier denken wir an den Sinn, dass jemand eine Ware ordert. Wer „bestellt", ist immer der Urheber und nicht selten der besonders geheime, unbekannte Urheber. Umgangssprachlich bestellt man auch Kinder im Himmel, wenn ein neues Lebewesen gezeugt wird. Es geht also um ein harmloses Wort mit sehr großer Bedeutungsweite.

Bestellung im Gasthaus: Ob die Bestellung erfolgreich ist oder nicht, sagt aus, ob man in einer wichtigen Angelegenheit, meist in einer Partnerschaft, Befriedigung fand oder Frustration. Kann sich auch auf die Erstsituation bei Mutter beziehen.

Besuch schweigend: Besucher, die ohne Worte oder Reaktion da sind, verraten das Desinteresse der Ankommenden am Träumer. Das kann eine Elternerinnerung sein oder eine Aufklärung über eine aktuelle Beziehung.

Besuch: In der Regel etwas aufsuchen wollen oder müssen, d.h. es geht um die süchtige Suche nach Fehlendem, nach einer Information oder dergleichen. Ein „Besucher" im Traum hat Interesse an etwas, hat ein starkes Wünschen, Wollen, er ist nicht umsonst da. Daher oft als Sucht, Suchen zu übersetzen. Unangemeldeter Besuch und ähnlich = manchmal als sexuelle Übergriffigkeit zu verstehen.

Besucher: Eine Variante dieses Motivs kann sein, dass Besucher aus alter Zeit oder ferner Dimension auftauchen. Dann haben wir da Schicksalskräfte vor uns, die einen unbewussten, fast unbemerkten Einfluss ausüben oder ausübten. Das kann positiv auch so etwas sein wie himmlische Helfer oder überraschende Engelsfiguren. Dann kann so ein Traum zeigen, welche Kräfte in einer Notlage vielleicht einmal überraschend geholfen haben. Am Ende gehen dann vielleicht die Besucher, nicht ausreichende Information hinterlassend, und man kann sie nicht halten noch fragen. Besucher können umgekehrt auch manchmal negative alte Komplexe darstellen.

Beton: Aversives, Lebensfeindliches, nicht selten mit einem Schwangerschaftsthema oder Geburtsweg verbunden (Ablehnung); jedenfalls wird er wenigstens als Gefühlskälte empfunden, wenn auch vom Beton-Eigner vielleicht nur als Härte oder betonte Sachlichkeit gemeint. Besondere Schmucklosigkeit, die in der Regel als Lebensunfreundliches verstanden wird; auch einfach nur große Schwierigkeit oder Herausforderung. Insgesamt: arger Widerstand, abweisende Härte. Z.B. als Beton in einer großen Stadt handelt es sich um eine Ablehnungserfahrung in der Kindheit.

Betonboden: Schlechte Lebensbedingungen, meistens zu Anfang der Biografie.

Betonkeller: Sehr schwierige, angegriffene Schwangerschaftszeit.

Betreten: Manchmal invasives Eindringen jeglicher Art, incl. Sexinteresse; etwas berühren, benutzen; gern sich als Herr aufspielen.

Betrunken: Ist meist kein Zeichen von Alkoholgenuss, sondern zeigt einen riesengroßen Stress an, eine psychische Verwirrung und Desinformation.

Bett: Eine häufige Bedeutung ist, sich an eine Schwangerschaftserfahrung zu erinnern. Eine andere ist, dass überhaupt das Unbewusste gemeint ist. Wenn nun z.B. fremde Personen in einem Bett liegen sollten, wird verraten, dass eine Art von fremden Geistern das Unbewusste okkupiert hat. Beispielsweise kann eine Frau in einem Bett liegen, das sonst typischerweise zu einem Mann gehört; hier ist es möglich, dass diese Frau im Unbewussten zu männlich ist oder dass sie die Mentalität eines Mannes okkupiert hat. Der Uteruszustand assoziiert stark zu Schlafen, Träumen, Im-Bett-Liegen. Bett hat nichts mit Regression, Untätigkeit zu tun. Manchmal das Unbewusste zeigend, also auch auf Seherisches verweisend. Oder gemeint ist: wie schlafend, im Sinne von Ohnmacht, Unterlegenheit (liegend). Zuweilen natürlich auch im Bereich eines erotischen Themas vorkommend.

Betteln: Das Betteln um Liebe, Zuwendung, ob nun von der Mutter oder vom Partner. Trauriger, süchtiger Wunsch, geliebt zu werden; oft unbewusste Erinnerung daran, dass der Träumer die Brust nicht bekommen hat, d.h. also im Ur-Kern kann es dies sein: das Anbetteln der Mutter um die Brust in der oralen Phase.

Bettnässen: Zeichen eines großen inneren Stresses. Es werden Machtlosigkeit und Aggression, besonders die Aggression, die nicht gelebt werden konnte, im Traum oder im Schlafe nachgeholt. Man macht sich Luft, weil irgendetwas sehr unbewältigt ist und einen im Schlaf verfolgt. Vgl. „Urinieren" und „Einnässen"

Betttuch: Ob mit oder ob ohne Matratze, sollte man bei dem Motiv Bettlaken ein pränatales Ereignis in Erwägung ziehen. Das gilt besonders für den Fall, dass auf dem Bettlaken jemand liegt. Nur in einigen Fällen ein Sex-Thema andeutend oder verratend.

Bettzeug: Siehe „Kissen"

Bevorzugen: In dem Sinne, dass etwas besonders gehegt, geliebt und gepflegt wird, verrät es meistens indirekt, dass ein anderes Thema oder Sujet abgelehnt oder auch neurotisch verdrängt wird oder wurde. Präferenz, die also eine Ablehnung von anderen Dingen mit einschließt.

Bewegung: Bewegung ist ein Hauptarchetyp für das Leben, für das belebende Prinzip. Sie kann, transzendent gedeutet, Informationen zum Kosmos, zu Gott beinhalten. Vgl. auch die physikalische und astrophysikalische „Drehung". Die Bewegung eines Menschen verrät etwas von seinem Wesen, von seinem Charakter. Im Traum ist die Körperbewegung sprechend. Da kann der Mensch anregend, sympathisch sein oder auch durch seine Bewegung abstoßen. Ähnlich ist in der Realität der Gang eines Menschen sprechend. Die äußere Bewegung verrät Inneres. Also sich körperlich bewegen zeigt gern, wie man sich psychisch fühlt.

Bewegungslos: Starrheit ist eine typische Reaktion für einen Menschen, der unter Schock oder Trauma steht. Und zwar ist die traumatische Situation nicht manifest oder bewusst, und es ist daher auch die Reaktion des Menschen nicht exzessiv, sondern nur indirekt, verhalten, symbolisch, d.h. ohne Bewegung (scheinbar keine Reaktion).

Bewerbung: Bemühen um Leben, Geburt, Platzeinnahme, Liebe, Angenommen-Werden, meist ursprünglich im familiären, privaten Bereich. Ein Bewerbungsschreiben ist wie der Wunsch, vor der Einzeugung bzw. Geburt, bei einer bestimmten Mutter zu leben (besonders wenn im Traum die Bearbeitungszeit 9 Monate beträgt). Es ist die Bitte um eine Art ‚Anstellung' bei einer Familie, d.h. letztlich auf der Welt, im sozialen Bereich. Also sehr personal zu sehen. Es ist ein vielschichtiges Motiv, was damit zu tun hat, den Kontakt zu einer wichtigen Person zu erschließen. In dem förmlichen Verfahren können sich starke Gefühle verbergen: z.b. Annahme-, Liebessehnsucht. Also es geht um private Beziehung, selten um einen Beruf.

Bewertung: Alle Menschen müssen wohl nach dem Leben Rechenschaft ablegen, so scheint es. Taten, Verhalten und Moral werden „bewertet"; allerdings wird vornehmlich „das Gute" gesehen, und dazu dann die Abweichungen und Schwächen angesprochen (wie wenn es von einem gnädigen, liebenden Gott aus geschähe). Dieses Fazit eines Lebens kann im Traum auch vorher, ganz außerhalb von der Zeit und hochspirituell, gezeigt werden, etwa bei der Erdenankunft (z.b. am Waldrand), und dann müssen sich um diese Bewertung die Eltern kümmern (per „Zählen), die als Paar in solch einer Traumszene dabei sind. Wie im alten Ägypten gibt es da auch einen Schreiber mit Schreibbrett; vgl. „Schreibbrett" und „Thot". Und vgl. das liebevolle Bewerten, eigentlich ein Verstehen in Weisheit und Güte, in den Nahtod-Erlebnissen.

Bewirten: Meist geht es darum, dass die Frau/Mutter dem Kind Emotion, Eros geben soll; aber es bewirtet auch eine Frau den Mann bzgl. Sex, und umgekehrt.

Bezahlen für: Der Bezahlende bietet einer anderen Person etwas an, das kann Werbung, Sympathie, Liebe, Sex sein. Das Bezahlen ist ein Positivum, ein starkes Gefühl, was aber auch mit einer Gegenleistung rechnet. Das Motiv gehört gern zum größeren Umfeld des Verliebt-Seins.

Bezahlen: Z.B. an einer Kasse wird das Thema dargestellt: zu Recht oder Unrecht „für etwas bezahlen". Also etwa so: Erhielt ich, oder wurde ich emotional ausgeplündert? Bezahlen bezieht sich oft auf das Geben und Nehmen bzgl. Mutter... Wenn etwas „zu teuer" ist, wird man (oder wurde man) psychisch, emotional, erotisch ausgeraubt, betrogen, besonders natürlich, wenn einer (d.h. ein Kunde) nicht bezahlt. Meint auch, als Opfer viel für eine Angelegenheit ertragen, „bezahlen" müssen. Es gibt das Bezahlen für jemand anderen. Es erhalten z.B. Kinder oft eine Projektion von Erwachsenen, sie müssen dann geradestehen für das Verhalten der Eltern, wie ein anderer für das Verhalten seines Partners. Und so gibt es das sehr oft in der Familie wie auch allgemein in der Geschichte, dass Nachkommen „bezahlen müssen für" frühere oder andere Personen. Im Traum kann man das deutlich sehen, man ist verwoben mit Schuld und Schicksal der Vorfahren. Für alles Empfangene muss etwas „gegeben werden", auch manchmal „zu viel bezahlt werden". Positiv geht es darum, irgendeinem Menschen etwas zurückzugeben, und zwar gerechter Weise. Ob man nun für eine Hilfeleistung oder für eine Zuwendung zurück-bezahlt wird. Allgemein ausgedrückt geht es um den Austausch an Emotion, Liebe, Eros. Wer viel und zu viel bezahlt, wird ausgenutzt. Wer vermeidet, irgendetwas zu bezahlen, will nur egoistisch nehmen und genießen. Auch als Rechnung, die präsentiert wird: Einstehen für Schuld, Vorwurf, Anklage, nicht selten ungerechtfertigt, d.h. zugeschoben von andern. Meistens geht es nicht um Geld, sondern um Emotionen und Erotik, um seelische Zuwendung. Manchmal so, dass man diese Zuwendung verdient hätte oder erwarten könnte.

Beziehung: In der Regel geht es um die Erstbeziehung, das ist die zwischen Mutter und Kind. Manchmal wird per „Beziehung" aber auch über die Umstände informiert (oder gegebenenfalls verdrängend gelogen), unter denen sich die Eltern kennengelernt haben, bzw. unter denen sie gezeugt haben (auch das ist eine Erst-Beziehung). Auffällige Beziehungsprobleme des Erwachsenen beruhen auf dem Muster der Erstbeziehung. Wenn die Ur-Beziehung zur Mutter, als gelungene, fehlt, sind spätere Beziehungsschwierigkeiten oder Probleme vorprogrammiert (d.h. nicht, dass sie zwingend sind – die Liebe heilt ja alles). Beziehungen spielen sich im Traum ab an Tischen, in Fahrzeugen, in Wohnungen/Zimmern, auf Stühlen/Plätzen. Nicht-Beziehung = Einsamkeit, Alleinsein, manchmal als Einzelzimmer.

Bibbern: Da geht es um ein Zittern vor Kälte, umgangssprachlich „bibbern" genannt. Das ist eine Reminiszenz an eine sehr kalte, lieblose Phase, in der Regel an eine entsprechende Kindheit. Wer weiß, ob die Parkinson-Krankheit nicht später bei einer betroffenen Person diese emotionale Kälte unbewusst ausdrückt? Allgemein sind Aufregung und Stress, meist unbewusst, die Grundlagen für das Bibbern.

Bibliografieren: Suche nach einer Information, die wesentlicher ist als der Ausdruck Bibliografieren (Bücher suchen) hergibt. Also z.b. die Suche nach Wahrheit oder nach einer verlorenen Person.

Bibliothek: Raum, wo man manchmal etwas Weibliches, Mütterliches sucht (vgl. das symbolisch weibliche „Buch"), doch meistens Szenerie, wo man Erkenntnisse, Informationen sucht, welche gleichnishaft in verschiedenen Buchtiteln enthalten sein können. Insgesamt: Wissensstreben, Luststreben und eventuell auch Suchtkonstellation.

Biene: Positiv Mütterliches. Siehe auch „Insekten"

Bier: Bier ist eine gewisse Männlichkeitsattitüde. Wenn Frau im Traum Bier trinkt, verrät sie eventuell eine auffallende männliche Seite. Bierbestellung von Frau aus: Hatte die Mutter damals einen Jungen statt eines Mädchens erwartet? Siehe auch „Wein"

Bigamie: Es dürfte schon stimmen, dass hier eine Dreierbeziehung angesprochen ist, also beispielsweise ein Mann mit zwei Frauen. Es ist aber natürlich, wie immer im Traum, zuerst einmal unsicher, wo diese Art von Bigamie liegt. D.h. mit anderen Worten: Wer hatte neben seinem legalen Partner oder seiner legalen Partnerin noch eine Nebenfrau oder eine zweite geheime Beziehung? Das kann durchaus auch in Vorfahren-Geschichten liegen. Bigamie ist nicht exakt wörtlich zu nehmen, sondern meint eine Person mit zwei sexuellen Beziehungen, welcher Art auch immer.

Bild: Ob Foto oder Gemälde, gezeigt wird eine wahre, unbewusste Bestandsaufnahme. Es geht um eine vergessene, verborgene, aber im Unbewussten stark fixierte, manchmal verdrängte, oft traumatische Darstellung. Wenn man z.B. den Vater im Traum als 12-jährigen Jungen sieht, mit anderen Jungs, in einem statischen Gemälde, wird man interpretieren können: das ist eine Wahrheit des Vaters, er ist psychisch vorpubertär, d.h. 12-jährig, geblieben. Ein Bild sollte man als korrigierende Information ernstnehmen; das Bild zeigt das sonst Unsichtbare. Bild als Symbol: Siehe „Symbol"

Bild-Ausfall: Meist spielt sich das Fehlen des Bildes auf einem Monitor ab. Es muss dann nicht immer schwarz sein, sondern es können auch andere fremde, bizarre Grafiken auftauchen. Wenn dann der PC oder Monitor keine Reaktionen mehr auf das menschliche Eingreifen zeigt, dann gibt es irgendwo ein Todesthema, Todeserlebnis. Das kann natürlich eine uralte Erinnerung sein, aber auch Aktualität oder Zukunft.

Bilderreihe: Kann eine sehr unbewusste, eventuell pränatale Erinnerung sein.

Bildschirm: Die Stellung „Bildschirm (d.h. auch Elektrizität) an" = Leben. „Bildschirm aus" = ein Todesthema.

Bildungsveranstaltung: Die Teilnahme an Fortbildungsveranstaltung oder Weiterbildung meint unser Bemühen, uns im Leben weiter zu entwickeln oder auch große Lücken, Traumata zu kompensieren. Man könnte sagen: es ist überhaupt unsere Entwicklungs-Lebens-Arbeit gemeint; und da hat jeder ein anderes Lebensthema (Seminarthema), das ihn treibt. Die Einschätzung der Seminarleitung ist in solchen Träumen nicht unwichtig, sie sagt etwas darüber aus: wie erfolgreich, erfolglos, abgelehnt (evtl. auch verführt) der Träumer ist oder war.

Biografie: Biografien über andere, ggf. historische Personen haben eine geheimnisvolle Affinität, Ähnlichkeit mit dem Leben des Träumers.

Biologie: Der ganze Themenbereich gehört natürlich zum griechischen Begriff „Bios" = Leben. So kann ein Bio-Künstler im Traum einen Überlebenskünstler darstellen, z.B. bei der Geburt. Und eine Biologie-Lehrerin kann etwas aussagen zur Anstrengung und zum Engagement in punkto Leben und Überleben. Meist sind Überlebensprobleme, also konkrete Bios-Probleme, früherer, unbewusster Art der Hintergrund.

Biometrik: Es gibt manches, was im Traum mit „Bio" verbunden ist. Biometrik ist nur ein einzelnes Beispiel. Der Schrift- oder Wortbestandteil „Bio" deutet etwas an von Zeugung, Lebensentstehung, Uteruszeit, Geburt.

Birke, weiße: Manchmal, wegen der weißen Farbe, Assoziation zu Tod. Merkmal, Kennzeichen, Erinnerung zu einem Todesthema, zu einer gewissen früheren Todnähe. – Umgekehrt Beginn, Frühling, erwachendes Leben, daher manchmal Schwangerschaft.

Birne: Mutterbrust; Genuss, Liebe allgemein. Spricht meistens ein Thema aus der oralen Phase an, eine geheime Information über die Zeit an der Mutterbrust, besonders wenn es sich um zwei schön-geschnittene, saftige Birnenhälften handelt.

Bischof: Der Träumer, der mit einem Bischof kollidiert oder vielleicht verschmilzt oder mit ihm ähnlich ist, hat viel zu sagen. Es kann auch sein, dass er im Traum einen Bischof zum engen Freund hat. Man kann vermuten, dass dieser Träumer der Welt Wichtiges zu sagen hat wie etwa ein Prediger. Die alte Bedeutung ist Aufseher, leitende Person für einen Bezirk (Episkopos). Im Traum kann man darunter einen Menschen verstehen, der religiös, geistlich, politisch oder wissenschaftlich etwas zu sagen hat und deswegen ein Vorbild, eine Leitungsfigur und Leitfigur sein kann. Ob man nun negativ oder positiv zu religiösen Würdenträgern steht, Bischöfe vermelden meistens eine sinnvolle Botschaft aus dem transzendenten, dem himmlischen Bereich. So dass man also sagen könnte, so ein religiöser Würdenträger vertritt einen Engel.

Bisexualität: Generell zeugt das Unentschiedene von einer Stressvorstufe. Es ist zu deuten als nicht auf Eins gerichtet sein, sondern auf Gegensätze. Eine Zweierstruktur ist selten gut, unabhängig davon, dass ein gewisser Anteil der Sexualität für Bisexualität offen oder angelegt sein dürfte.

Bisse: Meist geht es um tiefe Aggressionen seelischer Art, die sehr schmerzlich sind. Es kann auch um Sex gehen.

Blanco-Rechnung: Lebenselemente und Ereignisse, die zwar vom Schicksal vorbestimmt sind, die aber das Individuum dennoch in einem Rahmen ein wenig selbst ausgestalten kann, als hätte man eine partielle Freiheit, keine grundsätzliche. Als hätte man eine Freiheit über das Wie, nicht über das Was.

Blasenentzündung: Im Traum wie in der Realität ist sie bei Frauen häufiger als bei Männern. Man kann natürlich sagen, das hat mit der Anatomie zu tun. Bei Frauen kann sich manchmal diffus und verfremdet ein Thema zur Schwangerschaft symbolisch an das Bild bzw. Organ „Blase" anheften.

Blassrot: Siehe „Weinrot"

Blatt Papier, Zettel: Eine wichtige unbewusste Information (z.B. über das Leben des Träumers), die aber in der Regel schwer leserlich ist oder auch fehlt. Höhepunkt eines solchen Traumes kann sein, dass irgendeine Person dem Träumer ein Blatt aus der Hand reisst, einen Zettel wegnimmt. In einem solchen Fall erkennt man, dass dem Träumer in aggressiver Weise eine wichtige Wahrheit vorenthalten wird oder vorenthalten worden ist. Z.B. den untergeschobenen Kindern reisst man das Blatt über ihre wahre Identität aggressiv aus der Hand.

Blatt: Als Teil des Baumes ein pars pro toto für das Grün, für die Vegetation, d.h. für Leben überhaupt. Man denke auch an das eine verwelkte fallende Blatt, das über die Herbstsymbolik zu einem Todes- oder Abschiedsthema gehört. Als Papierblatt, -seite verweist es auf eine wichtige Information aus dem Unbewussten.

Blätter verwelkt: Siehe „Welkes Laub".

Blau + Gold: Idealer, himmlischer, transzendenter Wert, Hoch-Spiritualität.

Blau: Diese Farbe steht generell für die geistige Welt; daher Symbol für Geist, Jenseits, Himmel, Gott, Erkenntnis, Intelligenz, Pränatales und Nachtodliches. Kobaltblau mit Gold = der göttliche (nächtliche) Himmel. Wegen des Geistbezugs allgemeine Heilfarbe. Auch so vorzufinden: wenn man Heilung sucht, wird die anwesende Krankheit, mit dem Heilungsstreben, indirekt durch Blau ausgedrückt. Dunkelblau:

mentale Distanz sowie Trauer, Depression. Helleres Taubengrau-Blau: weibliche Seite der Intelligenz, des Geistes, der Sophia (Heiliger Geist als Frau oder das Geistige der Mutter und als Mutter). Farbe des Zustands der Seele im Uterus (Gegensatz grün = das Leben nach der Geburt bzw. das des Körperlichen). Was Blau bedeutet, kann man in der „blauen Blume" der Romantik erkennen = mystisches, transzendentes, spirituelles, sehnsuchtsvolles und erlösendes Blau wird mit dem Vitalitätsgegensatz Leben/Körper/Natur/Sex, als „Blume" dargestellt, verknüpft, das ist eine weise Abbildung des dualistischen Lebens, nämlich Leben/Gefühl plus Tod/Jenseits. Pointiert versteht man Blau, besonders Lapislazuli-Ähnliches, wenn man weiß, dass es im alten Ägypten die „Farbe der Götter" war. – Geschlechtsbezogen meint Blau = männlich, im Gegensatz zu Rot = weiblich. (Nicht-eindeutige Sexualität weist Mischfarbe auf.) – Bedenklich ist, dass Blau einen gewissen Mangel an Emotionalität und Vitalität ausdrücken kann.

Blau-Äugigkeit: Es kann z.b. eine im realen Leben braunäugige alte Frau im Traum mit blauen Augen auftreten. Die Enkelin z.B., die dieses träumt, wundert sich sehr. Da aber blau immer auch zum Himmel gehört, neben vielen anderen Bedeutungen, kann in diesem Falle gemeint sein, dass sich die Großmutter aus dem Jenseits meldet mit einer entsprechenden himmelsähnlichen Augenfarbe.

Blaue Kleidung: Tendenziell ein nicht unbedingt gesunder Zustand. Blau ist eher die Farbe des Intellekts, nicht der Vitalität – obgleich es auch Heilfarbe ist. D.h. wenn man das Blaue als Heilfarbe auffasst, so hat diese hier Anwesenheitsgrund: sie kämpft gegen Gefahren oder Krankheit.

Blauer Helfer: Engelhafter Unterstützer, meist für einen Mangel, eine Krankheitssituation.

Blauer Vogel: Er kann als Bodenvogel, Schreitvogel auftauchen – gerne auf der Erde oder am Ufer oder in einem Naturschutzgebiet; meistens hat er ein glänzendes Gefieder. Dieser Vogel zeigt eine großartige Erkenntnisfähigkeit des Träumers (oder eines anderen Menschen) an.

Blau-Glänzendes: Im Kontrast zur grünen oder braunen Natur oder im Kontrast zum Körper, zum Fleisch, kann es etwas Ungutes, etwas Ungesundes zeigen, zumal wenn es etwas unnatürlich glänzt. Es wäre also eventuell als eine Störung zu deuten, die vielleicht mit einer Krankheit zusammenhängt oder mit einer Ablehnungserfahrung. Es ist das Gegenteil einer „warmen" Farbe.

Blaugrüngrau: Typische Farbe des Unbewussten als eines unsichtbaren, aber stark wirkenden mentalen Bereichs, d.h. es ist eine Kraft, allgemeine Antriebskraft. Das Unbewusste als Wachstums- oder Gottimpuls, irdischer ausgedrückt als Energie, als Zeugendes, als Erholung (so Goethe), als Rekreation, als sinnvolle Regression kann auch in nur Blau-Grün dargestellt sein. Das Unbewusste als Blau-Grün-Grau erzeugt eigentlich die Realitäten. Ist der Haupt-Kreator im Hintergrund, ist der Schöpfer der Dinge.

Blauhaarigkeit: Spiritualität und friedliche Einstellung im Kopf. Spricht aber nicht für Naturnähe, Emotion.

Blau-Stoff: Soll manchmal, besonders als Umhüllung, eine Wunde, ein Trauma verbergen. In der Farbe Blau kann ein Heilungsversuch stecken, aber auch der Mangel am Emotionalen, Vitalen.

Blechdeckel: Symbol einer simplen, aversiven, aber nicht recht gelungenen Verdrängung.

Blechdose: Spielt nicht selten auf ein Uterus-Thema an. Alle unsere späteren Gefühle assoziieren zwangsweise mit dem pränatalen und perinatalen Erstgefühl.

Blei: Zeigt eher Negatives auf, also Belastung, fast tödliche Gefahr, große Aversion.

Blick: Natürlich können Blicke töten, wie das Sprichwort weiß. Man kann also im Traum mit einem scharfen Blick eine Sache zum Verlöschen bringen oder eine Person zum Weggehen bringen. Der Blick erkennt ein Geheimnis, und das kann dann verschiedene Auswirkungen haben, und zwar nicht geringe. Es kann sich per Blick ein Thema, ein Komplex einer Person geradezu auflösen. Wenn man den Blick eines Menschen im Traum nicht erreichen, nicht erlangen kann, so ist klar, dass dieser Mensch einen ablehnt, ggf. nur geheim, nicht offen.

Blick-von-ganz-oben: Die Schau von enormer, fast kosmischer Höhe aus, manchmal im Traum auch durch eine Wolkendecke hindurch, illustriert unsere vorgeburtlichen Erfahrungen und Erkenntnisse. Diese waren großartig, wie eine Erleuchtung, zeigten aber auch die Probleme an, die den Menschen auf der Erde erwarten. Dieser ferne Blick nach unten (auf die Welt, auf eine Siedlung oder aufs Meer) ereignet sich gern unmittelbar vor unserer Geburt.

Blind sein: Als „fast nichts sehen können" = Erinnerung an Todesgefahr.

Blindheit: Manchmal als Teil-Blindheit, gestörte Sehkraft, Augenverletzung (z.B. Glasauge) im Traum, das meint eine seelische Verletzung oder eine unwahre, vielleicht gespaltene (verletzte) Persönlichkeit. Totale Blindheit stellt eine Erinnerung vor der Geburt dar (oder in der Geburt), d.h. kurz vor dem ersten Sehen, und zwar meist mit schlechter, gar panikartiger Erfahrung verbunden. Das zeig sich dann als Schreck oder stressiges Bemühen im Traum: „Ich kann nichts sehen". – Auch als Angst oder Prognostik vor einem Schlaganfall und ähnlichen Krankheiten möglich. – Bei dem Licht der Welt, dem Augenlicht, geht es um mehr als nur ums Sehen. Wenn die Augen nicht sehen können, ist das Tod-Thema nicht fern. Oft im Traum erleben wir eine Art Todessituation, die darauf fußt, dass wir einmal dem Tod ganz nahe waren, sehr gerne noch beim symbolischen Autofahren, wo man nicht sehen kann, wie man fährt (Geburtstrauma). Wie nach einem Ohnmachtstrauma schleppt der Träumer eine Todesangst im Unbewussten fernerhin mit sich.

Blinklichter: Kleine Lämpchen mit weißem Glas, besonders an der Front eines Autos, können die Augen eines Menschen darstellen.

Blitzlicht: Hohe Energie der Liebe, auch der Erotik, starkes Indiz für Vitalität, Leben, Schöpfung, Zeugung. Das Blitzlicht ist etwas Ähnliches wie ein Schöpfungs- oder Zeugungsfunke. Auch ein Geheimindiz für Aufklärung und Wahrheit.

Blondine: Meist jung, als junge Frau, als junges Mädchen oder gar als kleineres Mädchen. In diesem Falle kann sie die infantile, unreife Seite einer Frau in jedem beliebigen Alter darstellen. Aber auch die positive jugendlich-arglose Seite. Manchmal im negativen Archetyp „zwei kleine Mädchen" oder „zwei Töchter" dargestellt. Blonde Haare gehören tendenziell zur Kindheit, damit auch zu einer Art Unschuld und Liebenswürdigkeit, bzw. zur jüngeren Altersstufe.

Blume: Häufig steht im Traum die Blume in einem Topf, und dann geht es um das Thema des ganz frühen Wachstums. Der Zustand der Blume entspricht also irgendeinem Zustand, einer Erfahrung aus der Kindheit oder (eher noch) aus der Zeit davor. Wenn also die Blume die Blätter verliert oder niemand sich um sie kümmert oder umgekehrt jemand sich sehr stark um die Blume kümmert, dann ist das sprechend und zeigt ein Zuwendungs- und Beziehungsthema aus der frühen Kindheit. Ohne Topf ist die Blume ein Liebesangebot oder etwas Ähnliches wie ein blühendes Mädchen – bzw. eine allgemeine Verführung.

Blumen: Ein Blümchenmuster meint Mädchenhaftes, Weibliches; manchmal sexuelle Bereitschaft oder semi-erotische Einladung, allgemeines Liebesangebot. Blumen neigen insgesamt eher zum Weiblichen, weshalb man sie vorzugsweise Frauen schenkt und Frauen Blumen als Dekoration höher schätzen, als Männer es tun. Blumen können auch eine erhebliche Mutterbindung ausdrücken. Als Blühendes verweisen sie auf frühes Wachstum bzw. auf Leben, Lebenserwartung im Uterus, sie können also zum vorgeburtlichen Befruchtungsthema indirekt etwas anzeigen, besonders als „Blumenbeet" oder als „rot- weiße" Blumen.

Blumenbild: Ein Emotions- und Liebesangebot.

Blumengeschäft: Hat etwas mit Sex, Lust, Liebe zu tun. Oder eben nur mit dem Weiblichen.

Blumenhändler: Männlicher Sexaktivist, Liebhaber, ggf. Erzeuger.

Blumenkleider: Solche Kleider tragen Frauen, die lustbetont sind, sich ihrer selbst nicht schämen, einen gewissen Spaß an der Erotik und an Ähnlichem haben. Man könnte auch sagen: Sie sind einfach lebensfroh. Oder wollen es eventuell krampfhaft sein.

Blumenkohl: Das ist zwar sehr chiffriert, kann aber für einen Mann stehen, und zwar im Besonderen für die sexuelle Liebesgabe eines Mannes an eine Frau, bzw. im Einzelfall für das Ejakulat.

Blumenkränzchen: Liebesangebot, Liebeseinstellung, von meist weiblicher Seite her.

Blumenkübel: Das Weibliche, Genitale einer Frau, deutlich mit Frucht oder mit Fruchtmöglichkeit gedacht.

Blumenladen: Dort will jemand Liebe holen, geben, erstreben oder verkaufen, anbieten. Das kann sich auf einen Partner beziehen, aber durchaus auch auf Eltern und ähnlich.

Blumensorten: Blumen haben Gefühlsbesetzungen, sie lösen eine Empfindung aus, und zwar je nach Art eine verschiedene. Entscheidend sind dabei die archetypische Farbe und die archetypische Gestalt. Die gelbe Blume meint Sex, auch Gier/Fremdgehen. Die rote Rose ist die Liebe, die weiße Lilie die Unschuld, das Edle. Weiße Blumen können aber auch das Todthema anzeigen. Auch der Duft, z.B. bei Flieder oder Hyazinthe, spielt eine Rolle. Es kann in der Traumsymbolik auch z.B. eine Blume namens „Fingerhut" für „Finger" stehen, und dann noch eigentlicher für Embryo/Foetus. Narzisse = Selbstverliebtheit. Lorbeer = Triumph. Gelbe Nelke = Verachtung. Purpurne Hyazinthe = Verzeihung. Weiße Freesien = Freundschaft. Magnolien = Würde. Sonnenblumen = falsche Reichtümer. Im Folgenden Symbol-Bedeutungen nach der Autorin Vanessa Diffenbaugh: Königskerze = Mut.

Rhododendron = Warnung. Gelbe Rose = Untreue. Gerbera = Fröhlich-keit. Rote Rose = Liebe. Olivenzweig = Frieden. Mimose = Empfindlich-keit. Brennnessel = Grausamkeit.

Blumenstrauß: Symbol für erotische Aktivität, Beziehung. Oder we-nigstens für ein einmaliges sexuelles Abenteuer. Auch Symbol für ein Angebot, für einen Wunsch, wo es nur um allgemeine Zuwendung geht.

Blumentopf: Kind im Mutterbauch.

Blumenvase: Nicht selten hat es etwas zu tun mit dem weiblichen Se-xualorgan. Also Vase kann die Assoziation zu Vagina haben.

Bluse: Es geht hier um das weibliche Kleidungsstück der Bluse, und diese steht stellvertretend für den Busen, für das Verhältnis, das die Träumerin zu ihrer Brust hat.

Blusenknöpfe: Nicht selten meinen sie eigentlich die Brustwarzen des Busens.

Blut: Symbol für starkes Gefühl, nach der Vorstellung, Blut sei der Sitz der Seele (auch der Individualität), vgl. den Ausdruck: mein Herzblut. Steigerung der Körpersäfte und der Tränen. Daher steht Blut sehr oft für heftiges Weinen, Schmerzempfinden, selbst wenn es scheinbar im Traum um Menstruationsblut geht. Sinn ist etwa, dass es um blutige Tränen gehen mag. Hin und wieder mit diversen magischen Aspekten verbunden, als wäre eben Blut pars pro toto oder Stellvertretung für et-was anderes, Größeres (so z.B. der Blutstropfen im Märchen), etwa für Liebe, Freundschaft, Treue, auch Abstammung. Nicht selten aber: see-lische Schmerzen, Tränen.

Blutdruck: Symbol für den Seelenzustand; reicht von Stress bis zur Entspannung. Hoher Blutdruck, manchmal noch durch rot-schwarze Kleidungsutensilien verstärkt, weist auf Aufregung, Stress, Ärger, Wut hin.

Blüten: Man kann sie vergleichen mit Honig oder mit Süßigkeiten und sie stellen eigentlich das Leckere, Erotische, Lustvolle dar. Es geht gerne um das, was eine Frau an Reizen und Attraktivität zu geben hat.

Blüten-Dolden: Im Zusammenhang mit Baum oder Pflanze verweisen sie auf eine besondere Fruchtbarkeit eines weiblichen Wesens, eventuell auch nur auf Attraktivität. Flieder passt zum Beispiel hierhin.

Blütenformen: Die Affinität zur Blütenstruktur, in allen möglichen Varianten, ob als Blume, aus Holz oder aus Fruchtgummi, sehr gerne in rot, verweist gern auf die Fruchtbarkeit der Frau. Also Liebe, Sex, Frucht, können angedeutet sein.

Blutsack: Siehe „Zecke"

Bockig: Meint eine unbewusste, innere Absage; einen Widerstand, der keine Kopfentscheidung ist, also eher zwanghaft, unbeeinflussbar.

Bockwurst: Da dürfte es nicht selten um einen Phallus gehen.

Boden, der rutschig ist: Ein arges, schlechtes Symbol für einen problematischen, unsicheren Lebensstart oder Lebensweg.

Boden: Siehe auch „Unten"

Bodenbelag: Der Boden ist Basis, Grundlage einer Geschichte, auch beispielsweise von biografischen Anfängen, und die Art des Bodenbelags ist eine Information. Plastik würde zum Beispiel bedeuten: hier liegt etwas an Ungutem oder an Lüge vor. Teppich könnte bedeuten, es wird ein Geheimnis zugedeckt. Naturholz würde eine körperlich und psychisch gesunde Basis anzeigen.

Bodennässe: Aktuell oder in Erinnerung sehr ungute Verhältnisse, schlechte Bedingungen für das Leben.

Bodenreinigung: Dieses Traumbild zeigt, dass von der Basis und Vorgeschichte her Einiges noch nicht erledigt ist. Da gibt es also einen Anlass, sich mit der fernen Vergangenheit zu beschäftigen.

Bodenverschmutzung: Also zufällig ist das in der Regel nicht. Wer, so kann man sich die Traum-Frage stelle, hat/hatte Interesse, eine Basis, Grundlage zu verunstalten, quasi unleserlich zu machen?

Bohnen: Besonders weißliche Bohnen oder die Bohnensuppe können für Sperma stehen. Oft also eine Assoziation zu einer Art Samen, Fruchtbarkeit.

Bonbons: Oft Mutterbindung, Muttersucht (Bonbonsucht). Generell Streben nach Mama oder nach anderen, verwandten Arten von Befriedigung.

Bonbons, sehr harte: Liebe, Erotik, Zuwendung und Zärtlichkeit sind von unguter Qualität.

Boot: Ein Boot in einer Bucht ankommend oder ein Boot zu Wasser lassen kann zum Geburtsthema gehören. Siehe auch „Schiff". Der Boot-Verlust oder der Sturz vom Boot ist eine uterale Gefährdung.

Bootsclub: Ein auf den ersten Blick nicht leicht zu begreifendes Symbol für die Uteruszeit.

Bordeauxrot: Siehe „Weinrot"

Bordell: Im Traum wird diese Einrichtung viel harmloser verstanden als in der Realität. Es ist nur gemeint, dass Männer eine Möglichkeit haben, sich vom Samendruck zu entlasten. Also kann es um Beziehungen, gar um die große Liebe oder um eine Ehe gehen. Das Bordell ist ein Symbol für relativ normale, durchschnittliche (nicht übertriebene) Sexualität, manchmal mit einem gewissen Touch der Illegitimität, d.h. das Fremdgehen kann sich dahinter verbergen.

Born, Brunnen: Diese Begriffe und ähnliche Wörter haben einen Zusammenhang mit der Geburt (vgl. althochdeutsch beran, lateinisch ferre = tragen), mit der ersten Muttererfahrung. Weiblicher Schoß (Fruchtbarkeit). Ankunft auf der Welt. Zu Born: Ortsnamen oder Familiennamen wie Bornheim oder Brunnenthal oder ähnlich sind gerne eine Chiffre für das Geburtsthema.

Böses: Im Traum können die „Kräfte des Bösen" auftauchen. Meist sind sie zahlreich, dominant. So ein Traum dokumentiert, dass im allgemeinen Wechsel von Gut und Böse das Böse auf der Welt tendenziell mehr Einfluss hat.

Boxen: Potenz oder Impotenz, je nach Sieg oder Niederlage (vgl. das typische tierische Duell vor der männlichen Sexualität).

Brahmanismus: Wird in Träumen als die größte und wesentlichste religiöse Anschauung dargestellt. Wird auch allgemein als Symbol für Weisheit verwendet.

Brandfleck: Relikt einer tödlichen oder tod-nahen Geschichte.

Bratwurst: Als Fleisch: Lebendigkeit, Zeugung, Vitalitätsindiz. Als Form: Foetus oder Phallus.

Braun: Meistens etwas Negatives; vermutlich rührt es daher, dass Verdorbenes braune Farbe annimmt. Also können Krankheiten und Depressionen gern mit Braun dargestellt werden. Andererseits steht Braun auch für alle Arten des fruchtbaren Bodens, der Erdnähe, der Erdhaftigkeit, der Natur, weshalb es tendenziell weiblich ist. Grün repräsentiert die Natur jedoch stärker. Zu sehr hellem Braun, das wir schon als „beige" bezeichnen: siehe „Beige". Dunkles Braun ist in der Regel negativ.

Braunbär: Geht es um einen großen Bären in einer engen, bedrohlichen Situation, wird man davon ausgehen müssen, dass der Träumer eine Todesangst-Situation hinter sich hat. Meist ist es ein Erlebnis von weiblicher Seite aus gewesen. Beispielsweise der Art, dass die schwangere Mutter das Kind nicht wollte. Der Bärenkult war einmal eine matriarchalische Religion. (Schwarzbären sind harmloser.)

Braun-Rot: Z.B. als braunrote Schrift: dahinter kann sich etwas Aggressives verbergen.

Braut und Bräutigam: Die Seele einer Braut-Person vereinigt, verschmilzt mit irgendetwas, meistens mit einer Stufe oder einem Prinzip. Z.B. die Braut Jesu, im Traum möglich, heiratet diesen nicht, sondern nimmt die Qualität des Vereinigungspartners oder seine Entwicklungsstufe an. Unter dem gnostischen Sakrament des Brautgemachs kann man weiteren Sinn dieses Motivs nachschlagen.

Brechen, sich übergeben: Meist ugs. als „kotzen" = etwas heftig ablehnen (unterlegen sein). Bei Frauen manchmal von einer Vorfahrin stammend = z.B. Befruchtung rückgängig machen wollen.

Breitlauchstangen: Auch als „Porree" bekannt. Wegen des Grüns und wegen der starren Form könnte etwas über einen Erzeuger oder allgemein etwas über Phallisches ausgesagt sein. Siehe auch „Porree"

Breitschultrig: Breite Schultern sind, von Frauen aus gesehen, ein deutliches Symbol für die sexuelle Attraktivität von Männern.

Bremsen: Häufig gibt es dies in Träumen: nicht bremsen zu können. Meist ist das Problem mit Angst und Panikgefühl begleitet. Es bedeutet eine tod-nahe Situation, nicht selten ein Geburtstrauma.

Bremspedal: Ein Geburtstrauma wird manchmal in dem Archetyp dargestellt, dass das Treten des Bremspedals nichts bewirkt.

Bremsversagen: Erinnerung an eine lebensgefährliche Situation, z.B. an Todesangst bei der Geburt.

Brennen: Nicht nur ein Symbol für Zerstörung (verbrennen = töten), sondern auch ein Symbol für Energie, für starke Vitalkraft und für Eroskraft (vgl. entflammt sein).

Brennholz: Symbol für die Energie eines Menschen, z.B. bzgl. Kraft, Hormone, Gesundheit, Ernährung, Vitalität.

Bretter: Das ist wie ein Bündel an Leben, an Vitalität zu deuten. Es kann auch um Latten gehen. Wenn die Bretter getragen werden, ist es interessant zu sehen, ob man mit ihnen anstößt oder leicht durch eine Tür hindurchgeht oder Kritik erntet usw. Die Holzbretter können indirekt die Lebensgabe darstellen, die man vom Erzeuger und von der Mutter mitbekommen hat. Wenn man z.B. mit den Brettern zurückgeschickt wird im Traum, verweist das arg auf eine uralte Absage.

Bretter-Abgeben: Hier verlässt man oder entsorgt man vielleicht die alte Basis einer Beziehung. „Holz" als Emotion.

Brief aus dem Jenseits: Ein Brief von einer verstorbenen (oder als verstorben angenommenen) Person wird oft (bereits im Traum) verstanden als Beweis dafür, dass es ein Weiterleben nach dem Tod gibt.

Brief: Ähnlich Telefon, Video, Film, Foto, Post: Sehr unbewusste oder wirklich unbekannte Wahrheit; Information, die dringend und wichtig ist, die aber niemand manifest in der Hand hält. Daher auch Erinnerung – die besser und tiefer ist als die, die das Bewusstsein hat. Misslungenes, fehlendes Foto, fehlende Telefonnummern oder leerer Brief = gerade hier fehlt dem Träumer eine entscheidende Information; oder aber: hier war das Nichts und das Zerstorte (jetzt also Aufklärung), und zwar weder Leben noch Liebe noch Idylle noch Hilfe waren da. Sowohl uralte Erinnerungen, bis hin zur Schwangerschaftszeit, als auch anderweitige, grausame, ernüchternde Erinnerungen zeigend. Auch alternativ als Ersatzsymbol in Zeichentrickfilm oder Science Fiction auftretend. In der Regel ist die unbewusste, verfremdete Brief-Information wahr(!), nicht irrend oder nur eingebildet. Insgesamt kommt durch die o.g. Medien alles, was nicht bewusstseinsfähig ist, bis hin zu tabuisierten Themen (etwa gar das nicht herstellbare Foto von Gott) an. Also: wichtige Botschaft, unbewusstes Wissen.

Briefchen: Zarte, zurückhaltende Interessens- oder Liebesbekundung.

Brief ex post: Die wahrere, lange zurückgehaltene Meinung über einen Verstorbenen kann herauskommen.

Briefmarken: Sie sagen etwas über den Absender aus (weitaus mehr als eine übliche Postmarke in der Realität), sie sind sprechende Informationen; auch vergleichbar mit „Fahrkarten" (vgl. dort), als Identitätssymbole.

Briefschlitz: Das ist gern verbunden mit einem Briefkasten, also mit dem Phänomen der Post, und es kann verschieden im Traum auftauchen. In Männerträumen ist vielleicht das Genitale der Frau gemeint und also ein Sex-Thema angesprochen. Aber es hat auch übertragene Bedeutung: Man möchte eine Botschaft senden bzw. man möchte einen Brief, ein Paket im symbolischen Sinne loswerden. Dann kann auftauchen im Traum, nicht selten, dass der Briefschlitz nicht zu benutzen ist. Dann ist also eventuell ein sexuelles Tun oder aber eher ein Sich-Lösen-Wollen von irgendwas nicht gelungen.

Briefträger: Bringt eine nicht unwichtige Botschaft, Information, gegebenenfalls aus sehr alter Zeit oder aus dem Unbewussten; siehe auch „Postler"

Briefübergabe: Da geht es immer um eine wichtige Botschaft an den Empfänger. Meistens jedoch sind die Informationen darin nur symbolisch. Es kann z.b. ein Scheck in dem Brief sein, und der Überbringer, nicht der Absender, gibt noch einen Kommentar ab. Dann könnte man den Scheck als Geld interpretieren, d.h. im übertragenen Sinne aber als Liebe, und die Worte des Boten sind eine apokryphe Botschaft des Absenders. Auch das Äußere des Briefumschlags hat symbolische Bedeutung.

Briefumschlag: Die Briefumschläge können weiß, leer oder verschlossen sein, oder auch einmal einen schwarzen Rand tragen, oder auch mit markanter Aufschrift oder mit einer markanten Briefmarke versehen sein. Das sind alles Informationen aus dem Unbewussten. Zum Beispiel Informationen mit fehlender Nachricht, mit apokrypher Nachricht oder mit sehr trauriger Nachricht (braune Briefumschläge). Nicht selten sind diese Botschaften schwer zu verstehen.

Brille defekt: Einbruch von Nicht-Liebe, von Aggression. Es meint: Seele defekt, kaputt oder verletzt (Trauma); Brillen stehen stellvertretend für Augen. Warnsignal zu Beziehungen oder schlechte Erinnerung.

Brille: Medium dafür, etwas falsch, verstellt zu sehen, und umgekehrt dafür, etwas besonders gut zu sehen. Brille eines anderen, z.b. eines früheren Partners = starker Gedankenstrom in Richtung dieses anderen, vielleicht Sehnsucht.

Brillenreparatur: Der Reparateur löst ein Problem bezüglich Psyche und Sehweise, Einstellung für den Brillenträger.

Brombeeren: Meist Erinnerung an die Mutterbrustwarzen; Erotik.

Brot, Brötchen: Steht für etwas, das mit uteraler Fruchtbarkeit vergleichbar ist, das hergestellt wird, das angenehm ist, das seine Zeit dauert (Backvorgang), das ein natürliches, befriedigendes Produkt ist. Brötchen kann auch für Mamas Brust stehen – und berührt damit indirekt erotische Themen; sie können ein gewisses Liebes-Angebot, tendenziell von einer Frau aus sein. Brot allgemein meint meist irgendein Schwangerschaftsthema, daher auch ein Wandlungsthema. Bzw. Brot ist ein Symbol für eine Zeugung oder für irgendeine andere fruchtbare Geschichte. Je nach Art der Brotscheiben verrät sich etwas dazu, wie Mann und Frau die Sexualität oder ggf. die Zeugung angehen. Brote können die Kinder einer Mutter anzeigen oder aber einen sehr starken Wunsch nach Schwanger-Werden.

Brotfach: Manchmal im Schrank und vielleicht noch sogar im Schrank der Mutter – dann geht es um die Themenfelder Uterus, Empfängnis der Mutter. Mit anderen Worten träumt man im weitesten Sinne von seiner eigenen Zeugungsgeschichte. Wenn im Brotfach mehr als ein Brot, z.B. zwei oder drei Brote, auftauchen, dann hatte die schwangere Mutter ehemals vielleicht nicht nur eine, sondern mehrere Beziehungen oder auch abgebrochene Schwangerschaften.

Brücke: Recht eindeutiges Geburtssymbol; auch in Varianten, etwa als Brückenforum usw. In diesem Sinne ähnliche Bedeutung wie „Bahnhof". Die Hauptbrücke verbindet Diesseits- und Jenseitswelten, in der Mythologie ist das gern der „Regenbogen" (z.b. germanisch und jüdisch). Neben dem zusammenfügenden Übergangs-Aspekt kann sich im Bereich Brücke auch Auseinandergehen, Abschied abspielen.

Brücken-Abbau: Hier bricht jemand Verbindungen in die Vergangenheit hinein, vielleicht ungute Bindungen, ab.

Brücken-Geschichte: Geburts-Geschichte, eine Darstellung des unbewussten Geburtserlebnisses.

Bruder: Meint den Animus einer Frau, z.B. der Mutter, in Frauenträumen. Auch, besonders in den Träumen von Männern, eine zweite, unbewusste, männliche Kraft oder Seite. Kann ein typischer „Schatten" nach C.G. Jung sein; steht jedoch auch nicht selten für den Vater.

Brüderlein: Eine Schattenfigur in der Seele eines älteren Sohnes, Mannes. Und zwar stellt der kleine Bruder eine frühere Kindheitsstufe des Größeren, also einen Aspekt, Geist, Komplex der eigenen Kindheit dar. Für die Seele von Frauen stellt es ihren Animus dar, nicht gerade akzeptiert, geehrt, sondern eher kleingehalten, kleingemacht.

Brust: Es gibt kaum ein stärkeres Symbol für das Leben und Überleben als die weibliche Brust. Dieses Symbol kann für Lust und Befriedigung unendlicher Arten eingesetzt werden. Kommunizieren, Kaufen, Gerettetwerden, Geliebt- oder Abgelehntwerden: für fast alles ist das Brustsymbol einsetzbar.

Brüste: Aussage über die Mutterbeziehung, auch ganz konkret über die Stillzeit. Indikator dafür, ob man von der Mutter gewollt war oder nicht. Die Brüste sind ein Kern mütterlicher, Leben gebender, Befriedigung spendender Verhaltensweise (und deshalb auch erotisch). Man sollte auf Kompensationen nicht hereinfallen: z.b. sehr große Brüste oder ein betontes Dekolletee kompensieren eher ein Brusttrauma (eine Art Brustmangel im übertragenen Sinn). Nicht gestillt worden zu sein, aus welchen Gründen auch immer, ist im Fazit ein schweres Trauma in der Realität, und zwar für spätere Beziehungs-, Liebes-, Sexthemen, und natürlich für Suchterscheinungen jeglicher Art.

Brust-Fehlen: Nicht mit der Realität zu verwechseln, ist es in der Symbolik so, dass sehr kleine oder keine Brüste einer Frau ihr altes Brusttrauma aus der Stillzeit anzeigen und das hat Auswirkungen auf das spätere Sexualverhalten, denn die „prototypische Befriedigung" erfährt der Mensch an der Mutterbrust.

Brustform: Gemeint ist die weibliche Busenform. Diese Brust ist ein Symbol für mütterliches und auch sexuelles Verhalten einer Frau. Auch die Größe ist etwas sprechend; man muss aber natürlich Kompensatorisches berücksichtigen. Wegen der archetypischen Bedeutung und der kohärenten Assoziationen lässt sie sich auch gut für verschiedene Absichten ‚einsetzen', z.B. in der Werbung. Und den allgemeinen Charakter der Frau darf man natürlich bei der Deutung auch nicht übersehen. Jedenfalls: eine Wohlgeformtheit verrät als Gleichnis etwas Positives.

Brusthöhe: Z.B. etwas in Brusthöhe halten, oder auch symbolisch als Höhe an einem Haus (Balkon in 2/3 Haushöhe), dies verrät manchmal einen Bezug zu einem Erlebnis, ggf. Trauma in der Stillzeit (Frustration).

Brustkorb: Sitz der Herzensqualität, genauer des Mutes. Innere Einstellungen, Überzeugungen (in der Brust), Absichten, gegebenenfalls Selbstvertrauen. Vergleichbar mit dem griechischen Begriff Thymos: Gemüt, Sitz der Seele, Gefühl, Wille. Auch in dieser Art analog zum Griechischen, als das Zwerchfell (im Brustbereich), nämlich „Phren", als Seelensitz galt (daher haben wir noch den Ausdruck Schizophrenie = Seelenspaltung). Sowohl männlich als auch weiblich: Sitz des wahren, ggf. heimlichen Gefühls, incl. des Wollens und der Absichten und des Selbstvertrauens. Gibt es hier Schäden oder Mängel, z.B. in Fehlern bezüglich der Brust-Bekleidung dargestellt, gibt es in den genannten Charakteraspekten Schwächen, Defizite.

Brustwarzen: Sie sind das Kernsymbol für Mutter sein wollen, Mutter erfahren haben, für Muttersehnsucht. Ein Beispiel: Sehr lange Brustwarzen im Traum können ein sehnsüchtiges Verlangen nach Muttertum darstellen bei Frauen, denen Mutter-Sein versagt geblieben ist.

Buch: Oft das Buch des Lebens, d.h. das Leben als Gesamtes, als Skript. Da gibt es dünne Bücher und solche mit wenig Inhalt (etwa bei Kindern, die früh sterben). Vgl. im Koran: die von Gott vorbestimmte Biografie als „Buch". Sonst oder meist nur ein spezielles Thema, ein Abschnitt im Leben, z.B. die Aktivität im Bereich Sex oder Sport. Bei Beendigung wird gerade dieses Buch im Traum geschlossen. Auch manchmal recht weiblich, z.B. das Buch als Frauenzimmer oder Geliebte, als Gefühls-, Lust-, Eros-Inhalt einer Frau (bzw. einer Mutter); oder geschlechtsunabhängig als Mensch. Natürlich hat „Buch" auch die zentrale Bedeutung = Information, Informationsgehalt, Wissen. Sofern es Biografie meint, ist der Charakter der Beauftragung, d.h. der nicht freien Wahl betont, also das Buch, manchmal als goldenes Buch im Traum, ist die (von Gott) vorgegebene Lebensaufgabe, also das Schicksal. Wenn in einem Einzelfall ein Buch in ein anderes Buch quasi hineinläuft oder dort landet, dann haben wir das Phänomen, dass ein Lebewesen beispielsweise durch eine Adoption oder durch eine Vertreibung oder eine Entführung in eine andere Biografie, als ursprünglich vorgesehen, hinein gerät. Das ist das Problem der zwei Bücher, was im ungünstigen Falle auch etwas über die Schizophrenie oder gespaltene Identität anzeigen kann.

Buch-Ausleihe: Ob man ein Buch ausleihen oder zurückgeben will, es liegt der Gedanke nahe, eine bestimmte Rolle im Leben haben zu wollen oder auch zurückzugeben. In den Büchern stehen unsere biografischen Einzelheiten, es sind oft Lebens-, Schicksalsbücher. Man kennt immer Personen, die ein Buch partout nicht zurückgeben; deren Urbedürfnis ist Haben-Wollen.

Buche: Ein recht weiblicher Baum, deshalb kann er für die Mutter stehen; wegen seiner Weiblichkeit ist er auch als Hexenbuche/Gerichts-
stätte in Mitteleuropa verbreitet.

Bücher aus alter Zeit: Das sind sehr wesentliche Informationen aus alter Zeit. Das „Alte" kann man auch verstehen als das Unbewusste oder
das Verdrängte oder das Verlorene oder das Vergessene oder auch als
etwas Unterschlagenes. Bücher, zumal alte, können manchmal konkrete Kindheitserinnerungen darstellen.

Bücher in Vielzahl: Da kann man eventuell konkret an einen literari-
schen Bucherfolg denken. Ansonsten an eine Informations-Vielzahl.

Bücher umstellen: Es wird an der Erkenntnis, die man zur Zeit hat,
gearbeitet. Am neuen Platz verraten die Bücher ein neues Wissen, ein
anderes Denken.

Bücher vergessen: Irgendwo ist dem Träumer ein Stück Identität verloren gegangen.

Bücher-Diebstahl: Dahinter kann sich eine aggressive Tat gegenüber
einer Frau verbergen, da Bücher quasi eher weiblich sind. Oder aber
das Verstecken einer wichtigen Information. Ganz allgemein kann sich
eine Aneignung von Emotionalem im Ärger so darstellen.

Bücherei: Siehe „Bibliothek"

Buchgeschenk: Meist ein Liebesangebot.

Buchhaltung: Kurs oder Fähigkeit in Buchhaltung/Rechnen bedeutet
manchmal die Heterosexualitätsentwicklung.

Buchhändlerin: Steht stellvertretend für die Mutter oder wenigstens
allgemein für eine Frau.

Buchseiten: Metaphern für die Jahre des Lebens. Ob als markierte oder
fehlende Seiten, ob auf Seiten mit angestrichenen Stellen, es handelt

sich je um wichtige Seiten zu einem Leben, zu einer Biografie, also um biografische Einzelheiten oder Aspekte.

Buch-Suche: Suche nach einer Information oder einer Person, die einen persönlich viel mehr berühren als etwa das materielle gesuchte „Buch".

Buchtitel: Manchmal sind solche Titel erfunden, fiktiv, manchmal entsprechen sie aber auch großen Werken der Weltliteratur. So ein Buch fokussiert durch seinen Titel, verrät ein Konzept, ein Unbewusstes oder auch eine Zukunft des Träumers. Also ungefähr als Wahrheit, Lebenslauf, Identität zu deuten.

Buckel: Es geht hier nicht um eine krankhafte Buckelverformung, sondern um den normalen Buckelbereich: oberer Rücken plus Schultern. Hier sitzt gern derjenige, der getragen werden möchte! In Niedersachsen, glaube ich, heiß dieser ‚Geist' „Huck up". Er könnte auch der Alb sein (eine Art männliche Elfe), der nachts die Träumer per Umklammerung oder Aufreiten, Aufsitzen besucht, mit nicht selten belastenden Inhalten, Erinnerungen, Strebungen – und so den berühmten „Albtraum" erzeugt. – Hilfsbedürftige, etwa die eigenen Kinder, können sich im Traum diesen Platz auf dem Rücken oder Buckel erobern.

Buddha: Siehe „Gott"

Bügeln: Manchmal Sexersatz. Aber in der Regel heißt es, etwas glätten, erledigen wollen, vielleicht lügen, oder auch im guten Sinne regeln wollen; daher auch eine Sache abschließen. Das Motiv „glatt machen", und zwar in Ambivalenz, muss man bei der Deutung generell beachten.

Bühne: Man sieht sich selbst aktuell im Leben, sehr distanziert, wahr, nüchtern, oder man sieht ein sonstiges anderes Leben; oft mit Show-, Quizmaster: das ist dann der Herrscher des eigenen Lebens (etwa Schicksal, Gott). War vor der Zeit der elektronischen modernen Medien häufig in Träumen, als distanzierte Selbstschau, Selbstkritik. Heute durch die Archetypen „Film, Monitor" abgelöst. Man „zeig sich" eben auf der Bühne, im Traum kommen da gern die versteckten Seiten zum

Vorschein. – Ansonsten ist oft die Bühne als der ganze Film des Lebens vorgeführt.

Bulimie: Das ist ein Stichwort, das andeutet, dass eine der Personen
im Traum einen ähnlichen Charakter hat. D.h., diese Person hat eventuell nicht diese Bulimie-Krankheit, sondern nur subtil damit zu tun,
nach etwas süchtig zu sein und es zugleich abzulehnen. Es ist ein allgemeines Symbol für den psychologischen Konflikt zwischen Sucht
und Verzicht.

Bunt: Leben, Vitalität, betont (oder übertrieben) Lebendiges, etwa im
Unterschied zu Grau, und im Gegensatz zum sterilen Weiß. Goethe:
„Am farbigen Abglanz haben wir das Leben.“

Buntsandstein: Unzerstörbarer Kern des Menschen, ewige Seele, nicht
auslöschbarer spiritus, auf jeden Fall das, was im Tod nicht untergeht,
sondern völlig unversehrt bleibt bzw. weitergeht. Woher diese Bedeutung kommt, ist schwer zu sagen, ob etwa durch die Affinität zum
ähnlich-farbigen Herzmuskel, mit dem Herz als Sitz der Seele? Immerhin umgaben Franken ihre Holzsärge mit Buntsandsteinplatten, wie archäologische Funde zeigen. Die Bedeutung ist eine statistisch- archetypische Erfahrung, die sich oft simplen Erklärungen entzieht. Auch C.G.
Jung hat genau diese Bedeutung schon erkannt. Nach meiner persönlichen Erfahrung – u.a. aus Träumen von Sterbenskranken – steht nur
oder primär der rötliche, rotbraune Buntsandstein (nicht der hellere)
für das Ewige. Der Buntsandstein ist ein klassischer Archetyp für das
Weiterleben nach dem Tod, für das ewige Leben.

Burg: Burganlage/Schloss enthält das Geheimnis der Herkunft, enthält
die Anfänge. Wir kommen im übertragenen Sine alle von so einer Anlage her. Die Burg verrät unsere Quelle. Ist-Persönlichkeit, Ich, Erden-
anfang. Die Burg des Vaters z.B. ist dessen Charakter, Wesen.
Im altertümlichen Sinne als Stadt, Ort zu verstehen, und daher ist es
der Bereich, wo wir herkommen, sei es vor dem Leben, bei der Geburt oder in der Kindheit (Elternbehausung). Bei hochgelegener Burg
manchmal ähnlich wie ein Bergmotiv zu deuten. Oder auch als Laby-
rinth; oder einfach als Erinnerung an etwas sehr Altes, an Vorstufen,

an das Früher. Auch Innerstes der Seele, vgl. Theresa von Avila. Burg ist vergleichbar mit Stadt oder Plateau: dann ist es die Welt (das Leben), mit dem wir bei der Geburt starten.

Bürgermeister: Ein Stellvertreter für Vater oder ähnliche Personen. Herr des Hauses, Chef einer Situation. Zum „Bürgermeisteramt" (Dokumentationsthema) siehe „Rathaus"

Bürste: Bürsten in betont länglicher Form können ein Phallus-Symbol sein. Im übertragenen, symbolischen Sinne können sie ein Vater-Thema andeuten. Bürste auch = Widerborstigkeit, Hindernis (vgl. den Titel „Schrubber" für eine schwierige Frau).

Bus: Mutter, Uterusraum; Zeit/Weg/Reise im Mutterbauch; führt oder fährt zur Geburt – kann daher auch umgekehrt als Abholbus das Sterben einleiten. Allgemein ein Symbol für passiv (und bequem) bewegt werden, für gefahren werden, nicht für selbst fahren oder aktiv sein. In Ausnahmefällen: am Steuer eines großen Busses ist Eigentätigkeit dargestellt, manchmal Stress, aber auch Potenz, Sonderfähigkeit, Macht, speziell das männliche sexuelle Tun (für den Busfahrer stand in vergangenen Jungs-Vorstellungen der „Lokomotivführer").

Bus-Abholung: Der abholende Bus ist ein zentrales Motiv für die Frage: Bekomme ich (als Kleinkind) einen Kontakt zur Mutter oder nicht. – Auch ein Motiv für das „Abgeholtwerden" in möglichem Tod.

Bus-Diebstahl: Hier hat sich eine Seele inkarniert, das heißt, es ist eine Schwängerung erfolgt klar gegen den Willen der Mutter, die symbolisch als „Bus" angesehen werden kann.

Busen: Ein sehr großer oder über-betonter Busen, vielleicht bedeckt, bekleidet, verrät gern ein Kompensationsziel (Richtung Mutter) und damit eigentlich eher ein Defizit, nämlich ein ehemaliges Brust-, Mutterbrusttrauma.

Busfahren: Der Archetyp „Bus", ebenso wie der Archetyp „Zug", berührt das Thema der Schwangerschaftszeit. Es kommt aus der längeren

Traumbeobachtung hinzu, dass wir gerne Erfahrungen und Einstellungen der Eltern vor der Geburt in der Ich-Person darstellen. Das ist insofern nicht verwunderlich, als insbesondere Mutter und Foetus eine Symbiose sind. Das Kind im Bauch fühlt per geheimnisvoller Übertragung wie die Eltern, besonders wie die Mutter! Also verrät das Traumsymbol „Busfahrer" tendenziell etwas über die Eltern in der Schwangerschaftszeit, z.B. über die Mutter als die wahrere Busfahrerin.

Busfahrer: Wir denken hier an einen männlichen Busfahrer: da träumt vielleicht der Sohn aus der Perspektive des Mutterbauches heraus (als würde er das Ganze steuern). Oder es ist der Erzeuger, also der genetische Vater gemeint. Also gern eine Erinnerung an die Uteruszeit aus der Sicht des Foetus, obzwar sich eigentlicher die Einstellung der Mutter verrät.

Busfahrerin: Mutter oder Mutterersatz. In Einzelfällen die Perspektive des Foetus, Babys selbst, z.B. wenn die Mutter per Narkose für die Geburtsaktivität ausgefallen ist.

Busführerschein: Information darüber, wie der Träumer mit dem Thema Kinder-Kriegen, Schwangerschaft umgeht. Primär jedoch eine Aufklärung darüber, wie die eigene Mutterbaucherfahrung des Träumers war. Im Uterus waren wir in einem „Bus".

Bushaltestelle: Ein Ereignis oder eine Person wartet auf den Träumer. Da muss es nicht unbedingt konkret um Warten gehen, sondern es wird eine schicksalhafte Begegnung, ein schicksalhafter Einschnitt symbolisch dargestellt.

Bus-Inneres: Der Zustand im Bus, ob Harmonie oder Chaos oder Zerstörung, verrät etwas über die Erfahrung, die man im Mutterleib gemacht hat.

Bus-in-Weiß: Abgeholtwerden. D.h. eventuell Start zu einer tod-gefährlichen Situation. Möglicherweis geht es nüchtern in Richtung Sterben, meist aber nur um die Angst. Vorgeburtlich und im Todesgeschehen oder eventuell nur in Todesangst taucht gern der „Bus", der „weiß" ist, auf. Er bringt uns, und er holt uns ab. „Weiß" ist Verstärkung und aber auch Jenseitigkeit.

Busliniennetz: Wie auch immer Busse im Traum verwendet werden, evtl. sehr indirekt als Teil der Verkehrsbetriebe, sollte man an den Mutter-Bus denken, d.h. an die Schwangerschaftszeit.

Bus-Problem: Ein Bus, der Schwierigkeiten macht, der entgegenkommt oder der jemanden wegdrängt, verweist in der Regel auf eine Erinnerung aus der Schwangerschaftszeit oder auch an die Geburt. Ein vielfach auftretender Archetyp für die schwangere Mutter ist nämlich der „Bus". Also dürfte man in so einem Traum auf sein Geburtsproblem stoßen oder auf Schwierigkeiten in der Schwangerschaftszeit. Manchmal kann man am Verhalten des Busses erkennen, dass die Mutter diese Frucht nicht wollte. Ein aggressiver Bus, der rammen will oder unerbittlich verfolgen, auffahren will, bedeutet eine Schwangere, die die Frucht nicht haben will, die sie unbedingt loswerden will.

Büste: Hier haben wir also separiert einen Frauenkopf oder einen Männerkopf vor uns mit einem gewissen Oberkörperteil. Der Fokus liegt auf dem Kopf. Es kann sein, dass dieser Kopf Besonderheiten zeigt, z.b. ein schwarzes Kopftuch, und dass er an einem speziellen Ort steht, vielleicht in einem Bücherregal ganz oben oder ganz unten. Wir haben es hier mit einer Art Schatten zu tun, man könnte auch von einem Geist sprechen. Es geht meist um eine Nebenpersönlichkeit, die zu einer schon verstorbenen Figur gehört (z.B. zu einer Mutter oder zu einem Großvater) die noch Einfluss hat. Irgendjemand ist psychologisch von diesem Geist – meist nicht gering – affiziert.

Buswechsel: Da hat in der Schwangerschaftszeit irgendein Tausch stattgefunden. Passt z.B. zu einem untergeschobenen Kind, welchem eine falsche Identität d.h. Vaterabkunft zugeordnet wird.

Butter: Das gilt als das, was man von einer Mutter bekommt oder was man sich nimmt. Je mehr Butter, umso besser. D.h. umso besser, weil die Kindheit und die Erfahrung an der Mutterbrust mit der Muttermilch

prägend sind, als wären sie Butter (oder als wären sie Süßes). – Kurz
gesagt: Butter ist Mutter.

Butterdose: Kann zu lesen sein als weibliches Genitale, Uterus, Mutterbrust; daher auch Sexfragen andeutend oder berührend.

C

C: Der Buchstabe C steht wegen seiner gewölbten, bergenden Form
gerne dafür, eine Schwangerschaftserfahrung oder den Uterusraum
oder die Mutter mit Bauch darzustellen; manchmal versteckt im Namen, etwa bei einer Automarke oder ähnlich.

Café: Meint meist etwas wie Mama, besonders das Brustthema berührend, seltener uteral. Nicht selten auch allgemein Erotik. Vgl. auch
„Kaffee"

Card: Identität, auch im Sinne der Ewigkeit, nicht nur der Vergänglichkeit, zeigt gern eine Art übergeordneten Wesenskern, der bleibt.

Chakren: Zentren entscheidender Lebensenergie, können als sich drehendes Rad angesehen werden, ob nun als Spiralgalaxie oder als Chakra
in einer Art Aura. Leben wird dabei im Traum so definiert: als kreisende Bewegung (vgl. die Ur-Religionssymbole Rad, rta sonans, Sonnenrad, Swastika). Hinzu käme zum Chakra-Bild die Definition Platons als
„Das sich selbst Bewegende" (im Zusammenhang mit Unsterblichkeitsbeweisen). Vgl. auch „Scheitelchakra"

Chaotisch: Siehe „Verrückt"

Chef unsichtbar: So ein Chef oder Leiter kann z.B. hoch oben sich irgendwo befinden, hinter einer Balustrade oder einer nicht kompletten,
einheitlichen Wand. Er ist da aber nicht sichtbar. Dann kann man davon ausgehen, dass es eine göttliche Instanz ist: vorhanden, hoch, aber
nicht genügend greifbar.

Chef, Chefin: Vater- bzw. Muttersymbol; auch sexuelles Potenzsymbol.

Chefsekretärin: Hier liegt eine weibliche Sekretärinnen-Tätigkeit vor, die in der Regel auf einen Mann bezogen ist. Eine Sekretärin ist archetypisch jemand, der Dienste leistet für andere. Das kann soziale Aspekt haben und mehrere Personen betreffen, also eine allgemeine Einstellung sein. Es kann aber auch nicht selten das Erotische betreffen. Bei dem Motiv Chefsekretärin ist das sexuelle Interesse einer Frau an einem Mann mit-hineinspielend.

Chemie: Leben im biologischen Sinne.

Chemielehrer: Dieser Mann erzählt etwas über die allerersten Lebensbedingungen oder Überlebensprobleme. Anfang des Werdens ist gemeint, z.B. Zeugung.

China, Chinesisch: Steht rein symbolisch [nicht real] für Gefahr, bis hin zur Todesgefahr.

Chinesische Gruppe: Wenn man im Traum zur „chinesischen" Gruppe gehört, gehört man nicht zu denen, die siegen oder dezidiert vital sind. Als sehr fremd und exotisch für Europäer hat „China" eine Anti-Lebensbedeutung, eine Gefährdungsbedeutung. Also ein Flair von Lebensgefahr tritt auf. [Trifft natürlich nicht auf Chinesen in der Realität zu.]

Chip: Siehe „Obolus"

Chips: Die können auch schon einmal stehen für den sexuellen Austausch, sind aber eher nur bedeutend für den oralen Genuss und Austausch.

Chirurg: Geburt und Tod als gravierende Wandlungen bzgl. des Körpers werden in Träumen zur Reinkarnationskette als das Tun von Chirurgen (als wären das die handelnden Götter oder die Schicksalsmächte) dargestellt. Bei Stanislav Grof (z.B. in seinem Buch „Jenseits des Todes", S. 67) werden „chirurgische Eingriffe" in genau diesem Sinne als LSD-Erfahrungen zur Wiedergeburt berichtet; sie sind auch als Traumerlebnisse möglich. – Manchmal auch Hinweis auf ein Abtreibungsgeschehen als grausame Operation.

Choral: Meistens geht es ums Singen und um religiöse Inhalte dabei, und da zeigt es die Religiosität und Gottbezogenheit eines Träumers an. Allgemein aber einfach nur ein Stimmungsbarometer.

Chor-Auftritt: Besonders in Frauenträumen zeigt es die sexuelle Bereitschaft und Fähigkeit, natürlich auch ggf. Frustration und Kompensation.

Christophorus: Manchmal verbirgt sich hinter der Figur des großen Mannes mit dem hochgehaltenen Knaben ein Mann mit Phallus. Das passt dann auch ein wenig besser zum Sternbild Orion und zum Wilden Jäger, also zu bestimmten Ur-Mythen dieses Archetyps. – Allerdings ist häufiger die Bedeutung des starken, selbstlosen Helfers, in diesem Zusammenhang geht's dann auch um ein typisches Vatersymbol. In der Regel ist das arg knappe Überleben eines Babys oder Kindes angezeigt. Und natürlich ist hier ein Helfer wichtig. Die Frage ist: wer half zum Überleben? Ein Engel, ein Verwandter, der liebe Gott oder eine großartige innere Kraft bzw. eine Intuition? Es kann aber mit diesem Motiv auch ein Mensch vorgestellt werden, der eine besonders empathische Einstellung hat, den Schwachen zu helfen. Man könnte sich vorstellen, dass ein Christophorus sich gerade um ein „fremdes" Kind bemüht, also unerwartet.

Christus: Vgl. „Gott"

Clown: Der Clown entspricht einer totalen Verkleidung. Er stellt ein Wesen dar, das nicht wahrhaftig, nicht authentisch und nicht wahr ist. Man kann ihn also als generelle Illusion der Welt betrachten. Verkleidung, Verstellung ist gefährlicher als offene Aggression. Im Einzelfall kann auch ein Mensch in unserer Umgebung sehr unehrlich sein, wie ein Clown sich anfühlen; solch eine Person ist dann nicht zu packen, nicht zu fassen. Manchmal meint es auch nur eine tragische Selbstentfremdung.

C **Cognac:** Cognac ist ein Hauptsymbol für alle Arten von Alkoholika, die zwar allgemeine oder erotische Lust verkörpern können, aber nicht selten auch Abhängigkeit anzeigen. So steht Cognac also gern für eine Sucht, und zwar für Süchtigkeit gegenüber Mutter oder Vater.

Coitale Bewegungen: Können manchmal auch Geburtsversuche meinen.

Coitus: Symbol der Ganzheit, des Eins-Werdens. Männliches und Weibliches vereinigen sich wieder zum Tao. Diese Ganzheit gibt es aber in der Regel nur nach dem Tod, im Jenseits. Als Erdenmenschen und Materie sind wir polar, einseitig, sozusagen halb. Der Androgyn ist auf Erden „durchschnitten", wie in der griechischen Mythologie gesagt; so sucht jeder seine zweite Hälfte. Aus solchen Gründen, wie viele antike und mittelalterliche Traumdeuter wussten, ist der Coitus als Ganzheit tendenziell ein Todessymbol... Der entsprechende Archetyp heißt „Hieros Gamos" = Heilige Hochzeit; vorkommend auch als einseitig, missverständlich aufgefasster wunderschöner Liebestraum, in dem einem das lang gesuchte Duale, d.h. der Idealpartner (manchmal sogar homosexuell), in die Arme läuft. Insofern Coitus ein Todessymbol ist, ist er ein Übergangssymbol, und d.h., dass coitale Bewegungen auch bedeuten können, irgendeinen „Übergang" zu schaffen. Insgesamt zwar manchmal auch als Sex zu deuten (aber selten), öfter jedoch das Jenseitsthema anzeigend.

Colagetränk: Symbol der Süchtigkeit, etwa als Coca Cola trinken oder als zuviel trinken, und zwar geht es um Muttersucht bzw. Mutterbrustsucht. Oralsucht, übertriebenes Trinken fußen meistens auf einem schweren Muttertrauma. Cola regt hormonell an, auch das passt zum oralen Thema. Daneben regt es die Sexualität an.

Come-Back: Hier liegt ein Wiedersehen in der Luft mit einer vielleicht ersehnten, gesuchten Person aus früheren Zeiten.

Computer: Besonders in der Form als Monitor des Computers ist eine unbewusste Erinnerung gemeint. Es wird etwas gesehen, das verborgen, überraschend, verdrängt, auch sehr früh ist – aber wahr war. Das betrifft manchmal die ganz frühe Kindheit und die pränatale Zeit. Auch Zukünftiges, Jenseitiges taucht im PC-Bildschirm auf (etwa als Abstürze, Blitz- und Lichteffekte, als Todthemen). Insgesamt findet man sehr Unbewusstes, Wahres, Frühes (ähnlich wie bei Foto, Video) bzw. Inhalte der außersinnlichen Wahrnehmung auf dem Monitor.

Consecratio: Es ist eine etwas versteckte Weihung oder Berechtigung angesprochen. Eine Legitimation, die aber wegen des chiffrierten Wortes in Latein fragwürdig ist, als wäre sie heimlich.

Couch: Siehe „Sofa"

Cowboy: In Frauenträumen meint es einen attraktiven, recht männlichen Mann.

Crash (Autounfall): In Einzelfällen kann ein Zeugungsunfall gemeint sein, d.h. eine typische Malaise = eine unwillkommene Schwängerung. Zumal kleinere Crashs sind ein „Malheur", ein Malheurchen, wie man im Rheinland sagt. – Es kann ein Autozusammenstoß generell ein sexuelles Zusammenkommen meinen (unabhängig von Zeugung). Besonders wenn man etwas Männliches und etwas Weibliches in den Fahrzeugen erkennen kann, z.B. einen Crash zwischen einem großen schwarzen Auto und einem rosafarbenen kleineren runden Auto. – Schließlich sind natürlich Körperverletzungen und aversive Hindernisse, irgendwo in der Biografie, auch mit dem Crash-Symbol darstellbar.

D

Dach der Welt: Damit ist eine hohe geistige Erkenntnisposition gemeint, vielleicht die höchste, die es gibt. Hochgebirgsumgebung und Ähnliches gehört zum Dach der Welt, z.B. der Himalaya. In vielen Mythen ist der hohe Bergpunkt oder die hohe Berggegend ein Gleichnis für Gott-Nähe, Weisheit, Erleuchtung.

Dach: Ähnlich wie Pyramide oder Dachgeschosszimmer liegt eine Information vor über einen Aspekt der Zeit im Uterus. Bestimmte Dachformen, z.b. kleine Kuppeln, Zwiebeltürme, können Kopf, Haupt, auch den Vater (zwar selten) meinen. Vom Dach stürzen = prä- oder perinatale Todesszene.

Dach-Eindecken: Eine gelingende Schwängerung oder Befruchtung – oder aber, wenn Mängel im Dach bleiben, eine nicht gelungene Zeugung, also nur eine Option, kein Faktum. Dach, Dachgeschoss hat oft die Bedeutung des Uterus.

Dachfenster: Spirituelles Symbol für den Kontakt zum Jenseits, zum Himmel = der Blick nach draußen/oben, in die andere, unsichtbare Welt.

Dachgarten: Wenn dieser Dachgarten zusätzlich noch auf einem Hochhaus gelegen ist, dann kann man annehmen, dass die Situation unmittelbar vor dem Geburtsbeginn gemeint ist, vor dem archetypischen „Herunterkommen, Heruntergleiten aus der Höhe".

Dachgeschoß: Ablagerungsraum für alte unbewusste Komplexe (ähnlich wie Keller), im Sinne von Speicher, Speichern. Höchster Bereich des Hauses, daher wie Kopf, Denken, Streben einer Persönlichkeit. Auch Kontakt mit dem Transzendenten. Zum dritten sind Dachgeschoß, Dach, Dachformen ein Symbol für den schützenden, bergenden Mutterbauch, und so spielen oft (!) Uteruserinnerungen im Traum unter dem Dach oder am Dach und dergl.; da gleicht das Dach dem Symbol der „Pyramide" (siehe dort), welche ein uteraler Initiationsraum für die Jenseitsreise ist. Man erhält im Dachgeschoss eine Information über viele Dinge, die sich in der eigenen Uteruszeit abgespielt haben. Kleine Tiere darin, z.B. Maus oder Vogel, meinen vielleicht den Foetus. Insekten dagegen zeigen damaligen Stress.

Dachhöhe: Hochragende, spitze Dächer können etwas aussagen über den Kopf, über das Denken des Träumenden. Z.B. können solche Dächer Klugheit und Spiritualität andeuten.

Dachkante, Dachkalle: Von der Dachkante nach unten = manchmal der Geburtsmoment.

Dachluke: Symbol für die Geburtspassage, für das Herunterkommen auf die Erde im „engen" Durchgang, also als Luke zur Erdenwohnung darunter.

Dachs: Symbol der Weisheit. Der Dachs wird auch Grimmbart genannt, er kann sehr gut riechen, hören, ist findig, und er ist ein Nachttier, welches im übertragenen Sinne der unbewussten, spirituellen Erkenntnis, gerade auch der Traum-Analyse nahesteht.

Dachschaden: Ein konkreter Schaden an der Dacheindeckung eines Hauses deutet vielleicht lange vorher die Möglichkeit an, dass ein Hirninfarkt sich einmal ereignen könnte. Das Symbol Dach kann gerne ein Kopfthema meinen.

Dachterrasse: Tritt meistens auf im Zusammenhang mit einer großen Erkenntnis, mit einem großen Überblick, nicht selten transzendenter, spiritueller Art. Der herrliche Ausblick ist das Wesentliche einer Dachterrasse oder auch das symbolische Hoch-Sein.

Dachzimmer: Meist Erinnerung an eine Geschichte aus der Schwangerschaftszeit.

Dädalus: Diese mythische Figur ist ein Beispiel für die Lehren des Schicksals. Wir wissen meist nur, dass Dädalus seinen Sohn Ikarus beim Flugversuch, der auch ein Fluchtversuch war, tragisch verloren hat. Der Mythos sagt aber, dass Dädalus zuvor seinen Neffen getötet hat und deshalb wurde ihm von den Göttern verhängt, seinen Sohn zu verlieren. Manche mythischen Gestalten treten im Traum auf, um diese Art von Gerechtigkeit zu zeigen, nämlich das Karma. Ein ähnliches Beispiel ist Ödipus: Sein Vater Laios hatte Angst, von seinem Sohn getötet zu werden, nach einem Orakel-Spruch. Und so entspann sich die ganze tragische Biografie des Ödipus und auch seiner Eltern. Man vergisst, und auch Sigmund Freud hat das unterschlagen, dass der Vater Laios den Sohn seines besten Freundes vergewaltigt (symbolisch

D

damals ‚getötet') hatte, und dass deshalb die Götter, die für die Kinder zuständig sind, verhängt haben, dass sein eigener Sohn ihn töten würde. So mag es also beim Traummotiv „Dädalus" um ein Gerechtigkeitsthema gehen.

Dalmatiner: Ein Hund, zumal wenn es ein Rüde ist, ist meist als Mann oder Männliches zu deuten. Mit der Mischung aus Schwarz und Weiß dürfte ein ambivalenter Mensch gemeint sein oder ein nicht entschiedenes Problem.

Damenfahrrad: Fahrräder kommen im Traum oft vor als Symbol. Meist geht es um die Betonung, dass der Fahrradfahrer ein Einzelwesen ist, also so etwas wie eine Single-Persönlichkeit. Das Fahrrad (eines allein) steht keinesfalls für ein Beziehungsthema, sondern die Singularität der Person auf dem Fahrrad deutet gerne eine Art von innerem Alleinleben an. Meist sind die Fahrräder nicht geschlechtlich unterschieden. Wenn aber doch, wenn es also betont um ein Damenfahrrad geht, dann liegt hier eine sehr weibliche Orientierung vor. Und was bedeutet das? Das kann z.B. bedeuten, dass die fahrradfahrende Person mutter-abhängig ist oder ihre Weiblichkeit über die Maßen pflegt oder dass ihr gerade diese Weiblichkeit fehlt und dass die Weiblichkeit ein Suchtziel ist. Bei Männern wäre es: zu wenig Männlichkeit.

Damenschuh-Benutzung: Wenn hier ein Mann im Spiel ist, der im Traum die Schuhe einer Frau benutzt oder benutzt hat, dann ist von einem Sexualverkehr auszugehen. In der Psychologie gibt es eine bekannte Schuh-Erotik (Schuh-Fetischismus). Die Öffnung des weiblichen Schuhs bzw. das Innere steht dann für die Vagina. – Als Variante kann, ganz anders, an Homosexualität eines Mannes gedacht werden.

Dampfendes: In der Regel indirekt auf warmes Wasser weisend und insofern ein starkes Lebens-, Lebendigkeitssymbol (berührt ein Mutterthema und den Lebensbeginn).

Dampflok: Schwangere Mutter, in Einzelfällen auch aggressive Mutter.

Daten: Daten in Zahlenform, z.b. Zimmer 407 oder 25, oder Zahlen des Monats, haben nicht selten eine Zukunftsbedeutung. Allerdings ist das Metier nicht eindeutig, und Meter oder Monate oder Kilogramme, also Maßangaben, sind gern vertauscht!

Daumen: Wie im Märchen „Däumling" stehen die Finger, Zehen, Daumen als pars pro toto oder Analogon für einen ganzen Menschen, und zwar für ein kleines Kind, und nicht selten für einen Foetus.

Decke: Wenn es um eine Zimmerdecke geht, auch noch hoch oben in großem Raum, dann ist manchmal der Innenraum des uteralen Aufenthaltes gemeint. Das wird gegebenenfalls verstärkt durch die Symbole Gotisch, Kirche, Holz. Bezogen auf die aktuelle erwachsene Person, also nicht als ferne Erinnerung gedeutet, wird etwas über den mentalen Aspekt des Menschen, über seine momentane Befindlichkeit sowie über seine Ziele gesagt.

Decken: Wir meinen hier Decken, die einen Menschen oder eine Sache zudecken, z.b. eine markante Wolldecke. Es mag auch unter der Wolldecke jemand schlafen oder ein Geheimnis oder eine Kiste oder etwas anderes liegen. Dann geht es um eine wichtige Einzelheit, die zu einer Person gehört, die aber verdrängt, versteckt, verleugnet, also „unter der Decke" , also geheim, zugedeckt, verdeckt ist. – Es geht auch manchmal um das Thema, jemanden liebevoll mit einer Decke zuzudecken. Die Decke über jemanden ausbreiten ist dann ein Ausdruck für das Geben von Fürsorge und Schutz.

Degenfechten: Da geht es eher um Rhetorik, um Auseinandersetzung, Dialog, ggf. um eine interessante Rednergabe.

Dekolleté: Ein Angebot von Frau ist es, das Zuwendung, Lust verspricht, das Weiblichkeit betonen soll; sehr oft jedoch als Bluff = Vorspielung, besonders weiblich zu sein D. h. es ist gern eine Kompensation, nur äußerer Schein. Je mehr an zur Schau getragener Lockung, umso weniger ist vielleicht manchmal dahinter.

Delphin: Archetyp für Foetus im Mutterbauch, manchmal auch für Baby. Sowie auch ein Archetyp für das Weibliche, welches sich befruchten lässt (vgl. die sexuelle Bedeutung von Fisch).

Dematerialisierung: Eine Verwandlung vom körperlichen in den geistigen Zustand oder auch umgekehrt – nicht selten geschieht sie mit Lichterscheinungen im Traum – weist darauf hin, dass die betreffende Person sehr spirituell ist und sich keineswegs nur für das körperliche Leben engagiert, sondern nicht wenig, etwa per alternativer Beschäftigung, in der geistigen Welt sich aufhält.

Denken an: Kann eine starke Absicht verraten, jedoch eher eine nicht gänzliche, faktische. Wir könnten von einer 50-Prozent-Absicht sprechen.

Denken: Auch die Denkfähigkeit, die Intelligenz also, kann zu dem gehören, was man geerbt hat, was man einem Elternteil verdankt.

Denkmal: Wörtlich „denke mal" an..., also ein Erinnerungsaufruf. – Sonst weit zurückliegende Inhalte darstellend: Vergessenes, Unbewusstes, Verdrängtes, bzw. überhaupt Vorgeschichte; vgl. „Antike"

Denkmuster: Die Ideen einer Person, die Lösungswege für ein Problem. Wenn ein Denkmuster fällt, gibt es plötzlich einen interessanten mentalen Ausweg aus einer Situation.

Depression: Meint eigentlich Weinen, und zwar unbewusstes, als Ausdruck echten und großen Schmerzes. Des weiteren Merkmal der Tatsache, dass man als Kind für andere Menschen, nicht für die Eigeninteressen lebte. Schließlich unausgelebte, verdrängte, chronisch gewordene Trauer. Sowie zentral die Angst vor der Mutterablehnung (leidvolle Erfahrung). Diese Elemente sind auch in der Realität wichtige Depressionsgründe.

Der Erste des Monats: Solche Maß- oder Zeitangaben sind kodiert und können für eine ganz andere Information stehen. Z.B. kann in diesem Falle der erste Mann statt des zweiten Mannes gemeint sein.

Desinteresse: Dieses Moment wiegt schwerer als es scheint. Desinteressiert an einer Person zu sein heißt, dem andern sehr gefühllos gegenüberzustehen. Eher kann man faktisch „Ablehnung" statt des harmlos erscheinenden Desinteresses unterstellen. Wenn eine Frau oder ein Mann im Traum desinteressiert sind, bestimmte Aufgaben zu erfüllen, vielleicht vorgegebene, dann ist mehr als nur wenig Lust gemeint, nämlich stärker die Widerwilligkeit. Hinter Desinteresse verbirgt sich also oft Ablehnung.

Deutsch: Steht in Träumen eines deutschsprachigen Menschen für Identität, Authentizität, Wahrheit. Ähnlich die anderen Nationalsprachen für die anderen Nationen.

Deutschlehrer: Im Traum eines Deutschen ist damit gern der Vater, der Erzeuger gemeint. Im Traum eines Franzosen wäre das Symbol dann der Französischlehrer. Es ist eine Aussage über Identität und Abstammung.

Diagonal gegenüber: Eine Solche-Gegenüber-Position kommt im Traum häufig vor, sehr gerne als „schräg gegenüber" (siehe dort) oder auch als „diametral" gegenüber. Meistens geht es um eine ziemlich feindliche Position derjenigen Institution oder Person, die sich gegenüber befindet. (Direkt gegenüber ist anders, meist positiver zu deuten.) Diagonal gegenüber ist fremd, anders, ungut, z.B. bei Wohnungen (versteckter Gegner).

Dialekt: Im Dialekt sprechen = sehr direkt und wahr reden.

Dialog: Wenn Dialoge variierend und scherzhaft geführt werden, mit einer ständigen Abwechslung zwischen den Agierenden, geht es meist um einen Flirt.

Diamanten: Meist als besonderes Liebesangebot oder -geschenk zu sehen; es wird per Diamant allgemein seelisch Hochzuschätzendes gezeigt. Insgesamt nicht leicht zu deuten – es meint jedenfalls etwas extrem Wertvolles. Es kann sich um besondere Wissensschätze, Erkenntnisse oder aber auch um Eros-Schätze handeln.

Diaprojektor: Ein Diaprojektor und Dias zeigen eine tief unbewusste Wahrheit an, sehr vergessen, sehr verdrängt. Als Leuchtbild, Lichtbild ist auch das Thema „Leben" mit-gemeint.

Dick: Dick und vielleicht auch noch groß verhält sich gern eine Person oder ein Phänomen, was überdominant ist oder sein will. Ein ‚dicker‘ Mensch kann einer sein, der sich psychisch breitmacht, also ego-interessiert ist; oder auch einer, der sich in mehreren Abwehrwällen verteidigt (nicht selten notwendigerweise zu schützen sucht). Zumal wenn eine gewisse Leibesfülle im Traum mit Genüssen, Gemütlichkeit verbunden ist, handelt es sich um eine Person, die gern zuerst einmal an sich selbst denkt. Ansonsten eine eher nur traurige Kompensation, Abhängigkeit (durch Mangel, durch Muttertrauma). Zu unterscheiden von gutgenährt: vgl. „wohlgenährt". Manchmal starker Wille, eher aber nur das vergebliche Bemühen darum. Auch Symptom für Liebes-, Lustersatz. In Frauenträumen ist die Gleichung nicht zu übersehen: dick = schwanger.

Dicke Frau: Indiz für etwas eher Positives, was mit Schwangerschaft zu tun hat.

Dicksein: Die Neigung zur Fettleibigkeit (Adipositas) kann psychosomatisch auf Einsamkeit beruhen. Die Art von Einsamkeit kann uralt, verdrängt und vergessen sein, also auch symbolisch sein, ist aber durch aktuelle Ereignisse restimuliert. Eigentlicher Entstehungsort ist meist die Schwangerschaftszeit (Stress u.a.m.). Die hysterische Abwehr von Dicksein verrät eine uralte Ablehnung von Schwangersein, meist aus Vorfahrinnen stammend, tritt symbolisch manchmal als auffallend dicke Frucht auf.

Diebstahl: Als harmlos erscheinender Diebstahl meistens das Nehmen von Lust, Leben, Eros, mit einem etwas schlechten Gewissen, d.h. mit falschem oder sehr geringem Schuldkomplex. Auch sexuelle Beraubung und typische Form des blanken Egoismus, im Sinne einer klassischen „Welt"-Darstellung (alle versuchen zu stehlen). Also weit verbreiteter Archetyp für das Weltleben: der Mensch „nimmt" sich in der Regel mehr als nötig. Ein Diebstahl kann sehr weit gefasst sein, z.B.

in den Augen eines Kindes sind Verlust oder Tod eines Elternteils im Traum als „Diebstahl" darstellbar. Werden dem Träumer Kleidung oder Geldbörse gestohlen, so hat das eine größere Wirkung, als es zuerst scheint, denn es geht um einen gravierenden Raub an Persönlichkeitsrechten, an Persönlichkeitsrollen und an Identität (bei Geldbörse um Erotik). Diebstahl kann ein mentaler Inhalt sein, der zutrifft, der aber auch umgekehrt vielleicht nur ein falscher Komplex ist. Welche Menschen gibt es, die mit einem Diebstahlkomplex umher laufen? Das sind nicht selten Kinder, deren Existenzgrundlage „gestohlen" worden ist. Ein Beispiel: ein Erzeuger überwältigte die Mutter, ‚raubte"' dort eine Schwangerschaft für sein Kind. Mit anderen Worten, einer der beiden Eltern wurde betrogen, wurde bestohlen, wollte also die Zeugung nicht. Das Kind kann dann einen diffusen Diebstahlkomplex erben. Wenn man im Traum mit schlechtem Gewissen etwas stiehlt, geht es oft nur um einen tragischen Schuldkomplex. Der Träumer ist innerlich gebannt und wie verhext gegenüber einem normalen Nehmen, durch eine andere, frühere Autorität.

Dienst-Einteilung: Der Mensch dient viel mehr den Schicksalsbestimmungen, als er glaubt. Er ist wie von höherer Warte zu einer bestimmten Biografie eingeteilt. Im Traum kann man erkennen, dass man für eine bestimmt Aufgabe vorgesehen ist und dass die eigene Entscheidung weniger wichtig ist. Das Ego will es nicht wahrhaben, aber unsere Biografie ist eine Art Dienen.

Digitales: Hier konzentrieren wir uns auf digitale Leitungen bzw. Unterbrechungen. Die Bedeutung ist angelehnt an die Symbole „Licht" und „Elektrizität". Funktioniert alles, haben wir „Leben", Lebendigkeit (nicht zuletzt auch im sexuellen Bereich) vor uns. Im Gegenteil ist dann eine vitale Organfunktion des Menschen ausgefallen.

Diktat: Machtausübung, manchmal rücksichtslos, eines Egos oder eines Willens.

Diktieren: Das meint das, was man der Welt zu sagen hat, was man vielleicht hinterlässt. – Wenn ein Mann einer Frau im Traum etwas diktiert, kann es bedeuten, dass er einer Frau etwas geben möchte, nicht selten auch den Eros, ob mit Druck, mit Berechtigung, Vertrauen oder Autorität. – Diktieren oder schreiben oder einen Buch-Text erzeugen hat oft mehr mit Emotionen als mit Intellekt zu tun. Da geht es gern um das Ausleben von Gefühlen, nicht selten erotischer Art.

Dimensionen: Im Traum können Elemente aus drei sehr verschiedenen Dimensionen zusammentreffen, z.b. ein großer LKW aus der Realität (1), dann ein zentimetergroßes keines Plastikauto (2) und als drittes ein Mensch (3). Dabei ist interessant, dass die drei Elemente oder Subjekte sich zum Teil oder überhaupt nicht sehen. Und genau so kann sich dann ein Unfall ereignen. Damit sagt der Traum, dass bei unerklärlichen Unfällen oder Unglücken oder Behinderungen neben den Gründen und Dingen, die wir sehen können, auch unsichtbare Kräfte oder Wesen beteiligt sind. Der Mensch in seiner Rationalität oder in seinem Materialismus versteht das nicht, aber der Traum weiß, auch unsichtbare Kräfte können etwas bewirken, z.B. zu Zusammenstößen führen oder Tiere auf ihren Wegen blockieren oder auch jemanden retten.

Direktor schweigt: Wir haben manchmal im Traum eine hoch stehende Person, z.b. einen Direktor, die zusieht, die die Wahrheit kennt, aber schweigt. Und so verhält es sich auch mit der göttlichen Beobachtung: Gott spricht nicht, und er greift auch nicht ein, oder höchst selten – aber er sieht alles, er weiß alles. Auch ein weiser Vater kann so reagieren.

Dirne: Siehe „Prostituierte"

Diskus: Symbol für Ambivalenz, für zwei Seiten derselben Sache.

Distanz: Innere Distanz, aber auch bildlich als distanziert beiseite stehen, heißt = einer Option nicht nachgeben, eine alte Sehnsucht nicht erfüllen können oder wollen.

Distel: Als Pflanze steht die Distel im Prinzip für Wachstum, Leben, für etwas Positives. Wird jedoch oft auch als negatives, großes Problem, Widriges empfunden und gedeutet, manchmal nicht zu Unrecht, da sie „stechen" kann.

Disziplinieren: Wir sprechen hier nur die überzogene Disziplin an, wo dann im Traum z.b. ein Hund außerordentlich streng sediert und zurückgehalten und beherrscht wird. Da geht es um eine Erfahrung des Träumers, dass er in seinem unschuldigen, natürlichen Gefühlsbereich arg blockiert, zurückgehalten wurde oder wird. Überdisziplin ist eine überzogene Selbstbeherrschung, und eine Krankheit als Preis dafür ist nicht weit.

DNA-Spuren: Da kann es gern um eine unbekannte Abstammung von einem unbekannten Vater gehen.

Dokumentieren: Siehe „Unterschreiben"

Dom: Dom und Kirche haben eine Doppel-Bedeutung. Zum einen ist ein Kirchenraum mit dem Schwangerschaftsraum vergleichbar. Gegenüber der Welt ist das eigentlich versteckt oder nicht einsehbar, jedenfalls eine andere Welt. So gibt es auch später im Erwachsenen-Leben eine andere oder geheime Welt, das ist der unbewusste oder spirituelle Bereich, eher für die üblichen Augen verschlossen. Dom ist dann noch spiritueller als Kirche, und man kann im Dom seine sonst unsichtbare geistige Seite sehen oder erleben. Insgesamt also: uteraler Raum, spiritueller Raum sowie Raum, der einfach nur die (übliche) Gemeinschaft darstellt.

Donnerstag: Der Donnerstag gehört zu Zeus, Jupiter, Donar, Thor und daher zeigt er etwas betont Männliches an oder auch etwas Väterliches.

Doppelbett: Hinweis auf eine Partnerschaft oder Ehe oder Beziehung, auch auf eine illegale. Also insgesamt kein geringer Hinweis auf Sex.

Doppeldecker-Bus: Symbol für Mutter + Baby, besonders für eine Schwangere. Meist Intuition, Erinnerung einer träumenden Person an die letzte Zeit im Uterus. Häufige Themen in diesem Zusammenhang: Wer steuert? Etwa das Kind? Wo bleibt der Bus stecken? Wo liegt die Überforderung?

Doppel-Domäne: Das Symbol tritt auch auf als Doppel-Card oder Doppel-Adresse oder Doppel-Domain. Das verweist auf eine widersprüchliche Persönlichkeit in dem Sinne, dass zwei mysteriöse, disparate Elemente (etwa zwei Erziehungsstile oder zwei Kindheitsetappen) in ihr vereint sind. Also ein Mensch mit ansatzweise zwei Identitäten oder mit zwei Kindheiten in unterschiedlichen Familien. In Ausnahmefällen nur eine Verstärkung.

Doppelflügelige Tür: Meist geht es hier um ein Problem im Geburtsprozess. Ist die Tür aus Holz, wäre das positiv, ist die zweiflügelige Tür weiß, wäre das negativ oder Gefahr andeutend. Manchmal zeigt ihr Rot die Erregung an. Zur Geburtserinnerung, zur Geburtspforte gehört eine doppelflügelige, nicht eine einfache Tür. Kaiserschnittkinder, ohne übliches, programmiertes Geburtserlebnis, suchen oft im Traum nachträglich eine solche doppelflügelige Geburtspforte.

Doppelname: Bei einem Menschen handelt es sich vielleicht um jemanden mit zwei Identitäten. Wenn negativ, könnte es sich um einen Spieler, Bluffer, Betrüger handeln, mit zwei entgegengesetzten Seiten. Sonst ein Mensch mit zwei starken Prägungslinien, also z.B. mit wechselnden Eltern.

Doppeltür: Das Symbol kann auch als Tür mit Vorbau oder mit zusätzlicher Außentür auftauchen und es hat meistens mit einem Geburtsprozess zu tun. Da solches unser Erstmuster ist, taucht das Geburtserlebnis sehr oft in Träumen auf.

Doppelventil: Dieser Träumer könnte zwei Väter oder eine ähnliche Doppelung aufweisen.

Doppelwort, Doppelsilbe: Grammatisch kann man auch von Reduplikation sprechen, es wird eine Silbe des Worts vorn angestellt und damit verdoppelt. Aber im Traum gibt es natürlich viele beliebige Varianten von Doppelsilben. Wir nehmen einmal das Beispiel aus dem Lateinischen. Die Präposition de heißt von weg / über, wird etwa verwendet, wenn man über ein Thema spricht. Und wenn nun im Traum jemand einen Vortrag hält über ein Thema und das wird lateinisch dargestellt und statt de mit Ablativ steht „dede" als Verdoppelung, dann wird man das so deuten müssen, dass es ein besonders betontes, wichtiges Thema ist. Also es geht um Verstärkung.

Dorf: Ähnlich wie bei Burg, Stadt, Ort ist in der Regel die Familie, in die hinein man auf die Welt kam, gemeint, bzw. speziell die diesmalige Biografie. Oder auch enger gesehen, die Mutterindividualität.

Dorfbewohner: Hiermit sind in der Regel die etwas glücklicheren Menschen gemeint, die ihrer archetypischen Natur noch näher sind. Weil die Dörfler im Idealfall sich kennen und untereinander vertraut sind. Der gedachte Gegensatz dazu ist der Großstädter und Weltreisende, der von viel Fremdem und d.h. von potenziell Feindlichem umgeben ist. „Vertraut" ist im Unbewussten positiv, „fremd" nicht.

Dornen: Hindernis, Ablehnung (emotional).

Dornengestrüpp: Ungute Gesamtsituation, vielleicht auf eine Beziehung, Partnerschaft bezogen, jedenfalls psychisch oder sozial, wobei die spitzen Aversionen nicht als offensive Attacke, sondern allgemeiner, wenn auch deutlich, gezeigt werden.

Dose: Gern im Sinne von Haben-Wollen, z.B. bei einer Spenderdose, Spardose. Auch Weibliches, Mütterliches.

Dosen-Aufsprung: Wenn ein Gefäß, z.B. eine verschlossene Dose, unvermittelt aufspringt, sich öffnet und ein Inhalt herausfließt, kann es sich um eine Ejakulation handeln, d.h. auch manchmal um eine nicht gewollte Zeugung.

Dosen-Platzen: Da gibt es einige Varianten, z.B. kann die Dose auf die Erde fallen, oder der Deckel geht ab, und meistens ergießt sich irgendein Inhalt auf die Erde, und das Ganze hat nun einen Problem- oder einen Verschmutzungscharakter. Dahinter kann sich eine ungewollte Ejakulation, d.h. Schwängerung verbergen. Vielleicht auch eine Frühgeburt.

Dosiert: Gemeint ist oft ein gemischter Inhalt, z.b. auch als Moral oder Lebensfazit, und zwar ist es das normale Sowohl – Als auch, das Übliche Plus und Minus in Abwechslung. Beispiel: es ist jemand gut und auch etwas schlecht: der ist im Traum „dosiert" gut.

Double-Autos: Wenn diese auch noch mit einem Parkplatz im Traum verbunden sind, dann meldet sich hier eventuell eine sehr gefährliche, sehr tabuisierte Information. Das könnte nämlich im Extremfall zu einem in der Geburtsklinik vertauschten Baby passen. Die Autos stellen zwei Körper dar in totaler Identität, was es ja abgesehen von Zwillingen eigentlich nicht gibt. Also dieses Traumsymbol sollte man intensiv hinterfragen.

Drache: Gefräßiges, gieriges Prinzip, Ego-Wesen, daher weltweit Archetyp des Bösen (auch Unbekannten, Unbewussten). Varianten sind Lindwurm, Schlange, Krokodil: sie stellen gern den Teufel dar bzw. die Aggression schlechthin.

Drachenkämpfer: Versinnbildlicht einen Charakter, den man als mutigen Jungen, Sohn, Mann bezeichnen könnte. Gern in den Träumen kleiner Jungs vorkommend. Im Unterschied zu den vielen Feiglingen, die sich angepasst in Nischen gegenüber dem Zeitgeist oder einer Diktatur verstecken. Der Drachenkämpfer ist redlich und kämpft für das Allgemeinwohl. Entspricht aber andererseits auch einem weit überzogenen Helden- und Mann-Ideal. Der Drachenkämpfer ist ein Super-Krieger.

Drangenommenwerden: Es gibt in der üblichen Schülerumgangssprache diesen Terminus, ob man „dran kommt" oder nicht. Es geht also darum, von der Lehrperson nicht ignoriert zu werden. Es kommt aber öfter im Traum vor, dass man übergangen wird, obwohl man heftig aufzeigt oder auch viel weiß. Wie man ja auch oft in der Schule übergangen wird. Wenn also der Schüler übersehen wird, meist ostentativ übersehen wird, zu seinem großen Ärger, dann muss man das so deuten, dass die Lehrperson eine elementare Aversion gegen den Schüler, der vielleicht identisch mit dem Träumer ist, hegt. Wenn es sich um eine Lehrerin handelt, dann erfährt man so, dass es eine heftige oder versteckte Ablehnung von Mutterseite aus gab. Dasselbe gilt bei männlichen Lehrern für Vaterfiguren.

Draußen: Zeigt den Aspekt der Anderwelt; manchmal ist deutlich das Jenseits gemeint. Abgeschwächt ist es als eine Art Outsidertum oder auch als Nicht-Bewusstes zu deuten.

Dreck: Alte Komplexe, Traumata, die nach Entsorgung, Entfernung rufen.

Drehen: Sich drehen, sich eindrehen oder am Lenkrad eines Autos drehen und Ähnliches assoziiert zum Geburtsvorgang, wo die „Drehung" des Foetus (im Geburtskanal) von entscheidender Wichtigkeit ist. Probleme, Traumata dieses Bereichs (etwa die Geburt beinahe verpassen) erscheinen sehr oft im Traum.

Drehung: Ähnlich wie bei einem Erdbeben oder Torkeln – wird ein extremer Stress gezeigt, gern im Umfeld einer tod-nahen Situation. – Andererseits ist die Drehung in der Vorwärtsbewegung ein Hauptarchetyp für die Lebenskraft, für das belebende Prinzip (Geburt, Galaxien, Elektronen usw.). Es wie eine Erfindung von Gott, mit der Drehung fängt das Leben an. Vergleichbar mit Platons Theorie über das „Sich-selbst-Bewegende". Siehe auch das Stichwort „Bewegung". Gerade bei der Geburt ist sie ein entscheidendes Element (sich hineindrehen). Steht so allgemein für das Erreichen des Lebens, das Erreichen von Lebenszielen, also für ein ‚Durchkommen', d.h. für einen Erfolg, im Kontrast zu der anfangs genannten negativen Drehung als Torkelung.

Drei Frauen: Die Mutter als Schicksalsmacherin. Siehe „Schicksalsfrauen"

Drei Männer: Wir beschäftigen uns hier mit dem Sonderfall, der auch in der Familienpsychologie ein Ideal darstellt, dass wir drei Verwandte aus drei Generationen vor uns haben. D.h. also Großvater, Vater und Enkel. Das Symbol gibt es natürlich mit Frauen genauso. In einem solchen Traum wird darüber aufgeklärt, dass Großvater, Vater und Enkel durchaus eine Einheit darstellen, auch in der Mentalität oder z.B. im

Willen oder im Durchsetzungsvermögen. Das heißt, die genetische Zugehörigkeit meint viel mehr als nur Körperliches, sondern berührt oft auch Charakter, Mentalität. Wenn die Linie, d.h. der Zusammenhalt zwischen Großvater, Sohn und Enkel nicht durch Tod, mancherlei Aggression oder Destruktion verschwunden oder zerstört ist, ist das immer ein Symbol des Heils oder der Heilung. Dabei geht es besonders um die heile Psyche. Eine Harmonie zwischen Großvater, Sohn und Enkel ist einfach eine Gesundheitskonstellation. In solchen Träumen kann man auch oft über ein charakteristisches Merkmal, was eine symbolische Aussage ist, erkennen, in welchem mentalen oder psychischen Punkt diese drei Generation verwandt und affin sind. Das kann ganz simpel (aber symbolisch gedacht) über Äußerliches, über Kinn, Nase oder Gang gehen und sollte in seiner Bedeutung nicht übersehen werden.

Drei Personen: Nicht selten stellen sie eine Trinität dar aus drei Eigenschaften oder aus drei Seelenschichten ein- und derselben Person. Unser Ich wird oft durch „drei Personen" oder Aspekte, Anteile charakterisiert. Die Dreierstruktur kann man bei spirituellem Blickwinkel bei jedem Lebewesen finden.

Drei: Zahl der Faktizität. Vgl. das Märchen: Wenn etwas dreimal geschieht, ist es ernst. Dreimal derselbe Traum ist also wichtig zu nehmen. Zahl für Produkt, Ergebnis, Tat und Tatwille, für Gutes und für Fortschritt. Als dialektische Zahl typisch für Biologie und Evolution, d.h. für den Prozess, Antrieb. Vgl. dazu den Philosoph A.W. Hegel oder das chinesische I Ging. Die Materie selbst ist eher die Vier. Auch Archetyp für das Männliche. Schließlich Symbol menschlicher Ganzheit, als Trinität: männliches und weibliches Prinzip plus Produkt/Zukunft/ Kind, wie etwa bei der Dreiheit Isis, Osiris, Horusknabe, oder bei Tao plus Yin und Yang, oder wie die Schicksalsgöttin (z.B. Hekate) abwechselnd als Eine oder als Drei auftreten kann; siehe auch „Schicksalsfrauen"

Dreieck: Abgesehen von der manchmal genitalen Bedeutung erschließt sich der Sinn aus der Affinität zur „Pyramide" und zur „Drei", siehe dort. – Als sehr spitzes Dreieck auch Aggressionssymbol.

Dreiersofa: Dreiecksbeziehung.

Dreihundert: Eine Verstärkung der Drei, ähnlich wie 30 und 33.

Dreirad: Meist wird ein wichtiges Ereignis aus der Kindheit angezeigt, nicht selten ein Trauma oder ein Mangel. Allgemein gesehen kann sich zeigen, dass die betreffende Traumperson stark in einer Kindheitsstufe fixiert ist, jedoch in der Regel nur in einem Teilbereich der Seele.

Dreißig: Meist eine verstärkte Drei; jedoch meint 30 auch, wie im alten Rom (juvenis), den Abschluss der jugendlichen Zeit.

Dreiundzwanzig: 23 wie auch 230 bestehen aus der weiblichen 2 und der männlichen 3, mit dieser Zahl kann also im Einzelfall Zeugung gemeint sein, oder allgemeiner etwas wie die Kräfte Yin und Yang. Wenn zu einer Frau die 23 gehört, ist sie zu männlich, nämlich zu 50%. – Übergreifend, quasi okkult, steht die 23 für: Erfolg durch unterstützende Begleiter, Helfer, Eltern, Vorgesetzte und ähnlich.

Dreizehn: Die Zahl steht gerne für Negatives, im Extrem für Peripherie und Verbrechen. Peripherie bedeutet Geheimnis oder Ausgeschlossen-Sein oder Ablehnung. Die Dreizehn ist meist eine ungünstige Konstellation. Sie meint etwas wie: Outsider sein, am Rande sein, draußen und weggestoßen, wenigstens ungeliebt sein, überflüssig im sozialen Sinne sein. Auch als „Grenzüberschreitung mit Gefahr" zu übersetzen. Steht hin und wieder einfach für Negatives, Anstrengendes. Kann ein schwieriges Schicksalslos symbolisieren. Grenzüberschreitung, wie die unpassende 13. Fee im Märchen. Das Dutzend ist Vollendung, Ganzheit – und auf dieser Basis ist Dreizehn Neues, Unganzes, Seltsames, Störendes, Abenteuer, Angst. So ist die Dreizehn Unglückszahl, nur weil Zwölf die Ganzheit vertritt und heiler, glücklicher wirkt. Manchmal auch, wie alle Doppelzahlen, getrennt zu lesen: ein Ich = nämlich 1 plus eine Drei; oder sogar als geheime 4 (Quersumme), welche tendenziell Nicht-Glück ist. Die 13 ist jedoch auch manchmal positiv, etwa als Repräsentantin des alten Mutterrechts oder der Mondgottheit, also als tendenziell Weibliches.

Droge: Im Traum zeigt sie ein Gesicht aus z.b. schwarzen, braunen, zersplitterten, schmutzigen Stücken. Obwohl Drogen in der Realität Lust verschaffen, zeigen sie sich im Traum emotionslos als Dreck und Schrott. Wie meist beim Symbol Rauschgift sind Oral- oder Sex-Sucht oder Muttersucht, wenigstens indirekt, angesprochen. Siehe auch „Rauschgift"

Drogerie: Als codierte Chiffre für Drogen: Ausdruck einer Ersatzhandlung, einer Kompensation. Wünsche, Süchte, Lebensschwerpunkte (auch sogar das Schreiben, nicht nur das Shoppen) als eine Art ‚Droge'; es geht hier meist nicht um echte Drogen, sondern um gewisse Süchte.

Druck: Druck ist eine andere Vokabel für Stress. Beide meinen dasselbe. Das kann man an dem Sprichwort ablesen „Unter Druck stehen".

Drucken: Im Sinne von etwas ausdrucken, geht es darum, eine bis dahin vielleicht nur latente Information öffentlich zu machen oder sich bewusst zu machen.

Drucker: Zum einen spuckt ein Drucker Informationen aus, so dass es also im Traum um dieses Output primär gehen kann. Ein Drucker kann aber auch als Kopierer fungieren, und dann ist das Thema ‚vervielfältigen' gemeint; daher kann es in Einzelfällen um jede Art von Reproduktionen gehen, selbst um die Erzeugung eines Nachfolgers.

Drüsen: Sie stellen etwas Lebendiges dar, und zwar der kleinsten und anfänglichen Art. Sie sind wie eine rudimentäre Form von Leben.

Duell: Die personale Zweierkonkurrenz ist der Kern aller Auseinandersetzungen, auch der Kriege. Das Duell ist die Urform für alle Gegensätze, Wettbewerbe und Aggressionen. D.h. persönliche Duelle, Gefühle und Absichten schlagen sich nieder in der Weltgeschichte als Schlachten zwischen den Völkern oder auch als Parteienwettkämpfe. Das Duell ist immanent im Welt-und-Menschen-Geschehen, es gehört leider zum Lebewesen wie das Atmen, Geborenwerden und Sterben. Die Auswirkung dieser Programmierung in den Wesen können wir leicht an der grausigen Weltgeschichte der letzten Jahrtausende erkennen. Das

Duell ist eine unausrottbare Software im Menschen. Besonders stark fokussiert ist es in der Geschlechterkonkurrenz. Zum Duell gehört der „Neid" (vgl. Kain und Abel), er ist nach Karl Marx der Hauptmotor der Weltgeschichte.

Dummheit: Ist ernstgemeint oder wörtlich gemeint; eine dumme Person im Traum konnte, kann etwas Wichtiges nicht erkennen, ja verdrängt gerne manche Wahrheit absichtlich.

Dünen: Siehe „Aufschüttungen"

Dunkel: Dunkle Farben meinen tendenziell das Männliche; helle Farben bzw. die hellen Varianten der Farben das Weibliche. Also Anthrazit als dunkelgrau ist stark männlich, hellgrau oder hellblau dagegen nicht. Ansonsten meint das Dunkle das sehr Unbewusste, zeigt dazu eine nicht so gute Stimmung, Allgemeinsituation an, auch Hilflosigkeit des Subjekts (im Gegensatz zu Sonnigem). Helles hat in der Symbolik eine positive Besetzung, die Dunkelheit oft das Umgekehrte. Sie zeigt auch weit entlegenes Vor- und Urwissen, was sozusagen im Dunklen liegt. Generell kann man beim Motiv Dunkelheit ein größeres Problem, eine Schwierigkeit vermuten.

Dunkelblau: Traurigkeit, Melancholie, und aber auch Intelligenz, Spirituelles.

Dunkelgrün: Hat gefühlt eine gewisse Nähe zu Schwarz. Jedenfalls kann es Einiges an Trauer und an Tod anzeigen. Auch Tief-Grün bedeutet manchmal ein Thema aus dem Umfeld des Todes. Die Grenzen zur positiven Wachstumsbedeutung, zum allgemeinen und helleren Grün, sind fließend. Auffallend dunkel ist das Grün oder das Braun nicht so positiv.

Dunkelheit: Die Angst vorm Dunklen oder im Dunklen ist ein Kernsymbol, ist angeboren. Todesangst und Angst vor dem Alleinsein gehören auch hierhin. Es ist im höheren Lebewesen angelegt, dabei scheint das Dunkle der Fokus für das ganze Angstspektrum zu sein. Es gibt auch das Motiv der hereinbrechenden Dunkelheit. Dann ist angesprochen, dass es vielleicht zum Erreichen eines bestimmten Lebenszieles zu spät ist oder irgendwann einmal zu spät war. Ein Standardsymbol für die hier angesprochenen Themen ist auch der „dunkle Wald" = das Unbewusste incl. Gefahr.

Dunkelrot: Sehr starke Sehnsucht.

Durchblutung: Eine auffallende, zu starke Durchblutung meint Hyperenergie, etwa Stress, Wut, niedergeschlagen in einem sprechenden Körperteil, Organ. Ein ungutes Zuviel, das krank machen kann, etwa als Kopfschmerz oder Entzündung. – Positiv aber im Bereich der körperlichen Sexualität.

Durchbruch: Es kann z.b. gehen um einen Straßendurchbruch, Mauerdurchbruch, Häuserdurchbruch und Ähnliches. Oft geht es um eine Lücke, durch die man im Traum eine Szenerie erspäht, sieht und versteht, die zu einer unentdeckten Vorgeschichte gehört. Die Szenerie hinter dem Innendurchbruch verrät wesentliche Elemente der Biographie oder grundsätzlich des Unbewussten. Hinter dem Durchbruch liegen das Geheimnis und der Weg.

Durchfall: Inkl. Symbol „Toilette": =manchmal etwas wie Fehlgeburt, Abtreibung, Abgang.

Durchschrift: Eine Kopie oder ein Durchschlag bzw. eine Durchschrift in dünner Papierqualität kann im Traum als Symbol für einen Lebensabschnitt oder für ein ganzes Leben auftauchen. Es ist aber nur eine indirekte Botschaft, nur ein Hinweis, denn die direkte Information wäre das Lebensskript oder ein Buch selbst, und nicht unbedingt eine Kopie.

Durst: Je nach Grad der Durstigkeit schweres ehemaliges Mutterbrusttrauma (ähnlich „vertrocknen" als Symbol); mit den Folgen Frustration, Sexualitätsstörung, Suchtanfälligkeit.

Duschen: Großartige oder ggf. anstrengende Entwicklungsabsicht (= Sehnsucht). Als realisiertes Duschen meint es eine erfolgreiche, erreichte Entwicklung der Persönlichkeit. Duschen ist vergleichbar mit

Waschen, Baden, Taufe, Katharsis; es meint eine entscheidende große Entwicklung, z.b. Geburt, jedoch öfter Pubertät. Es geht um eine Reife/ Matura, um irgendeine Art des neuen, erneuerten Menschen, konkret oder symbolisch, um Wandlung also, um Ablegung von etwas Früherem. – Manchmal geht es auch nur um Lust (wie in der Badewanne oder beim Schwimmen).

Duschraum: Manchmal als Sexraum, sonst als Entwicklungsraum. Siehe ansonsten: „Duschen"

Dusch-Verhinderung: Das ist eine arge Erschwerung oder Verhinderung einer Entwicklung und kann sich z.b. auf die Pubertät im konkreten oder übertragenen Sinne bzw. auf das Erwachsenwerden beziehen, aber auch auf eine gestörte Schwangerschaftszeit.

Duschvorhang: Es tut sich etwas in der Entwicklung. Der Duschvorhang ist zu verstehen wie eine erste Stufe, ein Tritt, eine Etappe zum Duschen. Deshalb können wir ihn als Vorbereitungszeit oder Andeutung zu einer Entwicklung (vgl."Duschen") verstehen.

Düsseldorf: Zuweilen codierte Information über die Geburtsumstände. Evtl. erklärbar dadurch, dass bei Düsseldorf der Neandertaler gefunden wurde, quasi eine Art Ur-Mensch, was jedenfalls unbewusst in Deutschland zu frühem Menschen, zu Lebensstart assoziiert. Wesentlicher jedoch ist der optische Symboleindruck von D- zusammen mit Dorf bzw. der Eindruck der zwei D: da gibt es eine grafische Affinität, unbewusste Assoziation zum gerundeten Bauch der Schwangeren.

Dynamo: Der typische Dynamo am Fahrrad steht für den Lebensfunken. Defekt oder Fehlen des Dynamos kann eine Lebensgefahr beschreiben.

E

Eber: Siehe „Schwein"

Ecke: Sollte man in eine Ecke gedrängt werden, hat es etwas mit eingeschränkter Handlungsfähigkeit zu tun und besonders mit „Enge", bei der Angst oft mit im Spiel ist.

Eckhaus: Diese Behausung verrät eine gewisse Stärke einer Persönlichkeit, vielleicht aber auch nur perspektivisch, potentiell.

Eckiges: Alles Kantige, Viereckige oder sonstwie Spitze/Spitzkantige (so auch manchmal die moderne Architektur in Städten) meint Aversion, Widerstand, Schwieriges, Problem, Unfreundliches, Aggression, ja tief Lebensfeindliches. Das heile Gegenteil ist „rund".

Eckkneipe: Eine vielleicht einladende Gastwirtschaftsbleibe mit besonderen Ausgängen. Sie kann für das Thema stehen: die Uterusheimat zu verlassen, also für das Geburtsthema.

Eckzahn: Symbol für Aggression, für das Durchsetzen von Ego-Interessen; Eckzahnverlust wäre also Mut- und Tat-Schwächung; eventuell Verlust einer stützenden Person.

Efeu: Steht für Umrankung durch Weibliches, z.B. für Abhängigkeit von der Mutter. Bedeutung also meist etwas wie: Mutterbindung, Muttersucht, Mutterbeziehung.

E-Gitarre: Kombiniertes Symbol aus Elektrizität und Musik; kann daher für Folgendes stehen: ein Leben, eine Frucht, ein Kind, ein Mensch (evtl. eine Frau), eine Lust, eine Sexualität.

Ei: Fruchtbarkeits- und Zeugungssymbol (vgl. Ostereier). Die Schwangerschafts- und Werdens-Bedeutung ist meistens geringer als die Zeugungs-, Sex-Bedeutung. Eier (Plural) in verschiedenem Zustand oder in diverser Behandlung – selbst wenn sie gekocht werden – meinen manchmal die männlichen Hoden, und in dieser stellvertretenden Art dann den Mann, sein Sexinteresse oder seine Eigentümlichkeit, Geschlechtlichkeit generell; bzw. sie zeigen an, wie die Frau mit dem Mann umgeht. – Auch verschiedentlich im übertragenen Sinne als große Erwartung, erfreulich Neues zu deuten, als latente Entwicklung, einfach als Erfolg, der gefunden werden kann oder der ansteht. – In der Fruchtbarkeits-Affinität passen Eier gut zur Frühlingsgöttin Ostara, auch zu den fruchtbaren Oster-Hasen. – Bei vielen Lebewesen beginnt der Start nach der Zeugung im Ei oder als Ei, auch im symbolischen Ei. Dass das Ei heil bleibt, bringt zum Ausdruck, dass das Lebewesen nicht schwer verletzt wird oder sterben muss. Wenn das Ei über die Kante fällt oder die Eierschale zerbricht, so ist das ein Todessymbol. Dabei muss daran erinnert werden, dass in Träumen zum Thema Tod die Zeitfrage ungeklärt bleibt. – Die Hauptbedeutung ist: anfängliche Fruchtbarkeit bzw. der Embryo. Das Bild vom „rohen Ei" zeigt = die Schwangerschaft kann bedroht sein.

Eibe: Stärke, Ursprung, Tod, wie aber auch Unsterblichkeit, neues Leben. Insgesamt Tod und Neugeburt, Ewigkeit oder auch Wiedergeburt. Die Eibe ist ein Lebensbaum, wie das erstgeborene Kind einer Muttergottheit. Insofern auch ein Glückszeichen. Bereits das Immergrüne verweist auf eine enorme Lebenskraft. Als Baum steht die Eibe für einen Menschen, besonders für seine Entstehung, Zeugung. Im Unbewussten des Traumes ist noch das heidnische kollektive Wissen verankert, dass die keltische Muttergottheit den ersten Menschen aus einer Eibe schuf. Die Eibe ist eigentlicher der „immergrüne" Weihnachtsbaum (Lebensbeginn) und der Grünschmuck bei Feiern, später aber durch Tanne, Fichte abgelöst. Unzerstörbares Leben dokumentiert sie dadurch, dass sie sich im dichtesten Gebüsch und Baumbewuchs stoisch durchsetzt.

Eiche: Eher ein männliches Symbol (z.B. wenn der Baum für eine Person steht). Auch Ort oder Symbol oder Medium der Erkenntnis, Gottesnähe (daher gibt es in Europa viele Heilige Eichen). Schutzdach und Energie für Erleuchtung. – Nach der germanischen Mythologie sind die ersten Menschen aus Bäumen entstanden, aus Askr (Esche = Mann) und Embla (Ulme = Frau). Bäume können also Menschen darstellen. Buchen und Linden tendieren mehr zum Weiblichen. Die keltische

Muttergöttin Danu erschafft den ersten Menschen aus einer Eibe (diese ist eben ein Lebensbaum). Die raue Rinde der Eiche und die Härte des Holzes, in gewissem Unterschied etwa zur Buche, dürften für die vornehmlich männliche Symbolik ausschlaggebend sein.

Eichel: Kann dem Kopf eines Mannes entsprechen (nach der Symbolischen Gleichung „Oben wie Unten").

Eichhörnchen: Ein ich- und lust-bezogenes Symbol für Gier und Fruchtbarkeit; dadurch sowohl etwas aggressiv als auch sexuell (gehört zur großen Göttin); insbesondere im Zusammenhang mit Vögeln meint es Sex, meistens den weiblichen Orgasmus, das weibliche Genitale, hier oft im Zusammenhang damit, durch die Luft zu springen (Lust) oder zu fliegen. Kann aber auch den Penis/Phallus eines Mannes meinen, zumal in der Empfindung/Verführung/Erinnerung eines kindlichen weiblichen Missbrauchsopfers, oder auch überhaupt in der Sicht einer Frau. – Ansonsten führen Beweglichkeit und Springen zu auch anderen, entsprechenden Assoziationen, ebenso das Vorsorgen (für den Winter).

Eidechse: Anpassung, Lebensfähigkeit, Weisheit. Früher manchmal Symbol des Bösen, manchmal aber eher Glückszeichen. Tendenziell etwas wie die ewige Göttin (vgl. Schlange). Von Gefühlswallung, -wechsel anscheinend nicht so abhängig, daher auch ähnlich wie eine transzendente Seele (a) oder aber auch wie ein „Fisch" (b) oder „Frosch", die wenig fühlen.

Eier verstecken: Eigentlich ist das ein Spiel mit Sex, Fruchtbarkeit, Zeugung und sogar Betrug. Das Verstecken steht für einen Reiz und für ein Geheimnis, deshalb kann auch einmal eine nicht offensichtliche Geschichte, zum Beispiel das Fremdgehen, dahinter stehen.

Eigentor: Die ganze Symbolik des Geschehens, dass ein Spieler, z.B. ein Fußballspieler, den Ball zurück, ggf. ins eigene Tor schießt, statt nach vorne, zeigt einen scheuen, unterdrückten regressiven Charakter. Als Introversion könnte man es bezeichnen. Oder als fehlenden Mut für das Nach-Vorn. Allgemeine Unterlegenheit. Es liegt auch wohl eine unglückliche seelische Selbstverletzung vor. Es kann auch den Rat beinhalten: Greife nicht ein, werde nicht aktiv, ein passives Geschehenlassen wäre viel besser, denn ein Eigentor kann durch zu hektisches Eingreifen geschehen.

Eimer: Kann auch einmal mit Abtreibung (Eimer-Inhalt wegschütten) in Verbindung stehen.

Einbahnstraße: Relikt des Lebensstartes und der singulären Wegrichtung bei der Geburt.

Einbrecher: Das Symbol ist vielschichtig, kann allgemein einen radikalen Umbruch anzeigen. In Einzelfällen kann eine Aggression bei der eigenen Geburt gemeint sein (1). Oder auch eine ungewollte ‚eindringende‘ Schwängerung (2). Oder allgemein eine Gefährdung für das Leben im Uterus (3): hier typisch für einen Abtreibungsversuch! Wenn man Einbrecher im Haus gewahrt oder hört, aber tendenziell (noch) nicht sieht, liegt das Motiv nahe, dass jemand sehr früh seines Überlebens nicht sicher war. – Als Aktualität oder gar Zukunft zeigt es an, dass ungünstige Veränderungen drohen, z.B. bzgl. der Familie (Brüche, Trennungen). Eine überraschende Verschlechterung der Lage „bricht ein". Meist eher kognitiv nicht beherrschbar, nicht erkennbar. Unbekannte, unbewusste Feinde in der Gruppe, in der man lebt.

Einbruchswerkzeuge: Manchmal sind Abtreibungswerkzeuge gemeint.

Einfädeln: Hier konzentrieren wir uns auf das Einfädeln mit einem Fahrzeug. Da ist der Versuch dargestellt, ins Leben zu gelangen. Die Welt, die Straße nach der Geburt ist die Fahrbahn, in die wir uns einfädeln wollen. Einfädelungsprobleme oder -gefahren sind nicht selten Hinweise auf ein Geburtstrauma. Wenn man sich also auf der Autobahn einfädelt, mit Schwierigkeiten oder Hindernissen, dürfte es darum gehen, die Geburt, den Start, das Leben zu erreichen.

Einfahrt: Beispielsweise in ein Grundstück hinein führend, spricht die Einfahrt etwas zum Geburtserlebnis an, oder auch zum Zeugungsakt, jedenfalls allgemein zu einem „ersten Anfang" von etwas, ob es nun Zeugung, Entstehung, früheste Kindheit betrifft. Beginn einer Existenz.

Eingeladen: Besonders die erzeugenden Eltern laden eine Seele zum irdischen Leben ein (oft ohne es zu wissen).

Eingeschlossen-Sein: In der Regel dürfte es eine Erinnerung an ein Geburtstrauma sein, so als würde man aus dem Bauch der Mutter nicht herauskommen können – das ist mit Todesangst besetzt. Ist dann assoziativ verbunden mit Enge (z.b. im Fahrstuhl), mit Unbeweglichkeit, mit Angst vor Katastrophe, mit dem Näherkommen von Panik.

Eingesperrt: Kann auf ein Problem, auf eine große Blockade hinweisen. Es kann das Erlebnis bzw. die Erinnerung daran im tiefen Unbewussten auch mit Panik besetzt sein. Enge, Angst sind hier Begleiter und ggf. sehr aktuell.

Eingraben: Sich einzugraben assoziiert zu einem Ort oder zu einem Zustand, wo man sich festkrallen will. Mit anderen Worten: man will hier nicht vertrieben werden. Also wird man in der Deutung an eine Situation in der Biografie (ab Zeugung) denken, wo man vertrieben oder entfernt werden sollte.

Einhundertvierundvierzigtausend: Ein vielleicht überraschend anmutender, aber doch verbreiteter Archetyp für das Auserwählt-Sein, was etwa bedeutet, dass man eine Beziehung zum Göttlichen hat und dass dies auch dito umgekehrt gilt. Man gehört zur 12x12 dazu, zum Vollendeten und Vollkommenen. Es scheint typisch für die Zeugen Jehovas, hat aber eine größere Verbreitung. Wir übersetzen es als Gottvertrauen, Gottesgewissheit oder Gottzugehörigkeit des Träumers. – In Büchern, in denen es um eine Landung von Prae-Astronauten auf der Erde geht, ist die Zahl „144.000" Jahre, nach der Landung, erwähnt als Erschaffungsdatum des homo sapiens; da erschufen vielleicht die biblischen bzw. sumerischen Nefilim den ersten (götterähnlichen) Menschen durch Genmanipulation.

Einhundertvierzig: Auch als 140.000 oder 144.000 = Fülle der Lebensmöglichkeiten bzw. das Gesamt der möglichen Kombinationen aus Vater und Mutter. Man kann die Zahl für mögliche Biografie-Varianten halten, für ein Optionen-Spektrum menschlichen Lebens.

Einkaufen: Sich irgendetwas an Lust besorgen wollen, nicht zuletzt Sexualität, z.b. auch fremdgehen. Besonders jedoch dies: nach mütterlicher Zuwendung streben. Kaufen wollen kann man mit essen wollen übersetzen, vergleichen, es ist der erstrebte Ausgleich eines Muttertraumas. Bei mutter-traumatisierten Mädchen ist die Kaufsucht als Kompensation real häufig.

Einkaufstasche: Uterus-Thema, Weiblichkeitsthema.

Einkaufswagen: Erinnerung an die Schwangerschaftszeit bzw Anzeige der Fähigkeit (oder der Tatsache), ein Kind zu haben. Auch Symbol für einen partnerschaftlichen, erotischen Wunsch. Ähnlich fungiert das Symbol Einkaufskorb.

Einladen: Eine Einladung, ob zum Geschäftsessen oder zum Hereinkommen oder zu einer Tagung, ist ein stärkeres emotionales, auch sexuelles Angebot, als es scheint.

Einladung: Da geht es um einen Kontakt, um eine Beziehung, allerdings meist noch im Stadium der Potentialität. Ein Traumbeispiel wäre, eine Einladung wird an eine Person absichtlich nicht weitergegeben. Dann dürfte es in der Realität einer Szene entsprechen, in der ein wichtiger Kontakt (z.B. zu einem Elternteil) einer Person verweigert wird bzw. wurde. Die wichtigsten Personen, die uns im Traum „einladen", sind Vater und Mutter, selbst wenn sie in Stellvertretern dargestellt werden und nicht zu erkennen sind. D.h. solche Träume haben meistens mit der Einstellung der Eltern zum Kind zu tun. Ansonsten geht es um ein Liebesangebot, und zwar gern erotischer Art.

Einleitung: Einleitung eines Buches oder eines Manuskripts steht meist für den biografischen Lebensanfang.

Einmischung: Wir denken hier an eine persönliche familiäre Einmischung. Da gibt es oft die Einmischung der Mutter oder der Schwiegermutter in die jüngere Ehe. Da handelt die ältere Frau ihr eigentliches, altes Partnerschafts- oder Eheproblem ab. Also nachträglich macht allgemein eine sich einmischende Person gern etwas, was eigentlich nur ihre eigene Biografie beträfe.

Einnässen: Ausdruck von großem Stress, von großer Angst, ggf. auch von nicht unwesentlicher Aggression. Ventil für berechtigten Widerstand, für Ich-Durchsetzung. Es geht um eine alte Geschichte oder um sehr Unbewusstes, deshalb kommt es wie eine Regression daher. Es geht weniger um unbewusste „Tränen", wie man oft oberflächlich deutet, denn um ein starkes Widerspruchs-Ventil. Also unterdrückte Aggression, aber auch ggf. sehr große Angst.

Einparken: Die Geburt versuchen. D.h. genauer: den Geburtsprozess abschließen. Siehe auch „Parkplatz". Mit dieser Aktion kann ein Problem verbunden sein. Z.B. wenn man nicht einparken kann, dann geht es symbolisch vielleicht um eine lebensbedrohliche Geburt, was sich als Muster in vielen späteren, emotionalen Situationen wiederholen oder re-stimulieren kann.

Ein-Rad: Besonders betonte Einsamkeit. Bereits ein zweirädriges Fahrrad bezeichnet eine Art Single-Persönlichkeit; hier also Steigerung.

Einrahmen: Nur wertvolle und geliebte Dinge rahmt man sich ein, hält man also mit einem Rahmen fest. Das Eingerahmte ist etwas besonders Wertgeschätztes, ob nun Foto, Objekt oder Person.

Eins und Einheit: Die Einheit als ur-anfängliche unio communio, und zwar radikal (für die menschliche, unterscheidende Ratio schwer denkbar), meint unsere ur-anfängliche Herkunft aus dem Göttlichen (im Unterschied zur Polarität der Welt, zur Trennung in der Welt). Unsere Herkunft aus dem lateinischen ens und unum, aus dem griech. to ontos on, sozusagen aus der Vorstufe Paradies, aus dem Einheits-Garten kann die Eins meinen. Irdischkeit ist dagegen Dualität.

Eins und Null: Der Kosmos, die Natur, ja sogar der Geist sind polar aufgebaut, nach dem Grundschema J oder Nein. In der digitalen Welt ist dies das System, wo sich nur Null und Eins abwechseln und aus der Reihenfolge bzw. aus den Unterschieden, aus den Varianten sich alle denkbaren Möglichkeiten ergeben. Auch im Menschen ist also eine Schöpfung, ein Naturprodukt, das nach diesem Schema 0101100101 usw. aufgebaut ist. Alles Geschaffene ist nach dem Yin-Yang Prinzip aufgebaut, mit 1 oder 0. Unser Geist, unser Körper, unser Kosmos bestehen aus Einsen und Nullen. Der Mensch als Geschöpf hat diese Struktur auch, im unsichtbaren Kern. Die Träume informieren darüber.

Eins: Die Eins als Nummer, so etwa im Traumsymbol „Nr. 1", kann manchmal eine ganz banale Bedeutung haben und hat dann mit Leistung, Siegen oder Ähnlichem einmal nichts zu tun. Es kann z.B. bedeuten: erster Sohn oder erste Tochter. Oder einfach: eine Person, ein Ich. Besonders wenn in der Zahlform 1 geschrieben, bedeutet es gern ein Ich; auch Anführer, Mann.

Einsamkeit: Sie ist eine Vorstufe von Tod. Alleinsein zeigt sich im Traum oft darin, dass alles leer ist oder wird: leere Tische, leere Räume, fehlende Personen. Einsam zu sein als Motiv stammt oft aus Kindheitsprägung: das Kind war psychisch mutterseelenallein; auch konkret: es wurde viel im Stich gelassen. Also oft Erinnerung an eine Kindheit, in der man (wenigstens symbolisch) verlassen und allein gelassen wurde.

Eintrittskarte: Berechtigung, aber überhaupt auch Startmöglichkeit für irgendeine Art von Tätigkeit oder Lebensweise. Die Eintrittskarte ist die Basis. Und wie man psychologisch weiß: wenn der Anfang fehlt, dann wird das Unternehmen, ggf. das ganze Leben, schwierig.

Einundzwanzig: Die Zahl des Heiligen Geistes. Unreligiös ausgedrückt, ist sie die Zahl großer Erkenntnis und großen Wissens, der spirituellen Vollkommenheit. Psychologisch = Geist, im Höhepunkt.

Einwanderung: Ist jemand im Traum eingewandert und wird dabei vielleicht noch ein spezielles Alter dieser Aktion angeführt, kann man davon ausgehen, dass jemand einen Bruch in seiner Kindheit oder in seiner Genese hat. Vielleicht hatte auch ein Elternteil in seiner Biografie einen entscheidenden Einschnitt gehabt. Die Einwanderung markiert also einen Wechsel, einen Wandel und zugleich oft einen Verlust. Es ist nicht selten, dass Menschen, zumal in ihrer Kindheit, Brüche, radikale Wechsel haben (Orts-, Familien-, Schulwechsel), aber sie wissen nicht recht davon, oder es ist verdrängt. Der Traum klärt dann über einen markanten Einschnitt auf.

Einweisung: Wir denken hier an die Einweisung für die Bedienung einer Maschine oder an eine Einweisung am neuen Arbeitsplatz. Hier verrät sich die Initiation, die man als junger Mensch vom gleichgeschlechtlichen Elternteil erhalten hat – oder aber nicht erhalten hat.

Einzelbett: Wenn es betont ist als separierte Schlafmöglichkeit, also im Gegensatz zu Doppelbetten oder Matratzenlagern steht, kann man davon ausgehen, dass die Person, die unbedingt ein Einzelbett haben will, ein Solo-, Single-Typ im Herzen ist, dass sie also keine Verbindung mit der träumenden Person oder einem Partner haben will.

Einzelschlüssel: Hier konzentrieren wir uns auf das Auftreten eines einzelnen Schlüssels als Dokument oder Demonstration. Dann kann angezeigt sein, dass dem Träumer ein einzelnes Recht zu irgendetwas zusteht oder umgekehrt fehlt.

Eis auf der Straße: Es geht um eine sehr schwierige Lebenspassage, mit Lebensgefahr gepaart, ob in der Vergangenheit oder in der Zukunft. Symbol des ‚eisigen‘ Weges.

Eis: Etwas sehr Lebensfeindliches, d.h. in aller Regel wird das Todthema angesprochen (ob aktuell, prognostisch oder, wie meist, als Erinnerung). Wir müssen Eis ungefähr als Todnähe, als große Gefahr verstehen. Natürlich auch als eisige Gefühlskälte. In der Mythologie ist Eis der Zustand quasi vor dem Leben, vielleicht Geist vor Bios, d.h. dem Bios vorangehend, Natur erzeugend, als Vorstufe für Leben, so im Germanischen. Insgesamt die Bedeutung: Nicht-Liebe und Tödliches. – Für Speiseeis ist gravierend die Bedeutung des Ersatzes: süßes kaltes Eis steht für mangelnde Mutterliebe und für Frustration im emotionalen, erotischen, sexuellen Bereich, bzw. soll entsprechende Lücken kompensieren; also ist es eine infantile Lusterfüllung.

Eisbär: Bär-Symbol in Weiß bzw. Kälte, Sterilität – aber auch Potenzierung. Verrät lange Mutterbindung. Meist steht der Bär für etwas Weibliches, auch für eine Göttin, nicht zuletzt für ein Sexualitätsmaximum, welches aber beim Eis-Bär eher unterdrückt sein dürfte. Da Männer sexuelle Zustände bei Frauen auslösen, reizen, kann sich hinter dem männlichen Bär auch ein potentieller Liebhaber verbergen.

Eisen: Zeichen von Aversion, Aggression. Materie, Härte. Oft als Eisenwerkzeug, nämlich Nadel, Messer, Gabel und ähnlich. Manchmal dann sogar Erinnerung an einen Abtreibungsversuch oder an Abtreibungen in evtl. vorangegangenen Inkarnationen. Als schweres Eisen Ausdruck einer enormen ehemaligen oder aktuellen Belastung. Passt als Männlichkeit zum aggressiven Mars-Krieger, aber natürlich auch manchmal zur Aggression einer Frau. Eisen in Dunkelgrün: besonders aggressives Phänomen, und zwar nicht selten mit Todesnähe.

Eisenbahn: Siehe „Zug"

Eisenberg: Unüberwindlicher Widerstand.

Eisenhaube: Kann quasi medizinisch einen Menschen meinen, der viel mit Kopfschmerzen zu tun hat oder aber der unter einer Zwangsherrschaft steht.

Eisenkugeln: ‚Männliche' Botschaften, aggressive Aktionen.

Eisenpfahl: Je nach Position und Aktion des Eisenpfahls, kann eine aggressive Situation dargestellt sein, die man ggf. als Warnung und Gefahr deuten kann.

Eisenrad: Ein emotionaler Inhalt wegen des Rundlichen, und auch eine emotionale Bewegung wegen des Radsymbols. Wegen des Eisens aber sehr männlich, hart und aggressiv und daher tendenziell gefährlich, widrig.

Eisenring: Manchmal als Beziehung zwischen Vater und Sohn, also als männliche Bindung. Auch insgesamt als eine zu starke Bindung.

141

Eisplacken: In einer Lebensetappe gibt es viele Widerstände, ob vergangen oder aktuell, das wird mit diesem Bild angedeutet.

Eisvogel: Nach alten Legenden hat dieser Vogel kein Nest, sondern eine ferne obskure Heimat wie auf einer Insel weit draußen im Meer. Er kommt nur selten, hat auch mit Schiffsunglücken zu tun. Eine Mischung aus Unglück, Tod, Schönheit und überraschendem Besuch kann man ihm zuordnen. Wie die Mondgöttin, ist er ein Gott des Lebens und des Todes. Es müsste also mit diesem Vogel im Traum ein spezieller, sehr interessanter, vielschichtiger Charakterzug eines Menschen gemeint sein. Zum Eisvogel siehe auch „Blauer Vogel".

Eiter: Krankheitszeichen (seelischer Art), auch manchmal mit Andeutung eines Heilungsprozesses.

Ekel: Alte Erinnerung an einen alten Zustand, in dem man sich nicht offen wehren konnte. Ekel steht also für unterdrückte Abwehr oder Gegenaggression. Ein Ekel-Symbol oder -Gegenstand kann, im Unbewussten, evtl. sogar aus früheren Leben stammen. Das, wovor man sich ekelt, kann auf Dauer natürlich krank machen. Generell Symbol für unterdrückte, nicht zugelassene Aggression, Gegenwehr. Relikt einer sehr verdrängten, starken, aber heimlich Ablehnung. Das Objekt der Ablehnung ist eher unbekannt oder verschoben. Man wird an ein Ereignis, Geheimnis vor der Entwicklung der bewussten Erinnerung, also vor dem dritten Lebensjahr, denken. – Man übernimmt auch Aversionen von den Eltern.

Elefant: Klassisches Symbol großer Weisheit; vermutlich hat es mit der enormen Erinnerungsfähigkeit der realen Elefanten zu tun. Eine Art weibliche sophia, sapientia.
Elefantentraum einer Schwangeren: das Kind wird weise.

Elefantenbaby: Suchtproblem (meist verknüpft mit mangelnder Mutterbrusterfahrung) aus der oralen Phase. Kleine Rüssel- und Schnauzen-orientierte Tiere, etwa auch Schweine, Hunde, eignen sich generell zur Darstellung von Sucht.

Elefantenritt: Der Elefant ist sehr groß, dickbäuchig. Man kann ihn auch schwer nur per Kopf oder Entschluss steuern. Er verkörpert eine uralte Erinnerung. Es kann als Symbol manchmal für die Schwangerschaftserfahrung stehen, auch wegen des Schaukelns.

Elegant: Wird jemand als eleganter Mensch oder als elegant angezogen bezeichnet, so meint besonders Frauenmund damit: dieser Mensch, hier ein Mann, ist sexuell attraktiv. Eleganz ist eine simple Chiffre für Eros oder für Erosstreben.

Elektrisch: Meint „lebendig", im Gegensatz zu unfruchtbar, unerschaffen, jenseitig, tot oder latent. Die Befruchtung des weiblichen Eies z.B. ist in diesem Sinne quasi eine elektrische Manipulation. „Elektrisch sein" kann im Traum die Freude über „endlich inkarnieren" darstellen. Unbewusstes, unsichtbares, aber entscheidendes Netz für die Lebendigkeit. Fällt der elektrische Strom aus, sieht es nicht mehr nach Leben aus. Um diesen Kontrast geht es.

Elektrizität und Licht: Hierzu gehört auch das Feuer, das meist eine Übertreibung darstellt, und zwar im Sinne von zu viel Lebensenergie, dann ist es auch ggf. negativ (etwa auf den letzten Bildern von Krebskranken). - Von Übertreibung abgesehen geht es um Lebensenergie, Wachstum, Vitalität, wichtiges, belebendes Element für die Materie und für die Organismen (wie Prana, Atman oder der Odem Gottes). Im Prinzip ist es also der Geist, der dem materiellen Bereich Leben ermöglicht, d.h. Elektrizität ist eher als spirituelle Lebenskraft denn als stoffliche Lebenskraft zu bezeichnen, ist ein Lebensfluidum, wie die Nervenbahnen, von dem wir total abhängig sind. Ergo sind z.B. Stromstörungen auf einem Monitor oder das Verlöschen von Sternenlicht oder der Defekt der Lichtmaschine im Auto ein Symbol, das ein Todesthema anspricht. In Ausnahmefällen auch als Eros, Sex, Kundalini-Energie.

Elektrobirnchen: Das Licht steht für „Leben", Lebendigkeit, auch im einzelnen für funktionierende Organe oder wenn defekt für eine eher ‚tote' Funktion. – Tief symbolisch kann beispielsweise bei 3 Birnchen, wovon zwei gleich sind, gemeint sein: ein Orgasmus- und

Brustwarzen-Thema der Frau, beim Mann kann es sich auf den Penis und die Hoden beziehen.

Elektrobirnen: Siehe „Lampen"

Elektrokabel: Als stromführendes Symbol oder Gerät hat es eine gewaltige Dimension. Das meint: über das Symbol Elektrizität liegt hier eine Thematik vor, die zur Tod-oder-Leben-Frage passt. Ein Elektrokabel hat also eine enorme Wertigkeit oder quasi eine große Entscheidungsbefugnis, als würde von ihm das Leben abhängen. Weil Elektrizität im Grundsatz Belebendes ist und Stromausfall Tod, können sich in Elektrokabeln tod-nahe Themen, Erfahrungen verstecken (wie gegenteilig auch lebensfördernde), z.b. wenn die Kabel bearbeitet werden oder wenn die richtigen von den falschen getrennt werden müssen oder wenn etwas durchschnitten ist.

Elektro-Punkt-Leitungen: Hier haben wir ein Traumsymbol, das aus Verbindungslinien besteht, die als elektrische Verbindungen aufleuchtende Punkte haben bzw. diese sind. Solch ein „Lichtpunktenetz", so nenne ich es einmal, kann im Traum über Körperteile ausgespannt sein oder auch Körperteile verknüpfen. Diese elektrisch leuchtenden Punkte bzw. Leitungen, Linien zeigen das noch vorhandene Maß der Gesundheit, der Kraft, der Stärke, der Potenz an. Man könnte meinen, es sind die Nervenbahnen oder Akupunkturbahnen gemeint, aber das ist nachträgliche Interpretation, die Träume selbst sagen davon nichts. Wir können sie vielleicht als Lebensenergiebahnen übersetzen oder als Chi-Leitungen.

Elektroschlag: Hier spürt die betreffende Person sehr tief unbewusst und extrem versteckt, auf jeden Fall überraschend, dass von einem Gegenstand oder von einer anderen Person eine enorme Aggression ausgeht. Eine nicht ungefährliche Ablehnung liegt in der Luft.

Elf: Die Elf teilt ihr Schicksal mit der Dreizehn, beide sind unpassend wirkende Grenzüberschreiter. Die Zehn ist Fülle, Abschluss. Dagegen ist die Elf das klassische Neue. Also meint 11 = Abenteuer, Risiko, auch Gefahr, auch nicht ganz so Gutes, fast Unnormales, weil sie sozusagen schräger ist als die 10 oder 12, weshalb sie als Narrenzahl für den Elfer-rat taugt. Insgesamt steckt in 11 etwas von: neue Etappe, andere Welt, mit etwas Gefahr und Abwertung oder auch Sünde. Verwandt mit „Alp, Alb, Elfen". Grundbedeutung: riskant.

Elfmeter: Ein Treffer, Erfolg, wie bei dem Symbol „Torschuss". Von ihm hängt manchmal viel ab, sogar etwas wie Sein oder Nichtsein.

Elfmetertor: Ein Elfmetertor zu kassieren ist nicht harmlos, sondern es bedeutet eine entscheidende Niederlage für den Betroffenen, z.B. be-züglich Partnerschaft oder Lebensweg.

Ellenbogen: Ego und Rücksichtslosigkeit. Es weiß jeder, dass diese ver-raten, dass sich jemand breitmacht, gegebenenfalls zu breitmacht, ge-gebenenfalls aber auch umgekehrt zu wenig breitmacht.

Eltern-Ich: Keineswegs selten träumen wir Absichten und Aktionen der Eltern, auch in vorgeburtlicher Szenerie, und zwar in der „Ich"-Form! D.h. das Ich im Traum kann für einen Elternteil stehen. Das ist eine sehr spezielle Form der üblichen „Stellvertretung" in Träumen.

Elternmord: Wenn jemand im Traum einen Elternteil oder gar beide Eltern tötet, zeigt es an, dass das Unbewusste des Träumers die Eltern zutiefst ablehnt, mag es an der Oberfläche auch anders aussehen. Die Eltern sind indirekte Muster für Reifung und für eine Reihe von Er-wachsenen-Rollen und -Funktionen. Die Tötung der Eltern erschwert die Fähigkeit, selbst später elterlich zu agieren. Das ist keine Frage der Moral oder ähnlich, sondern es geht um simple praktische elterli-che Rollen. In der Kindheit waren die Eltern so enttäuschend, dass sie als Konsequenz eine tödliche Ablehnung erfuhren bzw. erfahren. Mit dem Abwerfen der Eltern als Befreiung sind jedoch auch elternhaf-te, erwachsene Seelenteile im Täter selbst gestorben. Mutter-Töten im Frauentraum bedeutet so: später nicht schwanger werden (nicht Mut-ter sein, werden).

Embryo: Der Embryo kann durch folgende Traumsymbole dargestellt werden: Zeh, Finger, kleine Echse (die sich gern im Fleisch verbissen hat), Penis, weibliches Geschlechtsorgan, das Ohr; auch kleine Frösche oder kleine Fische und nicht zuletzt Vögel können für das junge Wesen vor der Geburt stehen.

Empfangenwerden: Sollte man im Traum von einer unerwarteten Person empfangen werden, z.b. bei einem Hausbesuch, so verrät sich hier kein Fehler oder ein Irrtum, sondern ein wahres unbewusstes Streben zielt auf genau diese überraschende Person.

Energien: Wir denken hier an Energien, die noch formlos sind, die sich in Träumen wie Scheiben, Farben, Wolken oder Lüfte durchmischen können. Im Traum ist ein konkreter Gegenstand oder Punkt noch nicht aufgetreten oder kommt ganz zuletzt. Da haben wir dann ein Gleichnis für den Zustand vor der Schöpfung der Materie. Wir sehen quasi die reinen, transzendenten Energien, bevor die konkrete Natur erschaffen wird und denen diese Natur ihre Existenz verdankt. Damit ist etwa dasselbe gemeint, wie es in der Bibel heißt: der Geist Gottes schwebt über den Wassern; und das meint eigentlich den Geist Gottes deutlich vor der materiellen Schöpfung.

Enganliegend: Das betrifft natürlich gern die Kleidung. Und enganliegende, körperbetonte Kleidung entspricht einem gewissen erotischen Lockruf. Das ist ja auch der Hintergrund, warum im Islam als Symbol enganliegende Kleidung nicht getragen werden soll.

Enge: Im Deutschen sprachlich verwandt mit „Angst"; daher bedeutet Enge verminderte Freiheit und Handlungsfähigkeit sowie die Anwesenheit von Angst. Die Angst kann im Träumer bzw. der Traumhauptperson stecken oder aber von einem anderen Menschen herbeigebracht werden. Also es können Enge und Angst des anderen den Träumer berühren, anstecken, im Effekt bedrängen und ihm damit Schwierigkeiten bereiten. Z.B. ein in der Sexualität ängstlich verklemmter Mensch strahlt auf den Partner aus; oder ein Fremder verhindert dem Träumer indirekt, aber vielleicht doch absichtlich, gewisse Möglichkeiten, indem er ihm Enge schafft. Enge, ob räumlich oder psychisch, meint immer Hochstress, wie bei Überpopulation: es bricht Aggression aus

(Gegensatz: viel Platz = entspannend). Oft auf ein Ur-Trauma, z.b. im engen Geburtskanal zurückgehend: eingeklemmt sein mit Angst.

Engel als Name: Nehmen wir als Beispiel eine „Frau Engel" im Traum. Was dieser Frau gegeben wird, ist sozusagen fürs Jenseits oder stößt eine alte Transzendenzerinnerung an. Es geht also um mehr als um einen Namen, wie immer im Traum. Engel tauchen in Hellsichtigkeit und Spiritualität auf, sie berühren die Anderwelt, das Jenseits. Sie stehen für die geistige, nicht für die materielle Welt. Im Traum gilt meist: nomen est omen.

Engel: Helfende Engel treten im Traum in aller Regel in Menschengestalt oder -verkleidung auf. Entweder durch die reale Geschichte des Traums, durch die Besinnung im Nachhinein indiziert (z.b. wenn man weiß, dass man eine Todesgefahr überstanden hat, und zwar per Helfer) oder aber ganz zuletzt im Traum ausgesprochen, etwa so: „das müssen Engel gewesen sein". Dann stellt sich ex post heraus, dass dem Träumer übernatürliche Kräfte oder Wesen geholfen haben. Sie treten auf als Taucher, die sich um ein versunkenes Auto kümmern (Geburtstrauma), als Handwerker, die einen von einer extremen Leiter sicher herunterholen, als Bergwanderführer, die über extreme Routen, Grate (Lebenswege) führen, als Polizisten, die eingreifend zuletzt alles gutmachen. Auch in dem Bilde erlebbar, dass Schutzengel aufgeregt „herunter eilen", um einen noch nicht bestimmten (zu frühen) Tod zu vereiteln (bei kleinen Kindern häufig). Tatsächlich scheinen die Träume den Volksglauben zu belegen, dass der Mensch von zwei (Schutz)-Engeln begleitet ist (wie in vielen Religionen, besonders für die Todesstunde, gesagt). In Träumen kann man also wenigstens die Formen Schutzengel, Sterbe-Begleitungs-Engel und Geburts-Helfer-Engel erfahren. – Ein Sonderfall ist der Engel mit dem Gesicht des Träumers = höheres, zeitloses, ewiges, transzendentes Selbst des Träumers! Siehe auch „Todesengel". – Zusammengefasst: Engel tauchen fast immer in menschenähnlichen Gestalten auf. Man kann sie auch als Kräfte oder Zufälle oder Fügungen bezeichnen. – Eine Sonder-Bedeutung ist, dass alle Menschen eine ewige Seele in sich zu haben scheinen, die zur transzendenten, himmlischen Welt gehört. Das bedeutet, alle Menschen sind im Prinzip wohl gefallenen Engeln ähnlich. D.h. in Wahrheit sind sie eigentlich

Geistwesen bzw. Wesen aus einer anderen Dimension; das haben aber fast alle vergessen. Vielleicht entschieden sie sich freiwillig und mit Sinn für die materielle Konstellation? Wir seien ewig unserem Sein nach, und vergänglich unserem Werden nach, so spricht Meister Eckhart. Selbst im Traum, nicht nur in der Kunst, haben die Gottesboten menschliche Gestaltung, wie Stellvertreter.

Engelfenster: Die transzendente und die irdische Welt kann man im Traum in zwei Fenstern sehen. Im oberen (Himmelsfenster) sieht man Engel – im unteren Fenster sind diese rasch unsichtbar. Der Sinn: Es gibt Himmelseinflüsse auf der Erde – jedoch höchst unbemerkt.

Engelskuss: Heilung von Krankheit oder Angst.

England/Englisch: Das Englische hat, zumal für Mitteleuropäer, als Archetyp eine gewisse Betrugs-Assoziation. Als Insel im Westen, jenseits des Wassers, ist auch viel von Unbewusstem, Geheimem sowie Jenseitigem damit verknüpft. Englisch verrät also im Traum oft ein Geheimnis, manchmal eine Lüge, etwas arg gehütetes Unbekanntes bzw. etwas Verfremdetes (was wiederum Unechtes meint) – und dazu aber auch das Jenseitige, das Spirituelle „jenseits des Wassers". Ähnlich ist das Symbol „Amerika" oft identisch mit zukünftogem oder früherem Leben. Als verfremdetes Geheimnis auch manchmal indirekt eine besondere Wahrheit andeutend. Für einen Kontinentaleuropäer ist Englisch im Traum insgesamt nicht unbedingt authentisch, quasi von der eigenen Identität etwas entfernt. Entfremdung und Verdrängung können angezeigt werden, etwas Illusionäres oder nur Unbewusstes.

Enkel+Sohn+Großvater: Die Harmonie dieser Dreiheit stellt eine gesunde Männlichkeit dar; umgekehrt, wenn defizitär, geht's um entsprechende Probleme. Trifft genauso für die Weiblichkeit zu, nämlich im kräftigen Symbol Mutter+Tochter+Enkelin. Hier haben wir die Schicksalsmacht des Clans, psychische Gesundheit, Bodenhaftung.

Enkel–Stufe: Enkelfreund, Enkelstufe, Enkelalter deuten an, dass eine alte Person, z.B. die des Träumers, einen Kontakt mit einer jüngeren

Person hat oder haben wird oder hatte, welche ein Alter hat, dass etwa dem eines eigenen Enkel entsprechen könnte.

Entdeckt-Werden: Die Angst vor dem Entdeckt-Werden kann ein unbewusstes Wissen um Ablehnung im Mutterbauch spiegeln, häufig dann, wenn die Mutter die Schwangerschaft verstecken wollte. Das kann als seltsames Gefühl ein Leben lang andauern.

Entdeckungsangst: Reminiszens an eine illegale, tabuisierte, versteckte oder ähnlich attackierte Geschichte bzw. Existenz, meist aus der Schwangerschaftszeit. Wenn man in der Traumdeutung keinen Grund für Entdeckungsangst finden kann, sollte man in der alten Familiengeschichte suchen sowie an Komplexwanderungen denken.

Ente: Jenseitssymbol bzw. die Jenseitsfahrt selbst oder das Medium für die Jenseitsfahrt (Bedeutung wie im Etruskischen und wie im Märchen-Finale von „Hänsel und Gretel"). Daher manchmal zu einem Todesthema gehörend, ähnlich wie der Schwan. Die Ente kann fliegen, laufen, schwimmen, verbindet daher mehrere Welten, z.B. das Land (Erdenleben) mit dem Wasser (Reiseweg nach dem Tod) und mit der Luft (Himmel). Vgl. auch „Gans" – Als Besonderheit zeigen kleine Plastik-Enten, wie sie in Badewannen von Kindern vorkommen mögen, zwar auch einen Jenseitsbezug, aber eher rückwärtig, in der Art, dass die Uteruszeit mit tod-nahen Zuständen durchwebt war.

Entfesselt: Zeichen für mentale Freiheit, nach der Entfesselung ist ein Blick in die Ewigkeit oder wenigstens in die ungeschönte Wahrheit möglich.

Entfremdung: Die Selbstentfremdung des Menschen geschieht durch Manipulationen, Lügen, betrügerische und mächtige Multiplikatoren. Die moderne Entfremdung im Wissen und im Meinungsbild – durch Ideologien, Propaganda und besonders heute die Medien – hat als eigentliche und schwerwiegende Folge die Entfremdung vom eigenen echten Gefühl.

Entgegen: Wer entgegenkommt, hat in der Regel aversive Absichten; wie z.T. bei „gegenüber" ist die Bedeutung: inhaltlich „gegen" etwas sein, kontra sein.

Entlassen, absetzen: Hier soll jemand aus einer Gruppe, aus einer Familie ggf. radikal entfernt werden; es geht bis hin zu einer tödlichen Ablehnung oder Aussortierung.

Entlassung: Hier zeigt sich die Ablehnung durch einen Menschen, die ihre oft privaten, familiären, psychologischen Hintergründe hat. Wem Entlassung im Traum droht, der ist überflüssig in seiner Familie oder sonst in einer Gemeinschaft, d.h. man braucht diese Person nicht, man will sie nicht, man brauchte die ganze Zeit schon diese Existenz nicht. Also klarer Ausdruck von Antipathie. Es geht meist nicht um den beruflichen Bereich.

Entscheiden: Sich entscheiden spricht die Fähigkeit zur Tatkraft an. Wer sich nicht entscheiden kann, hat, wenigstens oberflächlich gesehen, für die Welt, keinen Erfolg, ist zu wenig aktiv, von Anfang an. Oft ist aber die Entscheidung für eine Sache, von andern erwartet, nur nerviger Druck, denn die Welt ist polar, ambivalent. Der Weise entscheidet nichts und scheidet nichts. Allerdings sind auch große Ängste, nicht nur Weisheit, ein Entscheidungshemmnis.

Entschuldigung: Neben echter, begründeter Schuld tragen wir vielfach falsche Schuldkomplexe mit uns herum. Sie entstehen, wenn man ein Begehren hatte, das auf Widerstand stieß. Besonders in der Kindheit entwickeln sich Ablehnungserfahrungen zu einem argen schlechten Gewissen und zu Schuldkomplexen. Z.B. wenn man existieren wollte und die Eltern wollten das Kind nicht, oder wenn man die Mutterbrust erhalten wollte, und sie wurde verweigert, entsteht leider diese falsche Schiene, dass man sich für etwas „entschuldigt", ohne schuldig zu sein. Gerade dann, wenn man spürt, dass man für andere eine Belastung war, z.B. für die geliebten Eltern. So gibt es eben die Entschuldigung für das eigene Existieren. Ungewollte Kinder laufen mit so einem Entschuldigungs-Komplex durchs Leben.

Entsorgung: Man kann ja Anfälle haben, im Leben wie im Traum, dass man alle Einrichtungsgegenstände entsorgen will, auf den Müll werfen will. Wenn also die Entsorgung in dieser Weise sehr radikal vor sich geht, dann spürt man den Druck der agierenden Person, sich von Altlasten zu befreien, sich zu entwickeln. Es kann natürlich gern auch übertrieben, illusionär sein, da unsere Vergangenheit auch immer nach Akzeptanz ruft. Ansonsten einfach ein Problem, meist psychologischer Art, mit Aufwand und Mühen lösen.

Entwicklung: Zur „Entwicklung" der Menschheit zeigen sich im Traum drei abgehobene, übersinnliche Aspekte: der Antriebsmotor, der Untergang am Ende und die Erlösungsbedürftigkeit. Es ist eine Art Dialektik, Trinität.

Entwicklungsstörung: Siehe „Zurück"

Erbrechen: Vgl. die Redewendung „etwas zum Kotzen finden". Von Erbrochenem tangiert, beschmutzt werden: Ekel, Abscheu gegen etwas haben. Selbst brechen: enormen Stress haben, incl. Widerwille. Auch unaufhaltsame Gefühls- und Triebabfuhr (ein Muss). Nur eventuell grobe Rücksichtslosigkeit des Erbrechers (Komplex- und Triebabladung) gegenüber einem andern (jemanden „ankotzen"). Siehe auch „Brechen"

Erbrochenes: Ausdruck von großem, aber unterdrücktem Widerwillen gegen etwas.

Erbsensuppe: Es kann in einigen Fällen das Ejakulat gemeint sein. Dieses wiederum steht aber auch allgemein für eine sexuelle Partnerschaft bzw. für ein Liebesverhältnis. Latent ist dabei das Thema Zeugung vorhanden.

Erdbeben: Variante des Einbruchs von Naturkatastrophen, z.B. Orkan. Kündigt zuweilen Krankheitseinbruch, Lebensverschlechterung an oder Hochstress, wie alle Unwetter.

Erdbeeren: Recht eindeutig die Mutterbrustwarzen. Nicht nur für das Orale, sondern auch für Sex, Lust generell stehend. Erdbeeren sind besonders begehrt (oder erzeugen umgekehrt Allergie) bei mutter-traumatisierten, d.h. ehemals erdbeerlosen Personen. „Erdbeeren mit Sahne" = Archetyp für die weibliche Brust. Wie bei vielen Beeren-Motiven liegt ein subtiler Hinweis zur Ersterfahrung an der Mutterbrust vor. Und die hat große Bedeutung für das spätere Geben, Nehmen, Lieben.

Erde: Ähnlich wie Feld, Acker manchmal die fruchtbare Frau oder die Große Mutter bezeichnend, bzw. die Virtualität, dass etwas entsteht. Auch mentale Bodenständigkeit, ähnlich wie astrologische Erd-Zeichen, daher auch nicht unbedingt immer weiblich, sondern letztlich androgyn. Im Lateinischen gibt es logischerweise eine feminine Vokabel für Erde und eine maskuline.

Erdnuss: Zumal wenn die Erdnüsse im Traum in einer Schale sind, kann es um das Thema Befruchtung gehen.

Erdschacht: Ob diese Art Grube nun sehr klein oder größer ist, so kann doch in Einzelfällen gemeint sein, dass jemand an seinem Grab arbeitet. Das hat nichts mit Selbstmord zu tun, sondern lässt einfach nur das Todesthema oder evtl. auch die Todesnähe andeutungsweise ins Bild führen. Das Motiv könnte also zu einer lebensgefährlichen Krankheit gut passen. Oder auch z.B. zu Erschießungen von Vorfahren im Krieg.

Erdtiefe, Erdloch: Die Seher und die Traumdeuter und auch sonst Menschen, die psychologisch oder philosophisch Besondere sind, auch die Religionsgründer, sehen zuweilen in eine Höhle, in ein Loch tief in Erdinnern. Dann ist zum einen schon einmal das Unbewusste gemeint. Manche sehen dann auch in der tiefsten Erdenmitte, im finstersten Loch oder ganz unten den Stern, das Licht, den Kristall. Damit ist eine besondere Erkenntnis gemeint. Oder sie sehen dort ihre Lebensaufgabe. (Oder aber die Helden der alten Epen sehen dort den Drachen...)

Erektion: Meint oft nicht einen Sexzustand, sondern eine andere Phase, in der das Lebewesen unter einem maximalen Hormonspiegel steht; dies trifft z.B. für den Knaben zu, der geboren wird, d.h. im Symbol, im

Traumbild kommt er erigiert auf die Welt (eventuell noch mit Springen, Landen, Einfliegen). Die hohe hormonelle, sexual-ähnlich erscheinende Erregung trifft auch für das weibliche Baby während der Geburt (genauer: ganz unmittelbar davor) zu. Ebenfalls die Mutter unterliegt bei der (natürlichen) Geburt einem extrem hohen Hormonspiegel. Dies wird mit Sex simpel und (vielleicht auch manchmal fatal) verwechselt, wie S. Freud das mit der Theorie seiner sexuellen Libido schon etwas tat. Diese Libido ist meist ein allgemeines Lebensstreben, nicht unbedingt ein Sexstreben ist. Diese z.T. fragwürdige Gleichsetzung von Vitalitäts- und Sex-Optimum ist weit verbreitet in der Welt. – In Männerträumen bedeutet die Erektion oft, harmloser als angenommen, dass der Mann nur eine Sympathie, ein Wohlgefallen bezüglich einer Frau hat. Erektion ist halt ein Indikator für vieles. Dennoch bleibt die überraschende Erkenntnis (aus realen Träumen mehrerer realer Frauen gewonnen), dass zur Geburt eines Sohnes das Traumbild eines „Jünglings mit Phallus, der in die Tiefe springt", gehört. Diese Bildersprache hat ihre Logik. Nun kann sich jeder ausmalen, dass die volle Sexualitätsfähigkeit für immer unbewusst beeinträchtigt ist, wenn es zu einem Geburtstrauma kommt, z.B. zu Kaiserschnitt, Frühgeburt, Geburtsblockade, unsanfter Geburt, markanter Trennung zwischen Mutter und Kind, nicht nur auf der Intensivstation, sondern schon durch Vollnarkose der Mutter usw. usf.

Erhöhung: Die Person, die höher steht oder sitzt, ob auf einem Pult oder einem Thron, ist Chef, hat hier das Sagen; höher platziert sein ist ein simples Symbol für Dominanz, für oben und für überlegen sein. Es kommt immer wieder vor, dass wir einen Menschen überzogen und irrtümlich hochschätzen. Der Grund ist einfach: wir wollen von diesen Menschen etwas. So wie der Spruch sagt „Liebe macht blind", so erhöhen wir auch sonst Menschen, von denen wir uns ein Lust-Ziel oder einen Erfolg versprechen (z.B. einen Posten in der Verwaltung), dann schmeicheln wir auch. Wir übersehen, dass diese Menschen ganz banal sind, wie alle anderen auch. Meistens kommt die nüchterne Erkenntnis erst spät. Unsere Egoziele täuschen eben gern, nicht nur privat, sondern auch im gesellschaftlichen, politischen Leben.

Erinnerung: Pränatales Vorwissen, Traum, Unbewusstes und Wahrheit. Rückschau auf das eigene Leben, auf das Frühere. Echte oder wahre Erinnerung ist sehr wichtig, um authentisch zu sein.

Erinnerungslücke: Entweder großer Stress durch andere oder geheimes eigenes Ablehnen sind der Grund dafür, dass man sich an etwas nicht erinnert, was man aber eigentlich wissen müsste.

Erkenntnis: Im Traum ein Begriff für die zutreffende Analyse von Umgebung und Fakten. Eine „richtige Erkenntnis" im Traum bedeutet deshalb einen hervorragenden Realitätssinn.

Erklimmen: Lebens- oder Überlebensthema.

Erlaubnis: Eine Erlaubnis oder auch umgekehrt eine fehlende Erlaubnis kann zum Thema haben: Hat es evtl. Kräfte gegeben, die die Existenz des entsprechenden Träumers nicht wollten? Geht es um die Erlaubnis zu leben?

Ernstnehmen: Etwas wirklich wollen (wenn auch gegebenenfalls unbewusst).

Erregt: Erregt sein meint neben allgemein Psychischem, auch tendenziell sexuelle Erregung, auch Aggression. Da gibt es Zusammenhänge.

Ersatzhaus, zweites Haus: Eine alternative Behausung, bezogen auf die eigentliche, reale Behausung oder Wohnung einer Person, zeigt an, dass diese Person ein zweites Gesicht hat, eine nicht unwesentliche Schattenseite, dass sie woanders innerlich engagiert ist.

Ersatzschlüssel: Das kann eine Ersatzlösung, einen Ersatz-Elternteil, ein verschobenes Lebenserlebnis und vieles andere meinen. Ein gelungener Zugang ist es, wenn auch nicht ein authentischer.

Ersatzschuhe: Die Zuwendung und Ausrüstung, die man, im übertragenen Sinne, normalerweise von den Eltern erhält, sind ungut ausgetauscht. Hier geht's um ein Problem in der Kindheit, z.B. vergleichsweise um eine Art von Adoption oder um eine sonstige Art Identitätstausch.

Ersatz-Verkäuferin: Stellvertretung und Ersatz kommen oft vor in Träumen. Es gibt auch eine Ersatzkassiererin oder einen Ersatzvater. Gemeint ist, dass z.B. eine Verkäuferin, als Symbol für eine Mutter oder eine Geliebte, nicht sehr fähig oder willig ist. Eine Ersatzkraft bedeutet meistens etwas Unfertiges. Hat also eine Frau Probleme mit etwa der Weiblichkeit, Sexualität, Mütterlichkeit, dann kann sie evtl. als Ersatzverkäuferin im Traum auftreten.

Erschießen: Es geht generell um das Sterben, wobei aber die Aggression anderer eine große Rolle spielt. Erschießen ist ein Archetyp, der generalisiert die Tode und das Töten darstellt, steht also auch gerne stellvertretend für andere Formen des Lebensendes. Im Krieg z.B. werden auch Nicht-Bewaffnete, z.B. Gefangene oder Zivilisten, dem Tode zugeführt, ob mit Schusswaffe oder nicht.

Erschießung: Symbol dafür, dass eine Person die Absicht hat, dass eine andere Person nicht präsent ist, im gegebenen Umfeld sich nicht aufhält oder existiert. Also oft nicht unbedingt eine Tötungsattacke, sondern eine nachdrückliche Verdrängungsattacke.

Erschöpfung: Erschöpft, müde oder frierend zu sein weist im Traum auf einen gravierenden Stresspegel hin. Der stammt meist von einer unglücklichen Kindheit. Krankheitsbote.

Erschrecken: Wer sich vielfach erschreckt im Traum, der ist nervös, gereizt, latent aggressiv. Es geht um eine Person, die leider in emotionaler Unsicherheit aufgewachsen ist. Sie reagiert im späteren Leben sehr schnell oder über-schnell auf gewisse störende Ereignisse. So eine Person hat also nicht selten einen kleinen Aggressionsausbruch, man könnte auch sagen: Angstausbruch. Dadurch ist ein entspanntes Miteinander-Leben behindert.

Erste Liebe: Davon träumt man (dann), wenn im momentanen zeitlichen Umfeld etwas Ähnliches sich auftut, bzw. wenn so etwas in der Zukunft ansteht (Zukunftstraum).

Erstes und Zweites Mal: Im Traum kann eine Aktion ablaufen, von der der Träumer weiß: dieses mache ich doch hier zum zweiten Mal. Eine typische Bedeutung einer Szene, wo ein erstes und ein zweites Mal mysteriös und doch deutlich verknüpft sind, ist: es hängt die Zeugung (erstes Mal) mit der späteren Geburt als „das zweite Mal" zusammen. Tatsächlich spiegeln sich die Zeugungsumstände nicht selten im Geburtsverlauf. Auch kann „das erste Mal" oder „früher schon einmal" bedeuten, dass es eine spezielle, später ähnliche Erfahrung vor der Bewusstseinsschwelle gegeben hat, z.B. in den ersten 3 Lebensjahren (= d.h. vor der Erinnerungsfähigkeit).

Ertrinken: Da geht es meist um Tod oder wenigstens um Todesangst; je schmutziger das Wasser, umso realistischer, näher ist der Tod – auch wenn er in Träumen natürlich meist nur eine Art Erinnerung ist oder Furcht oder Warnung.

Eruption: Siehe „Vulkanausbruch"

Erwachsenen-Modell: Es kann vorkommen im Traum, dass ein kleines Kind eine erwachsene Figur, also ein ausgereiftes Modell seiner selbst sucht. Wenn es sich dabei z.B. um ein Mädchen handelt, dann zeigt das, dass dieses Kind bedauernswert ehemals nach seiner Mutter suchte. Es deutet aber auch an, dass so ein Kind oder ein Erwachsener ein Reifungsproblem hat. Die Person ist dann scheinbar erwachsen, aber innerlich nicht, sondern auf einem infantilen Trauma stehen geblieben, ringt nur um das Erwachsenenmodell.

Erwartet: Das Motiv erwartet sein oder nicht sagt gern etwas darüber aus, ob man eine willkommene oder unwillkommene Zeugung war, was wiederum sehr wichtig für das Selbstwertgefühl später ist.

Erwischt: Wenn zusätzlich etwas eh' verboten war und man nun quasi in der Falle sitzt, dann könnte es um ein fatales, wichtiges Ereignis

gehen (wichtig wäre z.b. eine nicht geplante Zeugung), das den Beteiligten passiert ist und wo man einen Tabubereich gebrochen hat.

Esel: Meist wie in den bildlichen Redewendungen ein Dummkopf; jedoch mit der Sonderbedeutung, dass nicht mangelnde Intelligenz vorliegt, sondern störrisches Nicht-einsehen-Wollen, Verdrängen, Übersehen.

Esel-Begleitung: Ein Esel als Begleittier kann eine Eselei, ein Dumm-
Sein des betreffenden Menschen andeuten.

Esoterik: Manchmal durch einzelne Elemente ausgedrückt, beispielsweise durch „Aura soma" oder „Tabula smaragdina" oder „Tarot", verweist in der Regel auf Klugheit, hermetisches, vernünftiges, tieferes
Wissen.

Essen-Gehen: Wenn konkret ein gemeinsames Essengehen im Traum
stattgefunden hat, dann verrät das Miteinander-Essen sexuelle Interessen und Aktivitäten. Sollte das Essen noch unter „sechs" Personen
stattfinden, ist die Bedeutung nicht mehr zweifelhaft. Kann auch natürlich nur eine Absicht, einen Plan zeigen. Essen hat meist eine erotische Bedeutung.

Essen-Machen: Geht es um das Thema, dass eine weibliche Person das
Essen zubereitet, so sind indirekt das Mutterverhalten und das Erotik-
verhalten angesprochen. Das Essen ist ein starkes Symbol für Mutter-
Sein und ebenso für Sex. Es ist so archaisch und archetypisch, dass
es im Grunde alle Arten von Zuwendung, Liebe, Freude, Befriedigung
umfasst. Das geht vom Leben, Überleben bis hin zur Sexualität und
bis hin zum beruflichen Erfolg. Essen steht für viele Arten von Gefühl,
Lust. Unsere Erotik und unsere Gefühlsqualitäten später fußen auf den
frühen oralen Erfahrungen. Essen ist ein generalisiertes Symbol für
tausend Formen von Lust und Befriedigung, und eben nicht zuletzt für
sexuelle Themen.

Essen: Als Verb: Etwas integrieren, intensiv verinnerlichen oder durchmachen müssen; meist einen Psychen- oder Schicksalsteil so stark

„schlucken", dass man damit quasi identisch wird. Daneben eindeutiges, stellvertretendes Symbol für Erotik (z. B. ein gemeinsames Essen mit einem Partner). Mit dem oralen Bezug natürlich in aller Regel auch etwas über die Muttererfahrung aussagend. „Zu viel essen" meint oft Sucht (die Grundform der Sucht ist die Oralsucht!). „Essen" (= Speise, Vorräte etc.) im Zusammenhang mit einer Frau sagt etwas aus über ihre Weiblichkeit (gegensteuern in der Realität ist natürlich möglich), d.h. über Erotik, Gefühle, Kinderliebe, auch über Gebär- und Stillverhalten der Frau. Essen ist = Mama, Stillzeit, Lust, das ist immer der erste Deutungsschritt. – Magersucht ist ein Befreiungsversuch aus der Mutterabhängigkeit heraus, ein teils verquerer oder übertriebener Heilungsversuch, also gefährlich überzogen.

Essen-Fehlqualität: Essen, Küche, Mahlzeit, Bewirten stehen gern für erotische Aktivität, für sexuellen Austausch. Soll man ein Essen essen, was zweipolig ist (die zwei ist meistens negativ), was auch irgendwie fade oder ungut zusammen gestellt ist, und besonders was zu früh am Tag, etwa deutlich am Vormittag, gereicht wird, oder auch viel zu spät, dann stimmt mit dem erotischen Angebot oder Austausch irgendetwas nicht. – Das unpassende oder frühe oder auch nicht eigentliche schmeckende Essen, was man aber eventuell als Gast höflich isst, kann ein Hinweis sein auf zu frühe oder defizitäre Sexualität. Es kann also sogar um den sexuellen Missbrauch eines Kindes gehen. Abgesehen von der Sexualität steht Essen für Liebe, Zuwendung generell. Wenn das Essen nicht schmeckt, ob es nun um eine Speise geht oder ein (ggf. alkoholisches) Getränk: es drückt die träumende Person aus, dass ihm oder ihr Liebe oder Eros von einer anderen, vielleicht der aktuellen Person nicht gefällt (eventuell geheim); und wohl auch die Liebe oder Pseudo-Liebe von der Mutter ehemals nicht.

Essens-Paar: Gemeinsames Essen heißt in der Regel gemeinsame Intimität, gemeinsame Erotik.

Essensreste: Manchmal Spuren einer vergangenen Liebesbeziehung.

Essensteilung: Gemeint ist hier etwas wie: von einem Teller gemeinsam essen; und insofern teilt jemand, z.B. ein Paar, das gemeinsame Essen.

Wie dort zugegriffen, bevorzugt oder zurückgesteckt wird, verrät sozusagen, auf welche Weise dieses Paar Sex betreibt. Etwas allgemeiner
ausgedrückt, verrät eine solche Szene, welche allgemeinen Interessen
oder Praktiken der Befriedigung dieses Paar so hat und pflegt, auch außerhalb der Erotik.

Essenszeremonie: In den rituellen Begleiterscheinungen beim Essen
oder für das Essen, z.b. also auch in Tischsitten, -Manieren und -Ma-
nien, verrät man viel von seiner Einstellung zu Lust, Partnerschaft,
Erotik und Frustration, zum archaischen „Nehmen".

Eule: Wegen der Lautlosigkeit des Flugs und der Nachtbezogenheit hat
das Symbol gern Beziehungen zum überraschenden Tod, zum Unheil-
vollen. Die Eule repräsentiert generell eher eine weibliche Seite, im negativen Fall eine böse Zauberin oder eine unerotische, unmütterliche
Frau. Da sie zur geheimnisvollen anderen Welt zu gehören scheint,
stellt die Eule auch Weisheit (Athene) dar. Wahrheit und Weisheit sind
dem Himmel, dem Unsichtbaren näher als dem Diesseits, und sie sind
auch tendenziell weiblich. Wenn es einen positiven Umgang mit der
Eule im Traum gibt, dann spricht das dafür, dass die Person, die mit der
Eule zu tun hat, eine große Weisheit besitzt.

Eulenvogel: Zugespitzt auch schon einmal als verdrängte Schwangerschaft und unterdrückter weiblicher Eros zu sehen. Die Göttin mit der
Eule (Athene) liebt weder Sex noch Kinderkriegen.

Euter: Vgl.bar der Gebärmutter der Schwangeren. Ein Beispiel: ein
Plastik-Euter, der weggeworfen wird, bedeutet: Abtreibungsthema,
Fehlgeburtserinnerung. Auch allgemeiner ein Mutterbrustsymbol.

Ewigkeit: Der Tod als Vernichtung ist eine Illusion; ein Ewiges in uns
(vielleicht als das reine Bewusstsein zu bezeichnen) lebt sofort weiter
– lehren die Träume.

Examen: Ein Lebensziel, was vielleicht lange verhindert war, ist endlich
erreicht. Entwicklung und Erwachsenwerden in seelischer (vielleicht
auch in erotischer) Hinsicht sind gemeint. Das Examen steht für Reife,

Entwicklung, Initiation und Pubertät. Ohne Examen ist ein Erwachsener jemand, dem ein spezieller Reifeschritt fehlt.

Exkursion (Exkursionsabsicht): Manchmal gar der Plan der Seele, etwa noch im Himmel oder sonst irgendwie pränatal, bald auf die Welt kommen zu wollen.

Explosion: Eine Explosion im Sinne einer Katastrophe oder einer drohenden Katastrophe stellt eine sehr große Aufregung dar. Wie im Leben, kann es aber auch im Traum passieren, dass die Wirkung oder die Trümmerteile der Explosion moderat sind oder gar weich wie aus Schaumstoff sind oder nicht verletzten. Das passt zu einem bestimmten Charakterverhalten, was ein Mensch manchmal an den Tag legt: eine große hysterische Aufregung um letztlich Nichts oder eine Bagatelle. – Wenn es sich um eine Art Verpuffung mit tendenziell giftigen Gasen handelt, wo das Atmen todgefährlich beeinträchtigt ist, handelt es sich vielleicht um eine Erinnerung an Sauerstoffmangel während der Geburt (kommt nicht selten vor), da geht es also um eine Todeserinnerung wegen Erstickens. Nicht atmen zu können ist dann die eigentliche Aussage. – Ansonsten kann ein Gefühlszustand, wegen eigener oder fremder Aggression, gemeint sein, der gefährlich vor dem Explodieren ist (Gefühlsexplosion). Nicht selten geht/ging es um eine Todesgefahr. „Explosion" kann in Einzelfällen auch den Ausbruch einer Krankheit aufzeigen, spontan, explosionsartig, also schnell. Und wenn das Krebs ist, der nicht selten durch Konflikt/Trauma ausgelöst wird (!), ist es manchmal bereits irreparabel (nämlich wie eine Explosion). Siehe auch „Vulkanausbruch"

Extraterrestrisch: In manchen Träumen erscheinen Geräte, Personen oder Objekte, die aus fernen Welten zu stammen scheinen, ob nun zeitlich oder räumlich. Grob gesagt geht es um den Einfluss des Weltalls oder evtl. auch eines anderen Universums auf den Menschen, d.h. speziell auf den betreffenden Träumer. Frage ist: Was stammt aus dem Weltraum? Das Leben, die Intelligenz, die Elemente? Gibt es Assoziationen zur sogenannten Prä-Astronautik? Wissen wir unbewusst etwas von anderen Heimaten? Oder läuft eine Zukunftsvision vor unseren Augen ab? Auffallend jedenfalls ist, dass die Charakteristika der

Materialien oder Geräte oder auch der Flugbewegungen uns unbekannt sind.

Extremitäten: Zu den Händen siehe unter „Hand". Die Beine meinen Eigenständigkeit, den Weg des Lebens – selbst und allein – bewältigen zu können. Die Fußerotik ist daneben ja bekannt, von den Füßen bis zu den Schenkeln, über die Knie, gibt es symbolisch Verbindungen, Assoziationen zum Genitalbereich, so dass untere Extremitäten stellvertretend für die Geschlechtsteile stehen können. Primärer aber sind die Themen Eigenständigkeit, Ausschreiten im übertragenen Sinne, Autonomie, Tatkraft, Vitalität/Mobilität. Knie haben auch etwas mit Sich-Durchsetzen, Unterwerfung, Schwäche, gegebenenfalls Demut, mit dem Standfestigkeitsthema zu tun. Zusammenfassend sind die unteren Extremitäten Lebenswegwerkzeuge. Frühe Vater- und Mutterwunden zeigen sich gern in Verletzungen der Beine, Füße, sie erschweren das Gehen in die Welt hinein.

F

Fabrik: Typisches Symbol für das Erdenleben, für die Welt, für die Diesseitigkeit (vielleicht weil man da arbeitet, da etwas herstellt); auch als Fabrikhalle oder Werkstatt oder als Halle öfter vorkommend = das Weltleben.

Fachärzte: Das Fach beschreibt symbolisch das Thema, um welches es geht. Beispiel: ein Kardiologe im Traum hat zu tun mit einer Herzensangelegenheit, also mit Liebe, Beziehung; da zeigt er vielleicht eine seelische Wunde an bzw. soll er ein Helfer, Heilmittel sein. Ein Zahnarzt hat gern mit einem Schwangerschaftsthema zu tun, denn ein „Zahn" kann für Embryo/Foetus stehen. Auch kann der Mundraum nach der Symbolischen Gleichung „Oben wie Unten" für den Genitalbereich stehen, so dass indirekt auf etwas „unten" hingewiesen wird.

Fächer: Siehe „Stundenplan"

Fäden: Siehe „Maschen"

Faden: Wie in der Redewendung kann es im Traum genauso vorkommen, dass der Erfolg, und zwar nicht zuletzt das existentielle Überleben, an einem seidenen oder dünnen „Faden hängt". Da wird eine Katastrophe oder ein Trauma dargestellt, welches nur mit extremem Glück überstanden wurde. Meist hängt dann an dem Faden zusätzlich etwas Schweres.

Fähre: Grenze, Transport, Bauchiges, Mutterähnliches und Wasser darstellend, von daher Medium für den Wechsel vom Himmel auf die Erde und vom Diesseits ins Jenseits. Der Archetyp wird in moderner Zeit, und wenn es symbolisch um die Himmelfahrt geht, vom Motiv „Raumschiff, Raumfähre, Hubschrauber" abgelöst. Zur Fähre gehören die Themenkomplexe um Schiffe, Fahren, Fließen. Und in der Regel geht es um Geburt oder Tod; zu den letztgenannten Themen lässt der Fährmann grüßen.

Fahren: Meint meist wie „Gehen" den Lebensweg oder eine Etappe davon beschreiten.

Fahrkarten: Personen, speziell Identitäten. Gegebenenfalls verschiedene Leben, mehrere Einzeugungen. Die Fahrkarte symbolisiert das Anrecht zu leben und Vergleichbares, dazu auch manchmal die Abstammung.

Fahrkartenverlust: Man wird aus der eigentlichen Berechtigung und Lebensbahn hinausgedrängt. Auch Identitätsverlust ist möglich. Fahrkarten erhalten ist jedoch positiv.

Fahrrad, klein: Kann manchmal einfach für ein Kind stehen (ähnlich wie Dreirädchen, Roller).

Fahrrad: Ein Single-Fahrzeug, also typisch für einen Alleinstehenden, für einen Verlassenen, für ein Kind; man fährt eben klassisch als Einzelperson auf diesem Gefährt; das Fahrrad meint Einsamkeit, Partnerlosigkeit in verschiedenem Sinne, also z.B. inneres Allein- Sein wie

auch Vorpubertär-Sein. Die Schwierigkeit des Weges oder die Art von   F
Gepäck oder gar eine aufgepackte Person spielen eine wichtige Rolle
bei der Interpretation, etwa als Belastungen. Meist also einen überwie-
gend symbolisch zu sehenden vorpubertären oder noch früheren Rei-
fezustand meinend. Für eine ältere Person gilt: dass Partnerschaft hier
nicht im Bild ist, nicht existiert oder gar abgelehnt wird oder leider einfach fehlt. Von einem (wirklichen) Paar kann bei dem Fahrradarchetyp
keine Rede sein. Als eine Besonderheit kann im Traum betont werden,
dass es sich um ein Damen-Fahrrad oder ein Männer-Fahrrad handelt.
Dann sind hiermit psychische oder mentale Rollen bzw. Einstellungen
von dem entsprechenden Geschlecht gemeint. Wenn beispielsweise ein
Mann das Damen-Fahrrad im Traum verweigert, dann weigert er sich,
eine zu weibliche Rolle einzunehmen. Zu extrem ist das „Fahrrad" natürlich nicht zu deuten, man wird diesem Symbol im Prinzip jedoch
tendenziell eine alleinstehende Person zuordnen.

Fahrradpanne: Meist geht es da um einen sogenannten „Platten", entweder am Vorderrad oder am Hinterrad. Das verrät eine arge Schädigung des Träumers in seiner Kindheit.

Fahrradschaden: Eine bedeutende Störung am Fahrrad weist auf ein
Trauma, auf irgendeine Art Verletzung oder eine Aggression oder auch
auf einen Betrug in der frühen Kindheit, jedenfalls vor Pubertätsende,
hin. Kann auch aktuell gesundheitlich gedeutet werden.

Fahrschule: Das ist eines der üblichen Symbole für Lernzeiten und Vor-
bereitungszeiten im Leben. Dafür kann auch Schule, Kindergarten und
Studentenzeit stehen. So könnte die Fahrschule eine Phase meinen, die
vor dem Erwachsenwerden liegt.

Fahrstuhl: Instrument für Herunterkommen, Nach-oben-hin-Ausstei-
gen, für Kontakt zur Erde hin und von ihr weg; mit Fallen, Stürzen,
Wegfliegen, Schweben, Angst, Bodenverlust, Landen, Kontrollverlust.
Hinzukommt der Fahrstuhl als Verbindendes und als Fahrendes (oder
arg Stoppendes), auch als Enges. Auffallend auch sein „Hin und Her".
Fazit: Fahrstuhlträume zeigen den Geburtsverlauf, gegebenenfalls das
Geburtstrauma, sowie aber auch die Sexualität, mit Orgasmusstreben

und mit umgekehrt Stress. Beide Bereiche, Geburt und Sexualität, sind verwandt. Wenn beispielsweise eine Person ihre Mutter schon bei der Geburt verlor, oder vielleicht ein anderes Geburtstrauma hat, ist nicht ausgeschlossen, später, als Verschiebung, eine Fahrstuhlphobie zu bekommen. Wenn zum Beispiel der Fahrstuhl zuerst einmal quer statt hoch fährt, dürfte eine schwere Geburtsblockade angezeigt sein. Eine besondere Todesgefahr im Geburtsprozess zeigt sich darin, dass der Fahrstuhl destruktiv in die Tiefe stürzen kann oder umgekehrt droht in die Höhe hinein zu explodieren.

Fahrstuhl-Defekt: Geburtstrauma.

Falke: Als Vogel steht dieses Symbol für eine Seele, und zwar für eine relativ edle Person. Als „Vogel" ist das Symbol außerdem tendenziell weiblich. Entsprechend der ägyptischen Mythologie wird der Falke andererseits aber auch gerne für einen vaterlosen Sohn (für ein vaterloses Kind) gewählt. Übergreifend geht es hier um eine Person, die viel Weisheit hat und die Dinge außerordentlich gut erkennen kann. Die besondere Erkenntnis ist ein Hauptcharakteristikum des Falken (auch die mythische Vaterlosigkeit). – Ein Falke mit Betonung von Trieb und Müssen kann auch mal konkret das „Männliche" darstellen, d.h. den Phallus, unter Druck quasi. In der mittelalterlichen Lyrik, im Minnesang, wird er beschrieben als der potente, aber auch flüchtige Geliebte einer Frau (Adligen). Der Falke steht für eine Beziehung aus Innigkeit und Verlust.

Fallen: Hat nicht die oft von Freudianern beschworene erotische Bedeutung, sich sexuell hingeben zu können. Das Thema „sich fallen zu lassen" hat existenziellere Dimensionen. Angst vor dem Fall/Sprung ist Todesangst, und diese ist gern im Geburtstrauma entstanden, bzw. bei einer sonstigen Erst-Trennung; der archetypische Ur-Fall ist der vom Jenseits (bzw. aus dem Uterus) auf die Welt. Mutter-Kind-Trennungen in der Kindheit, überfordernde Änderung der Lebensumstände, Entwicklungsblockaden und Negativerfahrungen bei Wandel (z.B. bei frühen Umzügen) zeigen sich in dem Phänomen, tiefes Fallen zu vermeiden. Probleme des Fallens und Springens stellen sich dann gern symbolisch bei jeder Entwicklung oder Entscheidung im Leben neu ein.

Auch als allgemeines Hingabethema (Hingabe an den Lebensverlauf) und als Vertrauensthema bzw. als Vertrauensverweigerung zu deuten. Im Gehen oder im Laufen hinzufallen, kann ein Symbol für Tod sein. Meist geht es aber nur um eine Todesgefahr. Oft geht es um eine sehr alte diffuse, verschüttete Erinnerung (bis hin zu Reinkarnationserfahrungen).

Falsch-Ankunft: Ob mit Auto oder zu Fuß, ob in falscher Garage oder in falschem Stockwerk, in der Regel wird man ungefähr erschließen können, dass der Träumer bei seiner Erdenankunft nicht willkommen war oder aber dass er in einer vorangegangen Inkarnation abgetrieben worden ist oder dass ein anderes Geschlecht erwartet worden war oder dass die Abstammung manipuliert worden ist und dergleichen mehr.

Falsch-Buchstaben: Offensichtlich geht es hier um eine lügenhafte Information oder um eine geheim-gehaltene Information.

Falschfahren: Das heißt, sich mental auf dem falschen Weg befinden, sprich: irrig und falsch denken, in den Ansichten und Interpretationen sich täuschen, ggf. verstockt.

Falschheit: Wir denken hier nicht an einen unwahrhaftigen Charakter, sondern an eine falsche Anordnung, an falsche Stellen und falsche Positionen. Diese stehen indirekt für eine Krankheit, besser für eine Krankheitsursache. Es ist nämlich irgendetwas im Leben falsch, ungut abgelaufen und aus diesem Unrichtigen entstehen Krankheiten.

Falsch-herum: In der Realität passiert es ja manchmal, dass man Kleidung falsch herum anzieht, also das Hinten ist Vorn oder das Innen ist Außen. Im Traum ist damit ein gravierender Identitätstausch gemeint, etwa wenn man sein Unterhemd falsch herum anzieht. Das passt zu Adoptionskindern und zu untergeschobenen Kindern.

Falter: Kleiner Schmetterling, Falter, Motte können symbolisch manchmal als Verkleinerung, Reduzierung des Archetyps Vogel verstanden werden. Ein Vogel steht gern für die menschliche Seele, auch für die pränatale und postmortale Seele. In diesem Zusammenhang wird man den Falter als Seele eines ganz kleinen Menschen deuten können, im Einzelfall also als Seele eines Embryos. Auch als Seele einer verstorbenen Person möglich. Vgl. „Schmetterling"

Familienaufstellung: Im Grundprinzip, bei kluger, fähiger Leitung, kann man hier die Wirkkräfte des Unsichtbaren erfahren, das Unbewusste in einer Gruppe, als sähe man die versteckten Hände des Schicksals am Werk, in der Familie und in der Sippschaft. Die Macht des Clans mit seinen Tabus und Konflikten wird aufgezeigt, spielerisch, im Gleichnis.

Familien-Irrtum: Mit anderen Worten ist hier ein Traumsymbol gemeint, welches als „falsche Familie" auftritt, bei der man gelandet ist. Das ist vielleicht mehr eine subjektive (aber innerlich berechtigte) Empfindung als ein Lebens- oder Schicksalsfakt. Es sagt aus, dass man bei der Familie, in der man inkarnierte, ziemlich unwillkommen war oder dass man dieser Familie eine Reihe von Schwierigkeiten machte. Es geht also um einen sehr unglücklichen Lebensstart.

Farbanstrich: Wir konzentrieren uns hier auf das Motiv, dass mit Farbe etwas überstrichen, übermalt ist, und das ist eher eine ungute Situation, indem Echtes, Gesundes umgebogen, versteckt oder manipuliert wird. Ein Neu-Anstrich als Renovierung (Verbesserung) bedeutet natürlich etwas anderes, nicht Negatives.

Farben: Lebendigkeit, Lebensenergie. Vgl. Goethe: „am farbigen Abglanz haben wir das Leben". Manchmal natürlich auch übertrieben, d.h. extreme Farbigkeit, umgangssprachlich als knallige Farben bezeichnet: Krampf, Aggression, Kompensation. Siehe auch „Bunt".

Farbgleichheit: Wenn Mann und Frau in ähnlicher oder gleicher Farbe – wie man zu sagen pflegt im Partnerlook – auftreten. heißt das, dass bei der Frau weder die Weiblichkeit noch bei dem Mann die Männlichkeit stark ausgeprägt sind. Die geschlechtliche Beziehung könnte also besser sein.

Farb-Gruppen: Farbgruppen oder auch Farbtöne deuten Rollen an, die der Mensch einzunehmen hat. Es geht also um relativ grobe

Charakterseiten oder Eigenschaften. Da die Farben mit Stimmungen und Emotionen zu tun haben, können bestimmte Farben – bzw. die Zugehörigkeit zu einer Farbgruppe – etwas anzeigen, wie z.b. die Gruppen: Frauen oder Männer (nämlich ungefähr Rot oder Blau), politische Zugehörigkeiten, evtl. Heterosexuelle oder Homosexuelle; bei auffällig gemischten Farben könnte man vielleicht an Bisexuelle denken?

Faschingskostüm: Symbol für einen entfremdeten, aufgezwungenen, nicht echten Charakter. Unbewusstes bricht sich im Kostüm Bahn.

Fata Morgana: Das erinnert an einen Fight oder an eine Lebenssituation, wo die äußeren Bedrohungen oder Umstände und ggf. auch Personen (meist feindlicher Art) nicht genügend erkannt wurden oder einfach gar nicht bewusst waren. Das heißt, der Gegner ist nicht zu treffen, nicht zu erreichen, nicht eigentlich sichtbar. Es geht also um Kräfte, derer man nicht habhaft werden kann. Das hat gern mit subtilen Angriffen von anderen Personen in früherer Zeit zu tun.

Fauchen: Zurückstoßen und Warnen. Ablehnung (nach der Art, wie es Tiere machen), auch von Eltern gegenüber einem Kind. Unmissverständliche Absicht eines Mitmenschen: „komm mir nicht zu nahe". Aggressionsbereitschaft.

Faust: Aggression, allgemeine Energie, besonders Widerstand.

Fazit: Bei diesem Symbol steht im Traum die Frage an: Ziehe ich (oder ein anderer) die richtigen Schlüsse, aus entsprechenden Ereignissen? Wenn ein Fazit nicht oder falsch gezogen wird im Traum, heißt das oft: längere, wichtige Ereignisse aus dem Leben werden dauernd oder tragisch nicht begriffen.

Feedback: Zwar holen wir Menschen, und besonders die Kinder, unsere Selbsteinschätzung aus dem Feedback, ansonsten könnten wir uns gar nicht bewerten. Dennoch aber liegt die Betonung beim Motiv Feedback auf der Tatsache, dass Andere uns beurteilen und dass das also ein Gegensatz, ggf. ein großer Gegensatz zu unserem wahren Wert ist oder sein kann.

Fegen: Siehe „Besen" und „Putzen"

Fehlendes: Was fehlt und was gesucht wird im Traum, hat meistens einen unangenehmen, problematischen Inhalt, es ist nicht umsonst tabuisiert. Trauma und Sucht sind hier nahe, auch Lüge und Ablehnungserfahrung. Wenn etwas fehlt im Traum, ist das eine harte Botschaft, nämlich = es war nie etwas von dem, was du meinst oder suchst, vorhanden!

Fehlgeburt: Manchmal eine Chiffre dafür, dass eine Frau nicht gebären will oder kann. Es liegt also ein Problem in der Heterosexualität vor. Das meint: eine Tendenz zur generalisierten Kinderlosigkeit. Oder eine geheime Tendenz zur Bisexualität. Indiz für Geburtstraumata in der Ahnenreihe. Im Schamanismus und auch in manchen Träumen eine Chiffre für eine Abtreibung (a) bzw. dafür, Schwangerschaft eigentlich nicht zu wollen (b).

Fehlstart: Todeserlebnis bei der Geburt. Später: Pleite beim Beginn des Sexualspiels. Im tiefen Unbewussten sind beide Szenen miteinander verknüpft.

Fehlwurf: Misslungene Aktion, manchmal misslungene Sexualität.

Feier, Fest: Es kann der Tod gemeint sein (1), es kann eine Geburt gemeint sein (2), und es kann um Sex gehen (3); es geht also um drei herausragende Elemente, man könnte sagen Höhepunkte des Lebens, um Formen der Lebensfeier (im Unbewussten haben diese Drei eine Art Verwandtschaft (mittelalterlich in „hohe zit", später in Hochzeit verengt). Eine Feier kann generell für die Phase starker Lebendigkeit stehen, ist also die Lebensqualität oder Lebenslust schlechthin. So kann das Ende der Feier ggf. auch das Ende des Erdenlebens meinen.

Feierlich: Die Aktion, die feierlich begangen wird, wird in sehr positivem Licht gesehen. Meistens sind auch Ruhe, edle Ausstattung und Stressfreiheit die Begleiter. Das kann zu allen möglichen Situationen im Leben passen und ist eben ein betonter Unterschied zu den sonst üblichen stressbesetzten Aktionen, also eine Ausnahme.

Feiern: Hat nicht selten mit einem sexuellen Lustziel, mit Spaß zu tun.

Feigheit: Siehe „Fliehen"

Feld: Siehe „Acker"

Feld-Ende: Auch als Garten-, Acker-Ende = das ist quasi der Ort, wo der Vater sich symbolisch aufhält, d.h. an dieser Stelle findet man gern Informationen über den Erzeuger. Von hinten gesehen, ist es nämlich der „Anfang" des Gartens. Mit der Aktion des Vaters beginnt quasi unsere Existenz.

Fell: Ähnlich wie Pelz assoziiert es zu Urzuständen der Evolution, die es bei Tieren noch gibt, die beim Menschen versteckt, zivilisiert, aber noch vorhanden sind. Mit Fell ist der Raubtiercharakter angesprochen, praktisch heißt das: Sex und Aggression oder einfach urige Stärke. Die Berserker z.B. trugen Bärensäcke = Bärenfelle, daraus nahmen sie ekstatische Kraft (Unverwundbarkeit). Das Fell ist auch manchmal archaisch als mütterliche Wärme, Zuwendung, wie in Steinzeitzeiten, deutbar, besonders als Schaffell.

Fels oder Stein: Alle Varianten von Steinigem, z.B. Felsen, große Steinblöcke, auch Geröllhalden oder sehr steinige Wege veranschaulichen, dass die träumende Person sehr harte oder widrige Bedingungen in ihren anfänglichen oder aktuellen Lebensetappen vorfand. Stein kann allgemein Abwehr, Aversion bedeuten. Der Fels ist ein Symbol für sehr steilen Weg nach oben bzw. für Gipfelstreben oder Erfolgsnähe (wie Berge); andererseits sehr Widriges, die harten Schwierigkeiten, die man meistern muss oder an denen man scheitert. Insgesamt zwar Stabilität, aber meist umgekehrt Aversion; Steigerung von „Stein" und Steinigem.

Felsenlandschaft: Wir denken hier an ein zerklüftetes Hochgebirge, wie es z.B. in Österreich verschiedentlich den Begriff „Steinernes Meer" für sehr raue, scharfkantige Felslandschaften gibt. Vielleicht kommen auch noch Spalten im Traum vor. Man wird da an eine sehr schwierige, widrige Lebensphase des Träumers denken müssen.

Felsgarten: Normalerweise weist ein Garten gerade nicht steinige Felsen auf, wenn doch, ist es mit den Emotionen in diesem symbolischen Lebens- und Gefühlsbereich nicht weit her oder ziemlich am Ende.

Felshöhle: Die Höhle aus Stein meint gern den Mutterbauch, damit sind aber auch vielleicht Schwierigkeiten und Aversionen verbunden, wegen des Steinigen.

Felsspitzen, -blöcke. Im Sinne von spitzen Steinen, widrigen Felsblöcken haben wir einen sehr beschwerlichen Weg vor uns. Der kann der ganze Lebensweg oder eine Etappe davon sein. Da wurde dem Träumer versteckter Widerstand geleistet.

Felswände: Probleme, Ablehnungen, Schwierigkeiten, besonders wenn die Felswand sehr steil ist.

Fenster schließen oder öffnen: Als Alternative, Streitfall: Dahinter kann sich ein tiefer Sinn oder ein wichtiges Ereignis verbergen. An der Oberfläche geht es um einen simplen Streit, ggf. auch um eine harmlose Alternative zwischen Personen, wenn sich im Traum das Fenster-Schließen und das Fenster-Öffnen ablösen. Da das Fenster jedoch auch das Tor zum Jenseits, zur anderen Welt, zum Unbewussten oder auch zum Todesreich darstellt, kann in so einer Symbolik z.B.im Extremfall oder in Einzelfällen auch die Frage abgehandelt sein: Abtreibung ja oder nein? Ansonsten ist es ein typischer Streit in den Eheschlafzimmern und hat eine leider doch in Wahrheit größere Bedeutung.

Fenster: Ähnlich sind Schalter, bzw. Schaltertrennscheibe = Kontakt-, Übergangsstelle zwischen zwei Welten, Dimensionen und Wahrheiten. Meist trennt das Fenster Diesseits und Jenseits, oder auch Bewusstes und Unbewusstes bzw. Jetzt und Zukunft. Schaltstelle zwischen Materie (innen) und Geist (außen). Oder einfach nur als Luke, Focus, um einen sehr verdrängten, vergessenen Inhalt ‚draußen' zu sehen. Tatsächlich gibt es auch Träume, wo sich im „Fenster oben" oder auch gern „im Fensterrahmen" das Kind zeigt (in eher etwas unüblicher Haltung, sowie nicht sprechend), das gerade gezeugt worden ist! Es zeigt sich wie aus dem Himmel heraus oder nach der alten Vorstellung auf der „Fensterbank"... Oder es zeigt sich ein anderer, z. B. ein verstorbener Vater (transzendent muss man ihn nennen) hinter dem Glasfenster oben. – Auch in ganz anderer Weise kann man deuten: viele Fenster = viele Erkenntnisse. Hinter dem Fenster verbirgt sich ausnahmsweise auch Zukunft, grundsätzlich jedenfalls eine Ander-Welt, das was sonst unsichtbar ist.

Fensterbank: Dort geht es gern um Befruchtung, Abtreibung, Fehlgeburt oder ähnliche Themen. Ort/Schleuse dafür, dass ein „neues Kind" kommen könnte – d.h. etwas oder jemand aus der Anderwelt. Typischer Ort, nicht nur in der Mythologie oder im sogenannten Aberglauben oder im Märchen, für die Ankunft eines neuen Lebens. Das Leben kommt aus dem Jenseits, aus dem Draußen ins Diesseits, ins Haus. Nähere Zeugungs- und Schwangerschaftsthemen oder -umstände werden durch die Gegenstände erklärt, die auf der Fensterbank stehen oder liegen: Pflanzen, Blumen, Töpfe, Zucker, Salz und anderes mehr. Diese Gegenstände sind eine symbolische Information. Jedoch nicht nur aus dem möglichen Jenseits, sondern auch aus dem banalen irdischen Unbewussten: eine verdrängte Missbrauchsgeschichte kann z.B. kurios auf der Fensterbank liegen (also etwas Abgespaltenes), etwa in Schokoladefiguren.

Fenster-Blick: Das ist eine typische spirituelle Perspektive. Aus dem Fenster schaut man auf Unsichtbares, Unbewusstes, Jenseitiges, Vergessenes. Man hat eine Distanz zu den Ereignissen „draußen" wie auf einem Podest der Weisheit.

Fensterbrett: Fensterbrett, Fensterbank oder ähnliche Elemente stellen eine Zugangsstelle zum Draußen, zum Jenseits, zum Unbewussten dar. Volkstümlich wird etwas auf die Fensterbank gestreut, damit die Mutter noch einmal schwanger wird. Im Traum also verrät ein Fensterbrett manchmal, dass es um die Schwangerschaft einer Frau geht. Wenn dieses Fensterbrett schmal ist und eventuell Staub und Schmutz dort eliminiert werden, dann geht es um eine geheime Schwangerschaft, ggf. auch um eine Abtreibung, die ‚reingewaschen' wird.

Fensterplatz: Wer betont da sitzt, hat ein gewissen Interessen am Jenseits, an Religiosität, an Transzendenz. Möglicherweise auch eine Nähe zum Unbewussten oder zur Unterwelt.

Fensterrahmen: Passage, um Dimensionen zu wechseln. Kann also anzeigen, dass man im Traum vom Bewussten ins Unbewusste steigt oder auch, dass jemand (oder eine Information) aus der anderen Welt aufscheint.

Fern-Schau: Wenn man in die Ferne schaut im Traum, vielleicht wartend, sinnierend, so hat man ein Ziel im Auge, das zu erreichen auch nicht unwahrscheinlich ist. Es geht um ein klassisches Symbol für eine Sehnsucht.

Fernsehen: Wie PC, Monitor, Video, Kino zu deuten: man sieht etwas Überraschendes, tief Unbewusstes; meist geht es um eine Wahrheit, die ggf. codiert ist, nicht um eine Täuschung, sondern um lange Verdrängtes oder Geleugnetes. Was im „Fernsehen" gezeigt wird, dürfte auf verdrängten, vergessenen Fakten beruhen, es ist nicht Fiktion, sondern dieser „Film", diese Information ist echt, zwar verdrängt, aber wahr. Das Fernsehen real belügt uns zwar ständig, aber unsere Programmierung ist, in diesem Medium die Wahrheit zu finden.

Fernsehgerät-Neuerwerb: Ein möglichst neues, anderes Leben erstrebt die entsprechende Person. Da kann sogar ganz eventuell ein Gedanke an Suizid mit-eingeschlossen sein. Dann wäre der neue Fernseher eine neue Inkarnation, ein neuer Lebens-Film.

Fernsehgerät-Verlust: Das kann im Traum so auftauchen, dass der Fernseher nicht im eigentlichen Zimmer oder in einer anderen Etage steht. Also Trennung vom Gerät. Da geht es um einen Menschen, der einen Teil sehr abgespalten hat, z.B. seine Liebe, Vorliebe oder seine Sexualität, jedenfalls irgendeinen Lustbereich, und meistens auch einen sehr unbewussten Bereich.

Fesselung: Gefesselt- oder Gebunden-Sein bedeutet eine Blockierung unseres Strebens nach Lust, Personalem, Erfolg, auch Sex. Gefesselt ist es schwierig, zum Du zu kommen. Uralte Erinnerung an opferbereite Hingabe, aber auch an böse Blockierung.

Festgeschrieben: Wenn es im Traum „festgeschrieben ist", so wird damit ausgesagt, dass ein Ereignis schicksalhaft zwingend aufgetreten ist oder auch auftreten wird. Vielleicht glaubt jemand nur zu sehr an das Festgesetzte, oder aber es ist tatsächlich unabwendbares Schicksal, aufgeschrieben im Buch des Lebens.

Festhalten: Meist als Festgehalten-Werden im Traum: da geht es gern um eine böse Entwicklungshemmung, vielleicht um eine lebensgefährliche Blockade.

Festklemmen: Offensichtlich wird hier eine Aktivität gestockt, gestoppt, unterbunden. Frage im Traum ist dann: Wer bremst mich so arg? Das gilt besonders, wenn die Festklemmung sich auf eine Person oder auf Körperteile bezieht.

Fett: Das Motiv hängt eng zusammen mit Mutter, d.h. mit der frühen Muttererfahrung. Es tritt gerne auch als „Butter" auf (siehe dort). Besonders für die Mutter im Umfeld der Schwangerschaft steht das „Fett". Es ist also einerseits grundsätzlich positiv besetzt. Fett hat einen Weiblichkeitsbezug, steht dann so auch für Mutterabhängigkeit und/oder Muttertrauma. Fett und Speck gehören symbolisch zur runden, rundlichen, weichen Mutter. Da die Muttererfahrung den späteren Eros bestimmt, spielt sich über das Symbol Fett auch die Einstellung zur Sexualität ab, ebenso bei Frauen die Einstellung zur eigenen Weiblichkeit. Hysterische Vermeidung von Fett, der übertriebene Kampf gegen Fett spricht also für sich. Er kann auch zu einer Ahnfrau gehören, die nicht schwanger, „nicht ,dick" werden wollte. Unter Erwachsenen verrät der Umgang mit Fett, auch ohne Träume, nicht selten etwas über die Sexualität. Damit hat natürlich eine gesunde Fettreduzierung nichts zu tun.

Fettbauch, Fettrollen: Wenn diese so im Traum vorkommen, dass irgendjemand das Fett als negativ einstuft oder bezeichnet, dann liegt hier vielleicht ein uralter Vorwurf in der Sippschaft gegenüber einer Schwangerschaft vor. Fett oder der fetter Bauch werden tief unbewusst mit „dicker" Frau, d.h. mit Schwangerschaft assoziiert. Und ggf. mit Vorwürfen (auch hysterischer Art). Der Komplex kann von Generation zu Generation wandern.

Feuer: Hocherregung. Feuer als Symbol dafür, wenn der Mensch in Flammen steht, die Seele entflammt ist, sehr verliebt, hoch-wütend oder hoch-ängstlich ist – oder aber auch der Mensch vielleicht dematerialisiert ist. Insgesamt sehr ambivalent, jedoch meist, wie extreme Hitze, Glut, einen lebensgefährlichen Zustand meinend. Feuer/Flammen oder das Verbrennen der Vegetation sind typisch für die Träume und für die Bilder von Krebspatienten in der letzten, tod-nahen Phase (vorher gibt es evtl. viel Schwarz oder viel Violett). Feuer ist einer der ältesten und stärksten Archetypen für Vernichtung, also Tod. Daneben ist es aber auch hochtranszendent und zeigt gebündelte geistige Energie an (Steigerung von Licht). Manchmal auch ein Symbol für Wandlung. Feuer zeigt nicht nur geistige Energie an, sondern auch vitale, hormonelle, z.B. das (kontrollierte) Feuer im Ofen kann ein Symbol sein für einen positiven, angeregten Gemüts- oder Erotikzustand. Siehe auch „Goma"

Feuersäule: Von ihr bzw. von der Person, die mit dieser Lichterscheinung zu tun hat, geht eine enorme geistige Wirkung aus. Dieser Einfluss kann z.B. spirituell oder ideologisch sein. Wenn sich die Feuersäule bewegt, wenn sie also wandert, ist der Aspekt der Wirkung und Ausbreitung noch durch eine besondere Betonung unterlegt. Religiöse Phänomene und Erkenntnisse können sich gern im Feuer ausdrücken. Feuersäule ist also Wissen, Erkenntnisausstrahlung, stark Geistiges; manchmal auch Wirkung auf andere.

Feuer-Sturm-Bedrohung: Feuer ist der älteste Archetyp für Tod. Besonders wenn die Flammen ringsum eine Person oder ein Haus bedrohen, haben wir ein sehr typisches, klassisches Bild für große und größte Angst. Insgesamt Warnung, Todesangst.

Film (ähnlich Fernsehen, Video): Information, Wahrheit über einen sehr unbewussten Inhalt, nicht zuletzt über Vorfälle in der Schwangerschaftszeit oder aus der Zeit vor dem dritten Lebensjahr (wo ungefähr die bewusste Erinnerung erst beginnt); siehe auch „Kino". Film hat auch die Bedeutung einer kleinen materiellen Filmrolle (Negativfilm), d.h. als Box, in der das Unbewusste, z.b. die frühe Kindheit, gespeichert ist; Preis und Qualität sagen dabei Näheres aus. Die zweite Bedeutung ist der Filmstreifen-Inhalt, also primär die echten Szenen und Aktionen; dieser Inhalt, wieder unbewusst, versteckt, verdrängt, ist vermutlich wahr. Ein Film kann auch zeigen, dass eine zurückliegende Präkognition nun Wirklichkeit geworden ist. Generell zeigt ein Film eine uralte unbewusste Erinnerung, Es gibt aber noch eine Besonderheit des Symbols Film oder Theater, nämlich dass der Träumer eine reale Lebensszene auf einmal oder auch parallel als Filmdreh, als Spielszene, als Stunt sieht oder beobachtet. Da haben wir etwas, was im Buddhismus der „innere Zeuge" heißt oder was wir als „höheres Selbst" bezeichnen könnten, was Distanz schaffen kann zur eigenen Person und zum eigenen Leben. Es ist die Fähigkeit zur Selbsttranszendenz, wie Viktor Frankl das nennt. Der Mensch hat diese Fähigkeit im Prinzip oder auch überraschender Weise manchmal konkret, dass er nämlich die Szenen, in denen er lebt oder ggf. auch leidet, tatsächlich von außen beobachtet, wie ein Filmregisseur oder Reporter.

Filmstopp: Einen Film anzuhalten und dann später weiterlaufen zu lassen, vielleicht auch mehrmals, hat als Hintergrundsinn die Information, dass die kommenden Filmszenen bekannt sind, jedenfalls nicht variabel sind. Eine Szene oder einen Film anzuhalten, berührt das Thema der Voraussage und der Prädestination. Wenn die Zukunft nicht schon irgendwo geschehen ist, würde es keinen Sinn machen, im Traum eine Szene anzuhalten. Wer die Macht hat, einen Film anzuhalten, zeigt eine enorme Distanz zum Weltgeschehen, zum Inhalt des Films, zur Zeit. Zu der Symbolik gehört also ein unübliches, höheres Wissen.

Filter: Das Gerät steht gern für eine gefilterte Botschaft oder Beziehung. Die Aussage ist also, ein direkter Kontakt läuft hier nicht ab. Es hat oft mit dem Transzendenten zu tun, d.h. die Wahrheit aus der Ewigkeit oder aus der unsichtbaren Welt erfahren wir Menschen nie direkt, sondern nur indirekt, als bedeutungsvolles Zeichen, bzw. als Symbol. Das ist die Tragik aller spirituellen Erkenntnis, sie ist ungenau, sie ist „gefiltert", nur symbolisch.

Filzstift: Bei betonter Größe wird man an ein Phallusthema denken können. – Ansonsten soll eine Information dokumentiert, hergestellt werden.

Finanzier: Personen, die Finanzen anbieten und z.b. im Traum als Finanzberater oder Geldberater auftreten, verraten meist ein sexuelles Interesse, da Geld gern eine erotische Bedeutung hat.

Finger: Das kann ein Gleichnis für den Foetus sein; vgl. „Daumen". Die Finger können auch einmal einen Penis oder Phallus darstellen, und dann meinen sie generell die Männlichkeit. Ansonsten stehen sie für das Große in Klein (Stellvertretung), z.b. für einen Menschen in seiner Embryo-Form oder in der Däumelinchen-Form.

Fingerabdruck: Ist zu lesen wie ein DNA-Verwandtschafts- oder Abstammungsbeweis. Also Symbol für eine genetische Verwandtschaft, tritt in Träumen mit einer Abstammungsthematik auf.

Fingerkuppe: Penis, Phallus, Eichel, Embryo, Foetus.

Fingernagel kürzen: Sich von einer Begierde oder Sehnsucht auf harte Weise trennen.

Fingernägel: Eine geheime Charakterseite oder eine Erotikseite zeigend.

Firmenname: Dahinter steckt eine Identitätsfrage, und sie kann sich auf eine Entwicklung, eine Situation oder auf eine Einzelperson beziehen.

Fisch mit Flügeln: Embryo, Foetus. Eine Art frühe Seele, die fliegen kann. Das bedeutet: pränataler Zustand (ist also kein Grund zur Besorgnis). Oder aber es meint sonst etwas zu Jenseits, Tod, Himmel.

Fisch: Hat zu tun mit Sexuellem, mit tief Unbewusstem, mit Fang oder Fruchtbarkeit und mit der Uteruszeit (im Wasser) Typisches Zeichen für Schwangerschaft, Schwangerwerden oder Geschwängertwerden (also für Fruchtbarsein). Glückssymbol, d.h. im übertragenen Sinne allgemeines Erfolgssymbol, z.b. für eine Unternehmung, eine Zukunft. In der sexuellen Bedeutung ist das Phallische, aber auch das Weibliche gemeint, aber tiefer noch die Befruchtung selbst. – Manchmal auch ein Wandlungssymbol. Besonders in einer Vielzahl, stehen die Fische für einen großen Erfolg. Im Einzelfall für einen symbolischen Treffer. Im Allgemeinen für übergreifende Gewinne.

Fisch-Essen: Hierzu gehören auch die Symbole Fischteller und Fisch-restaurant. Da geht es in irgendeiner Weise um das Symbol oder um das Geschehen der Sexualität, gern von weiblicher Seite aus gesehen (Phallus und Embryo als quasi unbewusst fisch-ähnlich).

Fischgericht: Wie auch immer die Fischspeise aussehen mag, ob etwa als gekochter Fisch auf einem Teller oder als Angebot von einem geschlechtlich attraktiven Menschen, so muss man an ein sexuelles Angebot, an eine Verführung oder aber auch an eine sexuelle Ablehnung (wenn nämlich der Fisch ekelig ist) denken.

Fischgrätenmuster: Das war ja früher recht beliebt oder verbreitet, und es hat eine Assoziation zu dem Symbol „Fisch". Über die Brücke des Fischsymbols müssen wir an ein Thema aus der Schwangerschaft, Befruchtung oder Fruchtbarkeit denken. Fisch steht im Übrigen auch generell für Erfolg, und so evtl. auch das Fischgrätenmuster.

Flaggen: Die Farben der Flaggen sind symbolisch, und in der Regel kann man sie bestimmten Ländern oder bestimmten Institutionen zuordnen. In einem Flaggen-Farben-Traum kann sich indirekt, symbolisch anzeigen, wohin das Geschick einer Gruppe führt.

Flämmchen: Evtl. latenter Krankheitskeim. Oder ein (neutraler) Seelenfunke.

Flamme: Die Lokalität unter oder in der Nähe der Flamme ist neben dem Feuer auch zu berücksichtigen und enthält eine wichtige Information; Flammen sind oft Hocherregung, Hochstress, extreme Gefahr; siehe auch „Feuer" und „Lebensflamme"

Flasche: Symbol für den Uterus, für das weibliche Genitale, für die empfangsbereite Frau, und damit im übertragenen Sinne für weibliche Wesen überhaupt. Das Weiblich-Erotische kann auch für Frauen-Power generell (etwa amazonenhaft oder lesbisch) stehen, einfach als Kontrast zum Männlichen. Das Thema ‚gefüllt oder leer‘ spielt auch eine Rolle, so kann es meinen: Empfänglichkeit oder Verweigerung. Im engeren Sinne kann es eine Schwangere bezeichnen und als leere Flasche das Gegenteil. In manchen Träumen verstärken die „Kästen“, in denen Flaschen aufbewahrt werden (tendenziell als Viereck aversiv), das Grundmotiv. – Doch daneben hat „Flasche“ sehr oft, zumal wenn es auch um „Trinken“ geht, mit der Brusterfahrung während der oralen Phase zu tun (Trauma, Frustration, Mutterbeziehung), dann später oder aktuell mit diversen Süchten. Also manchmal ist die Flasche ein Symbol für eine Abhängigkeit, für eine Mutter- oder Trauma-Abhängigkeit.

Flaschenbürste: Damit kann der Phallus, quasi im Glasgefäß, gemeint sein.

Fleck: Flecken, Unkorrektheit auf etwas, z.B. auf Papier = ein Missstand, geheim, verborgen, nur indirekt erkennbar; latente Attacke; ein ‚fauler‘ Inhalt, eine ‚faule‘ Story. – Auf der Kleidung oder auf der Haut verraten Flecken alte, fremde, eingesprenkelte Probleme; meistens also kein gutes Zeichen, sondern das Merkmal negativer Fremdeinflüsse: d.h. psychische Störungen, auch Aggressionen (anderer) und Krankheitsanzeichen.

Fleckig: Flecken auf irgendeinem Stoff oder auch auf der Haut, zeigen eine gewisse Belastung, ein Störung, eine (nicht kleine) Disharmonie an.

Fledermäuse: Ihre Art ist es, klein zu sein, versteckt zu sein, im Dunklen zu sein, an einer Befestigung zu hängen. Daher können sie Embryos darstellen, die sich eingenistet haben. – Aber auch als unsichtbare Angreifer (ähnlich Spinnen, aggressiven Vögeln).

Fleisch, ekliges: Kann Indiz, Erinnerung für sexuellen Missbrauch sein.

178

Fleisch: Vielleicht nicht ganz so oft ein Sexualtraum, wie S. Freud das dachte. Gemeint ist generell Körperliches/Körper; und es bezieht sich im Traum manchmal auf die Mutterbrust. In dem Zusammenhang sind Träume von einer „Metzgerei" und von Wurst, Wurstsorten, Lieblings-wurst interessant; erfahrungsgemäß handelt der Träumer das Problem ab, dass die Mutter ihm Körper, Brust, mamae-Fleisch zur Verfügung stellt – oder auch nicht; das ergibt die Grundlagen für spätere Sexua-lität, für Lust oder Frust, so dass das Sexualthema in solchen Träumen berührt wird. Im weitesten Sinne ist das Materielle gemeint, im Unter-schied zum Geist. Betonte Fleisch- oder Wurstträume verraten oft ein Mutter-, Mutterbrusttrauma, bzw. dessen Kompensation oder Überwin-dung. Und Fleisch ist eben einfach der Gegensatz zu Geist, weshalb es als Körperliches auch die genetische Abstammung (!) meinen, den ech-ten Vater, die biologische Erbmasse vermelden kann. Und Fleisch kann den Körper/Foetus bei bzw. vor der Geburt meinen. Daneben ist es ein allgemeines Lust- und Genuss-Indiz.

Fleisch-Ei: Die Geburt kann als „Öffnung des Fleisch-Eies" im Traum erlebt werden. Der anfängliche Embryo wird im Symbol „Ei" (größeres Ei) gezeigt, (noch) nicht im Fleisch-Ei.

Fleisch-Genuss: Wir sprechen hier nur von dem speziellen Traumsym-bol, dass jemand Fleisch sehr gierig isst, d.h. geradezu verschlingt, an irgendeinem Esstisch. Das ist relativ leicht zu deuten: diese Person ist sexgierig (gern als Kompensation sexueller Störung).

Fleischübermaß: Sexsucht, betonte Sexorientierung.

Fleischversteck: Es kann sich darum handeln, dass ein Träumer seine Sexualität viel zu sehr zurückhält, diese also kaum oder nicht lebt oder jedenfalls nicht geben, austauschen will. Es kann auch verraten, dass es ein sehr heimliches „Fleisch"-Thema gibt, und zwar in der Art, dass sexueller Missbrauch völlig verdrängt ist, im Versteck seiner Enttar-nung, Sichtbarkeit, d.h. der Bewusstmachung harrt.

Flex: Das Flexgerät löst alte Bindungen, stellt eine Trennung her. Damit ist im übertragenen Sinne eine kraftvolle Tat, ein nachhaltiger Entwicklungsschritt gemeint.

Fliege, schwarz: Wenn betont schwarz, tendenziell Todesgefahr; harmloser: nur ein Makel.

Fliege: Nach alter Überlieferung (Bibel, Zweistromland) Symbol des Teufels. – In Träumen tatsächlich einen sehr negativen Umstand anzeigend, d.h. Hochstress, mit Tendenz zu körperlicher Krankheit. Ein Gleichnis für Sünde und Vergehen.

Fliegen: Befreiung der ewigen, geistigen Seele von Raum, Materie und Zeit; vorübergehende Freiheit unseres mentalen Kerns, welcher wohl zur unmateriellen, geistigen Dimension gehört, befreit von der Gravitation, von der Erdenschwere, vom Diesseits, von allen Abhängigkeiten, die das Leben im Körper mit sich bringt. D.h. per Fliegen bewegt man sich in den Welten, in denen Götter und Engel herrschen – und hat eine bessere, höhere Erkenntnis als sonst. Ein wenig kann man auch die alte Deutung beibehalten, dass man im Fliegen sexuell high sei – doch wird das fälschlich in vielen Büchern überbetont, dass also vorwiegend Sex gemeint sei. Auch mit Angeberei, Omnipotenzanspruch hat es nichts zu tun. Viel eher mit dem Einfliegen in die Welt und umgekehrt mit dem Abheben in die Ewigkeit. Dem Schweben, dem Out-of-Body-Erlebnis, der mystischen, spirituellen Levitation, dem Samadhi vergleichbar. – Auch als Fluchttendenz „nach oben weg" vorkommend. – Je transzendenter man ist, um so schöner ist das Fliegen. Das Optimum beim Fliegen ist die Angstfreiheit. Das Fehlen jeglicher Angst ist ein kleiner Eindruck vom Paradies, von der Ewigkeit. Fliegen ist eine Vorstufe davon, Körper und Zeit hinter sich zu lassen, also ist es Freiheit.

Flieger: Es kann, von der Erde aus gesehen, ein Kontakt mit einem Menschen dargestellt werden, der schon gestorben ist oder der vielleicht auf dem Weg ins Jenseits ist. Das kann im Einzelfall evtl. ein Vorgriff sein auf den Tod eines geliebten anderen Menschen, mit dem man als Flieger in der Luft Kontakt hat. Die meisten Träume sind aber als Erinnerung zu verstehen, etwa an einen geliebten verstorbenen Menschen.

Fliehen: Es ist klar, dass der Fliehende einer unangenehmen Begegnung oder Sache ausweichen möchte. Dafür mag Grund bestehen, dann geht es um das Fluchtmotiv, wo das Sich-Entziehen Sinn macht. Aber es gibt auch ein feiges oder generalisiertes Fliehen, und dann geht es darum, dass womöglich eine Art Schuld vorliegt, weil eine Person sich der notwenigen Konfrontation und Wahrheit nicht stellen will. Das ist dann eine indirekte Selbstbeurteilung im Traum, die gibt es nicht selten und die kollidiert mit dem positiv aufgesetzten sonstigen Selbstbild, was man an den Tag legt. In Feigheit fliehen wäre ein Anstoß zur Selbstkritik. Das Fliehen gehört zur Thematik Flüchten, Verfolgungstraum. Nicht selten eine Erinnerung an die Schwangerschaftszeit, in der das anfängliche Leben durch Ablehnung oder Abtreibung bedroht war. Es ist auch in der Praxis bei Eingriffen in den Uterus eine Art Fluchtbewegung des Foetus zu beobachten (Ultraschall). Das Fliehen kann ständig in Albträumen wiederkehren, besonders dann, wenn die erste Flucht, ob nun pränatal oder nach der Geburt, oder wann auch immer (etwa bei Übergriffigkeit der Eltern oder bei belastendem Partner), nicht wirklich gelungen ist.

Flohmarkt: Hier versucht sich jeder, auch gern Frauen, als Verkäufer. Es ist das altvertraute, bekannte Spiel: Sich mit seinen Sachen, seiner Attraktivität anzubieten und dann auf Resonanz zu hoffen. Die Symbolik steht also gern für das Flirtspiel.

Floß: Es ist ein sehr uriges Gefährt, mit ihm bewegte man sich in der primitiven Frühzeit. Deshalb kann es auf das „erste" Paddeln, Schwimmen eines Menschen verweisen, und das ist bzw. war im Mutterbauch. Das Floß steht für das Überleben in der Schwangerschaftszeit und bei der Geburt, hat daher meist einen Ufer-Bezug. – Kann aber auch eine andere symbolische Fortbewegung zeigen.

Flucht: Hier geht es auch manchmal um das Motiv Flucht als Sich-Verstecken, Sich-geheim-Bewegen (nicht im üblichen Sinne der verbreiteten Verfolgungsträume). Da möchte man einer Anklage entgehen, einem Vorwurf entfliehen, ob die Anklage berechtigt ist oder nicht. Sich, einen Teilaspekt oder seine ganze Identität möchte man verbergen. Siehe „Fliehen"

Flüchten: Kann in Einzelfällen den Überlebensversuch des Embryos, Foetus darstellen, der vor einer Mutter, die abtreiben will, eigentlich zu fliehen versucht. Man unterschätzt und glaubt nicht daran, dass der Foetus Reaktionen denkt oder versucht.

Flügel: In der Regel haben nur Wesen, die bereits verstorben sind, Flügel. Das heißt geflügelte Menschen und Tiere gehören zur geistigen, jenseitigen, ganz immateriellen Welt. Wenn solche Wesen sehr geliebt sind (oder waren) und wenn ihre Transzendenz betont werden soll, können die Flügel auch aus Gold sein (als Verstärkung und Himmlischkeit). Jeder Mensch hat viele transzendente Träume, allerdings sind konkrete „Flügel" selten im Traum.

Flügel-Kontakt, Vogel-Kontakt: Es geht um einen Kontakt zur geistigen Welt. Wenn die Flügel groß und wunderbar und meliert sind und die Vögel herrlich fliegen und auch seltsame oder sprechende Namen haben, dann ist die Berührung mit einer gewissen Transzendenz oder Erleuchtung nahe. Wie in der Mystik der nordamerikanischen Indianer ist das Auftauchen der großen Flügel oder Vögel ein Kontakt zur geistigen unsichtbaren Welt, z.B. per Adler (und meist zu den Ahnen). Es zeigt eine hochspirituelle Persönlichkeit an, jedenfalls für den Moment, für den Ausnahmezustand.

Flügelrotation: Flügel, die um eine Art Leibesmitte rotieren, gehören zur Darstellung von Göttern im alten Zwei-Strom-Land, zur Zeit der Keilschriften. Im Traum kann man ähnlich einen Vogel erleben, der sozusagen in der Luft steht, als gäbe es ein Kolibri-Verhalten, aber diesmal in der Vertikalen, und dann haben wir so etwas Ähnliches wie etwa eine Taube im Schwirrflug, senkrecht in der Luft. Im weitesten Sinne ist ein solches senkrecht hochfliegendes Vogelwesen ein Gleichnis für die Seele des Menschen, die z.B. in einer Erleuchtung kurzfristig austritt oder die nach dem Tod in den Himmel aufsteigt. Die sumerischen Figuren mit diesem rotierenden Federkleid um die Hüften sollten Götter darstellen, die jederzeit in die Höhe davonschweben konnten und im übrigen aus dem Himmel von einem anderen Gestirn oder von einem (mittlerweile zerstörten) Planeten kamen. Vgl. hierzu auch Bilder und Bücher zu den Wesen, die u.a. „Nephilim" (Bibel) und „Anunnaki" genannt wurden.

Fluggeräte: Wir konzentrieren uns hier einmal auf das Traumbild, dass Fluggeräte am Himmel sind. Sie können sich noch in Wartestellung befinden oder aber auch heranfliegen, rasen, auffliegen und ähnlich. Sie stehen für irgendeinen, relativ unfassbaren Kontakt zu einer anderen Welt. Die andere, transzendente Welt kann viele Bedeutungen haben. Das reicht von der Erleuchtung bis hin zum Tod (Jenseits, Ewigkeit); kann auch nur geistige Führung meinen oder allgemein den Kontakt zu Göttern.

Flughafen: Manchmal Symbol für Tod oder Geburt, nämlich per Abfliegen oder Einfliegen.

Flugkarte: Auch als Flugberechtigung oder ähnlich oder als Abflugkarte ist eine Art Legitimation gemeint, das Licht der Welt zu erblicken. Also ein illegales oder ungewolltes Kind hat keine solche Flugkarte.

Flugschein, Flugkompetenz: Sexuelle Kompetenz; Kraft und Fähigkeit allgemein.

Flugunfähig: Da geht es um eine Person, etwa in der Erinnerungsstufe als Foetus, die vor dem richtigen Zeitpunkt aus dem Mutterleib getrieben wurde. Etwas wie Frühgeburt, Kaiserschnitt, Abtreibung oder der Einsatz von Wehen-Mitteln liegen hier vor. Dieses Trauma der symbolischen Flugunfähigkeit zieht sich indirekt durch das ganze Leben.

Flugzeug: Es geht um einen Aufenthaltsraum oder einen Zustand, in dem man schwebt, fliegt. Sehr oft ist in Flugzeugträumen das Einfliegen/Landen und das Abfliegen/Starten mit-gemeint, und dann handelt es sich um Geburts- bzw. Todesthemen. Wir kommen auf die Welt, als würden wir einfliegen (bei Geburtstraumata mit vielen Flugproblemen verbunden); und wir gehen ins Jenseits, als würden wir von Flugzeug,

Helikopter, Raumschiff abgeholt. Mit dem fliegenden Gerät, dem Flug-Symbol ist die andere Dimension, die jenseitig und transzendent ist (wo man schwebt), mit anderen Worten das Pränatale und das Post-mortale angesprochen; zu der geistigen Dimension selbst oder zu ihrer gewissen symbolischen Nähe passt das Flug-Zeug-Motiv.

Flugzeugabsturz: Diffuse, alte, oft pränatale oder perinatale Todeserinnerung bzw. Todesgefahr.

Flugzeugblockade: Damit ist gemeint, dass ein Flugzeug fest steckt. Befindet sich das Flugzeug gar in einer Luke zum Dachgeschoss hin oder ähnlich, wird angedeutet, dass man bei der Geburt feststeckte. (Ein schweres Geburtsproblem oder ein Geburtstrauma fixiert den Menschen ein Leben lang. Behindert ihn auch bei der Sexualität. Es kann sogar suizidal machen.)

Flugzeughälfte: Kann evtl. die halbe Schwangerschaftszeit meinen oder aber die Tatsache, dass ein halber Teil der biologischen Eltern fehlt.

Flugzeug-Schiff: Es ist möglich im Traum, dass sich Flugzeug und Schiff ineinander verwandeln. Das Flugzeug verkündet eine Botschaft aus der nicht-materiellen Welt bzw. aus der Zeit vor der Geburt. Ein Schiff kann sich ähnlich bewegen, aber es hat viel mehr den Charakter der Anlandung. So kann es passieren, dass ein Flugzeug im Traum dann, wenn es sanft auf die Erde hingleitet, ein Schiff wird. In der Regel sagt ein solcher Traum etwas aus über unsere Erdenankunft, über die Geburtsszenerie.

Flugzeugwert: Das ist etwas wie der unbezahlbare Wert einer jeden Seele.

Flur: Szene, die zu dem Zeitpunkt passt, als man auf der Welt ankam, wie man eben als erstes den Flur eines Hauses betritt. Auch generell bedeutet Flur etwas wie Start, Beginn, er deutet an, was kommen wird (Zukunft). Meint auch: man ist noch nicht im Zentrum, beim Wesentlichen, sondern nur im sogenannten Entree.

Fluss: Strom des Lebens, besonders der Gefühle. Auch der emotional-vitale Zustand der Mutter während der Schwangerschaftszeit des Träumers (Trockenheit und Steine sind hier Probleme). Auch für das gesamte Leben und Schicksal stehend, als umfassende Bedeutung für Fließendes, Zeit. Manchmal eine erotische Bestandsaufnahme. Zuweilen auch eine philosophische Annahme des Schicksals (vgl. Lao Tse); da spielt es natürlich eine Rolle, wie man zur Strömung (zum Geschick) steht. Namen und Charakter des Flusses sind wichtig, der Rhein ist ein „Vater Rhein", der Don gilt als „still" und hat ein O als Grafik in der Mitte: das meint, dass er nicht sperrt (z.b. als Symbol des Geburtsdurchganges oder bzgl. Sex), sondern angenehm durchlässig, geöffnet ist, und mit Ruhe, Entspannung verbunden ist (die Grafik einer Vokabel muss immer beachtet werden); die Elbe führt nach „Norden", das ist tendenziell ins Jenseits oder zum Väterlichen. Leider gibt es auch vereiste Flüsse im Traum, das ist emotions- und lebensfeindlich. In den meisten Fällen geht es um den „Lebens-Fluss" ab Beginn (Kindheit, Partnerschaft oder ganzes Leben). Zum Flussufer hinuntergehen oder per Floß treiben = geboren werden, mit dem Zeit-Fluss der Diesseitigkeit beginnen. Reißender Fluss, gar mit abgetriebenen Gegenständen = eventuell Abtreibungsthema. Gottvertrauen oder Urvertrauen zeigen sich im Traum so: in den Fluss gehen ohne darüber nachzudenken, ob man schwimmen kann oder in welche Richtung die Strömung geht.

Flüssigkeitsspritzer: Wenn Flüssigkeiten verspritzt oder verschüttet werden, die annähernd eine Konsistenz oder Farbe wie Mayonnaise oder Butter haben, liegt die Vermutung nahe, dass es um Pollusion und Ejakulat geht. Man kann also erschließen, dass eine Zeugung oder etwa ein coitus interruptus im Traum gezeigt wird. Die Reaktionen, ob Empörung, Hysterie oder Freude, sprechen dann für sich. In Ausnahmefällen können auch Regentropfen den Samen darstellen oder dies als Traumsymbol: den erotisierenden Kaffee verschütten.

Flusspferd: Weltweiter Archetyp, auch im Traum eines Europäers, für starke Aggression, für das Zerstörerische.

Flussseite, Flussufer: Der Fluss als Grenze, der zwei Uferseiten trennt, und zwar so, dass eine direkte oder laufende Verbindung nicht vorhanden ist, sondern dass die Bewohner auf der einen Seite von denen auf der anderen Seite getrennt sind, zeigt das Hüben und Drüben an. Der Fluss trennt zwei Ufer, Landstriche, die durch den kosmischen Vorhang des Dimensionswechsels getrennt sind, er durchschneidet Diesseits und Jenseits. Man könnte sagen, jenseits des Flusses oder Wassers sei das Jenseits, die Trans-Welt, die geistige Welt, die Welt der Verstorbenen, eben das „Drüben". Doch die Bewohner auf der anderen Seite (die Verstorbenen z.b.) halten umgekehrt die Diesseitigen für Bewohner einer Jenseitswelt – von ihnen aus gesehen. Die Träume lehren: Es gibt mehrere Dimensionen, und alle Einwohner eines Bereichs halten die Einwohner der anderen Dimensionen für die jeweils nicht real Lebenden, für Geister oder ähnlich. D.h. die Verstorbenen empfinden uns als die Toten. Und wir sie.

Fluten: Es wird hier die Bedeutung der Fluten von schmutzigem Wasser angesprochen, die Überschwemmung. Ob als Erinnerung oder als Prognostik, hier kann man von einem gewissen Untergang bzw. von einer großen Gefahr ausgehen. Es gibt übrigens nicht nur den Untergang einer Person, sondern auch den Untergang eines Gefühls oder eines Staates usw.

Folgekosten: Das sind die Folgen von biografischen, psychologischen Erlebnissen.

Folterung: Kann in Einzelfällen für eine mentale oder auch sexuelle Unterwürfigkeit stehen (submission).

Ford: Autos stehen gern für das Körperliche, für den Körper, beim Ford-Auto handelt es sich tendenziell um eine weibliche Person (was aber jeder gern bestreiten mag). Die Automarken assoziieren alle u.a. zu Gefühlen. Im Deutschen assoziiert „Ford" zu „fort".

Formular-Felder: Kästchen, Spalten, Felder auf einem Blatt Papier oder Formular können dann, wenn Namen in den einzelnen Sparten eingetragen sind, verraten, wie die Wichtigkeiten, Positionen, Beziehungen dieser per Namen genannten Menschen untereinander sind.

Foto: Eine allgemein nicht-gesehene oder unsichtbare Wahrheit, eine sehr wesentliche Information aus dem Unbewussten, aus früherer, gegebenenfalls geheimer Zeit stammend.

Fotoabbildung: Ein Bild oder Symbol, das wie eine Fotografie oder ähnlich im Traum daher kommt, verweist auf eine alte tiefe, verschüttete, unbewusste Erinnerung, und zwar auf eine Wahrheit, auf ein Faktum, nicht auf eine Illusion. Das Foto zeigt die unbewusste Realität, es klärt oft über Irrtümer im Denken auf.

Fotoapparat: Dieses Gerät soll etwas festhalten, per Foto, Eindruck, Wissen. Es ist also ein Informationsmedium gemeint; bevorzugt geht es dabei um Inhalte des Unbewussten (Bilder), sowie um frühe und verschüttete Informationen, gern pränatal, aber auch zur frühen Kindheit gehörend. Beispiel: der Fotoapparat geht kaputt: d.h. dann: Wahrheitsabbildung ist nicht erlaubt, ist tabuisiert oder sehr illusionär, falsch, irrig. Die sozusagen zerstörten Bilder zeigen die Realität: es war nicht das Erwartete (etwa Liebe), sondern das Gegenteil (damals), also etwa Destruktion. Etwas mit Liebe sollte gezeigt, gefilmt werden, doch der Apparat blockiert, was bedeutet: die Liebesidylle muss eine große Illusion gewesen sein, in Wahrheit herrschte das Gegenteil. Ein Fotoapparat gehört zu einem Träumer, der sich im Leben stark mit dem Unbewussten beschäftigt (z.B. mit Träumen). Die Kamera kann auch die Summe des Lebens darstellen, wie einen ‚Sekundenfilm' übers ganze Leben (als Rückschau) im Nahtoderlebnis. Sie kann aber auch für eine wichtige (unbewusste) Einzelsituation im Leben stehen.

Fotografieren: Kann einen unbewussten Wunsch, ein Konzept, eine Sehnsucht ausdrücken. Ein Festhaltenwollen, auch vergeblicher Art. Das Festhalten bezieht sich auf Unbewusstes, Wahrheit, Information. Kann aber auch Täuschung in diesem Thema beinhalten: illusionäres Fotografieren = illusionäres Festhalten-Wollen. (Zu viel) fotografieren statt leben ist leicht tragisch, ist eine Kompensation, ein Anstatt.

Fotopapier: Wenn das Fotopapier noch leer ist, wartet etwas dringend auf eine Information, möglicherweise aber vergeblich.

Fragen: Wer jemanden frägt (ehrlich, ist gemeint), äußert seine Meinung, sein Gefühl, seine Absichten, sein Werben, sein Wollen, seine Ziele. Er ist offen und outet sich (wenn er nicht gerade trickst). Wer sein Herz offenlegt, gewinnt Sympathie – aber macht sich auch verletzbar, angreifbar. Bei der Kontaktaufnahme, auch beim Sich-Verlieben spielt das Thema eine große Rolle. Das Fragen ist auch Ausdruck einer ungehemmten Aktivität. Am Gegenteil können wir das Motiv gut erkennen: Wer betont nicht fragt, obwohl ihn vielleicht die Sachlage oder seine Emotion drängt, ist nicht-fragend, lateinisch wie a-rogans; das kennen wir als arrogant. Und Arroganz legen gern die Stolzen an den Tag, die Egos, aber auch die Verklemmten, Ängstlichen. Mit einem gesunden Selbstbewusstsein scheut man sich nicht zu „fragen". Und wenn man nichts zu verbergen hat, fragt man, outet man sich. Bei Tabus ist schon die Frage selbst verboten = sie ist tabu.

Französisch: Funktioniert in manchen europäischen oder westlichen Ländern wie „Frankreich" oder „Paris" als Symbol für l'amour, hat also mit irgendeiner Art Liebe, nicht selten mit Sex zu tun.

Frau als Mann: Die verborgene, ggf. mentale ‚Männlichkeit' einer Frau. Der Animus einer Frau.

Frau im Dachgeschoss: Eine Frau, z.B. eine nicht betont jüngere, in einem Dachgeschoss oder in einem enorm dach-betonten Haus ist anzusehen als Geist möglicher Mutterschaft. Wir könnten sie alternativ auch als Schicksalsfrau bezeichnen, die irgendetwas zum Thema Muttersein aussagt. Die Mütter sind das Schicksal, und das Dachgeschoss ist ein Uterus-Archetyp.

Frau mit aggressivem Hund: Bevor eine solche Frau zur Erotik bereit sein kann oder zum Austausch von Zärtlichkeiten, muss ein latentes großes Aggressionsproblem, erkennbar in Abwehrhaltungen, überwunden werden. Das geht also nur am vorhandenen ‚Hund' vorbei.

Frau ohne Rundung: Frauen oder Mädchen ohne runde Formen, also ohne betonten Po und ohne Busen und mit dünnen, langen Beinen vielleicht noch, oder auch relativ dürre Frauen oder schlaksige vorpubertäre Mädchen bedeuten als Symbol, dass so ein weibliches Wesen jungenhaft ist, wenig weiblich und vielleicht auch etwas unreif ist. Ob zutreffend oder nicht (natürlich können Körperformen auch täuschen), es wird jedenfalls wenig weiblicher Eros erwartet, vom Außenstehenden vermutet.

Frau in Schwarz: (oft auch groß sowie in schwarzer Kleidung): Krankheit, Stress, Depression; eine gewisse Todnähe kann in der Luft liegen. „Die Dame in Schwarz" ist ein Archetyp = für etwa Trauer, Depression. – Sehr wichtig: „Schwarz" kann auch eine andere Bedeutung haben, siehe dort.

Frauen-Trinität: Die drei Frauen oder die drei Schwestern oder die drei Schicksalsgeberinnen – das ist ein weltbekannter Archetyp. Sie stellen sozusagen engelhafte Kräfte dar, die im Leben eingreifen oder helfen oder wenigstens helfen wollen. Unabhängig von einer Bewertung sind sie allgemein (und neutral) die bewegenden Schicksalskräfte einer Biografie. Vgl. Drei Matronen, Schwestern, Nornen, Grazien, Moiren, Parzen oder Hekate als Drei.

Frauenkleidung: Weiblichkeit, Frau-Rolle. Sie bezieht sich auf Frauen, aber auch auf wenig männliche Männer.

Frauenträume: Zu einem singulären Aspekt siehe „Frauenzeitschriften"

Frauenzeitschriften: Wir konzentrieren uns hier einmal auf die sogenannte Regenbogenpresse, da geht es also um bunte Frauenillustrierte, die Beziehungen, Klatsch, Königshäuser oder Illusionen beinhalten. Für weibliches Luststreben bedeuten die Frauenzeitschriften in Einzelfällen auch etwas wie Gier, Nachholbedarf, Ersatz (wenn es sehr viele solcher Zeitschriften sind). Insgesamt ist das Thema der Erotik, aber inclusive der Lügen und Illusionen, nicht weit. Ansonsten hat es keine tiefere Bedeutung, ist für Frauenträume typisch, denn generell beschäftigt sich das Unbewusste von Frauen in archaischer Weise mehr mit Beziehungen als das der Männer, die im Traum mehr an Kämpfen, Sich-Durchsetzen aufweisen.

Frau-im-Alter: Oft ein positiveres Symbol, auch für die Zukunft, als ein junges Mädchen.

Frau-Mann-Wechsel: Hier kann der Reinkarnations-Kreislauf angezeigt werden, von dem man eh' ausgehen könnte. Es ist zu vermuten, dass wir die Inkarnationen abwechselnd einmal als Frau und einmal als Mann durchführen bzw. erleben. Männer könnten sich also klar machen, dass sie in einem früheren Leben eine Frau waren.

Freistunde: Für Schüler ist das ja ein Geschenk. Und so bedeutet das Symbol, dass man im Leben vom Schicksal her die Gelegenheit geschenkt bekommt, das, was wesentlich ist oder was einem am Herzen liegt, auszuführen. Anderes Beispiel: Das Schicksal gibt dem Träumer den Status des Frührentners, und nun hat er tatsächlich die Zeit dafür, das zu tun, wozu er immer schon auf der Welt ist.

Freitag: Lateinisch Dies Veneris (frz. vendredi), germanisch Freyas Tag, das meint den Tag der Venus. Im übertragenen Sinne hat das mit Weib, Eros, Sex zu tun, und kann aber auch Mutter darstellen. Jüdisch als Tag/Abend vor dem Samstag ebenfalls sexuell betont (das Götterpaar trifft sich), d.h. affin zu einem symbolischen „Feiertag". Islamisch als wichtigster Tag der Woche, das verrät, wie auch der schwarze Stein in Mekka und die Mondsichel (zu Artemis und anderen Göttinnen gehörend), dass der Islam weiblicher geprägt ist, als man gemeinhin so denkt. In Ausnahmefällen kann das Motiv der Kreuzigung wichtig sein. Allgemein jedoch mit stark weiblicher Bedeutung, d.h. als Traumsymbol als erstes Erotik, auf Frau bezogen, andeutend.

Freitreppe hinuntersteigen: Unten wartet sozusagen ein Auftritt oder eine Landung, daher geht es hier oft um das Hinabsteigen auf die Erde, also konkret um die Geburt.

Fremd: Der Archetyp „fremd" ist auch eine Umschreibung für den Tod, für das Jenseits. Der Tod ist ganz anders als das Leben, er ist überraschend, er ist mit Gefahr, mit Feindlichkeit, mit Ungewissheit – bezogen auf das Leben – gefüllt. Der Tod ist verbunden mit der großen Unkenntnis, mit dem großen „ich weiß nicht". Besonders unbekannt ist das Wohin nach dem Tod, der Weg oder die Aktionen, die uns erwarten. Vertrautheit, Bekanntheit ist lebenspositiv. Fremd ist das Andere zum Leben, ist das Gegenteil. Es ist sehr wenig, was man über den Tod weiß; er ist wohl ganz anders als das Diesseitige, als das uns Vertraute. „Fremd" ist hier sowohl untertreibend als auch zutreffend. Insgesamt hat „fremd" in der Traumsymbolik keine gute Affirmation.

Fremden-Besuch: Fremde Besucher im Haus, vielleicht in der Küche oder im Wohnzimmer, verraten tendenziell nichts Gutes. Es wird erkannt, dass Vertrautes eigentlich entfremdet ist. Beziehungsweise man sieht fremde, unbekannte Seiten an Angehörigen oder Mitbewohnern. Also zeigt sich eine überraschende, manchmal unangenehme Wahrheit. Bzw. unbekannte geistige Einflüsse. Evtl. zeigt sich auch eine Zukunft, die man nicht erwartet.

Man weiß grundsätzlich nie, wer, als Fremder vielleicht, zu Besuch kommt und agiert. Es können sogar Helfer, fast im Sinne von Engeln, sein, aber es können auch negative Geheimnisse aus dem Leben in Form von fremden Besuchern, vielleicht fremden Männern sein. Insgesamt sehr ambivalent, nach den sonstigen Inhalten des Traumes, zu deuten. Meist ist „fremd" kein guter Archetyp.

Fremder: Hat oft keine gute Bedeutung, meint eher einen unbekannten Aggressor (wie einen Einbrecher).

Fremdlinge: Hier sprechen wir einmal über männliche Fremdlinge, sie können ein Symbol dafür sein, dass die Partnerin fremd geht oder dies im Sinn hat. Das würde also passen zum Traum eines Mannes.

Fremdsprachig: Fremdsprachige Personen sind in der Traumsymbolik eher relativ ungut. Sie sind vielleicht abgespaltene Inhalte. Fremdsprachigkeit als Symbol meint in der Regel Gegnerschaft. Wenn nicht Gegnerschaft, so doch bedeutende innere Entfremdung.

Fressen: Etwas essen, fressen, auffressen kann ein Archetyp sein dafür, etwas vollständig zu vernichten. Gefressenwerden haben wir in vielen Mythen und Märchen als den Kern einer tödlichen Aggression. Es bedeutet aber auch, (nur) etwas massiv zu integrieren. Ähnlich stark ist, besonders im kindlichen Gemüt, das Feuer ein Todessymbol.

Freund, Freundin: Als gleichgeschlechtliche Personen oft ein stellvertretendes Symbol für den Vater eines Träumers, bzw. für die Mutter einer Träumerin. Der „Schulfreund" gehört zur Erziehung in der Kindheit (kann auch ein Stiefelternteil sein). „Zwei Freunde" manchmal = Kind plus gleichgeschlechtlicher Elternteil; oder Erwachsener mit seinem Genitale. Freund auch = der psychologische Schatten. Es können z.b. Vater und Sohn in einem früheren Leben einmal „zwei Freunde" gewesen sein. Man wird also bei der Deutung auf mögliche Stellvertretung achten.

Freundin der Mutter: Fast immer eine indirekte Information über die eigene Mutter, und zwar gern über ihre Schattenseite.

Friedhof: Ort zum Frieden finden, Frieden schließen; Abschiedsmedium in diverser Schattierung. Auch Ort, um am Grab noch etwas aufzuarbeiten, nachzuholen (Stätte für Gedenken, inneren Monolog).

Friseur*in: Vermutlich weil sich eine Friseurin zugewandt mit den (gefühlsbesetzten) Haaren anderer Menschen beschäftigt, stellt sie als Symbol Liebe, Fürsorge, Eros dar. Das bezieht sich im Traum auch auf Kundinnen, die im Friseursalon sitzen; so ist die Friseurin ein heterosexuelles Ideal – kann aber auch Homosexuelles meinen, weil die Frauenhaare, um die sie sich kümmert, eine spezielle Mutterbindung darstellen können. Frisöre haben manchmal den oberflächlichen Ruf, vielleicht homophil zu sein, da schwappt unbewusst die Assoziation von einem weiblichen Beruf auf sie über. Aber abgesehen vom Sex meint der Archetyp Friseurin einfach nur positive liebende Zuwendung, Eros muss nicht dabei sein.

Frisieren: Das changiert von liebender Zuwendung bis hin zur Kopfmanipulation, Gehirnwäsche.

Fronleichnam: Obwohl damit der Körper des christlichen Herrn gemeint ist, nicht seine Leiche, assoziiert das Traumsymbol aber zu einer Art Leichenzug.

Frosch: Deutliches Fruchtbarkeits-, Sex-, Schwangerschaftssymbol (weltweit); daher auch für Embryo, Foetus selbst stehend; auch für Phallus oder Glück allgemein. Insgesamt: Fruchtbarkeit, Sex, Erfolg.

Frost, Frieren, Kälte: Gegensätzlichkeit zum Vitalzustand (zum Lebensoptimum gehört eher Wärme). Alter, Stress, emotionale Kälte. Vorstufe von Krankheit. Meist als Gefühlskälte gemeint.

Frottee: Gern als Handtuch oder Bademantel hat dieser Stoff eine gewissen Geruch an sich, nicht wörtlich, sondern im übertragenen Sinne. Er dient dazu, etwas reinzuwaschen, zu verdecken, zuzudecken. Unter Frottee liegt gern ein ungutes Geheimnis, etwas Verstecktes.

Frucht: Siehe „Obst"

Fruchtblase, Fruchtsack: Vgl. „Zecke"

Früchte der Taten: Jede Tat fällt auf den Urheber zurück (= Karmalehre), nicht selten im Traum zu beobachten.

Früchte, weiß: Die unbunten Früchte zeigen eine Frustration in irgendeinem Luststreben an. Etwas, was nicht eigentlich Lebendigkeit fördert.

Früchte: Gern geht es bei dem Bilde vieler bunter Früchte um Erotik; es ist davon auszugehen, dass der Apfel in der Sündenfallgeschichte den Einbruch der Sexualität meint. Beeren gehören zu weiblichen Brustwarzen. In Männerträumen haben einige Obstsorten mit Frauen zu tun, zum Beispiel Pflaumen, Äpfel und Birnen. Generell ist etwas mit Erotik, Zeugung, Lust, Beziehung angedeutet.

Frühchen: Der Archetyp „Frühchen"/Frühgeburt tippt manchmal eine Abtreibung oder Fehlgeburt, eventuell in vorangegangener Einzeugung, Inkarnation, an. Heute werden Babys nach medizinischer

Terminierung oft „geholt", u.a. per Kaiserschnitt. Das geschieht immer zur Unzeit und schädigt das Kind fürs ganze Leben. Das Baby entscheidet selbst den Geburtstermin, das ist ein Akt psychischer Gesundheit, heiliger Natur. Wenn es „geholt" wird, beginnt es sein Leben mit einem Trauma.

Frühgeburt: Trauma in der Art, dass dem Betreffenden das Geburtserlebnis als Prozess, Verlauf in gewisser Weise geraubt wurde, fehlt. D.h. das zentrale Urmuster, unbewusste Vorbild für das Durchstehen von Prüfungen, Lebenskrisen, Anstrengungen usw. fehlt, und zwar in seiner Normalität und Natürlichkeit, auch wenn eine kuriose (schmerzliche) Variante erlebt worden ist. Dies erzeugt später Einiges an Stress, Versagensangst, Suchtverhalten oder Ersatzstreben bzw. Vermeidungstendenz, auch Krankheit. Menschen mit normaler Geburt können auf ein erfolgreiches, gesünderes Erstmuster zurückgreifen; Frühgeborene haben in diesem Bereich unbewusst eine Lücke, können später in speziellen, affinen Situationen eher hilflos oder überfordert sein, bzw. sie befinden sich in einem Stress, als müssten sie eine oder jede Arbeit ganz ohne Vorkenntnis ausführen. Oft kompensieren sie mit besonderer Leistung. Sie klammern auch mehr, wie man sagt, z.B. haben sie, wenn es irgend geht, gerne einen Mitmenschen im Schlafzimmer, bei Nacht, besonders bis sie erwachsen sind.

Frühling: Hoffnungen, gute Stimmung, gute Aussichten; Beginn jeglicher Art, jugendliche Kraft; Blumen und Blüten des Frühlings verweisen auch auf Erotisches.

Frühmorgens: Da geht es meist um irgendetwas am Lebensbeginn, ob in der frühen Kindheit oder ob sogar vorgeburtlich (natürlich unbewusst).

Fuchs: Steht oft für ein weibliches Wesen oder für eine weibliche Kraft, z.B. für Intelligenz, List, Mutterbindung (oder umgekehrt Muttertrauma), auch gegebenenfalls für eine aggressive Frau. Berücksichtigt man die fussige Farbe des Fuchses besonders (auch als „fussiger Mantel" vorkommend), ist ein potentes Wesen gemeint, dann z.B. ein sexorientierter Mann, mit einem starken Weiblichkeitsbezug (mag es die Mutter oder eine Frau betreffen), wie ein Don Juan etwa. Insgesamt gern die Anima als große Weisheit in einem frau-geprägten (doch durchaus männlichen, potenten) Mann darstellend. Fuchs als Mensch, im Gleichnis, ist etwa so, als würde eine starke weibliche Prägung einen potenten Sohn, Mann erzeugen. Folgende Schlagworte gehören zum Fuchs: Sexualität, Potenz, Geilheit, Rauschgift, Fruchtbarkeit, Seelenbegleitung, Feuer (passt deshalb zum germanischen Feuergott Loki, aber auch zum griechischen Gott des Weines, zu Dionisos), Durchtriebenheit, Orakelfähigkeit, Schamanismus, Habsucht, Wollust, Finten und Klugheit. Gern ist ein listiger Mann gemeint, der Sex im Kopf hat, aber im Verhalten ein Ganove ist. Man könnte auch von einem listigen Verführer sprechen.

Fuchsgestalt: Es gibt es in der Mythologie, z.B. bei den Göttern Dionysos und Loki, dass sich bestimmte Götter in Fuchsgestalt zeigen bzw. sich mit einem Fuchsfell bekleiden. Ähnlich kann man im Traum eine Person, die z.B. „Fuchs" heißt, so sehen, dass das Fuchsmotiv eine Verkleidung ist bzw. eine innere Einstellung verrät, dass also der Name, Begriff Fuchs im übertragenen Sinne Bedeutung hat. – Der Archetyp „Fuchs" steht für folgende Aspekte: Klugheit, List, Gaunertum und Falschheit, Wollust, Habsucht und Rausch. Der Fuchs hat also Einiges mit einer potenten, fintenreichen (gern männlichen) Person zu tun.

Füchslein, grün: Besonders als kleines, grünes Füchslein oder Tierchen ähnlicher Art ist ein Lebewesen gemeint, dass nach der Zeugung den Weg bis zur Geburt nicht erreichte. Grün hier als Unreife. Grün geblieben = nicht weiter gewachsen. Steht auch für ganz verfrühte Sexualität.

Fuchs–und–Huhn: Der Fuchs stiehlt und beißt ja gerne Hühner oder Gänse und dgl. Ein illusionsloses Gleichnis für die Heterosexualität. Der Fuchs ist der Mann und das Huhn ist die Frau. Das wird im Unbewussten verglichen mit den generellen Strukturen der Welt: Einer ist der Jäger, eine andere Person ist die Gejagte. So ist das archetypische Muster, ob man es mag oder nicht. Wir Menschen sind Täter und/oder Opfer, meist abwechselnd. Dieses Muster ist eben von der Sexualität auch nicht so weit entfernt. (Typisch und illusionslos menschlich ist auch „Katz und Maus").

Fühler: Wie der Name sagt, sind diese zarten Sensoren, real oder erdacht, Sensoren an Körperteilen oder Lebewesen zum Fühlen, Voraus-Erahnen, Kontakt-Aufnehmen. Ohne ‚Fühler' fehlt eine Empfindung, ist etwas verletzt.

Führer auf Wegen: Tendenziell etwas wie eine Engelsgestalt oder eine übersinnliche, überraschende Begleitkraft.

Führerscheinprüfung: Das taucht auch als Fahrprüfung auf, als Vorbereitung auf die Führerscheinprüfung. Symbol für personale, psychologische Reifung, Entwicklung.

Fünf: Zeigt ein großes Kraftspektrum an, das ungefähr mit folgenden Worten beschrieben werden kann: Vater, Mann, Power, Kraft, Potenz, Aggression. Zeigt einen „Jungen" an, im Unterschied zu einem Mädchen. Verstärkt als 55, 50 usw. Esoterisch wohl die Zahl des Menschen, oder auch die von Christus oder Venus. Manchmal als Partnerschaftszahl, nämlich als 2 (Frau) plus 3 (Mann). Generelle Bedeutung: Männlichkeit mit Aggressionsfähigkeit, starker Wille.

Fünfergruppe: Wie auch immer die Zahl 5 dargestellt ist, ob als Gruppe oder als Geräte- oder Marken-Zusatz, sie verweist auf ungefähr dies: Männlichkeit, Aktionsdrang, Aggressivität, Power.

Fünfundzwanzig: Zahl des schwierigen Anfangs – mit dem Erfolg in späteren, reifen Jahren.

Fünf vor zwölf: Das gibt es als Redewendung und meint, dass es ziemlich spät für etwas ist oder dass ein markantes Ereignis ganz knapp bevorsteht. Es meint: höchste Zeit! „Uhren" im Traum können immer auch Botschaften aus dem transzendenten Bereich sein (betrifft z.B. Vorfahren).

Fünfzehn: Zahl der Pubertät, und zwar der Mannwerdung, da mit 1+5 auch Männliches gemeint ist, nämlich ein Ich (1) mit männlichem Hormon und Charakter (5). Also typische Zahl für Jungs, Jungmänner, und zwar auch generell, unabhängig vom Alter. Zahl für einen ankommenden Knaben oder für einen von der Mutter geheim gewünschten Jungen. Die 15 kann vorkommen in Träumen von Mädchen, die ein Junge werden sollten. Und in Träumen von Männern, die ihr Sohn-Thema abhandeln.

Fünfzig: Die Zahl 50 steht gerne, wie die 5, für einen Mann, für das Männliche, für energische Tatkraft oder gar für Aggression, im guten Sinne für Effektivität, Tat. Auch als sekundärer, männlicher Anteil bei Frauen.

Funkgerät: Ähnlich wie „Radio" zu interpretieren, siehe dort. Im Unterschied zum Radio ist aber hier nicht nur Empfang, sondern auch Sendung, d.h. Gegenseitigkeit, echte Kommunikation möglich, also Wechselsprechen, Zwiesprache, manchmal bis hin zum transzendenten Kontakt.

Furzen: Das Symbol gehört zu dem Themenkreis, einen Haufen zu setzen oder zu urinieren. Hier spielt das „Müssen" eine Rolle. Ein Mensch hat Drang und Trieb zu einer Äußerung, Entäußerung. Mit solchen Symbolen sind gleichnishaft Ich-Anmeldungen gemeint. Die wichtigste Ich-Anmeldung ist das Auftauchen bei der Geburt. Aber es gibt auch im weiteren Leben Anmeldungen von dringenden Ich-Bedürfnissen. Das Furzen kann das (ggf. rücksichtslose) Sich-Durchsetzen zeigen.

Fuß, nackter: Die Aktion des nackten Fußes oder die Richtung wohin er zeigt verrät manchmal ein erotisches Interesse, ja gar einen ganzen Charakter.

Fußabdruck: Das verrät irgendeine, meist etwas invasive Tätigkeit eines Menschen. Da mag ein anderer vielleicht über fehlende Rücksichtnahme klagen.

Fußball: Hat eigentlich immer mit einem Männlichkeits- oder Vater-Thema zu tun. Auch wenn Frauen Fußball spielen, wie heutzutage, sind männliche Assoziationen, Bedeutungen vorherrschend.

Fußball-Artistik: Das Fußballspiel ist im Prinzip ein männliches Symbol. Wenn jemand mit Fußball-Artistik im Traum glänzt, ist ein besonderer Erfolg angesprochen in einem symbolisch männlichen Lebensfeld, nicht zuletzt in der Heterosexualität.

Fußballschuhe: Gehören zum Vater- und Männlichkeits-Thema.

Fußballspielen (Tore schießen): Ein typisches männliches Tun, ähnlich wie Rennwagen fahren oder etwas pilotieren; ziemlich eindeutig ist der sexuelle Erfolg mit oder in der Frau gemeint, d.h. Ball/Treffer im Tor meint im Grunde Sex plus Ejakulation. Solches gilt für die meisten Ballspiele (überhaupt indirekt für manche Sportarten). Dieser Sexerfolg ist ein Archetyp, so dass er natürlich auch für viele andere Erfolge stehen kann, er ist ein Gleichnis (!) z.B. für Überleben oder für berufliche Karrieresprünge u.v.a.m. Der Torschrei ist also mit dem Orgasmusschrei (beider Geschlechter) zu vergleichen. Wenn Frauen im Traum Fußball spielen, verraten sie eine gewisse männliche Charakterseite (die eh' jede Frau hat). Jedoch ist zu beachten, dass „Ball" auch gerne Mutterbrust meint oder auch schon einmal Mutterbauch meint. Ein Fußballspieler kann jede Art von Erfolgsstreben darstellen, meint generalisiert: ein Ziel zu erreichen. Doch manchmal geht es konkret um eine Phallus-Aktivität. Füße, männliche wie weibliche, sind gerne ein Erotik-Indiz.

Fußbank: Die klassischen Fußbänkchen sind gemeint, meist mit Assoziierung zur Symbolik der Füße. Füße können im weitesten Sinne etwas über die ,Sexualwerkzeuge', d.h. allgemein über die Sexualität ausdrücken.

Fußberührung: Oft sind Beine und Füße erotisch gemeint. Fuß-, Zehen-Berührung haben also gern mit sexuellem Kontakt oder mit sexuellem Interesse zu tun. Füße können im Traum Gegenstand besonderer sexueller Zärtlichkeit sein, sind Vertreter für genitale Zärtlichkeit.

Füße: Anfang, Basis unseres Lebens. Schuhe, Strümpfe oder der Boden unter den Füßen verraten, wie uns die Eltern anfangs mental, emotional ausgestattet haben. Per Treten ist der Fuß ein Aggressionswerkzeug, dient auch zum endgültigen Entfernen von etwas (wegtreten). Unbewusster Emotionsträger (vgl. strampeln), und zwar von sehr archaischer, früher Art. Tat- und Selbständigkeitswerkzeug: den Lebensweg gehen. Auch manchmal stellvertretendes sexuelles Medium, das gehört dann zur Fußerotik, Beinerotik.

Fußende: Stelle von Bett, Liege, wo der Tod als Schattengestalt auftauchen kann. Ein Archetyp, der im Zusammenhang bzw. Kontrast zum Kopfende gesehen werden muss und der in den Märchen öfter vorkommt. Eine sonst unsichtbare Gestalt, etwa der Teufel, ein Arzt, der Gevatter Tod oder ein Verstorbener oder auch ein Schutzengel wandelt länger unbemerkt mit dem Träumer, und zwar hinter ihm her gehend oder am Kopfende des Bettes sich aufhaltend. Wenn diese Person oder dieser Geist aber vor ihm auftaucht oder auf einmal "am Fußende" des Bettes und also als ein Gegenüber endlich, erstmalig gesehen werden kann, dann heißt das als Parabel: a) das Leben ist jetzt zu Ende, oder b) der Kontakt mit einem geistigen Wesen ist echt. So ist es im Traum nicht unmöglich, die verstorbene Mutter am Fußende des Bettes, in dem man liegt, zu sehen, und die Kommunikation wird dann so als eine wirkliche, echte dargestellt.

Fussig, fuchsfarben: Ein fussiges oder fussigbraunes Wesen, beispielsweise ein Fuchs oder ein Hund, oder auch ein solcher Gegenstand, vornehmlich Schuhe, verweisen auf kräftiges Tun. Zur Potenz des Mannes z.B. passt die fussige Farbe sehr gut. Insgesamt eine Farbe der Stärke (wie ähnlich rostrot), kann aggressiv, egozentriert, sexinteressiert sein.

Fußnägel: Hier konzentrieren wir uns auf das Motiv „Fußnägel lackieren", und das meint, dass jemand sich schön macht, deutlicher: sich sexuell attraktiv macht, nicht ohne Grund. Ansonsten ist die Bedeutung ähnlich wie bei den „Zehen" zu sehen, siehe dort.

Fußsohle: Hier kann sich ein gutes Erlebnis zum Anfang der Existenz zeigen, aber auch umgekehrt das Fehlende bzw. eine Katastrophe, z.B. als „großes Loch in der Fußsohle".

Fußsohlen: Die Füße stehen für viele Arten von Aktivität. Da kann es um das Ausschreiten ins Leben hinaus gehen oder auch um Sexualität. Die Fußsohlen sind sehr konzentriert und intim in solchen Symbolbereichen. Die Aktivität der Füße und des Menschen hängt davon ab, ob die Fußsohlen z.B. geschützt sind oder einen angenehmen guten Untergrund haben oder aber evtl. auch gebunden, festgehalten, wie gefesselt sind. An den Bedingungen und Krankheiten der Fußsohlen lassen sich Freiheit und Tun des Menschen ablesen, gern auch Probleme, Einschränkungen. Es gibt das Bild, dass jemand Feuer unter den Füßen hat oder dass man jemandem Feuer unter die Füße legt. Das ist also ein Bild für extrem hohen Stress, und zwar von anderen Personen initiiert.

Fußstapfen: Siehe Fußabdruck

Fußverrenkung: Aus Stress oder Rücksichtnahme kann hier das „Auftreten" im Leben gehemmt sein oder zurückgenommen werden. Wenn der Fuß umknickt im Traum oder nicht ganz den Boden berührt, dann zeigt es eine Art Scheu an, sich durchzusetzen, seinen Platz zu behaupten.

Futuristisch: Meint meist das genaue Gegenteil, nämlich: sehr alt (früheste Kindheit) und unbekannt.

G

Gabe: Gaben und Geschenke im Traum können sehr ambivalent sein. Zum Beispiel kann es sich weltlich um Schmerzen handeln, die aber spirituell als Wert anzusehen sind. Die Bedeutung reicht von einem dankbar empfangenen Geschenk bis hin zu einem Bluff oder zu einer Trauma-Weitergabe. Nicht selten sind es Gaben des Schicksals.

Gabel: Wir meinen hier eine Gabel mit zwei Enden, also eine Astgabel oder eine Straßengabelung. Das Symbol kann eine Spaltung einer Information oder einer Persönlichkeit anzeigen. D.h.: zwei Seiten, zwei Charaktere, zwei Informationen verraten sich durch dieses Symbol. Es ist also eher ein ungutes Symbol, das zu einer Lüge assoziiert oder zu einem Thema mit doppeltem Boden. Die Zweiheit, die sowieso meist negativ ist, wird durch so ein Gabelungssymbol noch einmal unterstrichen.

Gabelstapler: Dieses Gerät kann man auch einmal als ein Fahrzeug sehen, was nur eingeschränkt motorisiert ist oder sich bewegen kann. Wenn man Fahrzeug mit Körper vergleicht, was im Traum möglich ist, dann hat man in dem Gabelstapler eine relativ sterile unbewegliche Person, meistens psychisch gemeint.

Gabelung: Hier liegt eine Trennung von einer Person in der Luft, in dem Symbol der zwei verschiedenen Wege. Da geht es oft um Beziehung, Partnerschaften. Siehe auch „Gabel"

Gähnen: Einleitungsindiz für die schamanistische Jenseitsreise; Beginn dessen, das Unsichtbare zu sehen. Vermutlich analog dem Bild: nach oder durch Gähnen (tief Luft holen) hinab zu tauchen in die Welt des Schlafes und des Traumes. Als ernstzunehmendes Attribut der Seherinnen in der Edda und in der Bibel bereits überliefert.

Gang: Wie eine Person geht, ist ein außerordentlich markantes Charaktermerkmal. Am Gang ist, wie an der unverwechselbaren Stimme, ein Mensch zu identifizieren. Spielerisch kann man auch den Gang mit verschiedenen Tierarten vergleichen, dann kommt man der Charakterfindung vielleicht etwas näher.

Gans: Sie mag als dumme Gans auch mal ein Mädchen meinen, aber eher ist sie die Wachsamkeit, gar das Wissen. Ähnlich dem Schwan, besonders als weiße Gans, einen Seelenvogel darstellend, d.h. eine (noch) unmaterialisierte Seele, oder überhaupt das Thema des transzendenten Bereichs zwischen Diesseits und Jenseits anzeigend; in diesem Sinne der „Ente" vergleichbar.

Garage: Im Sinne eines kleinen Hauses oder eines Vor- und Seitenanbaus: oft als Schwangerschaftsraum, Mutterbauch zu deuten.

Garageneinfahrt: Geburtsprozess. Evtl. Zeugungsprozess.

Garageninhalt: Symbolisches Bild für den Uterusinhalt.

Garagenposition: Die Umstände der Garage sagen etwas aus über die Umstände der Schwangerschaftszeit. Also es gibt graue Garagen, verdeckte Garagen, total quer stehende Garagen usw. usf.

Gardinenstange: Kann manchmal einen Phallus meinen, zumal wenn eine Gardine (als Weibliches) sich dieser Stange anpasst. Jedoch auch eine Mutter-Bindung ist deutbar.

Garten der Frau: Das ist das Intime, Emotionale oder Erotische einer Frau. Es geht allgemein um Gefühle, nicht unbedingt konkret um das Genitale. Interessant ist im Traum, ob eine Frau ihren Garten zur Verfügung stellt, und natürlich auch, auf welche Weise, oder ob sie meint, ihren Garten schützen zu müssen und Eindringliche abzuwehren. Das ist dann eine gegenüber Männern sprechende Haltung.

Garten des Mannes: Vaters Gefühlswelt. Auch im übertragenen Sinne sein Terrain.

Garten: Eine Art Garten der Lust (vgl. alte orientalische Geschichten), d.h. er hat sehr viel mit Gefühl zu tun, mit einer Mischung aus Emotion und Erotik. Und er hat weiter viel mit Wachstum, Wachsen, Blumen, Früchten zu tun. Dazu passt z.B. die mittelalterliche „Maria im Rosenhag". Also insgesamt: Gefühlsbereich, Lust- und Sexualbereich, betont Weibliches, das Wachsen in der Schwangerschaftszeit. Der Herr Frost im Garten von Oscar Wilde, in „The Selfish Giant", zeigt Gefühlskälte, Destruktion. Im hinteren Teil des Gartens ist symbolisch manchmal der Erzeuger lokalisiert (Beispiel: fehlt hier ein Stück Garten, dann fehlt der Vater), im Teil, der näher am Haus (wie an einer Persönlichkeit) ist, eher die Mutter, und zwar meist bezogen auf die Schwangerschaftszeit. Der Vor-Garten ist eine Vor-Zeit im Sinne der Schwangerschaft als

Vor-Existenz. Der Garten ist auch der eigene Vital-Bereich, quasi der Emotionsbesitz, daher z.b. auch die Ehefrau, in der oder bei der andere Männer gegebenenfalls sexuell wildern (vgl. „die Kirschen in Nachbars Garten"), also eine Art Gartenzerstörung oder sonstige Übergriffigkeit durchführen. Die erste Deutungsrichtung führt beim Motiv Garten zu einer Erinnerung an die eigene Frühzeit; wenn da eine Frau z.b. einen Garten aufgeben (beenden) will, meint es, dass die Geburt beginnt und die Schwangerschaftszeit beendet wird. Des Weiteren ist der Garten oder die Wiese gern ein erotisches Symbolon, z.b. kann man Fremdgehen in Gartenträumen beobachten oder gar voraussehen. Zu tabuisierten Gärten oder Grasgrundstücken kann das Tabu eines Intimbereichs gehören. Zusammenfassend können wir zum Garten sagen: Weibliches, Lust, Wachsen, Emotion/Eros, Schwangerschaftszeit. – Diese positive Besetzung findet sich natürlich sehr ausführlich auch in den Vorstellungen des Paradies-Gartens.

Gartenanpflanzung: Wenn ein männlicher Träumer im Garten etwas pflanzt oder begießt, so kann man vielleicht von einem Sexinteresse oder Zeugungsinteresse ausgehen.

Gartenende: Es ist eine symbolische Stelle, die etwas aussagt über den Vater, den Erzeuger. Manchmal liegen am Gartenende Informationen, Geheimnisse verborgen oder auch Verluste, die den Vater betreffen, die also einen Anfang betreffen. Meist im Traum als „hinten im Garten" bezeichnet, hat es mit Anfang, Entstehung, Zeugung zu tun. Eine frühe Geschichte aus dem Vater-Erlebnis spielt sich hier gern ab, zumal als nachträgliche Info.

Gärtnerei: Da werden die Umstände aufgesucht, im tiefen Unbewussten, unter denen man entstanden ist. Kann so auch die schwangere Mutter meinen.

Gas: Sofern es nur unentzündet ausströmt, ist das Nahen einer Gefahr (Explosion) angedeutet.

Gasgerät: Meistens kommt das Gas-Motiv in Form eines Gasherdes vor. Da spielt dann auch die Flamme in der Symbolik eine Rolle. Wenn das Gasgerät brennt, ist es tendenziell Lebendigkeit, wenn nicht, ist ein gewisses Tod-Thema angedeutet.

Gast: Das typische und realitätsnahe Selbstverständnis eines neuen Erdenbürgers. Wir wissen alle im Unbewussten, dass wir hier, auch in unserer Familie, (nur) Gast sind; wie im Kirchenlied: „wir sind nur Gast auf Erden…"

Gäste als Besuch: Da geht es manchmal um ein Streben, um Suche, um Sucht, um Süchtigkeit. Was genau die Gäste wollen, suchen, verrät sich in den besuchten Personen oder den besuchten Objekten. Die Motive Suchen, Besuch, Sucht sind etwas miteinander verknüpft.

Gästeklo: Siehe „Gästetoilette, Gäste-WC"

Gästetoilette, Gäste-WC: Das Gäste-WC ist zu unterscheiden vom Zentrum, vom zentralen Haupt-WC im Haus. Wir haben also eine Art Neben-Ort, Neben-Funktion vorliegen, und zwar für Personen, die nicht zum Stamm des Hauses, der Familie gehören. Toilettenträume haben meist mit der Geburt zu tun. Wir erkennen also in diesem Motiv eine Person, die nicht zentral angenommen wurde, zur Welt kommen durfte, sondern die etwas zur Seite geschoben ist, vielleicht abgedrängt, eventuell versteckt oder behindert worden ist. Vielleicht handelt es sich nur um eine verspätete, evtl. unbewusst etwas abgelehnte Geburt. Oder es ist eine Person, die nicht wirklich integriert worden ist oder die sich in die Rollenerwartung des Hauses nicht einfügte, die überhaupt nicht so sein will, wie im Haus oder in der Gesellschaft üblich. Irgendeine Sonderrolle ist gemeint. Wäre für ein Adoptivkind typisch.

Gastgeber*in: Männlich so etwas wie ein Ehemann, als weibliche Person kann die Mutter gemeint sein.

Gaststätte: Hier geht es in der Regel darum, in einer Art Vergnügungstempel von einer Person Sex zu bekommen oder als Kind von der Mutter die Brust. Das ist jedoch sehr weit gefasst, und so kann es einfach nur um Zuwendung gehen oder um das Thema der allgemeinen Wunscherfüllung (ähnlich wie Kiosk, Restaurant, Wirtshaus, Geschäft).

Die Gaststätte sagt etwas über Beziehungen aus, ob zwischen Partnern oder zwischen Mutter und Kind.

Gastwirtin: Frau, Mutter, Empfangende, wiederum auch die Gebende.

Gebäude: Ob als hohes Haus oder als Kuppelbau oder als Turm oder als Kirche, die nächstliegende Deutung ist, dass in einem solchen Hohlraum Schwangerschaft, also der Bauch der Mutter dargestellt ist. Die zweite Deutung ist: die Ich-Person, die allgemeinen Lebensumstände ("Schloss" als edle Person). Bzw. alle Personen können als Gebäude auftreten. Verlassen des Gebäudes, speziell eines hohen Bauwerks, von oben herab: Geburt.

Geben: In stärkeren, betonteren Varianten auch als schenken, zuordnen, schmücken vorkommend; es dokumentiert sich damit die Liebe.

Geblendet-Sein: Die Blendung durch Licht, z.B. durch genau entgegenstehende Sonnenstrahlen ist ein altbekannter Archetyp. Sie wurde z.B. bei den Germanen als Todesankündigung verstanden, als Omen, dass man in der Schlacht verlieren würde. Die Augen, die bei einer solchen Blendung nichts sehen – das ist sehr wichtig, also nicht funktionierende Augen – entsprechen toten Seelen. Träume mit dieser extremen Blendung durch Licht zeigen also auf, das man in der Biografie einen ohnmächtigen, bewusstlosen Zustand erlebt hat (vielleicht bei der Geburt). Die Sonne im Rücken ist dagegen positiv. Es geht also bei dieser Sonnenblendung nicht nur um banale Schwierigkeiten, sondern um Tod oder Leben, zumindest potentiell. Außerdem verbirgt sich ein Akteur oder eine Aktion hinter dieser aversiven Sonne, d.h. man wird hier von einer Aggression (ggf. unbewussten) gegen den Geblendeten ausgehen müssen.

Gebrauchtwerden: Ursprüngliches, direktes Symbol für geliebt werden, willkommen sein.

Geburt: Allgemein gesehen ist das Produzieren einer großen, wichtigen Sache gemeint.

Geburtsausgang versperrt: Erzeugt Probleme, Hemmungen, Blockaden im späteren, erwachsenen Menschen, ein Leben lang, u.a. in der Sexualität.

Geburtsblockade: Vgl. „Hals", neben vielen anderen Symbolen für Stau.

Geburtsort: Das ist mehr als nur eine Lokalität, der Ort –auch hier ist Nomen = Omen – zeigt die anfängliche Identität einer Persönlichkeit an. Also Abstammung kann gemeint sein (wie eine Stammeszugehörigkeit) oder überhaupt das Originäre des Wesens.

Geburtstag: Wörtlich Tag der Geburt, daher eine konkrete Erinnerung an unbewusste, tatsächliche Geburtserlebnisse; hat mit der üblichen Geburtstagsfeier wenig zu tun. Die zweite, oft zu findende Bedeutung ist der Sterbetag, der Tod. Dieser ist eine „Geburt" für eine andere, neue Welt; über die Geburtsumstände informiert auch das Traummotiv „Weihnachten". Dies Fest kann also für bestimmte vitale Höhepunkte stehen, für Freude, Lust, Sex, auch für Orgasmus – aber auch genau für das Gegenteil, nämlich für den Tod. Immer sind Symbole ambivalent (tragen das genaue Gegenteil in sich)!

Geburtstagsfeier: Kann auch einmal das genaue Gegenteil, nämlich den Tod oder ein Geburtstrauma darstellen.

Geburtstagskuchen: Es steht vermutlich irgendein Thema im Zusammenhang mit der Zeugung im Raum.

Geburtstrauma: Der Verlauf der Geburt und die Zeit der Schwangerschaft werden enorm häufig im Traum dargestellt! Die Geburt ist das Ergebnis der Schwangerschaftszeit, mit anderen Worten, sie enthält eine indirekte, subtile Information über die Qualitas der Uteruszeit; die Geburt ist retour „sprechend", es tauchen bei der Geburt und in der Schwangerschaft im Prinzip dieselben Probleme auf, aus dem Geburtsprozess lassen sich Rückschlüsse auf die Art der Schwangerschaft ziehen. Ein Geburtstrauma und ein Uterustrauma können später zu Folgendem führen: Adipositas, Kleinwüchsigkeit, Sexualstörung,

Schlafstörung, Depression, Suizid. Besonders die schwierigen, blockier-
ten, tod-nahen Geburten (mit „ich schaffe es nicht") tauchen ständig
in Träumen auf. – Abzuraten ist von Narkose und Teilnarkose für die
Mutter während der Geburt; die Mutter steigt dadurch aus dem Prozess aus, aus der Unterstützung und Hilfe; das Kind fühlt sich im Stich
gelassen; die Folge davon sind Albträume ein Leben lang, oft mit einem Trennungsproblem verbunden sowie mit unbewusster Todesangst.
Viele Kinder werden heutzutage „geholt", zu dem ursprünglich nicht
vorgegebenen Geburtszeitpunkt, dabei ist ein Geburtrauma nicht zu
umgehen. Die Geburt ist unser unglaublich stark prägendes Erstmuster,
unser erster Umgang mit Welt! Dies wird ständig später (indirekt, symbolisch) wiederholt, gerade wenn das Muster traumatisch (unbewältigt)
war. Siehe auch „Überforderung"

Geburtsvorgang: Auch als Gleichnis und Muster zu lesen für Sex, Coitus, Erektion, Orgasmus des späteren Erwachsenen. Der Geburtsverlauf
ist sowohl sehr konkret als auch symbolisch zu verstehen. Im Traum
kann er eine Fahrradtour sein, eine Autofahrt, ein Weg herab (Leiter)
oder ein Weg hoch (Berg, Burg, Treppe), eine Fahrstuhlfahrt, sehr gern
eine Tunnelpassage oder Brückenpassage, auch das Ende einer Bus-
oder Zug-Fahrt oder eines Urlaubs, oder ein klassischer Bahnhof. Je
nach Geburtsprozess damals ergibt sich ein kongeniales, unbewusstes Emotions- und Sexualverhalten des Erwachsenen. Bevorzugt im
genitalen Bereich ‚sitzt' später die Geburtserinnerung, sie wird dort
ausgedrückt, manifest. Allerdings ist das Muster entsprechend der unterschiedlichen Auslösereize durch verschiedene Partner auch verän-
derbar (die Liebe heilt alles).

Gedanken-Abdruck: Träume können als Gedankenabdrücke gelesen,
verstanden, dargestellt werden. Der Abdruck als Niederschlag des Mentalen ist dann auch schon der Schritt, durch welchen der Gedanke Materie wird oder werden kann. Gedanken-Abdrücke sind das Ergebnis
von Realität und die Vorstufe von Realität sowie das parallele Sinnbild
von Realität. Sie sind ein Nachklang der Tageserlebnisse.

Gefängnis: Oft in der Bedeutung, dass jemand psychisch so einge-schränkt, behindert ist, dass er seine großen Talente, Fähigkeiten nicht ausüben, ausleben kann.

Gefäß: Nicht selten ist das Weiblich-Empfangende gemeint bzw. kon-kret die Vagina. Manchmal auch mit Flüssigkeitsinhalt, z.b. als gefüll-tes Wasserglas.

Gefrierschrank: Große Erwartung auf Lust trifft auf emotionale Kälte, kann mit Frustration konkurrieren.

Gefrorenes: Eisige Emotion bzw. Ablehnung. Ein gefrorener Acker z.b. ist wie eine aversive Mutter, eine ablehnende Schwangere.

Gefühle: Sie müssen den Ausdruck von Höhen und Tiefen mit-beinhal-ten, also Extreme, sonst handelt es sich tendenziell um Bluff, um eine eher gefühlskalte Person – wenn also die Gefühls-Ausschläge fehlen.

Gegenfahrbahn: Mit diesem Symbol ist eine große Gefahr, eine gro-ße Aggression gegen den Träumer, zu welchem Lebenszeitraum auch immer, verbunden. Ein sehr ungünstiges Zeichen also. Auf der Gegen-fahrbahn kommen Gegenkräfte und Feinde, Verhinderer, Aggressoren an. Findet man oft in Geburtstraumata.

Gegenläufig: Hier werden Widerstände, ob nun in Beziehungen oder bei bestimmten Aktionen, vorgeführt, welche eher versteckt sind. Im Traum bewegt sich dann irgendetwas gegenläufig, zum Beispiel Roll-treppen.

Gegenrichtung: Zum Beispiel auf einer Autobahn oder in einem Land-kartenwerk: bedeutet ein „Gegen", eine Gegnerschaft, also eindeutig eine Aversion, Ablehnung.

Gegensatzaussagen: Die Polarität in den Urteilen der Menschen, die naturgemäß zu vielen gegensätzlichen Aussagen führt bzw. in diesen enthalten ist, zeigt, wenn sie bevorzugt im Kontrast-Denken bleibt, eine geringe Klugheit an. Wer die lächerlichen Gegensatzpositionen aufheben kann, z.B. im Traum gegensätzliche Feststellungen verbinden und vereinigen kann, zeigt Weisheit.

Gegenüber: Eine Person, die im Traum „gegenüber" wohnt oder sitzt, ist in gewisser Form „gegen" den Träumer; die Position gegenüber stellt eine Konfrontation dar, wenn auch vielleicht unbewusst und verborgen. Die Konfrontation kann aber auch positiv sein! „Schräg gegenüber" dagegen ist eine besonders versteckte Feindschaft und eigentlich nie gut.

Gegenverkehr: Der Träumer spürt eine Aggression „gegen" sich, weiß aber nicht genau, um was es geht. Die Empfindung der Gegenaggression ist jedoch berechtigt, nicht eingebildet. Der Gegenverkehr meint eine feindliche und gern verdeckte Kraft gegen Lebensweg oder Existenz.

Gegenwind: Es fiel oder es fällt schwer, eine bestimmte Lebenseinzelheit zu bewältigen. Es gibt/gab also großen Widerstand, vielleicht einen geheimen Widerstand, gegen ein Lebensziel.

Gehbehinderung: Bezieht sich auf eine seelische, nicht auf eine körperliche Verletzung. Hat meist mit frühen psychischen Wunden zu tun. Wenn nur ein Bein krank ist, dann dürfte es um eine Wunde, die nur auf einen Elternteil bezogen ist, gehen.

Gehen: Siehe „Weggehen" und „Fahren"

Geigenbogenbewegungen: Eine Aktivität, die einen starken erotischen Impuls oder Wunsch verrät. Auch als Symbol der Selbstbefriedigung möglich.

Geister: Die können sich in Extremgedankengängen und Übergangssituationen einfinden, z.B. bei der Geburt, in der Ohnmacht. Je nach Art ihrer Tätigkeit oder ihrem Aussehen usw. können es gute Geister, wie etwa Engel sein, oder aber auch belastende Komplexe. Als typische Geister stehen sie nicht unbedingt auf dem Boden, sondern schweben. Schweben vielleicht über dem Träumer in einer speziellen Situation.

Wir können sie als begleitende Schutzengel interpretieren, oder auch als belastende Schatten, die neben uns gehen. Das Unbewusste stellt eine Reihe von Einflüssen, Komplexen gern personal dar! Ob als Tiere oder als Freunde oder als Geister, und es ist die Frage, ob das immer falsch oder naiv ist. Insgesamt auch: konkrete, aber sehr geheime, nicht sichtbare Pläne und Taten von Menschen. Nicht selten Vorfahren, die indirekt nach-wirken, oder Personalisierungen von psychischen Komplexen. Symbole für Abhängigkeiten, Unfreiheiten, Regressionsstufen.

Geisterfahrer: Weist auf eine todesgefährliche Situation in unbewusster Erinnerung hin.

Geistliche, Kleriker: Siehe „Pastor"

Geizig: Hier geht es um einen Menschen, der, übertrieben gesprochen, weder Emotionen, Zuwendung von sich geben will noch sich selbst eigentlich geben will. Keineswegs geht es nur um Gaben oder Geld. Die frühe Kindheit war durch emotionalen Mangel geprägt.

Gelb im Gesicht: Hier geht es um einen leidenden, mitgenommenen, überanstrengten Menschen.

Gelb: Manchmal eine Beschönigungsfarbe bzw. einen Betrug zeigend, im Sinne einer vorgespielten Freundlichkeit. Allgemein eine gewisse Steigerung, Abart von Rot und Orange d.h. ein wenig süchtig, gierig und neidisch (ego-bezogen). Als Goldvariante: Erleuchtung, Himmelsnähe. Gelb ist eher eine weibliche Farbe (Bsp. gelbe Bluse einer Frau, wie im Werk von Kafka) und gehört schon im alten Ägypten allgemein (auch ohne Sex) zur Frau bzw. galt als Hautfarbe der Frauen.

Gelb-Kleid: Das gelbe Kleid einer Frau verrät ihre erotische Stimmung, es kann locken.

Gelb-Schwarz: Alarm, Gefahr, Aggressionszeichen, Warnung.

Gelbsucht: Indikator für ein Verlust-, Trennungstrauma, meist im Kindesalter, kann auch prae-, perinatal oder in früheren Generationen verankert sein.

Geld: Ob Münzen oder Scheine, gemeint sind Erosstücke; das ist weit gespannt und reicht vom Sex bis hin zu elterlicher Zuwendung; es geht um Liebe (Liebesstücke) im weitesten Sinne, beim Eros auch incl. Missbrauch, Verweigerung etc. Es hat oft mit emotionaler Ausbeutung, mit Geben, Ausgleichung, mit Lösegeld, Preis für etwas, Sich-Freikaufen zu tun; siehe auch „Bezahlen". Geldscheine haben wegen großer Fläche bzw. Aufdruckmöglichkeit alles Mögliche an Information zu bieten; z.b. Kindergeldscheine (Spielgeld in Papier mit Motiv) verweisen auf Lustraub oder Lustgabe, auf infantile Erotik, überhaupt auf Infantilität, evtl. auf Schwängern (Kinder-Machen), auf sexuellen Missbrauch, oder auf Unreife, Sexunfähigkeit. Insgesamt haben Geld und Eros große Ähnlichkeiten; Geldstücke können auch direkt den männlichen Samen bezeichnen; Geld in einen Schlitz stecken = befruchten. Allgemeine Bedeutung also = Liebe, Zuneigung, oft incl. Erotik. Geld kann auch eine gewisse Assoziation zu Gold und zu Sonnenfarbigkeit hervorrufen.

Gelddiebstahl: Wie im Leben kann es passieren, dass auch im Traum das Portemonnaie gestohlen ist oder dass man aus sonstigen Gründen über kein Geld verfügt. Jetzt mag man aber in der Schuld, in der Pflicht stehen, für etwas zu bezahlen. Wenn man so scheinbar peinlich im Traum ohne Geld oder Portemonnaie dasteht, vielleicht als Verlust, vielleicht aber auch als Diebstahl, so heißt das, dass das Unbewusste sagt: Derjenige, dem ich etwas bezahlen will, hat es eigentlich nicht verdient. Es geht also um einen Träumer, der schuld-, pflicht- und zahlungsbewusst ist. Zur realen Biografie bedeutet das aber nicht unbedingt die Wahrheit. Mit anderen Worten: der Zahlungswillige ist bestohlen worden, er hat aber einen Schuldkomplex, und nur das ganz tiefe Unbewusste weigert sich zu bezahlen, und das zu Recht. Es ist ja oft so im Leben, dass man sich selbst Vorwürfe macht, während die versteckte Wahrheit die wäre, dass derjenige, dem man sich verpflichtet fühlt, der geheime Schuldige ist.

Geldentwertung: Eine Zukunft, in der durch eine Währungskatastrophe das Geld nichts mehr wert ist, wird nicht selten im Traum kollektiv vorhergesehen. Es ist eine Erfahrungstatsache, die immer mal wieder, auch ggf. nur symbolisch, auftreten kann.

Geld-für-Essen: Ein starkes Liebessymbol. Ein Erotik-Angebot. Das Geld-Geben bezieht sich vornehmlich auf die Partnerschaft, aber auch auf andere Beziehungen.

Geldgeschenke: Das ist eine emotionale Gabe, eine Gefühlsausrüstung. Da der Satz gilt „Eltern geben, Kinder nehmen", können Kinder symbolisch bei ihrer Ankunft auf der Welt Geschenke, Geldgeschenke erwarten. Kinder, die dies aber nicht bekommen haben, sondern auf Ablehnung durch ihre Eltern stießen, haben oft im Traum (umgekehrt) ein Schuldbewusstsein, anderen Personen oder den Eltern Geldgeschenke, die sich gehören würden, vergessen oder nicht gegeben zu haben. Das Umkehrungsphänomen zwischen Opfer und Täter gibt es oft, zumal zwischen Kindern und Eltern.

Geldscheine wechseln: Austausch von Liebensportionen.

Geldscheine: Wie generell bei Geld, kann es hier sowohl um die Erotik als auch um die Lebensqualität gehen. Überspitzt könnte man sagen: Geld ist in mehrfachem Sinne „survival value". Vgl. „Geld"

Geldspielautomat: Ein gedachter Lust-, Lebenskubus; er kann die Mutter darstellen sowie die sexuell empfängliche Frau oder auch die Brust, Front der Mutter oder den Uterus speziell. Automatenspielsucht = meist Muttersucht, Erossucht. Geldstück in den Automatenschlitz zu stecken ist sex-affin. Der Automat produziert Lust, Gewinn in unterschiedlicher Form (wenn auch faktisch meistens Frustration).

Geldspiele: Ob es nun um Kartenspiel oder um Roulette geht, in der Regel ist ein herzlicher Kontakt unter den Spielern gemeint. Neben der Freundschaft ist aber die Konkurrenz wichtig. Auch in einem vertrauten Freundeskreis real sind doch alle auch gewisse (Sexual-)Rivalen.

212

Geldstrafen: Die strafende, verhängende Person drückt deutlich eine Abneigung aus, auch wenn sie sich hinter irgendwelchen Regeln oder Rechtsvorschriften verbirgt.

Geldstücke: Liebesstücke.

Geldsummen: Seien es Geldscheine oder Geldstücke, meist bedeutet es Zuwendung. Und zwar Liebe aller möglichen Art, nicht nur erotische.

Geldtausch: Evtl. Tausch von Bezugspersonen, von erotischen wie unerotischen Beziehungen. In Einzelfällen auch eine Art Identitätstausch.

Geldwechseln: Austausch von Liebe und Erotik. Symbol für Geben und Nehmen.

Gemeindedirektor: Vatersymbol; siehe „Bürgermeister"

Gemüse: Im Prinzip etwas Weibliches (wie Pflanzen, Blätter). Manchmal Wachstum oder nicht ganz Ausgewachsenes meinend. Zuweilen als betonter Gegensatz zu Fleisch/Sex. Gemüse und Salat sind als Weibliches auch mutter-bezogen.

General: Bestimmender, dominanter Mann. Ggf. auch eine herrschende Frau.

Generalprobe: Es geht um eine Einübung für spätere Auftritte, vielleicht in einem Chor oder für das Singen. Die Generalprobe ist vergleichbar einer Initiation oder einer gelungen Pubertät. Sie ist dann Voraussetzung für das spätere erwachsene Leben, nicht zuletzt in der Geschlechtlichkeit. Sie kann auch generell für die ganze Erziehung und Vorbereitung stehen. Hat man eine genügende Basis für irgendeine Aktion? Das ist das Thema der Generalprobe.

Genetik: Wenn die Genetik, im Sinne der sichtbaren körperlichen Identität, ähnlich, affin oder gleich ist, vielleicht nur in einer Einzelheit, bedeutet das, dass große Sympathie, vielleicht Liebe besteht, etwa zwischen zwei Männern, Freunden (die dann real z.b. als Vater und Sohn passen könnten), aber natürlich primär zwischen verschiedenen Geschlechtern. Die Gene arbeiten autark, unabhängig vom Menschen, an der Anziehungskraft.

Genitalien: Schon Artemidor in der Antike wusste, dass Penis und Sohn symbolisch gleich sein können. So stehen im Weiblichen „Mutter" oder „Tochter" oft für das Genitale einer Frau, körperlich, wie in seiner Funktion, in der übertragenen Bedeutung. Penis und Hoden stehen für die Männlichkeit eines Jungen bzw. für seine Vaterbeziehung (beim älteren Mann für seine Sohnbeziehung). So kann die Attacke einer Frau gegen den Penis eines Mannes im Traum bedeuten, dass sie den Vater (oder Sohn) dieses Mannes bekämpfen oder auch unterschlagen will. Genitalien können stellvertretend für früheste Babyzustände, nicht selten für Foetusformen noch im Uterus, stehen. Die Foetuserfahrung ‚sitzt' später dann wiederum im Genitale und wirkt dort... Auch Finger, Zehen können sowohl Kinder als auch Genitalien meinen (dazu gehört das Märchen vom Däumling). Im Zusammenhang mit betonter Behaarung sind Genitalien durchaus auch Aggressionssymbole, das hat damit zu tun, dass Fellartiges zur Aggression assoziiert (über die Tierwelt) und dass das Aggressions- und Sexpotential im Menschen verwandt ist bzw. ähnlich lokalisiert ist, im Unterleib sozusagen (auch erkennbar beim Mann als Testosteron). – Besonderheit: der konkrete, vollzogene Coitus ist manchmal ein Todessymbol (Archetyp „Hieros Gamos"= heilige Hochzeit, allgemeine Ganzwerdung, Zusammenfall der Opposita). – Es gibt auch Träume, in denen eine Frau einen Phallus hat und ein Mann eine Scheide hat oder er gebiert: das ist nichts Überraschendes, diese Genitalien vertreten Animus und Anima; psychisch hat jeder auch andersgeschlechtliche Teile in sich, verfügt virtuell oder mitunter auch konkret über die Gaben des anderen Geschlechts. Es dürfte auch möglicherweise ein Reflex auf frühere Leben sein, in denen man eine andersgeschlechtliche Rolle hatte.

Gepäck: In dem Spezialfalle, dass das Gepäck alleine zurückgelassen wird und die zugehörige Person fehlt, muss man davon ausgehen, dass etwas zum Verlust eines Menschen angezeigt ist. Ansonsten geht es meist um schwere Belastungen aus der Kindheit, die ein Mensch sein

Leben lang mitschleppt. Entlastet man jemanden bezüglich des Gepäcks, ist das eine große Hilfe, Unterstützung (liebende Partner tun so etwas). Siehe auch „Koffer"

Gepäckständer: Hier sprechen wir primär vom Gepäckständer eines Fahrrads. Auf ihm befinden sich Altlasten, Kindheitserinnerungen, eventuell Relikte von Personen-Beziehungen. Der Transport bedeutet: man hat daran im Leben zu schleppen, und zwar als Einzelperson, bzw. vor der oder in der Pubertät.

Gerade: Die Gerade zeigt eine Erinnerung über einen optimalen Weg an. Das kann also eine nicht gestörte Schwangerschaft oder eine andere nicht behinderte Liebesbeziehung sein. Das Gegenteil des „geraden Weges", also z.B. eine Serpentine oder viele Kurven, verraten Hindernisse, Schwierigkeiten.

Gerät aus: Etwa per Stromausfall oder Eingabe-, Bedienungsfehler, offenbart diese Szene, dass in Wahrheit, hinter Illusionen, ein großer Schaden verborgen liegt. Es geht z.B. der PC aus = Information zerstört, Arbeitsabsicht zerstört. Trauma in früherer Zeit, sogar aktuelle Lebensgefahr sind möglich. Nehmen wir an, so etwas passiert, wenn man eine Mathematikarbeit schreiben will, und vielleicht hat man selbst den Geräteausfall (z.B. bzgl. Rechner), jedenfalls anscheinend, verursacht, dann besagt das, dass mit der vorgeblichen Mathematikarbeit, die natürlich symbolisch zu deuten ist, etwas ganz und gar nicht stimmt.

Gerät: Vgl. „Eisen"

Geräteschuppen: Dieses Gebäude, meist irgendwo im Garten, ist vergleichbar mit einer Garage oder mit einer Laube. Es sind Möglichkeiten für eine Situation, einen Empfang, eine Behausung. Und zwar abgehoben gesprochen dafür, dass eine Seele aus dem All auf der Erde eine Einzeugungs-Gelegenheit (ein Uterusgebäude) findet.

Geräusch: wenn es sich um ein zu unterdrückendes oder störendes Geräusch handelt, dann liegt ein Problem in der Luft, dass nämlich irgendetwas nicht verraten werden soll.

Gerechtigkeit: Siehe „Karma"

Gerede: Viel und hektisch zu reden verrät oft Stress.

Gericht: Eine Autorität, vor der man Angst hat, geistert hier irgendwo herum. Genauer: eine Autorität, vor der man sich rechtfertigen, legitimieren muss, wie etwa als Kind vor ablehnenden oder zu kritischen Eltern (so etwas findet sich unbewusst im Prozess-Roman von Franz Kafka). Ein Richterspruch verkauft sich als Neutrales, Richtiges – und wie abhängig, parteiisch ist er aber oft...

Geruch: Indikator für sexuelle Anziehung oder für das Gegenteil. Sonst auch: der stärkste Erinnerungssinn.

Gerümpel: Das Unaufgeräumte verweist auf eine Menge von unerledigten Komplexen.

Gesang: Eine sehr wesentliche, tief ins Gefühl oder ins Unbewusste gehende Information wird per Singen oder per Gesang mitgeteilt. Meistens positiv, erhebend, wenigstens intuitiv und tendenziell wahr. Es geht nicht um eine rationale Erkenntnis. Wir könnten von einer Eingebung in den Gefühlskörper hinein sprechen. Meistens verrät die gesungene Zeile einen positiven Hinweis, eine Emotion, die uns ein schönes Herz und eine schöne Seele machen. Es kann um Euphorie gehen, es kann um einen spirituellen Höhepunkt gehen oder einfach nur um irgendein ebenso tolles wie sicheres Gefühl, aber in codierter Form.

Gesangbuch: Anstoß, Anleitung, Verführung , gerne zur Erotik, aber auch zu anderen Arten von Lust.

Geschäft: Lebensmittel- oder auch Obstgeschäfte symbolisieren Stellen oder Gelegenheiten, wo man Diverses an Luststreben, Bedürfnissen

befriedigen kann. Meistens ist der primäre Laden der Lust die Mutter. G
Siehe „Einkaufen"

Geschäftsöffnung: Person oder Situation für den Erwerb von Lust und
Befriedigung stehen zur Verfügung, verschließen sich nicht.

Geschäftsreise: Wie im Alltagsleben auch, verbirgt sich manchmal dahinter das Geheimnis, dass jemand ein verstecktes erotisches Verhältnis
hat. Geschäftsreise kann also zum Thema Ausrede, Notlüge gehören.

Geschäftsschließung: Kann zu einer Person passen, die im Moment
keine Hoffnung mehr hat, eine passende Beziehung zu finden. Oder
kann zum Klimakterium gehören, zum Ende der fruchtbaren Jahre.

Geschenk: Eine solche Gabe kann auch per Postpaket kommen, es gibt
natürlich viele Wege, wie Geschenke zu uns kommen. Wir können hier
ein bisschen karmisch denken, bei einem Geschenk geht es gern um
eine Retour-Aktion des Schicksals für unsere Vorleistung, für unser
Gut-Sein, für unsere Unterstützung einer anderen Person oder für unser Dienen generell. – Ansonsten wird meist ein Geschenk gegeben,
um eine Person zu begrüßen, genauer um diese wohlwollend zu stimmen. Sehr oft als vergebliches Bemühen eines Kindes, sich die Mutter
geneigt zu machen.

Geschichtslehrer: Dieser hat ein tieferes Wissen um die frühe Wahrheit
als seine Mitmenschen. Meistens geht es natürlich um die eigene Biografie und nicht um die Weltgeschichte. Eine eher männliche Attitüde.
Auch eine Mann-Figur mit Erwartung gegenüber einer Frau.

Geschirr: Gehört oft zum Thema Weiblichkeit, Muttererbe bzw. auch
konkret zum oralen Komplex.

Geschlachtet: Das ist sehr schillernd, kann zwar auch manchmal den
echten Tod meinen und dann könnte eine Erinnerung an eine Abtreibung in vorangegangener Inkarnation vorliegen, ist aber meist symbolisch zu deuten. Die Symbolik ist sehr weitreichend und kann z.B. eine

Verletzung, eine Gewaltanwendung meinen, und zwar in einer recht drastischen Szenerie.

Geschlechterrollen: Die Träume lehren, dass pro Inkarnation die Geschlechtszugehörigkeit wechselt.

Geschlechtlichkeit: Das sexuelle Genus ist äußere Zutat, primär sind wir Mensch. Der Zwitterzustand, die Androgynität kann Indikator dafür sein, extrem als Kind in Stress gesetzt worden zu sein – oder aber der Erleuchtung nahe zu sein (vielleicht beides). Sexuelles Tun wie beim anderen Geschlecht kann bei jedem Träumer vorkommen. Eine weitere Möglichkeit ist: im Zuge der Wiedergeburtslehre ist das umgekehrte, ausgetauschte Geschlecht im Traum ein Zeichen dafür, dass eventuell eine Szene aus einem früheren Leben vorgeführt wird, d.h. aus dem gerade vorangegangenen, denn bei jeder Inkarnation wechseln wir, wie gedacht wird, das Geschlecht (vgl. die Lehre der Anthroposophie). Der Kern einer jeden Seele hat keine Geschlechtlichkeit, ist weder männlich noch weiblich.

Geschlechtsakt: Siehe „Coitus"

Geschlechtsmerkmal: Die männlichen und weiblichen Geschlechtsteile informieren über einen seelischen Zustand, also z.B. darüber, dass eine Frau sehr männlich ist oder ein Mann sehr weiblich ist. In diesem Falle können die Traumpersonen die im Grunde ‚falschen' Geschlechtsteile haben. Fehlende Geschlechtsmerkmale weisen darauf hin, dass die Personen nicht heterosexuell sind, sondern eher bisexuell oder homosexuell oder aber auch grundsätzlich kein Interesse an Sexualität haben. Die körperlichen Merkmale im Traum zeigen also etwas Mentales, Unbewusstes, Psychisches an. Sie zeigen eine innere Orientierung an. – Es ist aber auch möglich, dass eine frühere Inkarnation im Spiel ist, in welcher man als Frau männlich war und umgekehrt. – Des weiteren muss man den rein symbolischen Aspekt erkennen: tatsächlich können Männer im Traum „gebären" und haben Frauen einen „Phallus": das meint vielleicht die Produktionsfähigkeit von Mann und das Durchsetzungsvermögen von Frau.

Geschlechtsumwandlung: Betrifft oft eine Elternsuggestion, die in der Schwangerschaftszeit anderes wollte, als das Geschlecht des Kindes dann schließlich war. Aus diesem verdrängten und unbewussten Grunde lassen sich Menschen manchmal später um-operieren. Im Traum kann das Motiv auch nur Rollen, Verhaltensweisen meinen.

Geschlechtswandel: Zeigt geheimen Charakter hinter der Oberfläche oder Rolle. Beispiel: Ein Mann wird im Traum von einer Frau geküsst, dieser wird aber bald eine Frau: die Küssende liebt in Wahrheit ihre Mutter (z.B. als Kompensation eines Muttermangels) mehr denn Männer, ist heimlich homophil (a), oder hinter dem Mann verbirgt sich zu starkes, überbordendes Weibliches (b). Real wird der Geschlechtswandel, als Um-Operation, manchmal durchgeführt, um eine fatale Muttersuggestion zu erfüllen (früherer Wunsch der Mutter nach einem anderen Geschlecht ihres Kindes).

Geschlechtswechsel: Manche Männer im Traum können natürlich eine überdominante weibliche Seite von sich zeigen, z.B. dann durch ein weibliches Gesicht. Oder ein anderes Beispiel: Man sieht eine Frau von hinten, erkennt dann, dass diese ein halbnacktes Mädchen krault und erkennt dann: diese Frau muss ja wohl doch ein Mann sein, oder täusche ich mich? Nicht unbedingt die manifesten Geschlechterrollen können tauschen und springen im Traum, sondern die geheimen geschlechtlichen Orientierungen. Da sprechen wir vielleicht von markanten Charakterseiten. Im Effekt kann sich eine Frau wie ein Mann benehmen, bleibt aber für die oberflächliche Beobachtung eine Frau. In der Tiefenerkenntnis, in der Beobachtung durch einen andern oder im Traum kann das Geschlecht von latent zu manifest oder als Symbol „wechseln".

Geschlossen: Geschlossene oder verschlossene Läden oder Türen oder Wege verraten eine geheime, starke Ablehnung. Irgendjemand verweigert etwas massiv, und es wird nur im Unbewussten erkannt.

Geschlossene Abteilung: Eine solche Abteilung ist Teil einer psychiatrischen Klinik, wo man eingesperrt ist; und sie meint allgemein unser Weltleben als Gefängnis, Entfremdung.

Geschmack: Schmecken und Riechen entscheiden sehr tief und stark über emotionale oder erotische Ablehnung oder Zuneigung. Deutlicher Ausdruck von Lieben oder Hassen.

Geschnitten-Werden: Wenn man von vielen Personen im Traum geschnitten wird, so ist der Inhalt dramatischer als man denkt. Es verrät sich eine Totalablehnung ganz aggressiver Art (evtl. eine alte Geschichte verrät sich), wenn auch eine nicht offene.

Geschwindigkeit: Eine sehr große Geschwindigkeit kann einen schnellen Wechsel, eine dezidierte Veränderung, einen Dimensionswechsel anzeigen. Wir finden in den Nahtod-Erlebnissen oft den Bericht der Betroffenen, dass sie mit ungeheurer Geschwindigkeit durch einen Tunnel gezogen, gesogen würden bzw. flögen (aufwärts zum „Licht am Ende des Tunnels" = in die geistige Welt). Siehe auch „Beschleunigung"

Geschwister: Geschwister in der Symbolik meinen Personen gleichen Geistes, nicht Blutsverwandte. Gerne sind auch Personen gemeint, die die gleiche seelische Verletzung haben. Geteiltes, verwandtes Leid verbindet und ergibt sogar Liebespaare.

Geschwister-Sex: Es muss nicht unbedingt um die beiden Akteure, Geschwister im Traum gehen, sondern es ist ein indirekter Hinweis, dass irgendwo etwas Ähnliches wie Inzest oder Missbrauch stattgefunden hat. Gerade auch der sexuelle Missbrauch an Kindern, von Erwachsenen aus, wird mit diesem seltsamen Bild gerne dargestellt.

Geschwür: Ausdruck einer traumatischen psychischen Belastung in einem symbolisch zu sehenden Organ, Körperteil (z.B. Magen = Mutterthema; weibliche Scham = Missbrauchsthema). Manchmal Warnung, Mahnung bezüglich einer Krankheit.

Gesicht, bekanntes: Hier geht es um einen Angehörigen, bzw. um eine tief angenehme, befreundete Person. Waisenkinder, Adoptionskinder „suchen nach dem bekannten Gesicht im Traum" – vergeblich.

Gesicht, ideales: Optimale Wahrheit und Liebe, auch Schönheit.

Gesicht: Die Wahrheit, was gesehen werden kann und was man zeigt; das Gesicht ist auch der Sitz der Augen, der Seelentiefe also. Oft im Traum sieht man einen Menschen nur von hinten, oder man sieht eine Person, ohne ihr Gesicht zu erkennen: Vorsicht, dieser Mensch verbirgt etwas, nämlich seinen wahren Charakter. Offenbare oder verborgene Wahrheit, ablesbar im Gesichtsthema, bezieht sich aber nicht nur auf Personen, sondern allgemein und übergreifend auf eine Situation. Daher bedeutet es Unkenntnis allgemein in einer Sache, wenn ein Gesicht nicht zu sehen ist, auch manchmal geheimes Abgelehntwerden. Insgesamt so: Wahrheit, Sich-Zeigen; oft aber auch umgekehrt so: Gesicht und seelische Wahrheit verweigern. Insgesamt: Gesicht oder Sehen zeigen ist = Liebe, Gesicht verweigern ist = Ablehnung.

Gesichtslos: Hier geht's um eine Person, die zwar großen Einfluss auf das Leben des Träumers hat oder hatte, die aber unbekannt bleibt. Irgendein Akteur im Spiel des Lebens zeigt nicht seine Wahrheit.

Gesichtswechsel: Wenn eine Person im Traum ihr Gesicht wechselt, dann soll der Charakter der ‚neuen‘ Person als ihr Geheimnis, als ihr Alter Ego gezeigt werden. Dann hat sie ‚zwei Gesichter‘.

Gespenster: Sie können als intrapsychische Spuren auftreten, die von tabuisierten Verstorbenen aus der Familiengeschichte stammen können. Unerledigtes aus dem Clan zeigt sich gern als Gespenst bzw. als ‚Gespenst‘. Natürlich sind Gespenster auch neurotische Komplexe, Besetzungen, und zwar gern geleugnete. Man soll sich aber nicht täuschen: die psychischen Komplexe der Ahnen wirken enorm nach.

Gespräch festhalten: Hier verrät jemand die Absicht, einen Kontakt oder eine Beziehung unbedingt aufrechterhalten zu wollen, fortzuführen. Ein Gespräch beenden, bedeutet einen Kontakt abbrechen zu wollen.

Gespräch: Da geht es um mehr als nur ums Reden. Gemeint ist eine sehr dichte Kontaktaufnahme, d.h. manchmal auch im Sinne von Erotik oder von Beziehung, Verwandtschaft. Wer spricht, führt auch. Ein Gespräch übernehmen kann so bedeuten, eine Dominanz an sich reißen.

Gestern abend: Das ist gern ein codierter Hinweis auf eine nebulöse Vorstufe. Es kann sogar um ein Thema gehen, was vor der Geburt oder vor der aktuellen Inkarnation lag. Man könnte übersetzen: da geht es um etwas sehr frühes Unbewusstes.

Gestorben: Es gibt die Redewendung „du bist für mich gestorben". Damit sagt der Träumer aus, dass er mit einer derartigen Person, ob nun konkret oder im Gleichnis, nie mehr etwas zu tun haben möchte. Das Motiv verrät also, dass irgendwann im Leben eine sagenhaft eindeutige, nicht mehr reparierbare Entscheidung getroffen worden ist, und zwar bezüglich eines speziellen Charakters, einer speziellen Person, eines speziellen Erlebnisses.

Gestrüpp: Der Träumer steht vor eine Sperre, die als Dickicht, Gewächs ihre wahre Aggressivität nicht zeigt, dennoch gern Unüberwindbarkeit darstellt.

Gesund: Das kann in Träumen, in denen in Wahrheit indirekt das Sterben angesagt ist, eine Komplementär-Bedeutung haben und meint die seelische, ewige Gesundheit nach dem Ableben. Gemeint ist dann nicht eine irdische Gesundung, sondern die Gesundheit im Himmel.

Getränk: Wir denken hier besonders an das Symbol, jemandem im Traum ein Getränk zu geben. Dann ist gemeint, ihn zum Aushalten, zum Überleben zu stärken. Es möchte jemand eine elementare Liebesgabe reichen oder ggf. selbst stark trinken (wenn auch verdrängt). „Trinken" gehört zur ersten Befriedigung, zum Muttererlebnis – strahlt bis in erotische Szenen aus. Wer also einem anderen ein Getränk anbietet im Traum, macht fast ein Liebesangebot, d.h. vielleicht offeriert er/sie Sex.

Gewähr: Die Gewähr beinhaltet einen Anspruch, also könnten wir auch von einem Gewährleistungsanspruch sprechen. Das hat im Traum nichts mit wirtschaftlichen Geschäften zu tun, sondern mit persönlicher Beziehung. Ein Gewährleistungsanspruch bedeutet somit, dass jemand Anrecht auf personale Unterstützung hat oder dass jemand psychisch für einen anderen eintreten soll.

Gewaltlosigkeit: Zeichen für Weisheit und Gottesnähe.

Gewehr: Gewehre, Pistolen, auch Kanonen und Ähnliches = nicht selten männlich-phallisches Sexualorgan.

Gewindestange, eiserne: Manchmal etwas Phallisches und eine Aggression darstellend (auch im Herzen einer Frau möglich).

Gewinnen: Wenn es um das Gewinnen von Geld geht, ist gern Erotik im Spiel. – In einem Spiel oder Wettkampf gewinnen – oder auch in einer Wette – bedeutet mehr, als man auf den ersten Blick meint. Es steht, beim Verlieren, das Überleben auf dem Spiel.

Gewitter: Prognostisch Gefahr, Unglücksfall, mögliche Krankheit. Rückblickend: sehr starke Stress-Situation ehemals. Wetter als sprechende Begleitung, Erklärung der Psyche.

Gewölbe: Manchmal Erinnerung an den uteralen Raum.

Gift: Als Flüssigkeit oder Krankheit, nicht selten in blauen Farbtönen, verrät das Symbol Gift, dass der Träumer von irgendeinem traumatischen Ereignis erhebliche Nachwirkungen immer noch in sich trägt. Gift kann auch eine positive Gabe sein, eine neutrale, wie im Englischen „gift". Wird aber meist, schon im Traum (in der Realität noch häufiger), als sehr ungünstig und hoch gefährlich empfunden. Ggf. Erinnerung an eine Tötungsabsicht von anderer Seite aus. Wenn z.B. im Altersheim (in der Realität) angeblich verwirrte Personen glauben, dauernd vergiftet zu werden, dann drücken sie unbewusst eine Wahrheit aus: irgendjemand zielte einmal früher auf Anti-Lebens-Gaben für sie. Auch Symbol einer extrem abgelehnten Schwängerung oder Samengabe.

Gipfelkreuz: Assoziation zum Befruchtungsmoment bzw. zu diversen anderen Höhepunkten. Allgemeines Freiheits- und Transzendenzgefühl.

Gips: Steht für etwas Unlebendiges, Totes. Das Weiße und das Trockene sind nicht gut.

Giraffe: Vermutlich geht es um eine Verschiebung, nach der Symbolischen Gleichung „Oben wie Unten", und es geht um eine Verschmelzung, eine Einheit der Gegensätze.

Gitarre: Gitarrenspiel zuweilen als sexuelles Tun (auch evtl. Selbstbefriedigung). Indirekt jedenfalls dürfte eine Erotik anklingen.

Gitarrensaiten: Wenn die Gitarrensaiten erklingen, meint dieser Gitarrenklang als Musik nicht selten Sex und Erotik.

Gitterstruktur: Das ist ein Archetyp für Ordnung. Ob es nun mit der chemischen Gitterstruktur von Metallen zu tun hat, sei dahin gestellt. Das Gitter taucht gern als „Drahtgitter" im Traum auf. Es schafft Ordnung, Struktur im Chaos oder im Müll oder im Durcheinander. Es meint ein Denk- und Erkenntnismuster. Es ordnet verwirrende Dinge wie ein feiner Zaun. Es hält etwas zusammen – wenn es explodiert, zerplatzt, kommt ein gravierend neues Ereignis.

Glänzen: Meint etwas Attraktives; also kann glänzende Kleidung bedeuten: sich attraktiv machen wollen. Sehr Glänzendes oder Glitzerndes kann auch Transzendentes oder Göttliches meinen.

Glas: Eine Trennwand ist angezeigt, eine Grenze, die nicht total verschlossen ist, sondern etwas Transparentes hat; ähnlich ist das Symbol Fenster oder Fensterscheibe. Hinter Glas zeigt sich die andere Welt, Dimension, z.B. das Unbewusste oder das weit Frühere oder das Geistige – das jedoch sozusagen in der Nähe ist, d.h. hin und wieder sichtbar, prinzipiell bewusstseinsfähig ist. Zusammenfassend ist „Hinter Glas" = eine verdeckte Angelegenheit, z.B. eine Aggression, die aber dennoch bemerkbar ist, sowie ganz Fernes (z.B. Zukunft oder Vergangenheit). In besonderen Fällen, z.B. in den Grimmschen Märchen, ist das Motiv Glas mit dem Symbol Spiegel zu erklären. Ein „Glasberg" im Märchen bedeutet also eine unbewusste, jenseitige, alternative oder geistige Welt, jedenfalls eine andere Dimension als die übliche Realität der

Erde. „Glas" kann auch indirekt für ein Tod-Thema stehen. „Spiegel" sowieso. Siehe auch „Spiegel"

Glashaus: Absicht einer Rücksichtsnahme, die nicht wirklich Erfolg hat.

Glasplatte: Ein Archetyp, der zu irgendeinem unsichtbaren, unbewussten oder jenseitigen Thema gehören kann.

Glasscheibe: Dieses Symbol kann in verschiedenen Varianten auftreten, z.b. als Fensterscheibe oder als Plexiglas-Abdeckung. Dahinter liegt eine Geschichte, die für das Bewusstsein unbekannt ist oder auch tabuisiert ist. Es kann sich um eine Option handeln, die nicht oder noch nicht realisierbar ist. Oder es geht um ein tiefes Trauma, dass dem Bewusstsein im Moment fern ist. Die unsichtbare oder wenig bemerkte Trennwand agiert gern als Verhinderung, Sperre, nicht konkret, sondern psychisch gemeint. Eventuell als betont spirituelle Trennwand, oder aber auch gern als personale Ablehnung. Fazit: Hinter einer Scheibe aus Glas, zeigt sich gern die andere Welt. Das kann das Unbewusste sein oder aber auch das Jenseitige. So kann man als Beispiel im Traum etwas über Verstorbene, die sich hinter Glas befinden, erfahren.

Glasscherben: Stress, Krankheit, Widrigkeiten, auch mit Lebensgefahr.

Glassplitter, Glasscherbe: Evtl. Vorbote einer todesnahen oder todgefährlichen Sache . „Glas" ist ein gewisses Jenseitssymbol. Die kleine Glasscherbe zerstört noch nichts, aber man sollte ab jetzt Obacht geben. Man könnte sie mit „Vorsicht!" übersetzen.

Glätte: Z.B. als Raureif oder dünne Eisschicht ist sie ein Signal für große Gefahr, sogar für Lebensgefahr.

Glätten: Ähnliche Bedeutung wie „bügeln". Man beobachtet öfter, dass Sterbende das Bettzeug oder die Tischdecke glatt ziehen, unbewusst bzw. nebenbei, und dieses „Glätten" meint: alte unerledigte Inhalte ersatzweise beenden, bearbeiten, heil machen, regeln wollen. Also das Motiv des Glattmachens ist insgesamt eine Mischung aus Verdrängen und Verzeihen, Erledigen.

Glatthaar: Wenn die Haare übermäßig betont als glatt dargestellt werden, so mag der Träger dieses Kopfhaares im Prinzip weniger sexuell, aggressiv als etwa Gelockte sein.

Glatze: Als Symbol Betrug (Verstecken, Verheimlichen, Entfernen) im mentalen Bereich; Lügen im Kopf oder per Kopf. Die Haare, das sind nämlich die offenbaren Gedanken, fehlen nicht zufällig bei der Glatze im Traum. (Nicht zu verwechseln mit glatzköpfigen Menschen in der Realität.) Symbolisch wird es so verstanden, dass jemand sein „Haare" als seine Gedanken nicht zeigt, sondern versteckt.

Gleichstand: Im Zusammenhang mit einem Wettbewerb bedeutet das, dass man immerhin nicht unterliegt, aber nur mit ziemlicher Mühe ein Unentschieden hält. Der Wettbewerb kann zum Beispiel die typische Männer-Konkurrenz sein. Aber auch eine Geschichte auf Leben und Tod, das Remis zeigt ein sehr knappes Überleben.

Gleiten: Oft ist Sexlust gemeint (ähnlich bei Schlitten, Ski, Wedeln im Schnee).

Gletscherwelt: Kann wie eine ferne, eisige Einsiedelei gedeutet werden, für sehr abgehobene, extrem spirituelle Geister, Menschen passend.

Glied des Mannes: Steht stellvertretend für sein animalisches und emotionales Ich. Steht auch für Sohn, Vater. Und es ‚sitzt' die frühere Foetuserfahrung, Geburtserfahrung später im Glied, als Symptom.

Gliedmaßen: Alle Glieder, Gliedmaßen des menschlichen Körpers, z.B. ein Arm, können vom Prinzip her Kind, Foetus, Embryo bedeuten; ein Kind ist im Unbewussten Teil, Glied eines Erwachsenen.

Glitzern: Siehe „Glänzen"

Glück: Das Streben nach Glück und Lust erhält im Traum die Rückseite „was töricht endet". Gemeint ist, dass die Träume zeigen, dass der Mensch zu allen Eigenschaften und Elementen immer auch das Gegenteil bzw. das Komplementäre erhält. Als käme es vom Schicksal, oder als bräuchte jede Psyche zwei gleich-schwere Pole. Träume zeigen sowieso grundsätzlich die zwei Seiten einer Sache (wie Yin und Yang), wenn auch oft etwas apokryph, codiert. Trauer ist der Preis dafür, dass es auch Freude gibt. Jeder Pol-Ausschlag wird mit einem Gegenpol bezahlt oder ausgeglichen im Leben.

Glücksklee: Die sonst gern tod- und leid-belastete Vier erscheint hier einmal komplementär als Positivum. Außerdem ist es die pflanzliche Ausnahme, 4 Blätter als Besonderes, d.h. solche Raritäten, Ausnahmen sind gern Glückszeichen.

Glücksschwein: Siehe „Schwein"

Gnostik: Die Welt ist Betrug, Täuschung, Schleier der Maya, Imitation (imitatio dei). Der Mensch gehört in Wahrheit der geistigen Dimension an, als „Lichtmensch". Auch Gott ist nur transzendent. So lehrt die frühchristliche Gnostik oder Gnosis (mit „Erkenntnis" zu übersetzen).

Gold im Berg: Oder auch Gold, Glänzendes in der Höhle: meint den spirituellen Schatz eines jeden Menschen, der meist unbekannt, unbewusst ist.

Gold: Optimale Qualität im seelischen und spirituellen Bereich. Farbe für den transzendenten Bereich. Insofern also ein Stück des Himmels. Symbol für edle Moral, Altruismus, Gottnähe, Ewigkeit, Religiöses. Dauerndes, im Gegensatz zum Diesseitigen und Vergänglichen. Deswegen war der ursprüngliche Schmuck der Priesterkönige ein Goldhelm. Besonders zusammen mit Kobaltblau das Himmlische darstellend. Irdisch gedeutet meint Gold eine Art Verstärkung, etwa starke Liebe (Sehnsucht), starke Kompensation, diesseitig Wertvolles, Top-Leistung.

Goldfotos: Indirekte Zeichen von himmlischen Seelen oder himmlischen Leben. Sie sind das Gegenteil zu Fotos von der irdischen Existenz. Das Himmlische, Transzendente bezeichnet der dänische Kosmologe Martinus als „Goldkopie" des Leides auf der Erde; Schmerz wird umgewandelt zu Wert. – Mensch in Goldkleidung = ein Jenseitiger.

Gold-Kugel: Ein einseitiges Ego in kindlicher Abgeschlossenheit. Sagen wir so: eine heile und heilige Sterilität. Meist fehlt hier das Du, das Andere und die Entwicklung. Die goldene Kugel ist verführerisch, aber sie muss, wie im Märchen „Der Froschkönig", wegrollen, ins Dunkle hinein, in die Alternative hinein.

Gold-Päckchen: Auch als Embryo im Mutterleib deutbar, potentielles neues Leben.

Goldreif: Z.B. kann man am Arm oder Handgelenk einen Goldreif tragen und dann ist damit ausgedrückt, dass der betreffende Mensch etwas Spirituelles erzeugt oder auch viel davon in sich hat. Gold steht für Spirituelles. Es kann in Einzelfällen auch eine positive Liebesbindung sein.

Goldstück (Münze): Erfolg, in gesellschaftlicher, aber meist eher in mentaler, transzendenter Hinsicht.

Gold-Uhr: Das wertvolle Ich. Auch das pränatale oder himmlische Ich. Uhren (deren Farben z.b.) verraten die seelische Selbsteinschätzung.

Golfplatz, Golfspiel: Hier geht es indirekt um Bälle einlochen, spielen, schlagen. Diese Symbolkette zeigt, dass in gewisser Weise ein Sex-Thema angesprochen ist, wie übrigens bei vielen Sportarten.

Goma: Ist ein buddhistischer Ausdruck für den Sanskritbegriff Homa. Es geht um Gebetszeremonien oder auch um Opferrituale, in der Regel mit Feuer, mit einem Feueropfer verbunden. Man kann sagen, es werden Opfergaben in ein heiliges Feuer gegeben. Das ist aber nur das Äußere der Sache. Innerlich geht es darum, dass der Mensch sein Leben dem göttlichen Auftrag weiht. Die Homa- oder Goma-Opferhandlung ist nicht nur eine innere Läuterung, sondern es wird dargestellt, dass der Mensch sich mit seinem ganzen Wesen dem göttlichen Auftrag und Dienst hingibt. In Wahrheit wird jedes Leben geführt für göttliche Aufgaben, nur weiß das niemand. Gott sendet permanent Menschen auf die Erde für eine Goma- oder Homa-Mission. Der Erleuchtete ist sich dessen bewusst, dass er nur, so könnte man auch sagen, zum

Lobe Gottes lebt. Und die Träume teilen eben zuweilen mit: jeder lebt tatsächlich im Dienst der Götter... In diesem Wissen haben unsere früheren Vorfahren viel Wert darauf gelegt, Gott oder die Götter permanent zu loben. Das Leben ist wie eine Messe, wie ein Gottesdienst, aber keiner weiß es. Es ist eine Erfüllung, wenn man um seinen Dienst für die transzendente Welt weiß. Alle täglichen Dinge verrichtet man dann anders, erhoben. Es ist ein Trick des Kosmos, dem Menschen das Gefühl zu geben, er täte dies und jenes für sich selbst und für sich allein – auf diese Weise läuft das Gesamtschicksal ab oder eine Art von Goma-Zeremonie.

Gorilla: Starker oder potenter Mann. Die Gorillafigur, das Gedrungene, Stiernackige und Schwarzhaarige, also etwa das Gorilla-Ähnliche eines Mannes verweisen auf starke Potenz.

Gott: In aller Regel kann nicht die allgemeine Deitas (lateinisch für Gottheit, übergreifend Göttliches, ohne Name, Figur, Geschlecht oder Schöpfung), das reine göttliche Prinzip also, ein Deus sine natura (Spinoza) gesehen werden, sondern nur eine Abbildform, eine stellvertretende Person; d.h. es treten Jesus, Buddha, Allah auf, man könnte fast sagen: wahllos, willkürlich – bzw. wie es gerade am besten zum Thema passt, also denn doch nicht wahllos, sondern vielleicht sinnvoll, allerdings subjektiv bestimmt. Auch Engel oder transzendente Lichter, ein Religionsanführer, auch zauberische Tiere können es sein, d.h. im Traum auftreten. Die Konfession, der Glaube des Träumers ist dabei nicht entscheidend. Zuweilen kann Gott sprechen und eine Botschaft oder Mahnung geben; oft aber ist es nur eine weise, heilige „Stimme", die indirekt etwas mitteilt, die ein Zeichen gibt. Im Traum ist Gott z.B. der unsichtbare Chef hinter dem Vorhang, man ist in seiner Nähe, aber man kann ihn nicht sehen! – Wenn der Mensch über einen anderen Menschen herrscht, z.B. ein Folterer, dann wird dieser vom Opfer als „Gott" angesehen (das ist: Herr über Leben und Tod); auch bei anderen Machtverhältnissen oder Konstellationen mit großem Gefälle (ohne Folter) liegt so eine Thematik nahe. Überragen und Siegen lässt uns vergessen, dass wir abhängig und sterblich sind. – Das Göttliche ist mit dem Geschaffenen keineswegs identisch, bzw. Gott kümmert sich um Leid oder Glück der materiellen Welt nicht (wie in der Gnostik oder im Koran). Gott, Götter sind die Herrscher über das Leben, das Lebendige, deshalb schätzen wir sie so hoch. Manchmal indirekt stellvertretend für zeugende, schöpferische Eltern. In alten Schriften ist u.a. von den Elohim = den Göttern im Plural die Rede, d.h. nicht ein Gott, sondern eine Gruppe von Göttern schuf das Leben, den Menschen. Götter stehen für eine ferne, himmlische Sphäre. Und können im Traum auch verglichen werden mit den sogenannten Prä-Astronauten, die nach Meinung mancher vor langer Zeit auf der Erde als Götter landeten und den Menschen erschufen (vgl. den Autor Zecharia Sitchin).

Gott kann: Als Spruch oder Option gedacht. Betrifft das Eingreifen auf der Erde – ob er will, ist vom tagesbewussten Menschen aus nicht festzustellen.

Gottesdienst: Die Träume sagen, dass das Leben eigentlich, ohne dass man davon weiß, ein Gottesdienst ist. Das Symbol weist aber auch in kleinem Maßstab darauf hin, dass der Träumer hin und wieder einen Bezug zu Gott herstellen kann oder an Gott denkt. Es scheint so, dass jede Biografie Dienst, Dienen für Gott und Schicksal ist. Siehe auch „Goma"

Gotteshaus: Das Haus des Gottes oder des Gottes Behausung steht für das, was man auch als Himmelreich bezeichnen kann. Das Gotteshaus (oder auch Königshaus oder hohe Universität im Norden) tritt auf, wenn unser Ende auf Erden im Traum als Rückkehr zu Gott dargestellt wird.

Gottesmutter: Es kann tatsächlich vorkommen, dass eine Frau, z. B. bezogen auf ihren Sohn, sich als Gottesmutter im Traum versteht oder bezeichnet. Das klingt natürlich nach Blasphemie oder großer Angeberei – aber wer weiß, auf welche Weise wir nicht von den sogenannten Göttern abstammen. Vielleicht waren ja die Götter Präastronauten (Nefilim), die sich mit den Menschenfrauen mischten (vgl. das Alte Testament)? Man kann so einen Gottesmutter-Traum auch harmlos deuten, und zwar in der Art, dass jeder doch im Traum seinen göttlichen Kern entdecken kann und darf. – Ansonsten ist natürlich das weibliche göttliche Prinzip, neben dem Männlichen und dem Kind, aus der Trinität also gemeint, welches Prinzip das Konstruieren, den geistigen Entwurf für die spätere Natur darstellt (einer Schwangeren vielleicht vergleich-bar), passend als „regina universarum" benannt.

Grab: Eine Sache ist erledigt, abgeschlossen, ‚begraben'. – Selten als Vorzeichen zu verstehen. Auch Medium, Zugang für den Kontakt mit einem Toten im Traum.

Graben (das Graben): Wenn man Erde aushebt im Traum, also etwas umgräbt oder eher noch etwas ausgräbt, dann stößt man oft auf inter-essante Informationen, vielleicht auf Traumata, auf Betrügereien usw. Man gräbt also gern Geheimnisse aus früherer Zeit aus, die einem Tabu unterlagen oder die dem Träumer verschwiegen wurden, weshalb es oft um arg negative Komplexe, unten im Graben, geht. Siehe auch „Aus-graben"

Graben (der Graben): Im einem Graben kann etwas tiefer als in der übrigen Umgebung liegen. Auch kann der Graben eine Fahrt oder Be-wegung stoppen, aufhalten, also ein Hindernis sein. Als Straßengraben verweist er auf eine Verkehrsgefährdung, die naheliegen könnte. Ge-nerell also kündigt das Symbol des Grabens ein gewisses Problem an.

Grabmal: Allgemeines Symbol für ein vergangenes Ereignis, dass nicht wieder heraufzuholen ist. Auch personal: für Verstorbene also.

Grammatik: Ergebnis der Erziehung und Initiation, die man von den Eltern erhalten hat oder auch durch das Leben erhalten hat. Die Gram-matik stellt das Fazit der Fähigkeiten dar, über die man nun verfügt, oder das Gerüst der Fähigkeiten. Vgl.bar einer Struktur. Eine Gramma-tik ist als ein Grundlagengerüst zu verstehen, nicht offensichtlicher, sondern codierter Art. Im Einzelfall können Abstammung, Genetik und andere Grundlagen gemeint sein.

Gras: Frühes, kräftiges Wachstum, elementare Lebenskraft; in den meisten Fällen das Wachstum in der Schwangerschaft darstellend, also ein uterales Thema, in diesem Zusammenhang meist kurz geschnitten, als idealer Rasen. Gras mähen, etwa per Sense = abtreiben, töten oder auch einem Wesen sexuell Gewalt antun. Direkt vergleichbar mit der vitalen „Grünkraft" der genialen Hildegard von Bingen.

Gras-Abschneiden: Hier geht es um den alten Archetyp des „Schnitters". Wenn Pflanzenbüschel, Getreide oder eben nicht selten Gras abgeschnitten daliegen, muss das nicht unbedingt eine negative Gesundheitsperspektive zum Träumer bedeuten, sondern kann auch meinen, dass sich der Träumer mit dem Tod – oder auch nur irgendeinem Ende – eines anderen Objekts oder Subjekts im Traum beschäftigt. An Verjüngung, Neues könnte man auch denken.

Graslandung: Sich aufs Gras werfen, d.h. also dort bäuchlings landen, wie zuweilen in Fußballstadien vor dem eigenen Anhang üblich, ist ein Symbol sehr starker Gemeinsamkeit und Verbundenheit. Auch seinen „Platz haben", erobern meint es.

Grasnässe: Erinnerung an ungute ganz frühe Wachstumszeit. Damit kann die Kindheit gemeint sein, aber meistens die Schwangerschaftszeit. Nässe generell ist oft ein ungutes Symbol. Gras gehört zum allererstem Wachstum.

Grasstreifen: Das Gras neben Wegen, Fahrbahnen wartet sozusagen als infantile Regression bei einer Fahrt, einem Unternehmen, z.B. wenn der Autoreifen auf den Grasstreifen gerät.

Grasversteck: Wenn etwas offensichtlich unter Gras versteckt wird, geht es manchmal um eine tabuisierte Zeugung bzw. Schwangerschaft. Denn das Motiv „Gras" steht für ganz frühes Wachstum, und zwar schon im Mutterbauch.

Grat: Gefährdungssituation, knappes Überleben auf dem Berggrat, d.h. auf dem Lebensweg.

Gräten: Als Relikt eines ganzen Tieres, d.h. als Skelett, auch gegebenenfalls wie abgenagt, ist ein Todes-Thema angezeigt. Beispiel: abgenagtes Grätengerüst von kleinen Fischen = könnte ein Hinweis auf Abtreibung sein.

Grau: Gefühlsberuhigung und Gefühlsunterdrückung. Gegenteil von „bunt" = lebendig. Mentale, kühle Souveränität, emotionale Distanz; oder aber Unlebendigkeit. Grau kann auch für Tod, Totes stehen, zumal ein gewisses unattraktives Dunkelgrau. Umgekehrt kann Dunkelgrau, besser gesagt Anthrazit, als Farbe zu einem potenten (cool untertreibenden) Mann gehören. – Es gibt auch graue Körper- und Hautphänomene. So kann es im Traum eine graue Blässe oder einen grauen Fleck auf der Haut der Stirn geben. Auch die Augen, die Pupillen können grau sein. Da geht es manchmal um eine seelische Verletzung, die nicht selten zu einer psychischen Krankheit oder gar zu einer somatischen Krankheit gehört.

Grau-Kleidung: Nicht selten geht es um einen Menschen, der sich quasi verstecken möchte. Besser ausgedrückt: der sich ungern outet. So ein Mensch in Grau kann schon einmal gerne eine Wahrheit zurückhalten. Er kann aber auch ein angenehm unprätentiöser Typ sein.

Gravitation: Siehe „Morphogenetisches Feld"

Grenzort: Berührungsstelle zwischen Diesseits und Jenseits, also beispielsweise zwischen Geburt und Tod oder zwischen Bewusstem und Unbewusstem. Im naheliegenden Sinne ist gemeint, dass ein Lebensweg oder meistens eine Information, eine Erkenntnis hier nicht weiter geht. Es geht also um einen Stopp, ähnlich auch wie Grenzlinien oder Grenzflüsse, wo man mit Bemühungen oder gerne auch mit Erkenntnissen nicht weiterkommt. Gerade Wissen oder Bewusstheit sind eben im Leben begrenzt. – Eine Sonderbedeutung der Grenze oder des Grenzortes ist: dass danach das Jenseits beginnt. Also Stelle für einen Kontakt mit einem geliebten Verstorbenen.

Grenzüberschreitung: In dem Sinne, dass andere die eigene Grenzlinie nicht akzeptieren (zu enge Nähe z.B.) = eine Aggression von anderen Personen.

Griechisch: Besonders das Altgriechische hat eine Bedeutung in Richtung eines früheren Zustandes hin und in Richtung der Erotik hin, man könnte auch sagen: in Richtung von Antike und Natürlichkeit. Auch als modernes Griechisch dürfte es vielleicht eine ähnliche Bedeutung haben. Die „Antike" im Personalen ist die frühe Kindheit des Träumers.

Griff: Nicht nur das Instrument, sondern überhaupt die Potentialität, etwas im Leben anzugehen, "ergreifen" zu können.

Grobes-an-Kleidung: In Frauenträumen vielleicht ein Hinweis auf eine etwas stark männlich betonte Seite der Frau.

Groß: Körpergröße stellt ein großes Herz dar; das meint also eine großmütige, großherzige, großzügige Persönlichkeit; auch ethisch, moralisch ist eine solche Person überlegen, ähnlich den griechischen Göttern, die auf der Welt, inkognito, durch ihre Körpergröße auffielen (z.B. Demeter), und ähnlich der besonderen Größe der Engel oder auch manchmal der Verstorbenen (der geistigen Wesen) im Traum. Es handelt sich also um einen weit verbreiteten Archetyp (vgl. auch z.B. Karl „der Große") für mentale, nicht für körperliche Größe. (Kleinheit im Traum = gern Kleingeistigkeit.)

Großdruck: Es ist ersichtlich, dass es um die „große" Bedeutung eines Lebenswerkes oder eines Lebensabschnittes geht.

Großkatze: Da sind besonders Löwe/Löwin und Tiger/In zu nennen, weniger der Luchs; sie stellen das Wilde der Frau dar, auch als Aggression, Stärke, Sexualität usw. Der klassische Archetyp ist „die Schöne und das Biest" (bestia), la belle et la bête. Im Zweistromland, auch auf Kreta, gibt es viele Abbildungen der Göttin mit den zwei Löwen/Löwinnen. Vgl. auch die Tarotkarte „die Kraft". In männlicher Form, wie beispielsweise als schwarzer Kater, wird das typisch Weibliche schon etwas verlassen, anders ausgedrückt: übertrieben aggressiv, als ob es männlich wäre; auch ein männlicher „Tiger" (siehe dort) kann für diese Qualität stehen. Gekürzt ausgedrückt, geht es um eine aggressionsfähige und sexuelle Frau bzw. Mutter oder einfach um eine „starke Frau". Jedenfalls manche Göttinnen sind nicht umsonst mit zwei Großkatzen abgebildet.

Großmutter: Als Begriff d.h. als Archetyp, nicht als konkrete Frau NN., ist sie eine positive, unterstützende Schicksalsmacht. Vgl. „Oma". Eine Besonderheit der Großmutter ist, dass sie in Träumen, wo es um die richtige oder falsche Partnerwahl geht, eine klügere Position hat als andere (etwa Mütter). Außerdem können Großmütter als Geist einer Ahnfrau früh neue Schwangerschaften im Traum ankündigen. Vgl. auch „Großvater"

Großvater: Eine Besonderheit ist die enge psychische Verstrickung im Unbewussten mit dem männlichen Enkel (etwa so, als trügen beide an demselben Karma [gilt auch für Frauen]). Als Großvater-Chiffre können mythische oder biblische Namen auftauchen, z.B. Joachim (Vater der Maria) als Großvater Jesu. Im Leben der Großväter und Großmütter liegen mehr Kerne und Ursachen für die Biografie der Enkel als in den Eltern der Enkel.

Großvögel: Vögel haben generell eine vielfältige Bedeutung. Wir konzentrieren uns hier auf bestimmte schöne, große Vögel wie etwa Pfau, Kranich, Papagei. In Frauenträumen können diese einen männlichen Phallus oder einen geliebten Mann umschreiben. Sie sind aber auch ein Kontakt zur geistigen Welt, z.B. der Adler der Indianer, oder der Storch. Sie verkünden die Absichten der Ahnen, sie öffnen Pforten zum Jenseits und zum Unsichtbaren, verkünden das Unbewusste und das Schicksal, gern auch die Zukunft. Der Großvogel repräsentiert das Herrschen, auch einen scharfen Gegner (als Raubvogel). Generell ist übergreifend die Affinität oder Nähe des „Federviehs" zu Frauen größer als zu Männern.

Großzehe: Verschiedentlich ein Phallus-Symbol. Aber auch, wie alle Zehen und Finger, möglicherweise ein Embryo-Symbol.

Grotte: Möglich als Bauch der schwangeren Mutter; ebenso als transzendenter Vor-Raum zur Welt. Deshalb z.B. Erkenntnisort oder auch Geburtsort. Typisch für spirituelles Erkennen in der Mithras- und Jesus-Legende und natürlich auch bei den Eingebungen des Mohamed.

Grün, starkgrün: Das hoch konzentrierte oder verdichtete Grün tritt auch als Dunkelgrün oder Tief-Grün auf. Es ist relativ ambivalent. Eigentlich gehört es zu unseren Wachstumsanfangsstufen, die enorm vital waren, d.h. zur Zeugung und zum Aufenthalt im Uterus. Es kann eine vorgeburtliche Affinität haben, und es kann als „dunkles Grün" auch das Jenseits meinen, das Postmortale, den Tod. Zu unterscheiden von Oliv, was etwas wie starke Männlichkeit meint.

Grün: Bereits genial erkannt durch Hildegard von Bingen: vgl. ihre „Grünkraft", viriditas. Farbe der Schöpfung, der Natur, des diesseitigen Lebens, also allgemein das Wachstum. Als Wiese, grünes Gras meist schon das Wachsen, Leben im Mutterbauch andeutend, sonst als frisches, starkes Grün die Lebenskraft in der Kindheit. Dunkelgrün: Trauer- und Todesfarbe, d.h. keinesfalls froh, sondern eher belastend. Lindgrün: Sanftheit, Zurückhaltung der Emotionen oder Lebensenergie. Türkisgrün: teils gefährlich, wie nämlich giftgrün, teils sehr abgehoben, distanziert, kühl, so dass z.B. ausgedrückt sein kann, dass die Heterosexualität gebremst ist oder beherrscht ist (wodurch in Einzelfällen Türkis latente Homosexualität anzeigen kann). Im Unterschied zu gelb, rot usw. ist mit Grün ein Vorstadium in der Natur angezeigt, was dann für Grün auch die bekannte Bedeutung der Unreife, frühen Jugend, Unerfahrenheit ergibt (Greenhorn; noch grün hinter den Ohren sein).

Grünblaugrau: Stimmigste Farbe des Unbewussten oder Vorgeburtlichen.

Grundausbildung: Aus der Szenerie der soldatischen Ausbildung heraus geht es hier verallgemeinert um den Anfang einer Ausbildung oder einer Entwicklung. Das Motiv der Grundausbildung alleinstehend stellt ggf. einen Abbruch, einen unvollendeten Weg dar.

Grundstück: Abstammung. In Einzelfällen die Vater-Identitäts-Frage anschlagend. Basis, auf der man fußt. Unsere Anfänge, unser Platz im Leben. Auch als Eigentum, Lebensbasis die Ehe, bzw. vom Mann aus gesehen: des Mannes Ehefrau. Etwas ähnlich wie Acker, Land, Garten, Wiese. Allgemein Terrain, von wo aus man die verschiedensten Ansprüche hat.

Mit diesem allgemeinen Stück Erde ist weniger ein Platz, eher schon ein Besitz gemeint, jedenfalls der Art, dass es stellvertretend für Erlebnisse, Beziehungen, Personen steht. Manchmal Thema der Identität, Abstammung väterlicherseits.

Grundstücksende: Gern auch als „Gartenende" im Traum auftauchend. Das ist eine mysteriöse Informationsstelle über den Vater, manchmal über den unbekannten Vater oder auch über den verstorbenen Vater, auch über Konkurrenten des Vaters.

Grüne Kleidung: Total in Grün gekleidet sein kann heißen, Infantilität mit sich schleppen. Unbewusst mangelt es vielleicht an Erwachsensein. Eine Art Regressionszustand. Aber natürlich auch immer eine neutrale Modefrage und als positives Grün nicht zu vergessen.

Grünlich-blau-nächtlich: Das ist eine Farbvariante für die Darstellung des Unbewussten.

Gruppe: Es stellen sich Altersgenossen, Klassenkameraden oder Benachbarte im Traum gern als Gemeinschaft dar, in der Art, als hätten sie ein ähnliches Schicksal auf der Welt (ähnlich wie ein Produktionsjahrgang oder wie eine Kriegsgeneration). Das geht so weit, dass man in manchen Träumen den Eindruck hat, diese „Gruppe" kennt sich schon aus der pränatalen, geistigen Welt – was man je nach Glauben für möglich halten kann. Bei der Geburt verlässt man dann diese oder eine „Gruppe", was nicht selten in Träumen vorkommt, trifft aber im Leben geheimnisvoll anscheinend einzelne Gruppenmitglieder wieder (vgl. die Lehre der Anthroposophie). Insgesamt stellt eine „Gruppe" das soziale Umfeld im weitesten Sinne dar sowie die innerlich Gleichgesinnten. Auch als Symbol für Familie zu denken bzw. für alte Bindungen, Kontakte.

Gruß: Ausdruck für die Qualität eines Kontaktes, einer Beziehung zwischen zwei Personen. Gruß oder Begrüßung zeigen an, dass die agierende Person ein gutes Verhältnis zum Gegenüber haben möchte.

Gummi: In der Form von Gummilaken, -platten, -tücher ist meist etwas angedeutet, was falsch, verlogen oder versteckt ist. Irgendetwas Nicht-Echtes kann vorliegen. Siehe auch „Band"

Gummibändchen: Da geht es um eine Art Verpflichtungen, um Bindungen, die gerne auch eine Art Unfreiheit darstellen, und zwar in sehr subtiler, in nicht so auffallender Weise.

Gummibänder: Gummibänder oder auch Gummigurte stellen eine Bindung zu einem Fixpunkt oder zu einer Person dar, die allerdings nicht ganz so eng ist und wo Nähe eher etwas fehlt, die aber fest ist, jedenfalls nicht getrennt. Ein Band, was auf jeden Fall Spielraum lässt.

Gummimantel: Auch als außen gummierter Mantel auftretend, es wird über den unüblichen Gummi eine Verschlossenheit, Abwehr des Trägers, der Trägerin, nicht zuletzt in Beziehungsfragen, dargestellt.

Gurken: Entsprechend der Kosmetik in der Realität, wo man Gurkenscheiben zuweilen als Teil einer Gesichtsmaske für die Schönheit der Haut auflegt, sind Gurkenscheiben im Traum heilend. Sie reparieren und heilen das Körperglied, auf dem sie liegen, bzw. im übertragenen Sinne den Seelenteil, der durch ein körperliches Teil symbolisiert wird. – Ist bezüglich der Gurke betont, dass sie geschnibbelt, in viele kleine Scheiben geteilt wird, kann es um eine Ejakulation gehen. Es liegt nicht so fern, in der Gurke manchmal ein Phallus-Symbol zu sehen.

Gürtel: Allgemeines Symbol der weiblichen Sexualität, der Fraulichkeit, ggf. der Unschuld.

Gut drauf: Wenn Mädchen einen Mann so kommentieren: „Der ist aber gut drauf" (umgangssprachlich), dann sind sie von seiner sexuellen Ausstattung oder Aktivität überzeugt.

Gutes: Dieser Inhalt wird im Traum manchmal unter dem Begriff „die Kräfte des Guten" dargestellt. Interessant ist, dass das Unbewusste, also der Traum, Urheber hinter dem Guten sieht. Und so kann im selben Traum auftauchen, dass die Engel die Verursacher des Guten sind. Die

Träume lehren, als Fazit ausgesprochen, dass es eine Balance zwischen Gut und Böse auf der Welt gibt, dass aber die Kräfte des Bösen etwas stärker sind. Und sie lehren, dass geistige Urheber dahinter stehen.

Gutmenschen: Wir verwenden diesen Ausdruck hier allgemein für Menschen, die sich auffällig und ostentativ für hehre, moralisch gute Ziele engagieren. In der Regel ist es ein Feigenblatt, und diese Menschen können machtlüstern sein. Im Traum kann sich zeigen, dass man auch selbst mit scheinbar guten Zielen manipuliert worden ist, z.b. in der Erziehung.

Gymnastik: Tendenziell ist es eine Sexübung, das körperliche Tun ist dabei betont. Also z.b. Coitus oder eine Art von Sexersatz oder wenigstens sexuelle Annäherung, Absicht. Träume sind sehr nüchtern, sie können sexuelle Bewegungen als „Sport" beschreiben, auch als „Akrobatik" oder eben „Gymnastik".

H

H: Kann rein grafisch zu zwei stehenden Menschen in Verbindung assoziieren, etwa zu einem mit sich beschäftigten Paar, daher ist der Buchstabe H manchmal als Sex, Potenz zu deuten, optisch als Coitus oder auch nur als Männlichkeit.

Haar, einzelnes: Das kann eine symbolische Bedeutung haben, bis hin zur Genetik oder bis hin zur Sexualität. Aber es ist auch ein Merkmal für eine Aggression (vgl. „Haare auf den Zähnen") bzw. überhaupt für eine Emotion. Meistens geht es um etwas Nicht-Offensichtliches, sondern um eine Sache, die wie ein einzelnes Haar versteckt sein könnte.

Haare: Symbol für das, was innen im Kopf steckt, für das, was man denkt und auch fühlt. Daher stehen Haare besonders für das Mentale, aber auch für Liebe, Gefühl, Eros (Rapunzel im Märchen z.B. war beziehungsgestört, fand zum Mann nur noch über die erotischen Haare). Blondes Haar meint manchmal Kindheit oder ein Infantilitätsthema, bzw. generell das Frühe; schwarzes Haar ist eher Stärke, Aggression, Sex, Wiedergeburt. Mäßig welliges Haar „lockt" liebend; sehr krauses Haar (wie verschwitzt) meint eher Stress. Glattes Haar kann evtl. intendieren, nicht betont sexuell orientiert zu sein. Die Haarformen sind auch wichtig, z.b. aggressive Spitzen nach außen, oder das Denken ganz hinterm Haar verstecken (Pony). Fehlende Haare, also etwa die Glatze = meint manchmal die Lüge, d.h., was man denkt und fühlt, wird betont nicht gezeigt. Rotes, rot gefärbtes Haar könnte Liebe/Eros darstellen (verrät aber auch manchmal Süchtigkeit bzw. Aggression). Aller Kopfputz steht für das geheime Mentale innen, neben den Haaren auch die Hüte, Kappen und Ähnliches. Haare können als Haariges auch Widriges, Aggressives zeigen (vgl. „Haare auf den Zähnen"; Raubtiere haben viele Haare als Fell); ähnlich wenig positiv (d.h. eher tierisch-aggressiv) fällt die Bedeutung der Scham-, Köperbehaarung aus. Wenn es um ein einzelnes Haar geht, was markant auffällt, vielleicht auch noch schwarz ist, handelt es sich um das Symbol eines Verdachtes über eine unangenehme Sache. Vgl. „ein (einziges) Haar in der Suppe". Schönes Haar im Traum meint eine schöne Seele. Eigentlich meint schönes, gesundes Haar Gesundheit, aber diese wiederum wird psychisch verstanden.

Haarausfall: Ein Stress-Symptom, z.B. bei Frauen. Gefühlsprobleme (unterdrückte Wut, Liebesverlust). Relikt alter seelischer Verletzung.

Haarbüschel: Ein Haarbüschel an unpassender oder unüblicher Körperstelle, vielleicht noch betont dunkel, verrät eine spezielle Aggression oder eine Art Gegenwehr, Widerstand.

Haar–Gleichheit: Gedankengleichheit; Liebe.

Haarlängen-Unterschied: Denken wir an eine gewissen Disharmonie, in der ein Mensch z.B. rechts und links unterschiedliche Haarlängen trägt, so finden wir ein Symbol für einen gewissen neurotischen Zustand vor, im Einzelfall auch für ein Trauma. Es kann auch um eine unwahre Geschichte in der Genese dieses Menschen gehen. Es kann also irgendetwas Falsches oder Störendes subtil ausgedrückt werden. Eine

Harmonie der Längen sowie allgemein Ausbalanciertes verraten einen gesünderen geistigen Zustand.

Haarschur: Vergleiche „Haarverlust"

Haarspangen: Schmuck oder Aktivität, womit im weitesten Sinne ein Thema der Erotik, der Liebe angeklickt wird.

Haarstruktur: Ein harmonisches Bild der Haare, changierend zwischen Erhebungen und Tälern oder zwischen zwei sonstigen polaren Strukturelementen, zeigt einen schönen, harmonischen Geist des Träumers an. Umgekehrt zeigen wirre und sich stark kräuselnde Haare Stress.

Haarverlust: Ein Zeichen von Leid, von emotionalem Schmerz.

Haarwäsche: Bei Frauen ein übergreifendes Verschönerungsbemühen, für Ziele der Erotik.

Hacke: Als Metallgerät ein allgemeines Tötungswerkzeug; manchmal Abtreibungserinnerung.

Hackfleisch: In einem speziellen Einzelfall kann es um eine Assoziation zu einem Clan-Mitglied gehen, dass durch einen schweren Unfall, z.B. im Krieg, umgekommen ist – quasi zerfetzt worden ist. Hackfleisch stellt also gern einen zerschundenen Körper oder sehr verletzten Körperteil dar.

Hafen: Selbstfindung. Auch Portal für Jenseits- oder Diesseitsreise. Hafenbecken = Geburtsszene. Besonders wenn man einen Hafen von oben sieht, dürfte er anzeigen, wo man als ankommender Erdenbürger landet, landen wird.

Hagebutte: Hat manchmal mit dem Sex der Erwachsenen zu tun (mögliche Assoziationen zu Scharf, Süß, Rot, Penis, Klitoris und Rose). Dagegen haben Kirsche und Erdbeere einen etwas infantileren erotischen Touch.

Hager: Was Frauen angeht, so sind hagere und magere Mädchen im Traum eher nicht unbedingt heterosexuell interessiert oder orientiert. Das ist eine analoge Bildaussage, nicht in der Realität etwa auf schlanke, magere Frauen zu übertragen. Im Traum ist es so: je draller die Frauen sind, umso größer ist ihr Sexversprechen. Bei Männern stellt sich dieses Thema der fülligen Formen nicht in ähnlicher Weise.

Hahn: Eine Art Siegersymbol, z.b. als katholischer gallischer Hahn auf Kirchen. Steht auch für Aggression, Krieg, z.b. der Rote Hahn bei Nostradamus. Abgeschwächter: Dominanz, Männlichkeit, sexuelle Potenz oder der Phallus selbst (vgl. big cock). Auch ein Vatersymbol.

Haken: Wir denken jetzt einmal an Haken aus Eisen: Erinnerung an eine ungute Lebenssituation, an einen versteckten Angriff. Wie in der Redewendung „der Haken an der Sache" geht es betont um ein Manko. Zusätzlich passt Eisen zur Aggression, manchmal auch speziell zum Männlichen (Mars).

Hakenkreuz oder Swastika: Eine Kombination von Kreis, Sonnenrad, Spiralarmen und Kreuz, daher eine Konzentrierung von hohen Selbst- und Ganzheitssymbolen. Altes kultisches Heilszeichen – unabhängig vom Missbrauch zu sehen. Vergleichbar dem Chakra, einem stärksten Lebendigkeitssymbol.

Halb-Tot: Eine Person in extremem Stress; mit Sterben hat es meist noch nichts zu tun.

Halle: Ähnlich wie bei den Symbolen „Fabrik, Werk" ist das Diesseits gemeint, also das Weltleben oder die Inkarnation. Es ist eine begrenzte Dimension, wir werden hier hineingeboren und auch definitiv hier sterben. Auch die Zeit ist begrenzt, wie etwa in einer Glocke, worunter der Sauerstoff ausgeht. (Auch der autarke Weg nach draußen, ins Jenseits zurück, bedeutet Sterben.) Nichts gibt es hieran zu ändern. Diese Halle, Inkarnation ist die Welt der Gefühle, des Fühlens (vgl. Epikur). Entsprechend haben die Hallenbewohner viele und heftige Gefühle: Wut, Anklage, Trauer, trügerische Hoffnung, viele Fragen nach dem Warum/Wozu, Verdrängung, Desorientierung, aber auch illusionslose

Erkenntnis und Akzeptanz; Letzteres gilt nur für wenige. Die Halle ist jeweils eine Kosmos-Dimension, ähnlich wie in der germanischen Mythologie. Eine dieser Hallen, gerne als Werkshalle oder als Fabrik im Traum dargestellt, ist das irdische Leben, und zwar für eine bestimmte, ankommende, geboren werdende Person. Wenn wir geboren werden und in die Welt eintreten, betreten wir einen Arbeitsbereich in einem Werk, in einer Halle. Das kommt in vielen Träumen vor und zeigt nebenbei, dass es im Leben nicht um Lust oder Ego geht, sondern um Arbeit, Dienen, Funktion-Sein. Sinnerfüllend im Leben ist es, wenn man in der Werkshalle eine spezielle Arbeit zugeteilt bekommt, also eine Aufgabe hat, wenn man für irgendetwas oder für irgendjemanden wichtig ist, gebraucht wird. Unwillkommene Geburten beginnen manchmal in dieser Halle, indem sie ihre Position, ihre Aufgabe erst mühsam suchen müssen.

Hals: Eine empfindliche Stelle, die Male zeigen kann, welche eine geheime Botschaft tragen. Der Hals ist eine bevorzugte Tötungsstelle, sehr ungeschützt – daher können große Gefahren, Lebensgefahren in der Nähe des Halses sich ausdrücken. So kann auch ein Geburtstrauma in der Halssymbolik ablesbar sein; z.B. Tierfell oder Messer am Hals oder um den Hals oder Strick (Nabelschnur) zeigen tödliche Aggression an, der man bei der Geburt ausgesetzt war. Sensible Botschaften finden sich im sensiblen Halsbereich. Siehe auch „Pelzkragen". Eine Geburtsblockade zeigt sich gern als Beengung, Fessel bezüglich des Halses (als steckte dieser fest oder wäre bedroht), ob per Pelzkragen, Watteschal, Bänder und Ketten. – Allgemein ist der Hals das Symbol dafür, dass man lebensgefährlich verletzt werden kann.

Halsausschnitt: Den bezieht man in der Regel auf eine Kleidung. Das Motiv kann aber nicht selten eine unscharfe Erinnerung an eine Lebensgefahr sein, z. B. an das Geburtserlebnis; man könnte sagen: als etwa der Kopf schon etwas draußen war. „Hals" plus „Ausschnittform" ist dann hier die Hauptbedeutung.

Haltelinie, Stopplinie: Siehe „Ampel" (Linie überfahren)

Haltestelle: Meint meistens den allerersten Absprung, Ausstieg, d.h. den Punkt, wo man die Mutter verließ = Geburt. Später als Schaltstation im Leben (z.b. für Beziehungen).

Hammer: Archaisches Werkzeug, um sich in einer frühen unbewussten Stufe oder in urtümlicher Weise zur Wehr zu setzen. Gehört tendenziell eher zu einem Mann. Ein männliches Attribut, etwa als Erbe vom Vater oder als Kraft, Potenz.

Hamster: Kann evtl. verheimlichte, unterdrückte Schwangerschaft bedeuten, aber nur beim Bild „Hamster im Käfig".

Hand aus dem Nichts: Wenn Hand oder Arm unsichtbar, wie aus dem Nichts, auftauchen und den Träumer retten, z.b. zur Seite schieben oder in die richtige Richtung stoßen, dann hat es im Leben des Träumers eine extreme Gefahrensituation gegeben, die er wie durch ein Wunder oder mit Hilfe eines Engels überstanden hat. Esoterisch als Engelsbeweis, so könnte man sagen, brauchbar, so auch in einigen Büchern beschrieben und empfunden.

Hand–Geben: Hier konzentrieren wir uns auf Verstorbene im Traum. Die Hand-Begrüßung mit einem Verstorbenen wird seit langer Zeit von den Menschen sehr kritisch gesehen. Einem Verstorbenen die Hand zu geben, kann eine Berührung mit dem Tod bedeuten. Ob das nur ein vorübergehendes Trauma ist, ein Gedanke, eine Option, eine Todesangst, z.B. Krankheit oder mehr, lässt sich nicht sagen. – Ansonsten natürlich: Harmonie zwischen zwei Menschen bzw. gern ein Liebesangebot, Partnerschaftsangebot von einer Person aus.

Hand Gottes: Hier ist von Gott die Charakterseite gezeigt, welche alles in der Hand hat. Also völlige Abhängigkeit des Geschöpfes sowie die große Fürsorge des Schicksals oder des Gottes werden dargestellt. Man kann das Bild auch als Symbol für das Vertrauen in die himmlische Leitung verstehen.

Hand in Hände: Wenn man seine Hand in die Hände einer anderen Person legt, ist das natürlich ein hoffnungsvoller Vertrauensbeweis.

Hand: Über die Hände gehen unsere Taten, sie sind Ausführungsorgane, mit ihnen setzen wir unsere Absichten um, sie stehen für praktisch tätige, die Umwelt beeinflussende, ggf. entschieden zupackende Menschen. Die „Hände" meinen also unsere „Handlungen" oder das Handeln an sich! Z.B. zeigen gelähmte, gefesselte, fehlende Hände Handlungsohnmacht oder vielleicht auch nur innere Hemmung, Mutlosigkeit, innere Blockaden im Tatbereich. Besonderheit: siehe „Hände waschen"

Handberührung: Die Formen von Handberührung, Hand-Streicheln und Hand-Einigkeit können das Schönste und Eigentlichste der Liebe darstellen.

Hände waschen: Die Hände in einem Wasserbecken waschen = auf einen Prozess fixiert sein (Trauma), ihn nachholen wollen, besonders ihn ändern zu wollen. Also sich von etwas lösen wollen oder etwas bereinigen wollen.

Handfeger: Zumal wenn es sich um einen Handfeger mit Holz handelt, kann dieser ein Phallussymbol sein.

Handfläche: Die Innenhandflächen zeigen Reste von vergangenen Taten oder Ereignissen.

Handschlag: Wir schauen hier auf diejenigen Träume, in denen ein Handschlag nicht klappt. Ein Hindernis oder eine andere Person kann dazwischenfunken. Das besagt, dass die geplante Verbindung in Wirklichkeit nie bestand oder nie gut war.

Handschuh: Die Hand steht für Tat. Der Handschuh kann auf Versteck und Tarnung eines Handelns hinweisen.

Handschuhe, weiß: Gehört zu: die Hände in Unschuld waschen (meist Lüge).

Handtasche: Siehe „Tasche"

Handtuch: Verdeckung einer Wahrheit, die oft in den Genitalien oder überhaupt in der Nacktheit symbolisch repräsentiert ist. Andererseits Schutz vor Blicken (ein Opfer muss sich dagegen eher nackt, ungeschützt präsentieren). Ambivalentes Symbol: also etwas verstecken oder aber sich gegen etwas wehren. Manchmal auftauchend als Relikt, verräterisches Indiz dafür, dass ein Kind sich vor sexuellen Interessen anderer nicht schützen konnte, besonders wenn das Handtuch fehlt, wenn es gesucht wird im Traum. Auch allgemein Relikt für eine Missetat (über das Thema Verstecken, Reinigen, Wegwischen). In der Regel ein Vertuschungssymbol. Handtücher sind nicht selten Indiz für ein tabuisiertes oder verdrängtes Ereignis, dass mit Sex, Zeugung, Schwangerschaft, evtl. Abtreibung zu tun hat.

Hand-Unsicherheit: Da geht es z.B. um eine Szene, die ja nicht unbekannt ist, dass jemand mit unsicherer, zitternder, nicht abgestützter Hand eine Aktion durchführt, z.B. das Schreiben. Dieses Bild muss man generalisieren, es zeigt, dass diese Person überhaupt einige Dinge im Leben mit großer innerer Unsicherheit ausführt.

Handwerker bestellen: In Frauenträumen meint es entweder, dass doch irgendein Mann gesucht, erstrebt wird, als strammer Kerl, vielleicht versteckt; oder dass eine Vorliebe dafür besteht, wie ein fähiger Mann, Handwerker agieren zu können.

Handwerker im Haus: Nicht selten männlicher Sex-Aktivist.

Handwerker: Da geht es allgemein um eine betont tätige Person, wir würden sagen, um einen Macher, also nicht um einen Denker. Viel Aktion ist einem Handwerker zuzuordnen. Das ist also ein betonter Täter in irgendwelchen Lebensbereichen, nicht selten auch im Sexualbereich. Ein Handwerker ist auch Vaterarchetyp, Vaterstimme; z.B. ein Bauarbeiter auf dem Gerüst kann ein Vater sein, der distanziert auf seine Kinder blickt bzw. in Distanz bessere Informationen hat. Ansonsten verbirgt sich hinter dem Handwerker auch manchmal überraschend ein Wesen, das spirituell an seinem Leben webt, wirkt (vgl. Anthroposophie).

Handy: Das Hany ist ein Medium für einen Kontakt, der bewusst oder real kaum greifbar ist. Wie bei allen Telefonaten im Traum geht es um ferne, tief unbewusste Informationen oder Beziehungen. Wenn jemand anderer im Traum mit dem Handy telefoniert, und man sieht zu, meint das, dass er abgelenkt ist. Meistens bedeutet es aber noch mehr: der beobachtete Telefonierer ignoriert die Hauptperson und lehnt sie ab. Mit dem Handy beschäftigt zu sein ist eine Absage an das anwesende Du; vermutlich gilt das überhaupt für die Situation, dass ein anderer im Traum sich beim Telefonieren nicht stören lässt, er will dem Hauptakteur nicht zuhören, sich ihm nicht zuwenden. Ansonsten gilt: was gehört wird im Handy, ist eine im Prinzip wichtige Traumaussage, unbewusst und wahrheitsnah – wie auch sonst das Motiv Telefon dem Träumer einen Hinweis gibt.

Handy-Anruf: Es gibt Fälle, in denen das Handy selbständig im Traum eine andere Person anruft und der Träumer selber wundert sich schon im Traum sehr darüber. Man wird davon ausgehen können, dass das Handy eine Vorahnung oder Voranweisung ist bezüglich einer Person, die man noch schicksalhaft kennen lernen wird.

Handy-Verlust: Nehmen wir an, dass das Handy dem Träumer aus den Händen fällt, zu Boden, vielleicht in den Dreck, und das gilt überhaupt für jedes Telefon in dieser Position, dann deuten wir: Eine entsprechende Verbindung, die im Traum oder gerade im Handy vorhanden ist, hat keine Zukunft oder wird im Unbewussten abgelehnt.

Harmonie: Sie hat meistens mit Gemeinsamkeit, Affinität und Tradition zu tun. Ähnliche Urtypen und die Harmonie sind ein psychisch gesundes Zeichen. Vielfach beruht Harmonie, auch Liebe, auf gleichen Erlebnissen, auf gleicher Geschichte, Vorgeschichte.

Hartkäse: Der kann, wenn er beispielsweise im Kontrast steht zu einem gewünschten Weichkäse, anzeigen, dass man etwas Hartes, Schwieriges und nicht etwa etwas Weiches, Süßes erhält oder erhalten hat. Da geht es also z.B. um eine Beziehung, die entweder hart oder weich ist.

Hase: Frühe Kindstufe ausdrückend (Foetus, Baby), zumal als Häschen, Kaninchen. Ansonsten Fruchtbarkeit, Sex; vgl. dazu den ehemaligen Sinn von Ostern. In vielen Kulturen hat der Hase lunare Bedeutung oder Beziehung, gehört also zur weiblichen Gottheit, was dann auch erklärt, wieso er beim Frühlingsfest, beim Fest der Ostara, Eos und Fruchtbarkeit eine Hauptrolle spielt. Hase symbolisiert auch das clevere Weglaufen bzw. Angst, Flucht (Angsthase), Versteck. – Der Hase ist ein lunares Tier und assoziiert so zu Spiritualität, Göttin, Mutter, Fruchtbarkeit. Changiert zwischen „Märzhase" und Gott „Manitu"... Weißer Hase: Potenzierung, Jenseitigkeit, aber auch tote Frucht (Abtreibung). Das Motiv kann bei Erinnerungen an sexuellen Missbrauch eine Rolle spielen (z.B. als Schoko-Hase).

Hasenzähne: Symbolisch oder indirekt rühren sie von einem Brusttrauma her. Man wird also wahrscheinlich eine Person vor sich haben, die als Säugling heftig um die Mutter warb. Nicht selten verraten diverse Zahnthemen, auffallende Zahnbilder etwas über die orale Phase.

Haube: Als Haube, Bademütze oder Kapuze tauchen im Traum Symbole auf, die eine Belastung, eine Fremdbestimmung, gar eine mentale Manipulation anzeigen. Eine Haube ist Relikt einer Unfreiheit, einer Bindung, meistens einer fatalen Bindung. Andererseits als Kopfvergrößerung = Eitelkeit.

Haupt: Siehe „Kopf"

Hauptdarsteller: Zentraler Täter, Verantwortlicher, Hauptverursacher eines Ereignisses.

Hauptstadt: Die Kapitale eines Landes (z.B. Berlin, Moskau) ist meist ein Vatersymbol. Kann ansonsten das Haupt, den Anführer einer Gruppe oder Beziehung meinen, aber auch das Haupt eines Menschen, d.h. dann den Kopf.

Haus: Allgemeine Lebensumstände, Situation; familiäres Leben; auch Lebensbedingungen, die vielleicht der Bräutigam für die Frau aussucht. Indikator für mögliche gravierende Änderungen, etwa bei

Hauszerstörungen, Schäden. Haus auch als Körper, Person, Ich (ähnlich wie „Zimmer", vgl. Frauenzimmer), und zwar Körperlichkeit im Sinne der Materie. Auch Uterusraum (hier greift jedoch häufiger das Kammer- oder Garagensymbol) sowie die Mutter. Besonders als Hochhaus, welches für das schwierige Erreichen der Geburt von oben steht, und als Hausfront, die eine Personenvorderseite darstellt, kommt die Bedeutung „Mutter" ins Spiel. Sehr variantenreich sind die einzelnen Teile und Zimmer im Haus. So steht die Küche für Mama, Stillen, Lust, Sex, Orales. Der Keller meint das Unbewusste, die frühe Vorgeschichte, die Basis, also oft die Schwangerschaftszeit oder aber etwas Unbewusstes, Unbekanntes (vgl. die Leiche im Keller). Flur, Haustür, Treppen meinen gern den Zeitpunkt, als wir auf der Welt ankamen. Wohnzimmer = wie man es sich im Leben eingerichtet hat, d.h. Gewohnheiten und äußerliches Familienleben. Schlafzimmer: hier liegen die größten Geheimnisse, Intimitäten (die aber nichts mit Sex zu tun haben), die man vor anderen verborgen hält, auch manchmal subtiler Hinweis auf die Zeugung. Dachgeschoss: ähnlich wie Pyramiden = uteraler Raum, Schwangerschaftszeiterinnerungen (wie auch Nebengebäude, Vor-Gebäude, Schuppen oder das Thema Hof). Kamin und Dachfenster: tendenziell der Bezug, Kontakt zur geistigen Welt, d.h. auch zum Pränatalen wie Postmortalen. Haus-Einbrecher: Lebensgefahr in der Schwangerschaftszeit (z.B. Abtreibungsthema) oder gravierende Beziehungsprobleme, etwa Ehetrennungen, auch sonstige Änderungen. Eine Spezialbedeutung des vielumfassenden Symboles „Haus" ist die, dass der Archetyp Häuser eine Reihe von Inkarnationen umfassen kann. Ein Haus wäre dann ein Leben, und zwar ein ganzes Leben, ein umfassendes Leben einer Person. Alle Ereignisse und Zustände wären dann quasi in einem Haus fokussiert. Zur Wiedergeburtsthematik im Traum gehört, dass man bei einer bestimmten Bewegung an vielen Häusern, an vielen kleinen Häusern, oder an vielen bunten Häusern vorbeikommen kann. Dann sieht man wie in einem Schnellfilm die Reihe seiner früheren Inkarnationen. Diese Sicht gibt es kurz vor der Geburt.

Hausbau: Seinen Platz auf der Welt einnehmen.

Hausgeist: Wir wollen lieber von einem überraschenden, unbekannten Hausgast sprechen. Denn im Traum tritt so ein Geist konkret als Person, z.B. als überraschender Gast im Haus, auf. Das ist ein Inhalt, der quasi immer da ist, den aber niemand ausreichend oder realistisch genug registriert. Es kann z.b. die früh verstorbene Mutter einer Hausbewohnerin als diese Art von Schatten oder Geist im Leben anwesend sein. Auch in der Nähe des Hauses können quasi Ahnengeister im Traum auftauchen, die etwas evtl. Unerledigtes darstellen, vorführen.

Häuserreihe: Siehe „Haus"

Hauskauf: Absicht, einen Lebensplan, ein Erfolgsstreben oder andere Lebensumstände zu erwerben, aber auch Absicht, einen Menschen für sich zu erwerben.

Hausmeister: Herr des Hauses, in der Regel als Familienvater oder auch Chef zu deuten. Kann aber auch im übertragenen Sinne die geltende Moral und die herrschende Ordnung meinen. Meist typisches Vatersymbol.

Haustür: Kann eine mysteriöse, bezeichnende Stelle meinen, wo ein Trauma angesiedelt ist. Wie eine zentrale Schnittstelle. Kontakt zur anderen Welt. Was durch die Haustür herein kommt, also irgendein Besuch, ob menschlicher oder tierischer Art, verrät, dass den Bewohnern des Hauses die Eigenschaft, die durch die Haustür hereinkommt, nicht fremd ist. Es kann sich also auch um eine Dessillusion oder Selbstaufklärung handeln.

Haus–Verlassen: Kann auch bedeuten, eine Beziehung beenden, aufgeben.

Hausvermietung: Hat meist eine tiefere Bedeutung als nur Vermieten. Da gibt ggf. jemand viel von sich hin und preis für andere. So geht es also weniger um ein Haus als um eine Persönlichkeit, die zur Verfügung gestellt wird, die sich partiell zur Verfügung stellt. Unser Erdenleben ist im Traum zu sehen als in einem gemieteten Haus.

Haus–Zustand: Unter anderem kann ein Haus für die Existenz eines Menschen stehen. Sein Zustand kann anzeigen, ob dieser Mensch

krank, anfällig, schwach ist oder noch recht gesund und vital. Im letz-
teren Falle „steht" das Haus noch recht gut und fest. Ein spezielles Haus
meint eine spezielle Lebensepoche oder aber eine spezielle Chrakterei-
genschaft.

Haut: Schutzzaun der Person. Sehr sensibles Organ für Gefühle, Eindrücke, innere Stimmung. Gesundheitsindikator. Pocken, Pickel, Flecken, Neurodermitis = Stress, Abgelehntheit, Kranksein, sich in seiner
Haut nicht wohl fühlen (aggressive Erregung). Haut als Hülle: äußere
Fassade, Versteck für die Wahrheit, für den Kern. Wir stellen mit der
Haut unser Außen dar, worauf der Mitmensch anspricht oder aber abwehrend oder feindselig reagiert. Die Haut steht also für unseren Körper in der Außenwirkung. – Es mag zwar überraschen, aber viele Träume stellen sich aus der Perspektive des Foetus oder Babys dar, also aus
der eigenen ganz frühen Vorstufe. Es gibt daher außerordentlich viele
Geburtsträume, und ebenfalls gibt es viele Träume aus der Schwangerschaftszeit. In diesem Zusammenhang empfindet die erlebende Frucht
– die später als erwachsener Mensch retour träumt, oder auch als Kind
– die Uterushülle als eigene «Haut», und bei Kaiserschnitt, zu früher
Geburt oder Abtreibung wird diese Haut dramatisch angegriffen oder
zerstört. Solche ‚Hautverletzungen', die die Uterusschutzhülle betreffen, kann man tatsächlich träumen.

Haut-Aversion: Vergleicht sich mit dem Traumsymbol „Berührung".
Stellt also eine sehr tiefe Abneigung gegen einen anderen Menschen
dar.

Hautmakel: Zum Beispiel als Pocken oder Narben zeigen solche Mängel die Spuren von Leid und Schwierigkeit. Als Muttermale: evtl. die
Wunden aus früheren Leben.

Headline: Oft sind Überschriften in großen Buchstaben gehalten, und
oft befinden sie sich natürlich im Kopf von Zeitungen, und manchmal
sind sie auch noch schwarz auf weiß. Das alles zeigt eine überragende
Bedeutung an. Es geht also um eine sehr wichtige Botschaft. Allerdings
liegt sie im Unbewussten, und sie ist oft, trotz des markanten Auftre-
tens, nicht entzifferbar.

Hecke: Hat oft damit zu tun, dass etwas verborgen wird. Auch als Grenze, Abgrenzung zu sehen.

Heckentor, Heckendurchlass: Beginn eines gemeinsamen Weges betreffs Hochzeit oder Partnerschaft oder dergleichen; seltener als Geburtsportal; auch gegebenenfalls Portal zum Jenseits bzw. einfach zur Zukunft hin „Durch eine Hecke gehen" oder durch eine Heckenbegrenzung entschwinden assoziiert möglicherweise zur Sterbesymbolik.

Heft: Ein Heft mit Eintragungen oder für Aufzeichnungen: Lebensschicksal, Lebensverlauf.

Heiligenschein: Man kennt das Symbol u.a. als Ausdruck einer besonderen Mentalität. Gemeint ist banal ein sichtbarer Ausdruck des Geistes in dem (über dem) Kopf eines Menschen, dieser Nimbus kann durch Farbe und Form eine geistige Einstellung verraten.

Heilszeit: Bei Hildegard von Bingen meint dieser Begriff das Leben, und zwar in dem Sinne, dass das Erdenleben in seiner Summe zur Heilung der Seele führt, nicht nur für die Frommen, sondern für alle.

Heimkehr: Heimkehren, nachhause kommen, zurückkehren passt in manchen Träumen zu dem Inhalt, dass wir nach dem Tod in unser eigentliches, ewiges Zuhause zurückkehren. Auch Symbol für eine distanzierte, kritische Sicht auf das frühere Zuhause.

Heirat: Innige, innigste, bevorzugt psychische, unbewusste Verbindung einer Person mit einem anderen Subjekt oder Objekt, z.B. mit einem Geist/Komplex, mit Religion/Gott oder mit einem alten Trauma. Ähnlich: heiraten, verheiratet sein oder Hochzeit. Mentale Verschmelzung, Affinität ist also gemeint, nur ganz selten Sex oder etwas Körperliches.

Heiraten: Bedeutet gerne auch das Gegenteil, also z.B. sich trennen (extrema sese tangunt, C.G. Jung). Sonst natürlich ein starkes Vereinigungs-, Integrierungssymbol.

Heiß: Nach der Redewendung, dass eine Sache sehr „heiß" sein kann, ist von einem sehr großen Problem auszugehen. Mit anderen Worten, es ist etwas "zu heiß". Das kann sich sogar im Traum auf Öfen oder Herdplatten beziehen, was dann eine noch deutlichere Sprache ist (und im Falle des Ofens an eine extrem stressige Schwangerschaft erinnern kann)."Heiß" und Hitze stehen auch für erotische Erregung.

Heizölkanne: In Frauenträumen kann es um einen Mann, Schwängerer gehen, allerdings mit eher negativem Beigeschmack.

Heizung: Hitziges, Gefühlswallung, daher manchmal Sexuelles, incl. Homosexualität.

Helfender/Fremder: Oft wie ein Engel-Typus, der ein Wunder bewirkt.

Helfer: Wir konzentrieren uns hier auf den unbekannten, überraschenden Helfer, Begleiter, Trainer, eingreifend in manchmal hoffnungslosen Fällen. Es kann sehr vielschichtig sein, wie eine Person im Traum oder in der Realität als Helfer auftritt. Manchmal kann man sich des Eindrucks nicht erwehren, dass ein überraschender Helfer im Traum eine Art Engel ist, in Menschengestalt. Es kann aber auch ein Kind z.B. ein Elternteil unterstützen, und zwar in beispielsweise diesem Fall: Eine Mutter ist mit der Schwangerschaft und besonders mit der Geburt völlig überfordert, aber das psychisch gesunde und naturnahe Kind (als Foetus) leistet wesentliche Unterstützung bei der Geburt. So ein Kind kann später im Traum sich als „Helfer" einer älteren Frau erfahren. Geht es dabei um die Geburt, kann zusätzlich ein entsprechendes Symbol, z.B. Treppe, Bahnhof, Brücke, auftreten. Tatsächlich haben manche Kinder infantile Eltern, denen geholfen werden muss. – Es gibt auch negative Geister, Personen, Begleiter, die als „Helfer" auftreten, aber stören. Sind es „zwei" Gefährten, Assistenten, wie in Kafkas Schloss-Roman, ist immer Vorsicht geboten: wenigstens einer ist dann meist destruktiv.

Helgoland: Symbol, als pars pro toto, für beispielsweise die Zerstörung Deutschlands in zwei Weltkriegen. Als Symbol in einer tieferen Ebene können so auch Persönlichkeitsstörungen oder sonstige Zerstörungen dargestellt werden. Insel-Versenkung = Ich-Versenkung. – Auch als „heiliges Land" deutbar. Zuweilen wird Atlantis hier vermutet.

Helikopter: Fliegende Geräte von oben können generell Übermacht, Aggression darstellen – aber auch Medien, die den Menschen für die symbolische Himmelfahrt abholen.

Hellgrau: Gehört gern zum Jenseitsreich oder allgemein zum etwas Unlebendigen. Lust und Vitalität fehlen da ein wenig. Andererseits Bescheidenheit, Distanziertheit.

Helligkeit: Hellere Farbtöne haben einen tendenziellen weiblichen Aspekt (die Farben in Dunkel gehören eher zur Männlichkeit). – Helles gehört grundsätzlich zur Lichtsymbolik und meint positive Stimmung, günstige Umstände, klare Erkenntnis (im Gegensatz zum Dunklen).

Helm: Unfrei sein (= Last/Zwang auf dem Kopf), auch unehrlich sein. Evtl. Krankheit im Kopf, zumal wenn der Helm aus Plastik ist. Vielleicht mentale Manipulation. Siehe auch „Hut", „Haube"

Hemd: Kleidungsstücke repräsentieren Charaktere, Prägungen, Rollen. Oberhemd: nach außen gewandtes Verhalten, je nach Stimmung in der Brust. Stellvertretend für das, was man in der Brust, in dem Oberkörper fühlt. Kann also eine Herzenseinstellung verraten, z.B. Gemüt, Wille, Mut, Selbstvertrauen. Das Unterhemd ist ein Psychenteil, der deutlich genuiner, wahrer ist. Die Musterung und die Farbe bei Hemden können wichtig sein: Blau + Rot eng gemischt oder die Mischung von Senkrecht und Quer deuten nicht unbedingt eine eindeutige sexuelle Orientierung an. Symbolisch gilt: quergestreift = eher weiblich, längsgestreift = eher männlich.

Henoch: In Analogie zu diesem jüdischen Propheten ist irgendetwas zu einem Menschen gesagt, das im weitesten Sinne mit Folgendem zu tun hat: Tod und Auferstehen (Himmelfahrt), Leid und besondere Auserwähltheit. Es geht also indirekt um einen biografischen Aspekt einer Person. Aber allgemein darum, dass wir nach dem Tod direkt weiterleben.

Herauswachsen: Symbol für eine gelungene Entwicklung oder für einen Reifeschritt bzw. für das Bemühen um solche Ziele.

Herausspringen: Mit Energie und starkem Willen endlich von etwas sich lösen.

Herbst: Das ist das dicke Ende, was noch kommt: er ist Ausdruck einer späten Entwicklung, die man ggf. selbst bestimmen will. Er ist eine Art Fazit und Ergebnis, dass im Kontrast zu der vorangegangen Zeit stehen kann, d.h. auch zum vorangegangen, bisherigen Verhalten. Herbst hat ein Flair von Fazit, Finale, nicht als Aus, eher nur als Abschluss, als vorläufiges Ergebnis. Allgemein ein Stimmungsbild, im Sinne von Abschiednehmen. Manchmal gar zum Sterben oder zu ähnlichen Verlusten, Übergängen gehörend.

Herbstblätter: Zahlreiche Reste von früheren Ereignissen, von Inhalten einer Vorgeschichte, auch von Vorfahren.

Herd: Siehe „Ofen"

Heroin: Zeichen typischer Extremisierung, Übertreibung im Traum, also keine Sucht nach harten Drogen, sondern meist mäßigere Abhängigkeit, etwa nach Cola, Nikotin, Liebe, Spielautomat. Träume übertreiben grundsätzlich gern, oft muss man die Aussage weniger extrem übersetzen.

Herrengeschäft: Meist geht es um die Vater-Beziehung.

Herz: Derjenige Psychenteil des Menschen, der sowohl am tiefsten Eindrücke aufnimmt, in Liebe und Schmerz, als auch der Ewigkeit, vielleicht auch dem Gott am nächsten ist. Sitz des Kerns, der inneren Stimme, der Wahrheit; reagiert z.B. „groß" = großmütig, als auch „klein" = kleingeistig. Kann „eingesperrt" sein = Depression. Urqualität des Menschen, daher auch als Liebe, Kind, Unschuld zu verstehen.

Herzinfarkt: Symbol für eine überraschende Todeserfahrung, also für ein Trauma, welches weit im Früheren oder tief im Unbewussten zurückliegt. Nebenbei gesagt, ist unsere Todesart sowieso oft mit unserem ersten und größten Trauma verbunden. Man kann gleichnishaft sagen: Man stirbt zuletzt an seiner Ur- und Erst-Wunde. Auch Schock oder extreme Leid-Erfahrungen können das Herz stante pede zerstören; aber auch sehr lange andauernde Pein kann zum Herzinfarkt führen.

Heu: Als Tierfutter Lebensstoff, im übertragenen Sinne auch für Menschen, auch für die Triebe.

Heuschrecken: Ein uralter Archetyp für eine sehr gefährliche drohende Situation. Stress, Krankheit, Pein, mit wenig Gegenwehrmöglichkeit.

Hexe: Frau mit überbetontem Animus, wäre eine Deutungsvariante. Oder Frau mit starker Aggression. Man muss auch immer daran denken, dass einmal heidnische, heilende , magie-kundige Frauen als Hexe extrem missbräuchlich verketzert wurden.

Hilfe, Hilferuf: Oft geht es um stammelndes, vergebliches Hilferufen (Rufen nach Mama, Polizei, Bruder und ähnl.). Man wird nicht gehört, niemand kommt, die Telefonnummer wird dauernd verwechselt und ähnlich; Panik stellt sich ein; man ist verzweifelt – ohne Artikulationsfähigkeit und ohne Erfolg. Die Deutung besagt, dass es tatsächlich eine Situation gegeben hat, wo man total abhängig war und keine Hilfe bekam – in todesangstverhafteter Situation. Daher geht es um eine Großgefahr in der frühen Kindheit, bei der Geburt oder in der Uteruszeit, z.B. als Ausdruck von Abtreibungsgeschehen, Schwangerschaftskomplikation. Eventuell kann aber auch immer dies vorliegen: in den Ahnen zuvor geschah das Trauma, dort liegt die Todeserfahrung. Grunddeutung jedenfalls ist: sich selbst zu helfen ist/war nicht möglich. Und es ist stark zu vermuten, dass das Ereignis in vor-sprachlicher Zeit stattfand! Außerdem dürfte es um ein Ereignis gehen, unabhängig vom Alter, bei dem man tatsächlich keinerlei Hilfe bekam. Es handelt sich ziemlich sicher um eine Erinnerung, und zwar eine nicht fiktive.

Hilfeschrei: Oft ist es ein nachgeholter Schrei um Hilfe, und er stammt aus einer Zeit, als man wehrlos war und nicht sprechen konnte. Es geht also um eine unerledigte Energie, die spät durchbricht; die aus einer

Zeit stammt, als man einen Hilfeschrei nicht artikulieren konnte (z.b. im Mutterbauch oder als Baby).

Hilflosigkeit: Ausdruck eines extremen Stresses. Es geht um Unterlegenheit, Depression, große Niedergeschlagenheit, die eine Aktivität nicht mehr zulassen. Vermutlich pränatale oder perinatale Erinnerung.

Himalaya: Aufenthalt im sehr Unbewussten oder auch sehr Transzendenten. Die Himalayaregion steht auch für Spiritualität, Weisheit, Erleuchtung, Karma, für einen Lebensweg um der Erkenntnis willen.

Himbeeren: Dürften in der Regel die Mutterbrustwarzen darstellen, d.h. irgendeinen Inhalt aus der Babyzeit. Gegebenenfalls auch erotisch.

Himmel: Archetyp für unsere pränatale Heimat und für den Aufenthaltsort nach dem Tod, also insgesamt für den transzendenten Teil in uns, welcher in der Ewigkeit ist, war und bleibt. Gottessitz bzw. Ort, aus dem uns Erkenntnisse, Erleuchtungen gesandt werden (das Oben), von wo aus spirituelle Botschaften ausgehen. Der Himmel kann noch mit Idylle, Hochebene oder Kirche im Traum verbunden sein, oder auch gern mit dem großen weiten Blick. Das kann man etwa so deuten, dass in der Realität des Alltags und der Weltlichkeit, auch in der Realität von Leiden und Misserfolg auf einmal oder für einen kurzen Moment der Blick in die Ewigkeit gegönnt ist. Und im Himmel sieht alles ganz anders aus. Auch wenn man nur im Traum von unten den Himmel sieht und sich auf ihn konzentriert, wird angedeutet: es gibt auch noch einen anderen Aspekt unseres Lebens, nämlich den ewigen Aspekt. Dieser kann manchmal durchscheinen, und der Mensch kann ihn als Trost benutzen. Und der Mensch kann auch erkennen: Vielleicht hat das Leiden einen höheren, glorreichen Sinn.

Himmelblau: Zum einen ist es eine recht weibliche Farbe, da alle hellen Töne von Farben tendenziell weiblich sind. Die dunklen Tönungen sind männlich. Himmelblau ist aber auch ein Kontrast zur Erde, zu grün, braun, schwarz, zu anderen Farben, und damit zeigt es eine starke Jenseits- und Himmelsbezogenheit an. Oder man kann sagen: eine sehr starke geistige Orientierung. Manche Menschen sind irdisch oder materiell oder sexuell orientiert, aber die Himmel-Blauen sind anders orientiert.

Himmelsszenen: Manchmal unbewusste Erinnerungen aus der Zeit vor dem 3. Lebensjahr – oder von noch früher... Mit etwa dem 3. Lebensjahr beginnen die Sprachmächtigkeit und die bewusste Erinnerung, es verringert sich der Himmelsbezug.

Hin- und Rückfahrt: In diesen beiden Bewegungen können sich der Anfang einer Beziehung und ihr Ende verstecken. Eventuell auch sonst wie das Runde des Lebenslaufs.

Hinauswerfen: Da geht es manchmal um den berühmten Rauswurf. Das ist also eine radikale und handgreifliche Trennung. Werden Personen im Traum hinausgeworfen, so ist dargestellt, dass der Träumer – vielleicht nach langer Geduld – sich radikal von bestimmten Personen in seinem Umfeld oder auch in seiner Geschichte, also von Geistern oder Komplexen, trennt.

Hindurchsehen: Es gibt Figuren im Traum, die können durch die Häuser, Straßen oder auch per TV-Gerät durch alles hindurchsehen und sie bemerken, was draußen sich abspielt, in einem Bereich also, wo der normale Menschenblick nicht hingelangt. Dieses transzendente Sehen wird auch in Erleuchtungs-Erlebnissen nicht selten geschildert. Es geht hierbei um das Wissen des höheren Ichs und Unbewussten. Was da gesehen wird, entspricht in der Regel der Wahrheit, die aber verdrängt ist. – Möglich ist aber auch, dass der ungute Fern-Einfluss einer dominanten Person seine Wirkung ausstrahlt.

Hingabe: Da geht es um eine voraussetzungslose Liebe, diese ist auf der Erde sehr selten, sie entspricht eher unserem heilen Zustand im Himmel. Wenn sie aber stattfindet, ist sie ein einzigartiger, kostbarer Augenblick. Der Kerntypus der Hingabe eines Menschen an einen anderen Menschen ist die Fürsorge eines Elternteils für das Baby. Also assoziiert das Traumsymbol der Hingabe gern zu der Urerfahrung, nicht selten bezüglich Mutter.

Hinten: Diese Angabe hat eine zeitliche und eine räumliche Bedeutung. Zeitlich meint es: weit in der Zukunft, Ferne. Räumlich geht es um Geheimnisse, die nicht vorne, direkt oder leicht einsehbar sich befinden, sondern wie in einer Hinterkammer, im Hinterstübchen: also etwa versteckt, verborgen, tabuisiert, verdrängt, jedoch wahr.

Hinter: Was sich hinter einem Objekt oder auch einer Person befindet, zeigt ein Geheimnis an und/oder auch, zumal als „hinten" (=fern), eine Zukunft – jedoch umgekehrt auch das Gegenteil: weit zurück.

Hinterachse: Siehe „Vorderachse"

Hinterhergehen: Auch oft stärker in dem Motiv „hinterher-laufen" dargestellt. Hier bemüht sich jemand, ziemlich vergeblich, um einen Kontakt oder um eine Information. Der, der hinterher laufen lässt, ist der tendenziell Aggressivere, Arrogantere.

Hinterher-Laufen: Das verrät manchmal ein erotisches Interesse an der verfolgten Person. Oder Interesse an einem speziellen Ziel.

Hinterkopf: Ein für die Öffentlichkeit verstecktes Informations-Signum oder eventuell auch ein Verrat der wahren Identität.

Hin-und-Her: Das Motiv kann ggf. eine Erinnerung an eine sehr stressige Situation sein. Es kann nämlich dazugehören, dass man nicht weiß, wo ist der Anknüpfungspunkt, wo ist der Weg. Ein Beispiel sei genannt: wenn man den Geburtsausgang nicht fand, ging es stressig hin und her! – Ansonsten auch Beziehung, Kommunikation.

Hirsch: Ein tragischer König, potenter Sieger, sofern und solange er im Besitz seiner Kräfte oder Macht ist. Danach, oder immer als Bedrohung, wird er erbarmungslos gejagt, auch von den Mitkonkurrenten. Ein Beispiel ist Siegfried = Arminius, mit der „Cherusker"-Identität, das ist die Identität vom Hirschmenschen-Stamm: so strahlend, erfolgreich er war – so erbärmlich fiel er, durch Verwandte, durch Verrat. Die Hirschsymbolik hat gern diese extreme Ambivalenz zwischen Königsein und Flüchtenmüssen. Tendenziell ist Hirsch männlich, d.h. ein männlicher

Bewerber oder ein Vater kann darin stecken, und zwar einer, der nicht auffällig aggressiv ist (wie es ein Raubtier wäre). Als weißer Hirsch ist er ein verstärktes Symbol im Konkurrrenzkampf, mit Bezug zur Spiritualität.

Historie: Historische Personen sind meistens eine indirekt Information über den Träumer selbst. Ein Gleichnis für eine eigene Charakterseite. Ob sie zur Theorie der partiellen Wiedergeburtsanteile (wie etwa in der Kabbala) gehören?

Hitze: Hitze, Aufheizung, Ofen, heißes Eisen können eine starke sexuelle Erregung und Potenz darstellen. In der Umgangssprache bedeutet „heiß", sexuell angeregt, aufgedreht zu sein. Außerdem im Gefühl: im aggressiven Zustand zu sein. Hitzigkeit, Heiß-Sein, Hitze, oder Heißes, manchmal auch Heizung stehen für irgendeinen Impuls in Richtung Sexualität, Aktivität. Geht es zum Beispiel um Hitze „vor der Zeit" kann evtl. eine sexuelle Anregung, d.h. ein sexueller Missbrauch, vor der Pubertätszeit gemeint sein. – Hitze, Überheizung können auch Stress, Aufregung, Krankheit oder Krankheitsvorstufe oder auch ein Dauerleiden (z.B. Kopfschmerzen, Herzprobleme) anzeigen; der überhitzte, überheizte Gegenstand kann für einen Körperteil, eine Entzündung stehen. Hitzestau: Aggressionsstau, aber häufiger Sexualitätsstau.

Hoch: Ein Sonderaspekt, neben anderen, ist, dass die Flucht vor Todesgefahr „nach oben hin weg" geht, damit der Bodenkontakt (Feindkontakt) aufgegeben werden kann. Meist war die erfolgreiche Flucht nur ein dramatischer Wunsch. – Zu der Richtung nach oben und zur Höhe zählen eine Reihe von Phänomenen. Man kann zum Beispiel hochgeschubst werden, oder es taucht ein Sprung in die Höhe oder ein Hopsen auf. In der Regel wird man von einem Lustgewinn sprechen oder von einem Streben nach Lust; in Einzelfällen ist auch ein Orgasmus gemeint. Dies Hoch- oder High-Sein ist zu trennen von einer bestimmten Darstellung der Angst: diese zeigt sich nämlich gern in der o.g. Flucht nach oben hin weg. – Ansonsten aber ist die Höhe das Gegenteil von traurig zu sein, niedergedrückt zu sein, down oder deprimiert zu sein. Siehe auch „Erhöhung"

Hochebene: Das kann ein Platz sein, von wo aus das weitere Abheben in eine noch größere Höhe nahe liegt. Das ist symbolisch gesprochen und meint die Vorstufe zu einem elementaren Abschied oder zu einer spirituellen Erkenntnis.

Hochgebirge: Ein fern gelegenes Hochgebirgsmassiv, möglichst noch mit etwas Weiß/Schnee, kann den Weg zum Todesthema, zur Todesvorbereitung weisen. Interessant ist, dass im Traum, d.h. also auch in unserem Unbewussten, der Weg in den Tod als „Weg in die Freiheit" verstanden wird.

Hochhaus: Häufig verbunden mit der Angst oder dem Versuch, herabzukommen bzw. ein anderes Haus zu erreichen, stellt es ein großes Problem dar, von der Höhe herab auf die Welt zu kommen, meint also ein Geburtstrauma. Das Motiv ist oft mit der Angst, etwas nicht zu erreichen, mit dem Element, zu springen, oder mit spezieller Höhe verbunden, oder mit einem zu weit entfernten zweiten Haus, und symbolisiert etwa dies: wie herunter- oder hinüberkommen? Das ist = wie mit dem Leben beginnen?

Hochnäsigkeit: Dieser Charakterzug wird tatsächlich im Traum durch ein betont hochgerichtetes Näschen im Gesicht ausgedrückt.

Hochsitz: Ein hölzerner Hochsitz kann wie eine Lebensrettung im Traum auftauchen. – Andererseits: Personen, die recht hoch sitzen oder auffällig hoch sitzen und vielleicht auch von oben herab sprechen, sind eingebildet, arrogant, können auch oft lügen. Der innerlich wirklich Große sitzt bescheiden, sitzt nicht hoch.

Hochsteigen: Hier liegt ein Gleichnis vor für den Aufstieg, und das kann einen emotionalen Aufstieg meinen oder aber auch einen beruflichen, finanziellen Aufstieg. Das Steigen spielt sich manchmal auf einer Treppe, die in die Höhe führt, ab. Es kann sich aber auch in der Natur ereignen, in Bergen. Ein Freiheitsziel ist auch gemeint.

Höchstes: „Das Höchste", wenn es etwa in dieser Definition im Traum auftaucht, besagt, dass im Prinzip jeder Mensch Begegnung mit dem

„Höchsten" haben kann, sprich: potenziell eine Erleuchtung erleben kann. Das „Höchste" ist die Leitung der Welt, vielleicht als Gott zu bezeichnen.

Hochwasser: Manchmal noch in brauner Farbe und mit stürmischen Wellen, bedeutet es einen ganz besonderen Hochstress, im Denken oder im Fühlen.

Hochzeit: Als Heilige Hochzeit, Archetyp Hieros Gamos, Zeichen des Zusammenfalls der Gegensätze und Separationen: Ganzwerdung im überirdischen Sinne; Männliches und Weibliches, Yin und Yang, die Opposita verschmelzen; das ist androgyne Ganzwerdung, bevorzugt im Jenseits. Es ist Vollendung und Idealität – daher auch ggf.ein Todessymbol.

Hochzeitsanmeldung: Taucht auch als Hochzeitseinladung auf, und zwar gegenüber einer Person, die nicht zum Paar gehört. Dann ist das irgendeine geheime Beziehungsanmeldung (ein Interesse) im Umfeld der träumenden Person.

Hochzeitsball: Oder allg. Hochzeitsfeier. Hier zeigen das Tanzen, die Ausrüstung, z.B. die sprechenden Schuhe, den Befund der Heterosexualität des Träumers oder Hochzeitsgastes. Konkrete Hochzeit ist meist nicht gemeint.

Hochzeitstag: Hochzeit, Hochzeitstag, Hochzeitsfest stehen oft stellvertretend für das Thema „Geburtstag", wobei Geburtstag wiederum die Geburt andeutet. Ansonsten heißt ‚hohe zit' als Ursprungswort nur: gehobene, feierliche Stimmung, kann für alles gelten.

Hof: Als Vor-, Neben- und Seitenraum oder als unmittelbarer Platz in der Nähe des Hauses meint der Hof die Zeit vor der Geburt (vor Haus, Diesseits, Leben), also im pränatalen Sinne. Nur in Ausnahmefällen auch postmortal zu deuten oder als Zukunft. Ein sehr verbreitetes Motiv für die 9 Monate vor dem Weltleben, ähnlich wie der Vor-Garten.

Höflichkeit: Was so harmlos mit diesem banalen Begriff bezeichnet wird, ist eine sehr edle Charaktereigenschaft. Ein Mensch im Traum mit ausgesuchter Höflichkeit ist bescheiden, sehr liebend, sehr rücksichtsvoll. Höflichkeit und Rücksichtnahme als Symbole sind auch der Kern einer harmonischen Beziehung. Im Weltleben kann Höflichkeit oft nur eine Fassade sein, in der Traumsymbolik jedoch nicht.

Höhe und Erhöhung: Wenn es von einer erhöhten Position aus, ob von Berg oder Hochhaus oder Etage, es zuerst einen Blick, eine Fernsicht, einen Aktionsbeginn gibt, ist eine Position des großen Überblicks beschrieben. D. h. es geht um einen inneren, abgehobenen Distanz-Blick oder gar um die letzte Station vor dem Erden Leben. Man kann sagen: was Materie ist, wird aus spirituellem, erhöhtem Standpunkt aus betrachtet. – Ein anderer Aspekt des Symbols ist, nach oben hinweg zu fliehen, vor Gefahr. In der Höhe rettet man sich vor Feinden unten.

Höher: Höheres Amt, höhere Laufbahn gibt es manchmal im Traum. Da kündigt sich allgemeinmenschlich, weniger beruflich, eine gesteigerte Bedeutung des Träumers an.

Höhle: Ein Symbol, das meist für die Mutter oder den Uterusaufenthalt steht; Schutz, Versteck. Spirituell geht es um pränatale oder jenseitige Erkenntnisposition, von der aus man den Sinn der Welt (draußen) erblicken kann – oder auch umgekehrt, in der man eingeschränkt, beschränkt ist (so wählte Platon für sein berühmtes Gleichnis das Symbol „Höhle").

Hohles: Zum Beispiel hohle Gefäße oder hohle Holzröhrenbildungen – da wird gezeigt, dass am Lebensstoff oder an der konkreten bzw. symbolisch gemeinten Nahrung etwas fehlt. Da kann es z.B. um die sich verweigernde Mutterbrust gehen. Auch das, was man als totes Holz bezeichnen könnte, zeigt einen Fehler, einen großen Mangel an.

Hohlraum: Hier denken wir besonders an einen Hohlraum unter dem Boden oder unter Bodenplatten, vielleicht in einem Hof. Meist befindet sich in diesem Hohlraum etwas Ungutes oder eine Art Müll. Hier entdeckt also der Träumer eine geheime Vorgeschichte seines Werdens.

Ein Komplex, ein Trauma, eine ungute Sache liegen meistens geheim dort unten.

Hölle: Bekannte Drohung mit Tod; Todesangst; auch stellvertretend, übertreibend für „Tod".

Holz hacken: Ein Problem lösen wollen.

Holz: Besonders als Naturholz (unbehandelt) ist es das Leben. Holzbau, Holzhöhle, Holzraum oder Holzzimmer: solches ist gern der Uterusraum als Lebensraum Ein Holzhaus = gesunde, geliebte Schwangerschaftszeit, gegebenenfalls ist das Haus rund, groß, geräumig (positiv). Bedeutet auch gute Partnerschaft. Holz ist in der Wirkung der viriditas, der Grünkraft der Hildegard von Bingen ähnlich: starke Wachstumskraft und Vitalität. Als schwarzes Holz manchmal negativ, mit Todeserfahrung besetzt. Hauptbedeutung aber „Leben".

Holzbalken: Konstrukt, Bedingung starker Vitalität. Andererseits: querliegende Holzbalken oder Streben stellen Widerstände dar, die der Träumer irgendwann im Leben mühsam überwinden musste oder muss.

Holz–Bearbeiten: Bezüglich der Lebenskraft tätig sein. Das kann u.a. bedeuten, dass eine Träumerin sich bemüht, schwanger zu werden. Zumal wenn das Holz so bearbeitet werden soll, „dass es schwimmen kann".

Holzbündel: Das sind die Lebensaufgaben eines Menschen. In Einzelfällen kann es da auch um das Bücher-Schreiben gehen.

Holzfiguren: Groß, hochragend = Begleit-, Schutz-Engel, göttliche Idole, Standbilder.

Holzkarre: Ähnlich wie bei Anhänger oder Schubkarre dreht es sich hier manchmal um das Thema Schwangerschaft; auch besonders, weil „Holz" Leben bedeutet.

Holzkästchen: Das eigene Leben als uteraler Entwurf. Oder aber ein zu erwartendes Kind. – Auch das Herz, der Lebenssitz.

Holzkiste: Es dürfte sich um ein Behältnis handeln, was wegen des Motives „Holz" zum Lebenskräftigen gehört, was also irgendwie die Lebendigkeit unterstützt oder garantiert. Da sind natürlich viele Deutungen möglich bis hin zu einem gesunden Herzen.

Holzkonstruktion: Da gibt es natürlich viele Varianten, aber im Prinzip hat das Motiv gerne mit Leben und mit Konstruieren, d.h. vielleicht auch mit der Zeugung einer Person zu tun.

Holzlatten: Hier einmal so betrachtet, dass es um ein Bündel aus Holzlatten geht. Diese Menge an Holz weist auf eine starke „Nachwirkung" der Entstehungszeit und der Entstehungsumstände hin.

Holz–Machen: Ähnlich wie Brennholz herstellen = männliches Tun, um beispielsweise sowohl das Leben als auch die Männlichkeit zu erreichen.

Holzpfahl in Erde: Symbol für einen Platz im Leben, den man haben durfte, wo man sich verankern konnte.

Holzpfähle: Wenn diese spitz sind und eindringend wirken, kann es sich um Ärgernisse, Sticheleien, Unannehmlichkeiten handeln, durchaus auch um Aggressionen, die aber nicht sehr schwerwiegend oder tödlich wirken (anders als bei Eisen).

Holzraum: Es ist ein Gleichnis für Ort, Bedingung, Phase, wo es um „Leben" ging. Nicht selten ist es daher eine Assoziation zum Schwangerschaftsraum, d.h. konkret zu einer pränatalen Erfahrung.

Holzschale: Der Los-Topf für die Schicksalselemente. Und somit stellvertretend für ein Lebensschicksal, spezielles Geschick stehend.

Holzscheibe: Tritt auch gerne auf als Holzdach, Holzkrone und meint dann Schutz, glückliches Überleben an einer Stelle der Biografie. Zuweilen auch als weibliches, fruchtbar sein könnendes Genitale.

Holzschnitzfigur: Steht für ein Lebewesen, man könnte auch sagen für einen ‚Geist', etwa aus der vorgeburtlichen Zeit oder aus der Kindheit.

Holzspatel: Wie Holzstange manchmal Phallus meinend.

Holz–Spielzeug: Nicht selten ist ein genitales Objekt gemeint.

Holzsplitter: Dieser Stachel (vielleicht ja auch im Fleisch, also im Körper oder in einem Kleidungsstück) verrät eine lange dauernde, eher latente, chronische Verletzung. Irgendeine böse Unternehmung gegen ihn sitzt dem armen Träumer im Fleische, das meint: in der Seele, im Unbewussten. Das Symbol Holzsplitter zeigt, dass man aber mit dieser Verletzung so einigermaßen oder knapp oder auch holprig weiterleben kann. Splitter sind gern versteckt, zeigen sich nicht einfach so oder offen, stecken evtl. tief verborgen in der Haut, auch gern in den Fingern, und da geht es auch manchmal um einen besonders überraschenden schmerzlichen Fakt. An eine Zerstörung von etwas Lebendigem kann man denken. Eine latente bedrückende, seelische Wunde kann gemeint ein.

Holzstab: Manchmal ein Phallussymbol.

Holzstehlen: Das ist ein Ringen und Rangeln um ein Lebensfluidum, um ein Quantum an Vitalität. „Holz" steht für „Leben" bzw. für Überleben. Wenn ein Elternteil die Zuwendung gegenüber dem Kind verweigert hat, z.B. wenn es um einen Vater geht, kann die Kompensation, die Reparatur darin bestehen, dass das Kind im Traume gerne Holz stiehlt.

Holzstock: Symbol einer Gegenwehr, die dringend notwendig ist und die wegen des positiven Symbols „Holz" erfolgreich endet.

Holzstückchen als Bissen: Hier geht es gern um eine erotische Speise, ob nun für einen echten Hund oder für einen symbolischen Hund.

Dieses unpassende Holz zum Essen zeigt, dass das erotische Angebot einer Person an eine andere sehr seltsam, defizitär ist.

Holztisch: Bekanntlich ist „Tisch" ein Archetyp für Beziehung, ob nun als Kind zur Mutter oder in einer Partnerschaft. Ist nun das Holz des Tisches betont, ist der Aspekt von Leben, Lebendigkeit hervorgehoben. Also geht es dann auch um die Frage, ob jemand mit anderen „leben" darf oder nicht. Z.B. bei einem betont leeren Holztisch fehlen offensichtlich Lebewesen oder Seelen, die dahin gehört hätten; hier kann man an Abtreibungen oder Fehlgeburten denken.

Holztor: Oft das Geburtsportal, d.h. betrifft in irgendeiner Weise den Geburtsprozess; in einem solchen Falle betont zweiflügelig, auch groß. Manchmal ähnlich wie Haustür und Kellertür.

Holzumgebung: Wenn z.B. Naturholzbretter einen Weg säumen und man sich inmitten dieser Umgebung bewegt, geht es im Moment um ein großartiges Optimum von Leben, Lebenskraft. Naturholz ist immer positiv.

Holzverbrauch: Das kann ähnlich sein, wie ein Leben zu verbrauchen. Verbrauchtes oder fehlendes Holz kann also andeuten, dass es im Traum um das Thema geht: Lebenskraftverbrauch.

Holzwand: Auch als Bretterwand = Geburtspforte, Lebensbeginn. Evtl. mit Ablehnungserfahrung."Holz" ist meistens positiv, aber natürlich können Hindernisse darin verborgen sein.

Holzweg = Z.B. Weg an senkrecht stehenden grauen Brettern vorbei, vielleicht am Hang, quer: wie die Redewendung „auf dem Holzweg sein" = Sackgasse, Ende, evtl. Todnähe.

Holzwerkstatt: Alternativ kann auch eine alte Mühle aus Holz das Traumsymbol sein. Das ist eine Lebenswerkstatt, somit ist das Thema von Zeugung und Geburt nicht weit. Holz ist ein zentraler Archetyp für körperliches Leben.

Holzzaun: Grenzbereich zwischen Tod und Leben. Ein Schaden im Holzzaun zeigt Lebensgefahr an.

Holzzustand: Ein Holzzustand mit z.b. einer Information über unterschiedliches Alter kann unterschiedliche Lebensphasen meinen oder gar verschiedene Inkarnationen.

Homosexualität: Hier rein als Archetyp, Traumsymbol gedeutet, verweist das Motiv auf zweierlei, nämlich erstens auf eventuell etwas übersteigerte Sexualität (welche bei Frustration wächst) und zweitens auf Hochstress, Verwirrung indirekter, psychischer Art. Frühe Traumatisierung zerstört erfahrungsgemäß Heterosexualität. Der Homosexuelle kann daher im Traum auch als zwei gegensätzliche Personen (die einerseits verbunden wirken) dargestellt werden: inneren Widerspruch, Stressfaktoren, Traumaspuren, manchmal Entwicklungssperren erkennen lassend. Eine Wertung soll hier keinesfalls vorgenommen werden. Es ist nur angesprochen, dass früher Mangel in Bindungs- und Emotionsfragen, auch in Selbständigkeitsfragen, Heterosexualität gerne zerstört. Also wir konzentrieren uns hier auf den Aspekt: Warum ist die Heterosexualität verschwunden bzw. ungelebt (und da sollte man an Trauma-. Stressfaktoren denken)? Die Begegnung mit einer anderen homosexuellen Person im Traum deutet auch manchmal an, dass man evtl. selbst homosexuelle Tendenzen hat oder hätte. Ansonsten sind die unterschiedlichen Gründe für Homosexualität in diesem Artikel nicht thematisiert.

Homosexuell werden: Entwicklungsmöglichkeit, ein optionales Ergebnis. Kann sehr viele Gründe haben. Eine Möglichkeit ist: wenn Mutter (gemeint ist das innere, wahrhaft Mütterliche) sich verweigert hat. Oder wenn die „Initiation" defizitär war. Oder wenn es Traumata gab in der perinatalen und oralen Phase. Oder wenn die Männer-, Frauenrollen bei den Eltern untypisch verteilt waren. Ein fehlender Elternteil oder eine Adoption können die sexuelle Entwicklung und Orientierung beeinflussen. Insgesamt gibt es eine breitgestreute Kausalität.

Homosexuelle: Man kann als Heterosexueller träumen, dass man irgendwie mit dem einen oder anderen Homosexuellen im Traum zu tun hat. Das läuft lakonisch, ohne Wertung. Es heißt nur, dass jemand in der Gruppe, in der Familie, im Umfeld des Träumers auch homosexuelle, daneben auch hochsensible Tendenzen hat. Das Auftauchen der Homosexuellen, oder auch aller anderen Modelle, Typen, sagt tendenziell etwas aus über die Umgebung des Träumers, also über Menschen in seinem Umfeld.

Hören: Hören reagiert auf ein Geräusch, auf Kommunikation. Hören ist der feinste und tiefste unserer Sinne. Das heißt, er ist auch der erste und der letzte Sinn (vgl. Tibetisches Totenbuch). Man kann sagen, dass man mit dem Hören im Traum auch vorgeburtliche und nachtodliche Inhalte, Information registriert. Mittlerweile ist medizinisch, psychologisch bekannt, dass der Sterbende als Letztes etwas durch die Hörsinne aufnimmt. Auch ein Narkotisierter sowie ein Kind im Mutterbauch hören ebenfalls nicht nichts. Insofern kann das (Nur-)Hören im Traum eine transzendente Szene verraten oder eine tief unbewusste Information.

Hörner: Wie in der Frühzeit als Verkleidung des Kriegers sollen Hörner Aggression (die aus dem Kopfe kommt) ausdrücken. Insofern stimmt die Redewendung für das Fremdgehen: einem Partner Hörner aufsetzen, d.h. heimlich ist man gegen ihn aversiv, aggressiv. Und so können Hörner – je spitzer, umso aggressiver – im Traum bedeuten, dass man den Partner betrügt oder dass man betrogen wird. Umgekehrt auch gern ein phallischer Aspekt. Sowie ein Medium, womit man jemanden zum Trottel macht, d.i. zum dummen Tier.

Hornisse: Sehr gefährliches weibliches Wesen, meist dürfte eine reale Frau sich dahinter verstecken; eine mindestens ähnliche Aggression bzw. Gefahr, wie sie von den ebenfalls weiblich zu denkenden Wespen ausgeht. Vielleicht täuscht man sich aber, und die gefährlicheren sind doch die Wespen (die im übrigen ein klassisches Indiz für Abtreibungsgeheimnisse sind).

Hose: Als Beispiel nehmen wir einmal die Männerhose: Indiz für die väterliche Abstammung, dann auch allgemein für die Männlichkeit des Trägers (die indirekt vom Vatervorbild stammt). Hosenwechsel:

Vatertausch, Rollentausch. Eventuell männlich-väterliches Verhalten bei einer Frau (wenn sie „die Hosen anhat"). Farbe, Form der Hose können etwas über die Sexualität des Trägers aussagen oder über seine Männlichkeitsentwicklung, z.b. ein erwachsener Mann in roter kurzer Hose zeigt eher Unreife an (Rot ist dann: zu weiblich; und Kurzhose: zu kindlich).

Hosenanzug: Dieser Anzug ist nicht unbedingt ein Zeichen von betonter Weiblichkeit, er passt eher zu einer Frau, die im Berufsleben oder speziell in der Männerwelt steht. Der Hosenanzug zeigt im Traum eine gewisse Tendenz in Richtung einer etwas beherrschten, dominanten Frau. Im übertragenen Sinne ist ausgesagt, die Trägerin des Hosenanzugs ließ es evtl. einmal an einer satten, befriedigenden Mütterlichkeit fehlen. Oder es besagt: Die Trägerin will hier nicht mit weiblichen Attributen punkten – das ist die Hauptaussage. Wir müssen Rücksicht nehmen auf Mode und Zeitgeschmack, dennoch verrät das unschuldige Traummotiv am Rande eventuell etwas über die Männlichkeit einer Frau.

Hosenbein: Zumal bei Männern spricht das Eine von zwei Hosenbeinen über Kraft oder umgekehrt Schwäche der Männlichkeit, in dem Sinne, dass (nur) 50% der Männlichkeit betroffen sind.

Hosengürtel: Beim Mann hat der über das Brückenmotiv Männerhose mit seiner Männlichkeit, mit seiner Vatererfahrung zu tun. Bei der Frau gehört es ggf. zum Schmuck des Unterleibs.

Hostie: Beinhaltet Gott zu essen = zu verinnerlichen. Das meint: ein Leben führen, was sehr an Gott, Religiosität, Spiritualität interessiert ist.

Hot-Dog: Diese Art von Siedewurst im Brötchen deutet nicht selten etwas Phallisches an.

Hotel: Gerne mit Rezeption oder Flur verbunden bzw. mit Zimmerzuweisung oder Empfangenwerden. Es geht um Familie, Eltern, Welt – um das ‚Hotel' als Platz und Gruppe, wo wir bei der Geburt ankommen.

Auch als Stätte, wo wir eine Beziehung oder Ehe beginnen. In Wahrheit sind wir eben überall Hotelgast. Jeder Mensch ist vorübergehender Gast auf der Erde.

Hüfte: Es ist noch etwas mehr gemeint, nämlich das ganze Bein. D.h. gemeint ist, dass man sich im medizinischen oder sportlichen Bereich „mit einer Hüfte beschäftigt" und dass das aber im Traum ein Symbol für das ganze Bein sein kann oder auch überhaupt für den Unterleib. Also kann es im Einzelfall um die Behandlung der sexuellen Teile gehen. Umgekehrt zum Lustthema kann sich auch das Schmerzthema in der sogenannten „Hüfte" konzentrieren bzw. stellvertretend abspielen. Hüfte ist auch generell ein Symbol für ein gewisses Erotikthema.

Hügel-Blick: Vom Hügel aus schaut der Jenseitige (wie im Buch Hiob). Generell geht es um besseres Wissen. Dieser Überblick kann ansonsten auch unsichtbare vergessene, verdrängte Inhalte einer Biografie entlarven.

Huhn: Ein Tier, welches als Symbol gerne eine weibliche Person vertritt. Es kann auch eine weibliche Frucht oder das weibliche Genitale gemeint sein. Huhn ist ein genereller Aspekt der Weiblichkeit. Die Henne einer Frau steht im Traum für ein indirektes erotisches Merkmal, aber auch allgemeiner für Liebe, z.B. für Mutterliebe.

Hühner: Da dürfte es am ehesten um Frauen gehen, und zwar in den Fällen, in denen Tiere, wie sehr oft, Menschen vertreten. Für Frauen auch ein Weiblichkeits-, Mutterersatz.

Hühnerstall: Symbolisch als ein Terrain für Frauen anzusehen. Daher stellvertretend für Frau oder Muttererlebnis generell.

Hummel: Eine Art positive Mutter (ganz im Unterschied zu Wespe).

Hund: Hochambivalent, d.h. sowohl den göttlichen Seelenführer, griechisch psychopompos, als auch den gefährlichen Aggressor darstellen könnend. Besonders als schwarzer großer Hund ein Unheilsbote, nicht selten mit Todesthematik. Weißer Hund: eher himmlisch, helfend

271

(z.b. der verstorbene Vater als eine Art Schutzengel). In der Regel etwas Männliches meinend (im Unterschied zu Katzensymbolen): Sohn, Mann, Bruder etc. – aber natürlich auch als Animus der Frau auftretend. Wichtig als „Hüter der Schwelle" (Höllenhund, Cerberus), d.h. der Hund repräsentiert die Grenze zwischen Ober- und Unterwelt, Diesseits und Jenseits, Bewusstem und Unbewusstem (das macht er instinktsicher). Das typische Tier (neben Pferd, Vogel) des Schamanen für die Jenseitsreise. Zum Motiv Hund gehören: Sex, Beißen, Aggression, Sucht/Gier (er ist ein schnauzen-orientiertes = orales Wesen), Treue, Wissen, Verständnis, Liebe, Abhängigkeit, Führung (wie beim Blindenhund). Als Pudel (klein, schwarz und kraushaarig): tendenziell Teufel, Betrug (des Pudels Kern). Mit fussigem Fell: stark und potent, sexorientiert. Insgesamt hat der Hund eine recht aggressive (und zwar eine männliche) und eine recht esoterische oder spirituelle Bedeutung. Die spirituelle Bedeutung kumuliert im „Tier vor dem Tor", nämlich vor dem Tod (vgl. den ägyptischen Anubis) und vor der Geburt. Früherer Archetyp für ihn: der Wolf (Märchen, Mythologie).

Hundebiss: Als Spiel-Element hat es etwas mit Flirt und Sex zu tun. Vom Maul des Hundes gepackt zu sein kann aber auch bedeuten: Todesgefahr und Vergleichbares.

Hundekampf: Auch als Ringen, Rangelei zwischen zwei Hunden, nicht nur unter fremden, auch unter befreundeten Hunden = Konkurrenzkampf unter männlichen Rivalen um eine Frau.

Hunde-Paar: Wir haben hier also 2 Hunde vor uns, die auch, wenn es beide Rüden sind, Konkurrenten sein können. Eine Person mit 2 Hunden im Traum hat vielleicht einen großen Konflikt; den könnte z.B. eine Frau zwischen 2 Männern haben.

Hund-Kraulen: Entspannungssymbol für das Unbewusste und auch für den erotischen Bereich. Gesunde Selbstliebe. Emotionen geben und empfangen. Durchs Tiere-Streicheln kann man sich heilen.

Hund-mit-Kinderkleidung-in-den-Zähnen: Da bricht durch, dass der Träumer als Kind gefährlich lebte. D.h. es gab Personen, die seine

Existenz nicht wollten. So etwas könnte typischerweise im Unbewussten eines Stiefsohnes (oder im Stiefvater als Akteur) stecken. Man kann das Symbol auch generalisieren: Wer auch immer Kinderkleidung oder Babysachen entfernen will im Traum, der will eigentlich die spezielle Existenz eines speziellen Kindes nicht. In diesem Falle ginge es also um das Traumgeschehen, dass der Hund die Kinderkleidung wegnimmt, wegreißt, mit der Bedeutung: irgendjemand wollte die Existenz eines Kindes nicht.

Hund-Phobie: Hier kann sich manchmal ein überlieferter Komplex aus der weiblichen Vorfahrensippschaft zeigen, nämlich dass eine Frau einmal eine gewisse Aversion oder Scheu oder Ablehnung gegenüber der männlichen Aggressivität hatte, aber auch gegenüber der männlichen Sexualität. Ersatzphänomen, d.h. tragisches Zeichen für eine Person, die ihre normale Aggressivität unterdrückt, die zu lieb ist.

Hund-Suche: Sich um Kind, Baby kümmern.

Hundverlust: Aktionsfähigkeit, Vitalität, Männlichkeit oder der Animus einer Frau gehen verloren. Erinnerung an ein Trauma des Verlustes von Kraft und Stärke.

Husten: Husten oder Abhusten kann bedeuten, unbewusst etwas Dringendes äußern oder erledigen zu wollen. Hauptbedeutung: Unterdrückte Aggression, unausgelebte Gegenwehr. Ein bedauertes, entschuldigtes, vielleicht lästiges oder zu umfangreiches Husten deutet eine ungute Situation an. Beispiele sind Verspätung, Blockade, Widerstand, Aggression, Verdrängung (Husten als Ersatz einer Emotion). Besser wäre ein Husten, zu dem man steht.

Hut breitkrempig: Wir meinen hier einen großen auffälligen Hut, der durch eine große Krempe gekennzeichnet ist. Wer auch immer diesen im Traum trägt, es gibt möglicherweise eine Assoziation zu dem klassischen, mythischen „Mann mit Hut", und dieser ist der Gott Odin oder Wotan, der sich, zwar zurückhaltend, zeigt, wenn ein Tod-Thema in der Luft liegt.

Hut, schwarz: Meist ein Signum für eine Szenerie, wo ein Gefahrenthema nicht weit entfernt ist. Aber auch ein Symbol starken Selbstbewusstseins.

Hut/Haube: Geistige Einstellung, oft als Fremdprägung, Abhängigkeit.

Hut: Ähnlich wie Haube, Mütze, Kappe: Kopfinhalt, Mentales, das Denken also. Gerne auch Ausdruck von Fremdbestimmung in Kopf/ Geist, die von einem Herrn oder Chef, der manipuliert, der besitzt, ausgeht. Vgl. früher: die Ehefrau kommt „unter die Haube". Oder eine Autorität drückt einem eine Uniformmütze auf; kann also gegebenenfalls erhebliche Entfremdung bedeuten oder ein Joch, und auch eine Kopfkrankheit. Jedoch auch im Gegensatz deutbar, nämlich ähnlich einer Krone: eine Erhöhung, Auszeichnung. Jedenfalls grundsätzlich: etwas fernab der Natürlichkeit, ein eher aufgedrücktes Attribut, ob als Erhöhung oder als Erniedrigung, ob als Schmuck oder als Schmach. Evtl. Abhängigkeit: Zum Beispiel weinroter oder dunkelroter Hut als Suchtphänomen, steht manchmal für Mutterabhängigkeit, Muttersucht oder für Liebessehnsucht.

Hütte: Als schützende Behausung und relativ naturnah assoziiert Hütte gern Mutterähnliches.

Hydrant: Kann körperlich, medizinisch sich auf den urologischen Bereich beziehen oder auf den Wasserhaushalt im Leib (griechisch to hydor = das Wasser).

Hysterie: Hintergrund ist meist ein Trauma, das aber abgespalten ist, das verdrängt oder unzugänglich ist, und in aller Regel sehr verleugnet.

Ibis: Der Ibis ist eine Variante bzw. ein heiliges Tier des ägyptischen Weisheits- und Schreiber-Gottes. Siehe „Thot" und „Bewertung" und „Schreibbrett"

Ich-Rolle: Vielfach erlebt der Träumer, dass seine Aktivität, sein Entschluss eine wichtige Szene hervorbringt, erzeugt. Als krasses Beispiel die Szene, in der man sich selbst in den Abgrund stürzt. Es ist geradezu fatal in den Träumen, dass viel mehr der eigenen Ich-Aktivität zugeschrieben wird, als es wahr ist. Im Abstürzen z.B., das durch das Wollen des Ichs gekennzeichnet ist, ist eine herbe Enttäuschung oder Abfuhr vorgezeichnet, die vielleicht bald erlebt werden wird oder die es früher gab, in der man aber Opfer, nicht aktiver Täter ist. Diese Struktur hängt wahrscheinlich mit dem fatalen geheimen Omnipotenz-Streben, mit der geheimen Allmacht-Phantasie zusammen, nach der das Unbewusste glaubt, für alles im eigenen Leben verantwortlich zu sein! Da täuscht sich eben oft das Unbewusste, wahrscheinlich weil das grenzenlose oder auch schuld-versessene Ego der Herr des Handelns sein will. Dabei ist man doch oft Spielball in der Geschichte und keineswegs immer der mächtige Akteur. Und es wirken in uns die psychischen Inhalte der Vorfahren, ebenfalls irrtümlich als das eigene Ich im Traum auftretend.

Ideal-Typus: Nach der platonischen Philosophie gibt es zu jedem materiellen Phänomen ein geistiges Urbild, eine erzeugende Idee. Der Mensch kann sich als Kopie, als mangelhaftes Abbild seines Ideals verstehen. In seltenen Träumen bekommen wir gezeigt, dass zu uns selbst, zu unseren Aktionen, zu unserem unvollkommenen Leben, zu unseren Eigenschaften ein Optimum und Ideal-Typus in der geistigen Welt auch und daneben existieren, als würde das vollkommene Urbild unsichtbar mit uns wandern. Jeder scheint im Himmel einen unsterblichen idealen Bruder bzw. eine entsprechende Schwester als Begleiter zu haben (ähnlich wie bei den Jesiden). Der Ideal-Typus erscheint im Traum als „zehnmal besser" denn der irdische Typus.

Ideen: Ein Schlagwort für das ganze Denken eines Menschen. Es geht also allgemein um die geistige Potenz, um die intellektuelle Fähigkeit, nicht nur um eine einzelne Idee.

Igel: Ein Tier mit Stacheln, das nicht unbedingt viel von Gesicht oder Unterseite zeigt. „Igel" bedeutet Stress, Verkrampfung, Gesundheitsgefahr (z.b. für das Herz), genauer gesagt geht es um Ablehnung, Zurückweisung, im Bilde nämlich dieser „Stacheligkeit", besonders wenn man das Tier fühlen will. Also können wir die Symbolik des Tieres manchmal als Gefühllosigkeit und heftige Aversion übersetzen, und zwar nicht offensiv wie bei einem Raubtier, sondern subtil, versteckt, latent. – Umgekehrt bedeutet Igel aber auch eine wunderbare Aufhebung der Aggression, besonders zwischen Mutter und Kind, analog der Natur, wo die Stacheln der Igelmutter und des Igelbabys durch Hormone in der Säugezeit ganz weich werden. Das ist symbolisch eine große Stacheligkeits-Überwindung. Vgl. auch sich einigeln als Redewendung. Das bedeutet, seine wahre Natur oder Absicht nicht zeigen, stattdessen Rückzug, Blockade, Geheimnis leben. Die Aversion ist aber als Abwehr, Stachen erkennbar. – Große Verletzlichkeit kann auch als Deutung in Frage kommen.

Ignorieren: Harmlos erscheinende Chiffre für eine eisige, radikale Ablehnung. Vergleichbar mit jemanden übersehen, betont nicht ansehen, schneiden. Wen man ignoriert, lehnt man ab. Oft sind unterdrückte Gefühle dabei, d.h. offene, unbelastete Ablehnung geschieht anders. Also Wut, Rache, schwere alte Verletzung, Peinlichkeit, Konflikte, vielleicht auch schlechtes Gewissen, alles nicht gerade offen, spielen bei der ignorierenden Ablehnung, beim Wegsehen, eine Rolle.

Illegitim: Siehe „Lizenz"

Illustrierte: Sie stellt dar eine Abbildung, einen Bericht, auch eine Tradition oder eine Nachfolge von einem Ereignis. Illustrierte können auch ein später Niederschlag oder eine Konservierung eines wissenschaftlichen Ereignisses sein (als Illustration). Sie stellen so den Erhalt einer Tradition dar. Im negativen Sinne wird man „vorgeführt", benutzt wie

276

im Zirkus oder wie bei einer Dressur. – Als Frauen-Illustrierte steht dieses Symbol für die Biographie einer Frau.

Impotenz: Im Traum zeigt sich, dass Impotenz meist auf seelischen Gründen beruht, nicht auf körperlichen. Oft ist ein unbekanntes, unbewusstes Trauma (Aggression, Angst, Gefühlsunterdrückung, Suggestion, Frustration, ungelöste Konflikte) der Grund. Besonders wichtig: eine unbekannte, mysteriöse, sehr frühe Todeserfahrung (manchmal im Geburtsumfeld) als geheime Ursache.

Inder: Steht für Weisheit und für ein Reinkarnationsthema. Lebensweg als spirituell Lernender, auch Lehrender.

Indianer: Urwüchsigkeit, Natur, Natürlichkeit des Träumers. Instinktive Weisheit, besonders die in Träumen. Sioux: „Die Weisheit kommt zu uns in Träumen." Auch Vorhersage-Fähigkeit.

Indien: Symbol für Weisheit und Selbsterfahrung, für ältestes, großes Wissen (vergleichbar den Veden). Symbol für advaita = Nicht-Zweiheit.

Infarkt: Ist das Ergebnis von Stress, Wut und aggressiver Umgebung (gerade Letzteres ist wichtig).

Informations-Verweigerung: Das tritt z.B. im Traum so auf, dass der Arzt die Diagnose verweigert, nicht spricht. So einen Traum hat man nicht grundlos. Da fehlt eine große, wichtige Information zur Biografie.

Inkarnation: Die Träume sagen, dass ein Fazit, eine Zusammenfassung, eine alte Summe, ein Lebensrest, ein Energierest (= Unerledigtes) die Basis bilden für eine neue Inkarnation bzw. für die Reinkarnationen. Kommen wir auf die Welt, so fußen wir auf einer erheblichen Vorgeschichte. Auch bleibt nach dem Tod noch ein Potential für zukünftige Erdenleben. Nach den Träumen muss man davon ausgehen, dass man in der vorangegangenen Inkarnation eine Person des gegenteiligen Geschlechtes war.

Inkognito: Es sucht jemand nach einer Wahrheit, die eine bestimmte Person betrifft. Das wird seinen Grund haben. Geheime Täter, Aggressoren, auch andere versteckte Kräfte, bis hin zum unterschlagenen Erzeuger, können hier gemeint sein. Grundsätzlich zeigt eine Person hier nicht ihr Gesicht oder die wahre Absicht. Oft haben Personen im Inkognito doch eine Art Bezeichnung, Benennung, was wie ein Tarnname daherkommt. Die Wahrheit ist nur indirekt, über Winkelzüge der Deutung zu erkennen – aber immerhin.

Inkontinenz: Der geheime Grund für die Inkontinenz jüngerer Leute sowie für das Bettnässen der Kinder ist Angst, letztlich Todesangst. Beispiel: ein Kind wird im Kindergarten von einem Größeren gewürgt, nachts hat das Kind einen Albtraum, erinnert sich an die Szene und macht, ausnahmsweise, gleichzeitig ins Bett. Oder ein Hund ist als Welpe von der Mutter verstoßen worden (etwa als typische Folge einer Kaiserschnittgeburt in der Tiermedizin), später uriniert er bei der kleinsten Aufregung (ist ganz schnell verstresst), beim Laufen, in der Wohnung, bei einem fremden Besucher. Kann man als Ausdruck zu stark unterdrückter Aggression deuten oder als unbeherrschbare Angst; es kreist um unterdrückte, nicht gelebte Gegenwehr.

Innenschenkel: Bei einer Frau Ersatz, Stellvertretung für die intimste Stelle, Berührung, auch für eine mögliche Schwängerung. Eine Empörung gegen Innenschenkel-Berührung (z.B. durch einen Mann) heißt: Ich will nicht befruchtet werden.

Insekten: Das sind gefährliche Tiere, in der Regel bedeuten sie psychischen und körperlichen Stress. Krankheiten, latent/zukünftig oder als Erinnerung, große Sorgen, Nöte werden durch sie angezeigt. Schon im Alten Testament verbirgt sich hinter der Fliege der Teufel, psychologisch: ein negativer Mensch. Maden und Ähnliches haben mit dem Tod, dem Verwesungsprozess zu tun, aber auch mit Ekel, geheimer Abwehr. Fliegen und Ameisen sind eher noch so gerade erträgliche Plagegeister (wie auch der alte Archetyp Heuschrecken). Große Insekten = großes Problem (z.B. Hornisse). Letztlich sind aber auch Insekten ambivalent, d.h. Bienen stellen eher gute, und zudem meist weibliche Geister dar, beispielsweise die geliebte Tochter oder die Mutter oder die Göttin.

Wespen dagegen eher die abtreibende, stechende Mutter (manch einer mit Wespenstichallergie drückt das Wissen um eine weibliche Attacke indirekt aus). Ein Traumbeispiel: ein Zimmer unter der Dachschräge mit vielen Fliegen bedeutet, dass die Träumerin (das Kind) eine sehr schwierige Schwangerschaftszeit hatte (was Auswirkung auf den Charakter später hat). Insekten, Maden, Würmer, Parasiten bezogen auf die Haut: gefährliche Durchbrechung des Schutzwalles (im übertragenen Sinne) des Menschen. Insgesamt: erst Hochstress, später Krankheit. Allgemein Ausdruck einer nicht zugelassenen Abwehr (Ekel), besonders aber einer nicht erkennbaren Aggression von außen.

Insel: Motiv aus dem Themenkreis Geborenwerden und Sterben sowie Reinkarnation. Ins Leben kommen wir an Land/Küste wie von einer fernen Insel. Ebenso erreichen wir nach dem Tod eine symbolische Insel, z.B. die „Insel der Seligen" fern im Westen. Der Archetyp ist häufig: von der Insel übers Wasser (per Schiff) ans Land und umgekehrt, das meint die zwei größten ‚Reisen' im Leben. Die Insel ist auch das Ziel, wenn wir in der (ägyptischen) Todesbarke fahren. Die Insel ist vergleichbar dem tibetischen „Bardo", der Zwischenwelt zwischen zwei Inkarnationen. Besonders im Unterschied oder Kontrast zum Festland ist damit eine andere Welt gemeint, d.h. eine tief unbewusste oder jenseitige Welt. Die Reihe von Wiedergeburten kann sich also als „Wohnen auf verschiedenen Inseln" darstellen.

Interesse: Interesse an etwas zeigen verrät, eine Sache nachdrücklich zu wollen, ob bewusst oder unbewusst.

Internet: Neben vielen anderen Bedeutungen gibt es die eine, dass das Internet etwas Betrügerisches ist. Besonders das Symbol „Internetkauf" verweist darauf, dass der Träumer hier erkennt, dass irgendeine Person in seinem Umfeld oder er selbst einem Betrug aufgesessen ist, allerdings keinem massiven und auch keinem oberflächlichen. Eher geht es um eine Crux, um eine Unkorrektheit im Unbewussten, um ein Geheimnis. Insgesamt kann man sagen: beim Traummotiv Internet tauchen gern die Gefahren auf, der unbeherrschbare Aspekt ist vordringlich.

Intim: Sehr geheimnisvoll, versteckt, aber wahr.

Investition: Eine erbliche oder soziale Anlage = Voraussetzung für ein Leben. Auch das „Geben" in Beziehungen, ohne welches es kein „Nehmen" gibt.

Inzest: Eventuell eine erotische Verbindung aus früheren Inkarnationen andeutend (dort können ja Eltern und Kind einmal Partner und andere Verwandte oder Freunde gewesen sein). Auch Übertreibungssymbol für platonische oder auch familiäre Liebe. Manchmal Komplementärerscheinung für ein sehr gespanntes Verhältnis. Eigentlich selten real Inzestuöses anzeigend (welches sich nämlich in anderen, apokryphen Symbolen darstellt).

Irre: Die Irre als Gegend oder die Veränderung oder das große Unbekannte erinnern gern an eine Stresssituation, in der man tatsächlich nicht ein noch aus wusste. Oft liegt hier ein Geburtstrauma oder ähnlich Frühes zugrunde.

Irrenhaus: Wenn sich eine Person im Irrenhaus befindet, kann man davon ausgehen, dass diese Person an einem Punkt ihrer Biografie in einem extremen Stress gestanden hat –wo man hätte verrückt werden können.

Irrfahrt: Suche nach der persönlichen Wahrheit, nach Identität. Da wird man also in der biografischen Genese gern aus der Lüge kommen (= belogen worden sein). Auch Streben nach einem Elternteil oder auch nach dem Erreichen des Lebens (Geburtstrauma).

Irrtum: Ein auffälliger Irrtum in der Kleidung oder auch ein eklatanter Fehler in einem Arbeitsprozess kann manchmal sehr tiefsinnig gemeint sein und z.B. auf eine andere Sexualität als auf die übliche hinweisen.

Irrung: Irren oder sich verirren, z.B. auf einem Wegenetz oder im Wald, bedeutet, sich in Lebensfragen oder Partnerschaftsfragen geirrt zu haben. Frage ist dann meist in der Verwirrung: Wie komme ich aus der

Sackgasse wieder heraus? Wie werde ich wieder frei? Der Träumer bemüht sich meist um Besseres, ob mit Erfolg oder nicht.

Irrweg: Ob es einen einzelnen betrifft oder ein Paar, so ist von einem schwierigen, traurigen Lebensweg die Rede, wo vielleicht auch die Hindernisse zu stark sind.

Isetta: Hier geht es um ein altes Automodell „BMW Isetta". Von vorne sieht man bei diesem kleinen Auto eine Art gewölbten Bauches. Auch verweist der Name auf eine Frau. Wir haben hier also evtl. symbolisch eine Schwangere in den Anfangswochen vor uns.

Isoliert: Dieses Traumsymbol bezeichnet weniger eine äußere, als vielmehr eine innere Isolierung und Einsamkeit, z.B. in Beziehungen.

Istanbul: Eine seltsame Mischung von Gefühl, Erotik, Erleben, mit Jenseits, Gefahr und Illusion. Für Europäer, als Symbol, eine Mischung aus Exotik und Attraktivität.

Italien: Steht für kindliche und erotische Sehnsucht, Glückssuche. Als Süden etwas Weibliches, auch stark Mutterbetontes. Erscheint mehr Lust und Lebendigkeit zu ermöglichen als das kältere nördliche Europa. Hat auch mit der Antike zu tun: da geht es um alte Natürlichkeits-Ressourcen, die der Mensch hat. Die Renaissance begann in Italien, und sie stellt die Suche dar nach dem, was man bezüglich Natur und Emotion vermisst hatte.

J

Jacke: Steht auch als Sakko, Anzugoberteil für eine Person. Nicht zuletzt sind Rollen gemeint, d.h. Charakterzüge und Verhaltensweisen; zwei Herrenjacken können z.B. für zwei Männer stehen oder auch für Männervorbilder, für zwei Arten von Vätern. Eine rote Jacke meint vielleicht die Liebe oder Verliebtheit. Die Jacke kann verraten, was der Träger im Brustkorb, in seinem Herzen denkt, hegt; Gefühle und

J

Absichten sind in der Brust beheimatet. Kleidung zeigt nicht den wahren Kern des Menschen, aber seine ständig gespielte Alltagsrolle (oder auch seine Entfremdung).

Jagd: Alter Archetyp für Sex, Sexabsicht von Mann gegenüber Frau (so in den Märchen). Das Jagdspiel interessiert aber auch gegenseitig, also beide Seiten. Ein indirekter Eros.

Jagd-Szenerien: Sie können in gewisser Weise zum Balz- und Sexverhalten eines Mannes gegenüber einer Frau gehören.

Jagen: Manchmal eine Andeutung des männlichen sexuellen Tuns, manchmal auch in theriomorpher, d.h. tier-gestaltiger Symbolik: z.B. Hund jagt Huhn. Oder es jagen sich zwei Kostüme wie zu Karneval.

Jäger: Manchmal sogar einen Schwängerer darstellend (vgl. Märchen), weil Jagen zum sexuellen männlichen Tun assoziiert. Ansonsten überhaupt Aggressionsausüber, vornehmlich Männer, Väter, oder Personen, die archaisch Beute machen bzw. die etwas zum Erlöschen bringen.

Japanisch: Dieses Symbol zeigt beispielsweise für Europäer gern eine Art Selbstbeherrschung an. Wir können auch von Gefühlsunterdrückung oder einer recht starren, formalen Haltung sprechen. Es hat aber auch einen großartigen sozialen Aspekt, Rücksichtsnahmen stehen über dem Ego. Ein Optimum an Disziplin, aber auch vielleicht an Beherrschung, Unterdrückung von Emotionen.

Ja-Sagen: Dahinter kann sich die grundsätzliche Akzeptanz gegenüber einer Biografie verbergen. Aber natürlich gibt es auch die typischen Charaktere als Ja-Sager.

Jenseits-Seminar: Hier hat ein Mensch etwas Wesentliches über das Leben nach dem Tod zu sagen. Eventuell ist sein eigener Tod, wie fern auch, angesprochen.

Jesus: Ganzheits- und Erlösungssymbol. Auch Vaterlosigkeit, Vatersuche. Jesus ist wohl von einem römischen Besatzungssoldaten gezeugt worden, namens Pantera. Sein Vater ist ihm verheimlicht worden. So hat er eine Motivation, seinen Vater im Himmel zu finden. Exponent großer Weisheit. Siehe auch „Gott"

Jetbag: Die typische Reisekofferform oben auf dem PKW wird in Europa als Jet-Bag angeboten, verkauft. Die Form kann auch mit der Persönlichkeit, Identität im Mutterbauch assoziieren. Als frühester Anfang ist diese Zeit vergleichbar unserem Persönlichkeitskern. Hat auch Ähnlichkeit mit dem allgemeinen Koffersymbol.

Joggen, Laufen: Zum Teil Sexualitätsersatz. Triebabfuhr und Jagd nach Endorphinen. Die Tätigkeit hat jedoch einen gewissen kindlichen Aspekt in dem Sinne, dass der übertrieben, exzessiv Laufende symbolisch um sein Leben rennt, mit anderen Worten: er versucht Leben, Lebendigkeit (Bewegung!) zu erwerben, und zwar nachträglich und kompensatorisch. Man kann den Archetyp Joggen als lebenslanges Bemühen um Entwicklung, Lebenserwerb bezeichnen, daher zeigt er also einen gewissen Nachholcharakter (ähnlich wie Sucht) und verweist auf die frühere Schwierigkeit, das Leben und die Liebe und die Lust zu erreichen (Geburtstrauma nicht selten). Allgemein: Erreichenwollen von Vitalität; Kampf ums Leben.

Joghurt: Meist ist es ein Thema, dass mit der oralen Erfahrung der Mutterbrust zu tun hat und natürlich Auswirkungen auf spätere Befriedigungsaktionen des Erwachsenen hat. Also Süchte können mit viel Joghurt dargestellt werden.

Jonas im Walfisch: Sollte etwa eine mittlerweile skurril gewordene Geschichte einen Zusammenhang mit dem Eingreifen von Prä-Astronauten haben? – Auf einer ganz anderen Ebene ist symbolisch der Uterus-Aufenthalt bzw. eine große Wandlung gemeint.

Josef: Besonders im christlichen Bereich ist er ein Symbol für einen Stiefvater, für einen eher positiven, gutmütigen, allerdings auch für einen betrogenen, naiven Ersatzvater.

Jugend eines alten Menschen: Ein solches irdisch gesehen überhaupt nicht zutreffende Bild einer alten Person zeigt eine Wandlung an, genauso wie ein überraschend unübliches Verhalten so einer Person. Es gibt Autoren im Bereich der Thanatologie, die dies Auffällige, so Anders-Seiende (!) für die jenseitige Figura einer solchen Person im Vorgriff halten, für einen entsprechenden Einschnitt. Dann läge vielleicht ein Vorgriff auf eine jenseitige Zukunft vor. Die Wandlung ist quasi zu auffällig, als wenn sie noch mit dem Diesseits zu tun hätte.

Jugendlichkeit: Manchmal die Art, wie Verstorbene im Traum erscheinen, das Körpersymbol der Jugend (als Alterslosigkeit zu verstehen) meint dann die heile, intakte Seele im optimalen Zustand. Etwa ein Vorzeichen? – Ansonsten kann es bedeuten, dass eine erwachsene Person im Traum etwas unreif ist, auftritt.

Jugendzimmer: Nicht selten ist ein Traum mit dem Jugendzimmer mit Heiterkeit, Harmonie und Sonnenschein verbunden, obgleich vielleicht aktuelle Personen darin sind. Da wird etwas dargestellt, was irgendwie ähnlich zu einer jugendlichen Seele passt oder zu einem angenehmen Gefühl in der Jugend. Grundsätzlich gibt es in der Jugend mehr Optimismus.

Junge: Eine Art Hoffnungsträger, daher vielfach das Erlösungskind, spirituell oder als weltlicher Held. Auch Symbol für Penis, Sohn, Bruder, sogar Vater. Manchmal von einer schwangeren Frau als Sohn-Ziel früh überfrachtet; bekannt sind die Probleme, wenn es dann ein Mädchen wird.

Jungenteppich: Ein Kind erhält als Rollenvorgabe, Junge zu werden. Der Teppich ist Gabe und Basis. Kann also eine gesunde, starke, schöne Jungenrolle bedeuten oder aber eine Erwartung, Suggestion, ggf. eine fatale Suggestion für ein Mädchen.

Junglehrer: Da ist man zwar in der Rolle eines Lehrers oder Leiters, aber es spielen noch Ereignisse und Verhaltensweisen hinein, als man selbst jung war. Daher zeigt das Motiv unsere Erwachsenenrolle, aber stark geprägt durch Kindheitsereignisse, quasi im Kindheits-, Jugendkleid.

Jüngling: Der „ewige Jüngling", puer aeternus, ist zwar psychologisch in der Realität eine häufige Erscheinung, doch tritt er im Traum selten auf; seine Bedeutung ist der typisch unreife, aber geliebte Don Juan, könnte man sagen. (Der entsprechende Archetyp für das Mädchen ist etwa der Lolita-Typus.) Gegebenenfalls meint das Symbol einen vorpubertären Eros. Der Jüngling ist attraktiv, aber verbirgt auch eine Unreife. Es gibt eine homoerotische Ephebophilie (griech ephebos = der Jüngling zwischen etwa 14 und 20 Jahren), da geht es um eine markante Attraktivität (die aber ähnlich das nachpubertäre Mädchen in diesem Alter für Heteros hat).

Jungsbett: Da das Symbol Bett gerne auf pränatale Geschichten hinweist, kann sich hier ein Wunsch zeigen, dass das kommende Kind ein Junge wird. Wird es dann aber real ein Mädchen, wird das Leben nicht einfach für das neue Menschenleben. Die Elternsuggestion ist sehr schwer zu überwinden (sie führt manchmal sogar später zu Geschlechstumwandlungen!).

Junior: Der Junior eines Mannes kann stellvertretend für sein membrum virile stehen, d.h. auch, dass der Junior für die jugendliche Manneskraft einer (älteren) Person steht.

Juniorchef: Ein Chef oder auch ein potentieller Partner für eine Frau, der in seinem Herzen und in seinem Verhalten ein Junge geblieben ist, also eigentlich kein reifer Mann ist oder der der zweite Mann direkt unter dem Chef ist = für Mitarbeiterinnen attraktiv.

Jury: Über was sie entscheidet, ist meist ernster, als im Traum dargestellt. Die Bewertung in einem ‚kleinen Wettbewerb' kann auch schon einmal die über Krankheit oder Gesundheit, Tod oder Leben sein.

K

K, Kappa: Das K hat tendenziell die Bedeutung von starker Lebenskraft (auch im Sinne der K-Rune), von Männlichkeit, von Potenz.

Kabel: Als Elektrokabel ein Medium für Leben, Vitalenergie; d.h. z.B., dass ein abgeschnittenes Kabel eine Toderfahrung darstellen kann. Vergleichbar mit den Nervenbahnen des Körpers. Siehe auch unter „Band"

Kabel-Entwirrung: Eine Reparaturtat im Sinne einer Arbeit an der eigenen Person oder Lebensgeschichte, vergleichbar einer Psychotherapie, einer Trauma-Analyse.

Käfer: Als Negativum etwas schwächer denn manche andere Insekten; nur der schwarze Käfer kann einen erheblich Angst machenden Faktor meinen. Als Marienkäfer eine Art Glückssymbol, auch etwas Kindliches darstellend, wie der norddeutsche Name Sonneküken nahelegt. Marienkäfer auch als Symbol eines braven, liebenden Töchterleins; ein „Marienkäferleben" im Traum repräsentiert die Grundsatzeinstellung einer Frau (etwas zu brav gegenüber Mutter). Käfer als indirekte Selbsteinschätzung: abwertend, negativ. Der Archetyp tritt auch gerne als Käfernest oder Käfer-Gewimmel auf. Diese Insekten können Ekel provozieren. Auf jeden Fall sind sie meist nicht gerade willkommen. Sie berühren auch das Thema einer abgelehnten Schwängerung bzw. Frucht bzw. Existenz. (Bei Kafka illustriert das der Käfer Gregor Samsa.)

Kaffee für Kind: Verfrühtes sexuelles Tun gegenüber Kind. Pädophilie.

Kaffee: Im Traum heißt es, dass Kaffee auf Dauer tödlich sei; da ergibt sich ein krasser Gegensatz zum gesellschaftlichen Usus oder zu den Ratschlägen der Schulmedizin. Ansonsten fungiert Kaffee im Traum tendenziell wie ein Aphrodisiakum: emotional und erotisch anregend (Blutdruck erhöhend); daher kann mit Kaffee-Trinken auch so etwas wie Verliebtheit oder ein sexuelles Angebot gemeint sein. Das gibt es nicht selten: „Kaffee" ist dann einfach, wenn auch indirekt, Sexualität.

Mit der „Tasse" und dem „Trinken" verrät sie aber, worauf sie fußt, nämlich auf der Mutterbrusterfahrung (das trifft grundsätzlich für Sexualitätasphänomene zu). Insofern kann auch das Thema von Mutterliebe und -ablehnung (Letzteres als Brusttrauma) angesprochen sein, ähnlich wie im Motiv „Café". Der Kaffe ist eigentlich ein Suchtmittel, besonders für die, die in der oralen Phase zu kurz gekommen sind. Kaffeepulverdose = der erotische Vorrat eines Menschen.

Kaffeepads: Suchtthema (mit Bezug zur Mutter, Mutterbrust)

Kaffeerest: Eine Art Hinterlassenschaft von einem Menschen, der sexuell aktiv war. „Kaffee verschütten" durch einen Mann = niemand will seinen Samen.

Käfig: Als Vogelbauer typisch für eine unfreie Seele; siehe „Gefängnis". Man steckt in mentalen Fesseln, wird beherrscht, wie im Märchen durch die Zauberin.

Kairos: Das ist der optimale Moment im Leben, der einzige, richtige Zeitpunkt für ein Ereignis. Es geht um einen ganz zentralen, unwiederbringlichen Schicksalseinschnitt. Dieser Punkt kann beispielsweise die Einmaligkeit der eigenen Zeugung darstellen: einen Glücksfall.

Kaiser, Kaiserin: Steht manchmal für Elternvarianten, meistens aber für noch Höheres, vgl.bar mit Gott, Göttin. Kann auch für das eigene höhere Ich stehen.

Kaiserschnitt: Die Psyche eines per Kaiserschnitt geborenen Kindes lässt sich vergleichsweise aus der Tiermedizin ablesen: z.B. wird ein durch Kaiserschnitt neugeborener Welpe von der Hundemutter bald verstoßen oder verbissen, weil sich keine Art von Mutterliebe entwickelt hat. Vermutlich hängt es mit dem Maß des Hormons Oxytozin zusammen, das ein Bindungs- und Paarungshormon ist und das besonders stark bei Milcheinschuss, Orgasmus, Wehen und Geburt gebildet bzw. ausgeschüttet wird. Ohne Oxytozin keine automatische Mutterliebe – so scheint es; zumindest ist die Entwicklung von Mutterliebe erschwert. So ein früher Mangel kann traumatisierend sein für

K

viele spätere Lebensbereiche (Bindung, Sex, Vertrauen, Emotion, Aggressionsfragen, Nahrungsverhalten, Entwicklungsblockaden, Zufriedenheit). Ein Oxytozinproblem kann auch bei anderen Geburtskomplikationen auftreten. Im Traum suchen per Kaiserschnitt Geborene das wichtige, natürliche Geburtserlebnis nachzuholen, z.b. indem sie durch die „rote zweiflügelige Tür" gehen wollen. In der Regel trifft der Kaiserschnitt zeitlich nicht mit dem Impuls des Kindes zusammen, die Geburt zu beginnen! Dieser Fehlstart ist eine Traumaquelle.

Kakao: Ein Kindlichkeits-Anspruch, eine etwas infantile Attitüde. Zwar ist es wenig bekannt, doch es geht auch um ein Aphrodisiakum. Schokolade regt an. Und ähnlich wie bei dem Motiv „Kaffee" ist vielleicht ein Erotik-Thema angesprochen.

Kalb: Archetyp für Kind, da Kuh ein bedeutendes Muttersymbol ist.

Kalender: Selbstbespiegelung, Ego-Reproduktion oder -Reflektion.

Kalt: Mangelnde Wärme ist identisch mit mangelnder Emotion; da geht es um Dinge, die stressen und Krankheit fördern, analog einer „Erkältung"; es geht evtl. sogar in Richtung Tod: jemanden kalt machen = töten. Vgl. auch jemanden kaltstellen. Im Traum steht der Gefährdete dann konkret in der Kälte. Kalt ist etwas, was emotional arg vernachlässigt ist.

Kälte: Neben der emotionalen Kälte, als Nicht-Liebe, hat das Symbol auch spirituelle Bedeutung, es ist nämlich damit überhaupt das Widrige in der Welt gemeint, d.h. das Leid, allerdings auch als Antrieb, wie eben Kälte zur Aktivität treiben kann. Steht ähnlich wie andere Chiffren (z.B. Teufel oder Finsternis) für das Leid oder das Negative oder das Böse. Ist sinnhaft notwendig als kosmisches Oppositum zum Feuer, die Gegensätze sind kreativ.

Kamel: Wie in den Redewendungen: Dummheit, Uneinsichtigkeit, Übersehen meinend. Auch als missbrauchte lastentragende Person (zu gutmütig).

Kamera-Motive: Die Archetypen Filmen, Film, Kamera, Kamera-Objektive illustrieren die Einzelheiten, die Wechselfälle, die wichtigsten Ereignisse, die Fixpunkte wie die Katastrophen der Biografie, allerdings eher die unbewussten.

Kamin mit Vögeln: Befruchtungs-, Fruchtbarkeitssymbol, wie wir das sonst gerne dem „Klapperstorch" zuschreiben.

Kamin: Als enger Schacht mit Abstieg manchmal auf das Geburtserlebnis verweisend. – Ansonsten das, was in den Himmel ragt, ähnlich auch Schornstein, Esse; der hohe Kamin meint etwas Bedeutendes und/oder Spirituelles; er ragt in Höheres, ins Transzendente. Kamine, Fabrikschlote und die hohen Kamine auf dem Dach können starke Bezüge zur spirituellen Erkenntnis, also sozusagen zum Geist nach oben, darstellen.

Kaminform: Wenn das Innere betont ist, ist manchmal der weibliche sexuelle Teil gemeint. Siehe auch „Schornsteinfeger"

Kamm: Liebesbeweis, Liebesangebot, gern von weiblicher Seite aus (= liebevolle Beschäftigung mit dem Haar).

Kämmen: Die Art, wie man sich per Kamm die Haare legt, verrät eine gewisse Mentalität. Oder es werden Absichten gezeigt, z.B. offen sein für alles oder sich verstecken. Allgemein geht es um die Schaffung von Ordnung im Gehirn, in den Gedanken, in den Erkenntnissen, wofür stellvertretend die Frisur steht. Strich, Strähne, Richtung des Haare-Kämmens zeigen eine Anti- oder eine Pro-Haltung gegenüber jemandem an; allgemein ist es eine mentale Aussage.

Kampf: Stammt aus dem Urmuster, ums Leben heftig kämpfen zu müssen, z.B. aus dem Überlebenskampf bei der Geburt. Erzeugt einen Menschen, der eine kämpferische, kriegerische Erfahrung später aussymbolisiert, wiederholt; ergibt einen Menschen ohne Leichtigkeit, Gelassenheit, einen der im Gegenteil alles im Leben per Kämpfen, Sich-Beweisen, Leistung erreichen will; ein Mensch, der unter Druck steht. Das Traumsymbol kann man oft so verstehen, dass der Träumer schon als eine Art Krieger in seinem Leben beginnen musste, nicht nur bei der Geburt. – Man muss jedoch auch die Normalität berücksichtigen: Kämpfen ist hormonell, körperlich, tieraffin konstelliert und vorgegeben. Nicht umsonst gab und gibt es endlos Kriege in der Weltgeschichte. Die Trickser, die die Aggressoren fast immer sind, geben jedoch vor, für ein hehres Ziel zu kämpfen (gegen Unterdrücker, für Benachteiligte, für einen Glauben, für eine Demokratie oder für eine Gerechtigkeit usw. usf.). Diese Vortäuschung eines ethischen Zwecks ist ein verbreiteter menschlicher Zug. – In gewissem Sinne ist es Natur, dass das Kämpfen zu den jungen Männern gehört, wegen des Testosterons, und dass Knaben es einüben. Wenn äußere Feinde tabuisiert oder fehlend sind, beginnt politisch der Bürgerkrieg, psychisch die Autoaggression. – Kampf ist eine Alternative zur Liebe, ein Gegenteil von Erotik und auch von Sex. Wobei aber die Sexualität gleichnishaft einem Kampfe nicht unähnlich ist. Sprichwörtlich ist der Geschlechterkampf. In einer Liebesszene zeigt anwesender Kampf, dass hier viel unterdrückte Aggression im Spiel ist und eventuell die Erotik stört – oder aber gar umgekehrt aufbaut. Psychologisch bedeutet das manchmal, dass eine Person bezüglich der Liebe sehr schlechte Vorerfahrungen hat und sie also dann, wenn es um Liebe ginge, ihrer Aggression kaum Herr wird.

Kämpfen: Als Sonderfall ist es eine Chiffre für Sex, besonders für männlichen Sex, aber auch für weiblichen. Also ein Sex-Synonym. Es kann aber auch Aggression „statt" Sex gemeint sein. Vieles an Kunst, Leistung, selbst Kriege kann man subtil als Sex-Ersatz, und als Aggressionsersatz, sowieso deuten.

Kanalsysteme: Unterirdische Kanalsysteme zeigen unser Unbewusstes. Dort ist u.a. das Geburtserlebnis gespeichert und der Weg hin zum Leben. In ähnlicher Weise, also unbewusst, ist später unser Sexualleben gestaltet, es beruht auf einem Kanalsystem.

Kaninchen: Besonders Archetyp für Baby, Frühkindliches. Manchmal auch sexuell zu sehen (der Rammler) bzw. allgemein Fruchtbarkeit andeutend (wie bei Hase).

Kaninchenkorb: Ausdruck starker Fruchtbarkeit. Ist ein nettes Bild dafür, dass ein Sexualverkehr zu einer Schwangerschaft führt.

Kanister: Vorrat, Potentialität an Fähigkeiten, Reserven verschiedener Art. Wenn leer: etwas wie Kraftlosigkeit.

Kante: Das ist manchmal eine Abschwächung des häufigen Traumes, in dem man von einer Höhe in die Tiefe fällt oder springt. Damit ist also das Symbol Kante oder gewisser Vorsprung in einer Landschaft gemeint. Wir haben hier einen Einschnitt vor uns, eine etwas markante Etappe in einer Entwicklung oder in der Psyche. Gravierende Entwicklung ist auch gemeint, wenn es von einer Kante oder über eine Kante nach oben geht.

Kanthölzer: Sind sie aufgerichtet zu sehen im Traum, dann stehen sie für Figuren, und sie ersetzen Bäume oder Personen.

Kantig: Die nicht-runden Formen bezeichnen Aversives, tendenziell Lebensfeindliches, jedenfalls nichts Angenehmes.

Kantine, Mensa: Hier wird gern etwas ausgesagt zur oralen Erfahrung des Träumers. Und das wiederum hat dann auch indirekt mit der Sexualität des Erwachsenen zu tun.

Kantinentheke: Ausgabestation für Liebesbeziehungen.

Kapellchen: Hier müssen wir an das Symbol einer Kirche denken, allerdings in sehr kleiner, kaum menschengroßer Form; man könnte die Figur mit einem Marterl vergleichen, meist aus Holz hergestellt. Hier wird manchmal Information zu einer Schwangerschaftszeit geliefert. – Aber es kann auch andeuten, dass die Traumperson ihre Stärke (Resilienz) im Glauben an Gott findet.

Kapitän: Herr seiner selbst sein.

Kappe: Generell kann das Haupt oder auch z.B. eine prall gefüllte Kappe im Traum für eine ganze Person stehen. An der Kopfbedeckung kann man erkennen, ob es sich, auch innerlich, um eine Frau oder um einen Mann handelt – und überhaupt die ganze Mentalität. Wie etwa Mütze, Hut meint die Kappe den Inhalt des Kopfes, weniger das Außen, also das Denken, das Gehirn, das Gefühl. Ggf. Fremdbestimmung oder Fremd-Prägung: vgl. „Hut"

Kardinal: Siehe „Bischof"

Kardiologe: Siehe „Fachärzte"

Kargheit: Z.B. als einfache, fast ärmliche Einrichtung in einer Wohnung; manchmal als Unerotik, wenigstens als Unattraktivität empfunden. Aber auch sehr positiv: Bescheidenheit.

Kariert: Ein Karomuster verrät immer eine Spannung zwischen zwei verschiedenen Richtungen bzw. Ausrichtungen, also zwischen längs und quer, gern im Emotional- und Sexualbereich.

Karma: Träume aus der Himalaya-Region können sich mit dem Karma beschäftigen. Allgemein besteht das Karma aus den Taten und den Folgen, aus der Welt der Ursachen oder der Kausalität, übersetzbar als „Tatenfolgen". Es stützt die Theodizee. Glaubt man dagegen an nur ein Leben, kann man die postulierte Gerechtigkeit Gottes oder des Kosmos wenig nachvollziehen oder einsehen. Das Karma besteht aus den zwei Hälften Täter+Opfer (oder die Reihenfolge ist umgekehrt). Der Täter-Opfer-Ausgleich oder die allgemeine Gerechtigkeit kann über eine Kette von mehreren Leben angenommen werden – ist oder scheint aber nicht beweisbar. Das Karma wäre als eine Art Begleitbuch zu verstehen, wo alles aufgeschrieben ist für eine und über eine reinkarnierende Seele. – In Ausnahmefällen kann man auch in nur einem Leben etwas von dem gerechten karmischen Ausgleich ahnen oder vermuten. So z.B. stirbt in einem Beispiel ein Mann real durch einen Reitunfall, durch ein Pferd also – und vor Jahrzehnten hatte er ein Pferd vorschnell oder rücksichtslos einschläfern lassen. Seine Angehörigen, die die Tötung des Pferdes damals nicht guthießen, macht dieser Zusammenhang nachdenklich (und sie berichteten es mir). Auch kommt hinzu, dass ein Onkel des Mannes durch Pferdetritte zu Tode gekommen ist. Bei solchen Synchronizitäten (vgl. C.G. Jung) kann leicht der Gedanke an ein karmisches Schicksal hochkommen. Vom Karmathema abgesehen bestätigen die Träume, dass jedes Verhalten gegenüber Tieren entsprechende Folgen hat, bzw. dass wir auch mit Tieren schicksalhaft verbunden sein können. Typisch für eine schicksalhafte Verbindung ist, dass die Rollen der beiden Mitspieler wechseln. Träume liefern auch die Information, dass es ein „Familienkarma" gibt: Mitglieder einer Gruppe oder mehrerer Generationen arbeiten gemeinsam an einer Aufgabe. Dies kann man vergleichen mit den antiken Mythen, wo es einen Fluch über ein Geschlecht (z.B. über die griechischen Tantaliden) oder umgekehrt auch einen göttlichen Segen über ein Geschlecht (über eine Sippe) gab.

Karneval: Lust, Freude, Vitalität, ganz besonders Erotik. Wenn das Motiv den Aspekt hat, dass es um affiges Sich-Verstellen geht, um Nachäffen, um unernstes Spielen, dann ist es mit einer neurotischen Störung zu asoziieren. Ansonsten aber: Lust, Sex.

Karnevalsgesellschaft: Gruppe oder Paar in Sexorientiertheit.

Karo: Betont karierter Stoff oder großkariertes Hemd können auf eine nicht eindeutige geschlechtliche Identität hinweisen. Senkrecht steht nämlich für männlich, waagerecht für weiblich.

Karosserie: Der Körper des Menschen, nicht die Seele.

Karriere: Betrifft einen Menschen, der Emotionales und Soziales seinem Egoismus, gesellschaftlichen Erfolg, unterordnet.

Karteikasten: Information oder Informationssuche.

Karten: Oft die Schicksalskarten (Lebensinhalte), gern schwarz oder weiß oder als Tarotkarten. Auch ähnlich den Visitenkarten, Ausdrucken, Drucksachen oder modernen cards = also Identität.

Kartenspiel: Die übergeordnete Notwendigkeit des Schicksals (Anangke). Information über das Schicksal, über die Biografie, über unsere

Schicksalsanlage, über Zuteilung oder Auswahl von Ereignissen. Als wäre ein Kartenspiel oder die Kartenzusammenstellung im Grundsatz dem Schicksalslos entsprechend, das uns zugeteilt wird. Schwarze Karten sind tendenziell negativ, rote (z.b. „Herz") positiv. „Straßen", wie beim Poker, sind positiv. – Das Kartenspiel ist auch ein Medium, um sich Lust und Entspannung zu verschaffen. Oft ist Sexualität gemeint. Da Karten jedoch auch in der Nähe des Schicksals angesiedelt sind, kann mit einem Kartenspiel sogar eine nicht unwesentliche Zeugung gemeint sein. Die Sucht nach Lust steckt in diesem Spiel drin. Manchmal geht es auch um alles (!) im Kartenspiel, dann steht überhaupt das Gewinnen im Vordergrund, und dann geht es um gravierende Ablehnung oder Zugehörigkeit oder aber auch um Tod oder Leben. Ein Spiel hat immer auch Wettkampfcharakter. So können also kartenspielende Männer sexuelle Konkurrenten sein und Rivalität ausleben und vielleicht entscheiden, wer hier der Platzhirsch ist. Ein solches Spiel reizt Männer immer. – Im Kartenspiel liegt ein Archetyp für das Lebensschicksal vor. Die einzelnen Karten zeigen spezielle erfolgreiche wie auch unglückliche Lebensereignisse. Welche Instanz die Karten mischt, weiß man nicht. Auch wer sie zuteilt, weiß man nicht. Wir sprechen ersatzweise gerne davon, dass die Schicksalsgöttin die Lose wirft bzw. die Karten mischt. Als Fazit kann man erkennen, dass anscheinend sowohl eine Zuteilungsinstanz als auch eine Zufallsinstanz unsere Biografie bestimmen, bzw. dass man vielleicht erkennen kann, dass unsere Biografie eine zugeteilte Rolle ist. Wie groß unser Eigenanteil ist – wer weiß es zu sagen? – Das Kartenspiel ist profan gesehen auch ein gemeinsames Erlebnis von Spaß und Lust. Auch Chiffre für Sex. Durch das Symbol der „Karten" ist die Spiel-Szenerie dann aber auch schicksalhaft bedingt. Ohne Mitspieler sich selbst die Karten zu legen, lässt vielleicht auf ein gewisses soziales Problem schließen oder aber betont eine etwas zu starke Ego-Bezogenheit.

Kartenspielen: Lust, Spiel, Eros, Verführung; auch Selbstbefriedigung. Auch Vermeidung von Langeweile; die Aktion des Kartenspielens ist ein Versuch der Lebendigkeit.

Kartoffeln: Stehen manchmal für männliche Hoden und insofern überhaupt für Männlichkeit, auch für väterliche Abstammung.

Kartoffelfeld: Hier wird etwas mitgeteilt zur Abstammung von der väterlichen Seite her oder überhaupt über Vater-Beziehungen. (Kartoffel assoziieren archetypisch u.a. zu Hoden.)

Kartoffelschalen: Relikt von der sexuellen Anwesenheit eines Mannes.

Karton: Manchmal die uterale Umhüllung vor der Geburt. Vgl. „Kiste"

Karussell: Lust, Sex. Aber auch manchmal Verwirrung, Stress.

Käse: Das ist sehr vielschichtig, im positiven Sinne kann es mit einigen anderen Milch- und Käsespeisen assoziiert sein. Wir greifen hier aber einmal den negativen oder kritischen Aspekt heraus, wobei man wohl das Bild berücksichtigen muss, dass Käse nicht Fleisch ist, mit anderen Worten tendenziell ein gewisser Ersatz ist. Wenn man sich an frühere Lebensweisen erinnert, unter Hirten oder auch in den Alpen, dann weiß man, dass Fleisch eine Rarität war, als Besonderheit auf den Speisetisch kam. Käse dagegen gab es vielfach und häufig. Wir kennen daher auch das Sprichwort „alles Käse", was meint, alles sei doch eher langweilig und minderwertig, jedenfalls nicht aufregend. In dieser Art gibt es eben den Käse auch als abwertendes Motiv im Traum oder im Unbewussten. Käse zu kaufen, z.B. von einem Mann, bedeutet, sich etwas zu nehmen, was zu Leben, Eros, Schwangerschaft gehört. Es ist also etwas Positives, Fruchtbares. Einen Wert kann man ironisch immer umkehren und „Käse" daher auch umgangssprachlich abfällig verwenden. Die Käsescheibe hat mit Leben, Fruchtbarkeit zu tun. Bezieht sich auch auf die Potentialität einer Frau, etwa als allgemeine Weiblichkeit.

Käsestück: Kann eine Fruchtbarkeit, eine Schwangerschaft (evtl. auch unwillkommener Art) zeigen.

Kaspar Hauser: Verweist darauf, dass ein Mensch um seine Abstammung (extrem) betrogen worden ist. Typisch für Kuckuckskinder. Ohne dass ihm wenigstens einige Elemente der Wahrheit ermöglicht werden, landet so ein Mensch in der Zerstörung, wenigstens in der tragischen Selbstentfremdung. Lüge, Realität, Schauspiel, Identität gehen bei ihm tragisch durcheinander. Er ist ein Opfer von früheren Verbrechern

– und kann dies auch handfest im Leben später werden, d.h. Verbrechern tödlich erliegen.

Kasse: Eine Abwägens-, Abrechnungsstelle, d.h. wer hier nach seinem Eindruck zu viel bezahlen muss, ist in der Kindheit emotional betrogen, ausgeraubt, benutzt worden, Meist geht es um eine Kasse im Supermarkt und ähnlich; und wegen eines solchen Geschäfts ist in der Regel das Mutterthema (die Mutter indirekt als Kassiererin) angesagt. Jeder Mensch fragt sich: Muss ich mehr geben als ich bekomme? Kinder sollten eigentlich primär bekommen – doch oft ist das Gegenteil der Fall. Die traurige Bestandsaufnahme und Spät-Aufklärung gibt es manchmal in einem Geschäft im Traum, „an der Kasse": wenn der Preis zu teuer, zu hoch ist, dann ahnt man, was einem früher genommen wurde.

Kassiererin: Gern eine Frau, die erotisch interessant ist, die auch vielleicht bereitwillig ist. Insgesamt dürfte eine mögliche Partnerin oder aber ein Mutterthema dargestellt sein.

Kästchen: Manchmal Erinnerung an einen uteralen Zustand. Einen fötalen Zustand berührend, wie bei Kisten, Kojen. Aber auch als geheime, zurückgezogene, sich verbergende Seele zu verstehen. Vgl. die afrikanische Definition einer Depression: „Mein Herz ist in einer hölzernen Schachtel".

Kasten: Siehe „Kiste"

Kastration: Verweist manchmal auf ein fernes Abtreibungserlebnis (Penis symbolisch = Embryo). Geschieht auch indirekt durch eine Mutter, die den Erzeuger des Kindes hasst. Und kann das Ergebnis von extremem Stress in der Zeit vor der Geburt (auch während der Geburt) sein, z.B. durch ein Schockerlebnis der Schwangeren Auch als Impotenz zu bezeichnen, oft von der Mutter initiiert: Mütter können dem Sohn symbolisch das Genitale für das ganze Leben rauben. Auch eine übergroße, feindliche Vater-Macht kastriert manchmal den Sohn.

Katalog: Das kann eine Sammlung von lustvollen Dingen sein, auch von erotischen Angeboten oder Nachfragen. Das „Anschauen" steht im Vordergrund und die „Sammlung".

Katastrophe: Als Beispiel sei genannt: Atombomben, Überflutung, Maschinen-An- und -Aus-Schaltung, Stromausfall, Verseuchung durch Strahlen, Anschwellung und Explosion, Gewitter: Da dürfte es sich um ein starkes Tabu zu einer schlimmen Sache handeln. Unter anderem kann es dabei um frühen sexuellen Missbrauch gehen. Es zeigen sich aber auch andere Katastrophen an, wie etwa eine skandalöse Ablehnung, eine traumatische Trennung oder ein Todesthema. Die Katastrophenangst verrät oft die Verdrängung und Unterdrückung eines Themas, einer Tabu-Geschichte, auch schon vorgeburtlich, bzw. umgekehrt zukünftig.

Kater: Männliche Katzentiere sind nicht selten Aggressionsträger. Ansonsten kann Kater für einen sehr kleinen Jungen stehen (neutral). Auch typisch für eine männliche Frau. Auch ist dies Tier generell nicht gerade unwissend (im Märchen, und nicht nur dort, können Tiere klug. informiert und spirituell sein, und besonders: mitfühlend).

Katz-und-Maus: Das ist kein lustiges oder banales Spiel, sondern es geht eher ums Töten, um eine Art Krieg. Wegen der unterschiedlichen Größe und des Katzencharakters kann es zum Beispiel um Abtreibung gehen. – Andererseits geht es bei diesem Spiel aber auch gern um Sex.

Kätzchen: Meist liebes Mädchen.

Katze, die krallt: Da kann es sich um eine ablehnende, aversive Mutter handeln. Befindet sich die Katze im Vorgarten, kann eine Ablehnung schon in der Schwangerschaftszeit angezeigt sein. Ein Vorgarten ist ein Vor-Garten (= Zustand vor der Geburt).

Katze, schwarz: Zuweilen Andeutung, dass ein Todesthema in der Nähe ist oder war oder sein wird (ähnlich wie im Aberglauben); abgeschwächt: gewisse destruktive Kraft, Hinweis auf Zerstörung oder Egoismus. „Schwarz" bedeutet aber auch, ganz anders, Power, Sexualität.

297

K

Katze: Wie Welpen, Kätzchen, Kaninchen, Teddy-Bärchen sprechen sie Erinnerungen, Themen aus früher Kindheit oder aus der Babyzeit an. Das kann z.b. Zärtlichkeit, Liebessehnsucht, Regression, Infantilität meinen, nicht nur ein konkretes Kind (meist ist man selbst gemeint). Ansonsten sind Katzenwesen bevorzugt weiblich, jede Frau kann so stellvertretend dargestellt werden, d.h. speziell ihre Weiblichkeit. Vgl. „Großkatze"

Katzenaggression: Latente Aggressivität von weiblicher Person aus. Auch als dauerndes übertriebenes Lästern möglich. Die entsprechende Seele ist ständig in einer schnell reizbaren Verteidigungsstellung (schwierig für einen Partner).

Katzenkampf: Auseinandersetzung zwischen zwei Rivalinnen.

Katzenmaul: Wie bei jedem Raubtiermaul ist eine tötende, tod-nahe Situation im Traum angedeutet oder erinnert.

Kauderwelsch: Soll Nicht-Wissen, Verharmlosung, Vertuschung, Unkenntnis darstellen. Ist also eine Ablenkung von der Wahrheit – und wird auch manchmal im Traum am Ende aufgeklärt. Kauderwelsch nehmen gern diejenigen an oder führen die ein, die als Personen lügen oder die annehmen, das Gegenüber habe keine Ahnung.

Kauf und Verkaufen: Ein Archetyp für sexuelles Interesse, für weibliche Aktivität. Eros geben und nehmen: d.h. es geht um Liebe, Beziehung, Wunscherfüllung. Das Verhalten ist auch gern ein Ersatz für den Eros, bis hin zur Kaufsucht, deren Kern meist ein Mutter-Tochter-Problem ist.

Kaufen, Kaufhaus: Siehe „Einkaufen"

Kaufhaus: Laden der Lust, hat auch Bezug zur aktuellen Partnerschaft (Kompensation, Information). Für Frauen attraktiver – Männer holen ihre Ersatzbefriedigung lieber woanders. Für alle gilt, dass es mit der Muttererfahrung zu tun hat.

Kaufinteresse: Auch wenn es um neutrale Waren, Gegenstände geht, so stecken Begierden von Menschen in dem Kaufinteresse, daher ist es gerne personal zu deuten. Mutterfrustration erzeugt Kaufsucht, auch kann Kaufinteresse Sexinteresse sein.

Kaufvertrag: Der ist das Ergebnis einer Kaufverhandlung, welche wiederum meist ein Hin und Her zwischen zwei Personen in Beziehungen ist. Der Vertrag ist hierzu das Definitive oder Öffentliche.

Kaugummi: Wir lassen hier einmal das Motiv der Ablenkung, des Stressabbaus (logisch, nämlich durch Essen/Kauen) etwas beiseite und betrachten den Kaugummi als mögliche Störung im Mund, und zwar u.a. fürs Artikulieren = Angst vor Auftritt, Reden, Aktion. Lampenfieber. Ansonsten Ersatz, Stress, eine Art von Pseudo-Erfüllung bei Frustration. Da der orale Bereich berührt ist, dürfte es um eine ganz frühe Muttererfahrung gehen, in welcher Weise auch immer.

Kegeln: Einen Erfolg anstreben; manchmal konkret, manchmal indirekt. Auch männliches sexuelles Tun und Zeugen. Dann ist z.B. der Volltreffer – 9 beim Kegeln, 10 beim Bowling --ein optimaler Treffer, dessen Deutung als Erfolg nahe liegt.

Kegel-Neuner: Alle 9 Klötze mit einem Wurf zu Fall bringen, bedeutet einen großartigen Treffer („Alle Neune"). Dieser Volltreffer steht also für irgendeinen Erfolg. Wegen der Zahl 9 kann es sich um den Beginn der 9 Monate Schwangerschaft handeln: also erfolgreiche Schwängerung.

Kegelspiel: Bevorzugt vergleicht es sich zur sexuellen Tätigkeit des Mannes. Allerdings „Umwerfen, Umschießen" befriedigt alle Menschen. Vergnügen und Macht kann man an den Klötzen ausleben.

Kehren: Meint manchmal sexuelles Verkehren. Ansonsten: Ordnung schaffen, Trauma entfernen. Siehe auch „Besen" und „Putzen"

K

Keim: Ob dieses Symbol nun als biologischer Keim oder auch als Namen „Keim" vorkommt, ändert nicht viel an der Bedeutung, dass es hier um das Innerste einer Sache oder einer Person geht.

Kekse: Liebesgabe, Eros, hat auch Mutterbezug und Mutterbrustbezug.

Kelch: Ein schöner, umgekehrt bitterer, auch mystischer Inhalt jeglicher Art. Tendenziell eine Lebens-, Liebesgabe, und zwar eher weiblich. Neben Gabe gibt es die Bedeutung „Empfangen".

Keller: Vorgeschichte, Basis, tief Unbewusstes, Uteruszeit. Verdrängte, inferior gedachte Psychenteile. Geheimnisse. „Keller verlassen" = geboren werden. Die Hauptbedeutung liegt darauf, dass im Keller unsere Vergangenheit, Genese liegt.

Keller-Personen: Im Keller befinden sich gern die Spuren von alten ‚Geistern', von alten Komplexen und Ereignissen. Es kann sein, dass der Keller, als das Unbewusste des Träumers, mit fremden oder fremdartigen Wesen gefüllt ist. Dann ist es eine Information über vergessene, verdrängte Inhalte und Erlebnisse, die ihre Nachwirkungen haben. Es kann auch bedeuten, dass in der Aktualität unbewusste, geheime Inhalte von anderer Seite, von anderen Personen im Keller sich befinden. Als würden lichtscheue Komplexe sich dort aufhalten.

Kellerraum: Hort der Kultur, Tradition, Erinnerung, Familiengeschichte, des Unbewussten.

Kellertreppe: Gerne den Zustand anzeigend unmittelbar vor der Geburt (aus dem Keller hochkommen). – Auch unsichtbare Personen, z.B. ein verstorbener Elternteil, sind hier gerne versteckt, als würden sie zuschauen.

Kellnerin: Die Vermutung, dass es sich stellvertretend um eine Muttererfahrung handelt, ist nicht abwegig. Auch als erotische Figur wird eine Kellnerin gern gesehen.

Kern: Ob der Kern einer Sache oder Frucht gemeint ist oder ob ein Name „Kern" im Traum vorkommt, offensichtlich geht es hier um das Innerste einer Sache oder Person.

Kerze: Affinität zu Licht = Lebenssymbol. Lebensflamme. – Erstrebte emotionale Wärme.

Kessel mit Deckel: Der Kessel hat Einiges zu tun mit Religion, Schicksal, Wandlung, Neugeburt oder auch mit der Zukunft, allgemein mit dem Werden und Entstehen. Ist der Kessel durch einen Deckel geschlossen, dann ist irgendetwas verborgen oder auch eventuell faul, könnte man fast sagen. Da geht es also um ein Geheimnis, vielleicht der unguten Art.

Kessel: Möglicherweise denkbar als empfangender weiblicher Genitalbereich; Schwangerschaft, Schwängerung, Fruchtbarkeit, Uterus. Wegen der Assoziation zu „Fruchtbarkeit", „Große Mutter" und „Zeugung" hatte der Kessel eine hervorgehobene Bedeutung in der heidnischen Religion (z.B. der Gral im Keltentum). Er ist allgemeines Symbol für Geburt, Neugeburt, Wiedergeburt, Auferstehung. Die keltische Figur des geopferten Mannes im Kessel gleicht dem Phallus, der zeugt und der stirbt in Frau, oder gleicht allgemeiner einem Lebensbeginn, einem neuen, auferstehenden Menschen. Hat auch Nähe zum Religionskreis um Odin (Opfer als Bedingung für Weisheit) und allgemein zur Reinkarnationsvorstellung. – Als Aufklärung über die eigene Mutter sind Material, Farbe und Form des Kessels interessant. Zum Beispiel ein silbriger Aluminiumkessel strahlt nicht unbedingt Wärme, Zuneigung aus.

Kettchen: Hier als Kette, Verbindung für ein Anhängsel, Objekt = fixiert sein auf einen Komplex, auf ein früheres Geschehen oder gar ein Trauma. Unbewusstes, seelisch Mitgeschlepptes hängt am Kettchen.

Kette: Apotropäisches Zeichen, also Unheil abwehrend und Glück bringend wie ein Amulett; uralter Schutzarchetyp, z.B. als Korallenkette. Auch jedoch Auszeichnung, Machtausdruck, Statussymbol (ähnlich den Orden); sowie Schmuck, Attraktivität. Darstellung von Seele, Stimmung, Würde.

Ketten: Es können sehr starke Bindungen gemeint sein (bis hin zur Unfreiheit), nicht selten von Kindern gegenüber Eltern.

Kettenreaktion: Dies kann eine Chiffre sein für die Auslösung des Orgasmus (welcher wiederum gern für Zeugung steht). Wir alle stammen aus einer ‚Kettenreaktion‘, ob mit oder ohne Orgasmus. Auch Symbol für Mehrfachorgasmus, aber auch generell für längeren Gefühlsausbruch.

Kettensäge: Siehe „Motorsäge"

KFZ-Kennzeichen: Markantes Identitäts-Merkmal, indirekte Wahrheitsaussage. Abstammungsfragen, Rollenfragen. Siehe auch „Nummernschild"

Kieselsteine: Harte Lebensumstände; Ablehnung; Schwierigkeiten im Leben, die als Grundlage, wie auf dem Boden liegend, spürbar sind. Ähnliche Bedeutung können Pflastersteine haben. Meist verrät es, dass eine Person eine Aversion gegen den Träumer hegte. Kieselsteinweg oder Kieselsteinparkplatz = man ist ein unwillkommener, wenigstens schwieriger Gast auf Erden.

Kieselstein-Linie: Dieses Motiv gibt es im Märchen als geheimnisvolles Zeichen für den Zugang, für den richtigen Weg. Wenn sich diese oder eine ähnliche Linie in Form eines Pfeiles zeigt, bestätigt sich die erstgenannte Deutung.

Kind auf Schulter: Im Traumbild handelt es sich meistens um ein kleines Kind, das man leicht auf den Schultern tragen kann. Gemeint sein kann aber in der Realität eine Tochter oder ein Sohn, die schon erwachsen sind. Der Träger, nicht selten ist es ein Elternteil, ist ein Helfer wie der bekannte Christophorus. In so einem Traumbild kann man erkennen, dass das getragene Wesen, also sehr gerne ein Kind, sich hundertprozentig auf den Träger, meist einen Elternteil, verlassen kann.

Kind im Bett: Wenn ein Kind aus einem „Bett heraus" spricht, dann sagt es etwas sehr Zutreffendes, wenn auch Unbewusstes, über die eigene Schwangerschaftszeit oder die ganz frühe Kindheit.

Kind, unbekannt: Anzunehmen ist, dass man die infantile, unbekannte Seite eines Erwachsenen träumt und genauer anschaut.

Kind: In der Regel die eigene Kindheit oder überhaupt ein kind-typisches Thema anzeigend. Das Verlangen und Verhalten eines Kindes wird vorgeführt – meist chiffriert, aus der eigenen Genese. Das Innere Kind ist das ewige, sozusagen nicht zu löschende kindliche Wünschen im Träumer, was sowohl heilig, gesund, unschuldig ist und vielleicht zu erfüllen, nachzuholen wäre, als auch überholt, infantil oder einfach nicht mehr saturierbar ist. Man kann in Träumen lernen, sich mit Kindheitsfrustrationen abzufinden. Kind meint auch Neues, Geburt, Anfang. Besonders meint „Kind" jedoch das Unschuldsbewusstsein – was die erwachsenen Menschen verloren haben. Und ebenfalls wichtig ist, dass das „Kind" die „Liebe" bedeutet, die voraussetzungslose Liebe, weshalb das „Kind" das Niveau oder Ergebnis von Sympathie, Erotik, Verstehen zwischen zwei Partnern anzeigt. Dass das „Kind" die Liebe ist, includiert auch, dass es liebend den Geist, das Unbewusste, die Mentalität, die Suggestion, die geheimen bösen wie die guten Absichten der Eltern übernimmt, ab der Zeugung. Das frühkindliche Unbewusste ist identisch mit dem Unbewussten der Eltern! Erst ab dem sogenannten Trotzalter beginnt das Kind, einen eigenständigen, unabhängigen Geist zu bilden. Unsere Träume sind voll vom frühen Symbiosezustand mit der Mentalität der Eltern. – Als Sohn und Tochter auch stellvertretend für das männliche bzw. weibliche Genitale möglich.

Kinder: Sie können für die Liebe oder gar die Erotik stehen. Wenn im Traum „Kinder weggenommen werden" besonders kleine Kinder, dann hat die raubende Person eine Aversion gegen eine Beziehung oder die Sexualität. Der Traum kann aber auch eine negative eigene = geraubte Kindheit ausdrücken (broken home).

K

Kinderauto: Auch wenn es irgendein fiktives Kinderauto ist, was man sich nicht selbst zuordnen kann, geht es meist um eine Erinnerung an die eigene Kindheit.

Kinder-Begegnung: Hier kann einfach die nächste Generation gemeint sein, besonders in den Träumen Älterer.

Kinderbegräbnis: Wenn z.b. Gräber für Kinder ausgehoben werden, bringt ein solcher Traum oft auch eine subtile, indirekte andere Botschaft, als Zusätzliches, nämlich dass Kinder, die vor der Geburt sterben oder abgetrieben werden, nicht wirklich für immer verschwunden sind, sondern bald in einer neuen Inkarnierung oder als Komplex auftauchen können. Das Grab ist symbolisch ein ‚Aufenthaltsort', gar ein Zwischen-Aufenthaltsort.

Kinder-Diebstahl: Gemeint ist hier, dass „Kinder" etwas stehlen im Traum. Das bedeutet, dass der Betroffene sehr früh, nämlich in der Kindheit, beraubt worden ist, und zwar in der Regel seelischer, emotionaler Schätze und Möglichkeiten. Er selbst konnte sich als Kind nicht wehren, und gegen Kinder als Diebe, die infantile Erwachsene sein können, ist eine heftige Gegen-Aggression tabu. Es zeigt die gelähmte Hilflosigkeit des Bestohlenen, und zwar bei einem wesentlichen Trauma. Wenn beispielsweise in einem Frauen-Traum von Kindern die eigene Katze gestohlen wird, dann ist vielleicht diese Frau früh (vor der Pubertät) ihrer Weiblichkeit beraubt worden.

Kindergarten: Hier ist besonders für Frauen das Thema angesprochen: Kinder zu haben – oder eben nicht. Man muss es nicht immer so gravierend sehen, sondern es ist auch harmloser überhaupt das Verhältnis eines Erwachsenen zu einem möglichen Kind, zu seinen Kindern oder zu anderen angesprochen. Siehe auch „Kindergeburtstag"

Kindergeburtstag: Manche Symbole mit dem Kind-Bestandteil zeigen indirekt etwas über das Kinderkriegen oder über einen Kinderwunsch oder über eine Kinderablehnung oder über eine Kinderlosigkeit (als Problem). Gern tritt zu diesem Themenkreis auch das Motiv

„Kindergarten" im Traum auf. Geburtstag ist eher: der Tag der Geburt = also die Geburt selbst und konkret.

Kinderreim: Kindereime und -texte, die traditionell oder alt sind, verraten eine uralte, unbewusste Information zur eigenen Kindheit.

Kinderroller und andere Kinderfahrzeuge: Solche Gegenstände sind Hinweise darauf, dass die entsprechende Traumszene eine Erinnerung an die eigene, meist frühe Kindheit darstellt. Wenn im Traum z.B. ein erwachsener Mensch mit einem Kinderroller fährt, so erinnert er sich an seine früheste Kindheit. Die Fahrzeuge können auch dafür stehen, dass ein Baby ‚plötzlich auftaucht'.

Kindersachen: Kindersachen als Kleidungsrelikte oder auch als Spielsachen deuten an, dass Relikte, Spuren, Komplexe oder ‚Geister' übrig geblieben sein können von unterdrückten, verdrängten Schwangerschaften oder von tabuisierten Kindern. Die Kindersachen als Relikte verraten gern ein Geheimnis, aus einer sehr frühen Kind-Stufe. Und stehen stellvertretend für ein Kind.

Kinderschuh: Der Schuh ist ein Symbol für den ganzen Menschen, und so kann ein Kinderschuh für ein Baby stehen, auch im pränatalen Zustand. Ein Sonderbild ist das Schühchen aus Glas: dieses Kind wird die Geburt, das Leben nicht erreichen (meist Erinnerung an eine [ggf. ferne] Abtreibung).

Kinder-Streit: Gemeint ist die Streitigkeit eines Erwachsenen mit einem Kind im Traum. Hier geht es um etwas Grundsätzliches: Eine erwachsene Bezugsperson trägt etwas Kindliches, d.h. Infantiles in sich, das sehr aggressiv ist, bzw. das sehr verletzt ist. Eine andere Bedeutung ist das schlechte Gewissen, das man als Erwachsener gegenüber einem Kind hat.

Kindersuche: Ein Kind zu suchen im Traum belastet natürlich enorm, es droht der Verlust manchmal des eigenen Kindes. In der Regel ist es aber eine Erinnerung an die eigene Kindheit, und zwar an den unbewussten Inhalt, dass man einsam und verlassen war.

Kinderträume: Wir erwähnen hier nur kurz eine Besonderheit, dass nämlich Kinder von pränatalen Zuständen träumen können, auch Traumszenen berichten, die vor der Einzeugung liegen (wie auf der Himmelswiese); und da kann es um das Thema gehen, ob eine (ihre) Seele inkarnieren kann oder nicht. Ein erfolgreicher Weg in die Inkarnation kann symbolisch so dargestellt werden: „ins große Huhn" gelangen oder eine „Zehn würfeln" als Erfolgstreffer oder „in die Tüte" gelangen oder „in den Bus" gelangen = Bilder dafür, in den Uterus zu gelangen.

Kinderwagen: Hinweis auf ein Thema aus der eigenen Kindheit oder der Schwangerschaftszeit.

Kinderzahl: Nicht selten haben Traumpersonen mehr Kinder als in der Realität. Vielleicht geht es um erfolglose Schwangerschaften oder um Kinderwünsche. Meist aber ist die Zahl eine indirekte Information zum Charakter der Person, z. B. mit 5 Kindern ist man energisch, kann auch aggressiv sein, mit 3 Kindern hat man eine gute Standfestigkeit, mit 7 Kindern hat man Glück gehabt.

Kindesraub: Oft nicht nur der Raub der Kindheit, durch Aggression und Stress, oder eine konkrete Gefährdung des Foetus, sondern im übertragenen Sinne Raub und Zerstörung des ‚Sohnes' beim Mann, der ‚Tochter' bei der Frau. Dies wiederum meint dann die Zerstörung des männlichen und weiblichen Genitales, in dem Sinne, dass die männliche und weibliche geschlechtliche Identität „geraubt" worden ist. Die Folgen sind Androgynität und eine Reihe sexueller Auffälligkeiten oder Besonderheiten später. Der Verlust der Heterosexualität entspricht quasi einer Kindzerstörung, einem frühen Raub.

Kind-Fixierung: Hier sind Personen gemeint, die sich in auffälliger oder auch störender Weise zu viel um Kinder kümmern. Ein Traum kann zeigen, dass eine Person so sehr mit dem ‚eigenen inneren Kind' beschäftigt ist, dass sie für andere soziale Tätigkeiten oder Beziehungen untauglich ist. Damit ist gemeint, dass der infantile Geist in einer Person alles andere überragt. Es gibt Menschen, die aufgrund einer

Traumatisierung sich ständig um ihr inneres Kind kümmern (müssen). Mit solchen kann man als Mitmensch schlecht umgehen.

Kind-Frau: Dahinter verbirgt sich annähernd etwas Ähnliches wie in der Romanfigur der Lolita. Es handelt sich um eine Frau, die sich kindlich gibt, die aber durchaus schon Interesse an einem Mann hat. Sie stellt also eine erotische Annäherung dar, die sich in Ablenkungsobjekten und in unschuldigem Kindverhalten tarnt. Für Männer sind erwachsene Frauen, die einen Kind-Touch in die Waagschale werfen und sich auffallend devot, fragend, aufschauend verhalten, attraktiv und interessant (weil sie zusätzlich auf diese Weise auch jung wirken).

Kindheit, eigene: Es gibt einen Sonderfall, in dem das Symbol Kindheit auftritt. Wir meinen den Fall, wo jemand viel von den Ereignissen der eigenen Kindheit spricht. Mit dieser Thematik oder Fixation können Eltern z.b. ihren Kindern die eigene Kindheit überstülpen, d.h. auf die Kinder die eigenen biografischen Komplexe abladen. Bei jeder Gelegenheit sprechen solche Erwachsene, Eltern, nervend über ein Beispiel, Ereignis aus der eigenen Kindheit. Fazit: wer seine eigene Kindheit in Gesprächen überhäufig assoziativ hervorholt, hat diese nicht unbedingt bewältigt oder deutet an, dass dort noch Unwahrheiten, Unerledigtes liegen, oder aber er belästigt abhängige Personen, z.b. gern Kinder, zu sehr mit der eigenen Psyche und Geschichte. Mit der eigenen Kindheit in diesem Sinne wird eine übertriebene Ichbezogenheit verraten.

Kindheitsalter: Im kindlichen Alter zu sein, bedeutet im Traum eines Erwachsenen, dass in der Kindheit ein wichtiger Grund für ein spezielles Verhalten liegt. Meistens ist das Alter im Traum nicht exakt, sondern ungefähr, symbolisch zu deuten; Beispiel: 10 Jahre alt nennt ein Optimum als „Zehn", das bedeutet: Kindheit potenziert.

Kindheitswohnung: Symbol für eine Geschichte, nicht selten für ein Geheimnis oder Trauma aus der Kindheit.

Kind-Höschen: Hose hat generell gern mit dem Unterleib zu tun. D.h. dann auch mit irgendeinem Sexualthema. Etwas Auffälliges oder

Kurioses mit einem Höschen aus der Kinderzeit oder mit dem Kinderhöschen kann ein versteckter Hinweis auf früheren sexuellen Missbrauch sein.

Kindverlust: Meist zeigt das Motiv an, z.b. auch bei großer Angst um ein eigenes Kind, dass man selber früher als Kind sehr gefährdet war oder allein gelassen worden ist. – Vielleicht starb auch eine Vor-Einzeugung oder ein Geschwisterkind.

Kino: Zeigt wie Video und Monitor frühe, sehr unbewusste, aber meist wahre Erlebnisse oder Gefühle, manchmal vorgeburtliche.

Kinosaal: Die Geschehnisse in solch einem Raum, ob nun an der Leinwand oder aber, wie oft, in dem Kinosaal selbst, zeigen tief Verschüttetes. Es geht um unbewusste, verdrängte Inhalte, um uralte Erinnerungen zur eigenen Biografie. Um wahre, tabuisierte, Dinge.

Kiosk: Ein Austauschladen für Eros, Zuwendung, für Geben und Nehmen im Emotions-, Liebesbereich. Wegen der Kleinheit des Kiosks (Unterschied zu Restaurant oder Supermarkt) geht es meist um eine sehr frühkindliche Angelegenheit, etwa um die orale Phase.

Kirche: Als großvolumiger Bau oft ein Uterus-Symbol, steht also primär für Schwangerschafts-, Muttererinnerung. – Kirche repräsentiert daneben „die Gemeinde", d.h. Familie, Welt, Dorfgemeinschaft oder die Geschichte einer solchen Gemeinschaft (jede Art von Gemeinde, Gruppe). – Als Drittes stellt sie symbolisch das spirituelle Werk dar, an der ein jeder in seinem Leben arbeitet, d.h. seine geistige und moralische Entwicklung (oft auch als Tempel oder achteckige Basilika). – Orte mit dem Bestandteil „-kirche", wie etwa Neukirchen, meinen meist den Uterusaufenthalt als Kirche. „Kirche verlassen" = den Mutterbauch verlassen.

Kirchensekretärin: Eine Frau mit großer oder magischer Kraft. Meist verfügt sie auch über alle Schlüssel. Kann einen weiblichen Engel darstellen oder aber eine sehr mächtige Mutter. „Kirche" als Bau, Dom (nicht als Gemeinde), assoziiert gern zu Schwangerschaft, also könnte es auch um irgendeine Macht der Mutter in der Schwangerschaftszeit gehen.

Kirchentür: Das Motiv kann auch als Kapellentür auftreten. Das meint nicht selten das Tor zum Himmelreich – oder zur Geburt.

Kirmes: Lust, Rausch, Genuss, Sex. Früher auf dem Dorf war die Kirmes das zentrale Fest, an dem ein Mädchen einen Jungen kennenlernen konnte. Und schnell gab es ein Malheur = Schwangerschaft. Über den Kirmesplatz zu gehen oder sich nach der Kirmes zu sehnen, kann also im Traum ein Begehren ausdrücken, eine Bekanntschaft zu machen oder ein erotisches Abenteuer und überhaupt irgendeine Sexaktivität zu erstreben.

Kirschbaum: Er hat nicht selten mit Sex, Erotik zu tun und verrät eigentlich auch ein Abstammungsgeheimnis, d.h. irgendeine Information über die eigene Zeugung ist im Baum der Kirschen versteckt. Es geht nämlich bei dem Kirschbaum oder bei den Kirschen gern um den Sex, aus dem man entstanden ist (nicht selten aus einem Fremdgehen). Insgesamt also etwas wie Fruchtbarkeit, Lust, Zeugen. Stellt manchmal sogar einen Elternteil dar, dann bevorzugt den sexuellen, zeugenden Vater. (Ein Apfelbaum dagegen stellt in der Tendenz eher Mutter bzw. Frau dar.) Der Kirschbaum kann also Hinweis sein auf den Fakt oder auf die Umstände der eigenen Zeugung. Ein Beispiel: Wenn man im Traum den Mann oder Chef aus dem Kirschbaum hervorholt, dann greift man für den Moment den erzeugenden Vater, auch und gerade dann, wenn er schon lange verschollen ist. Der Kirschbaum ist eine Kulisse, um irgendetwas an Leidenschaft, Lust, Liebe zu zeigen. Allerdings kann es sich auch um verschmähte Liebe handeln, die in Hass umschlägt. Auch ist ein Mutter-und Kindheits-Bezug unter einem Kirschbaum gern gegeben. Insgesamt Symbol für Liebe, Erotik, Lust.

Kirsche: Symbol der mütterlichen Brustwarze, hat daher mit Liebe, Lust, Sehnsucht, gegebenenfalls Frust, Trauma zu tun; hat so meist erotische Bedeutung, sowohl als Brustsymbol als auch als allgemeines Liebessymbol (vgl. „die Kirschen in Nachbars Garten"). Rote Kirschen zu essen im Traum bedeutet Liebe, Leben, Sex. Man könnte sagen:

Vorsicht vor weißen Kirschen, denn darin kann sich eine große Frustration oder schon eine Krankheit anzeigen.

Kirschkern: Ein versteckter, verborgener, wesentlicher Inhalt, und zwar wahrscheinlich von einer erotischen Geschichte. Fremdgehen oder sexueller Missbrauch können solche Geheimnisse sein.

Kissen: Kissen oder Plumeaus jeglicher Art weisen gern auf den Aufenthalt im Mutterbauch; d.h. man könnte solche Kissen deuten als Mama, dicken Bauch, Uterus oder Plazenta, oder anders ausgedrückt einfach als Schwangerschaft, Schwangerschaftszeit. Im weiteren übertragenen Sinne steht „Kissen" für Beziehung, fußend auf der Erstbeziehung (welche immer die Mutter betrifft), und dann kann ein kleines Kissen die Muttererfahrung, dagegen ein großes Kissen eine spätere Beziehung meinen, etwas zu einer Partnerschaft aussagen. Ähnliches gilt für das Symbol „Polster". Also nicht selten gibt es eine Assoziation zum Bauch der Mutter, d.h. zu irgendeinem unbewussten Schwangerschaftsereignis.

Kiste, Kasten, Karton: Wenn die Kiste etwas länglich, d.h. in der Form sargähnlich, auch eher oben offen und aus Holz oder Pappe ist, überhaupt wenn die Kiste so gebaut ist, dass ein Mensch hineinpasst, ist es gern eine Erinnerung an den Aufenthalt im Mutterbauch oder auch an die frühe Kindheit, an das ‚Nest'. Häufige Bedeutung also, auch bei Kiste in Kiste: Mutterbauch. – In der Schwangerschaft wird unser Charakter gemacht, deshalb die vielen Träume, indirekter Art, über den Muttterbauch.

Kiste-unterm-Bett: Verweist gern auf die Schwangerschaftsgeschichte oder auch auf Sexgeheimnisse.

Kissenschlacht: Eine eher nette Kontaktaufnahme.

Klappern: Klappern und Zittern bedeutet eine große Unterlegenheit, manchmal so ernst wie ein Untergang. – Klappern jedoch mit diversen, meist 2 hölzernen Brettchen (vgl. volkstümliche Umzüge) oder in der Symbolform Klapperstorch = Zeugen.

Klapperstorch: Wie im Volksmund oder im sogenannten Aberglauben (der nur ein altes tiefes heidnisches Wissen verrät) tritt der Klapperstorch im Traum auf, wenn es um das Thema Schwängerung geht. Der Storch greift etwas aus dem uneinsehbaren Wasser, aus der Tiefe: das Bild spricht für sich.

Klassenarbeit: Das sind wesentliche Entwicklungsstationen oder pädagogische Aufgaben, Bedingungen, Schwierigkeiten, die ein Kind (also ein Schüler, eine Schülerin) symbolisch durchläuft. Hier ist Hilfe von wohlmeinenden Erwachsenen oder Erziehern sehr begrenzt, denn wie jeder weiß, muss der Schüler seine Klassenarbeit alleine schreiben und abgeben.

Klassentreffen: Das ist eine Art Lebensüberblick, ein Resümee, und zwar in einer meist recht wahren Art. Eine Bestandsaufnahme, die aktuell ist, die überraschend ist, die aber echt ist. Hier erhält man nachträglich eine Information über seine Jugend. Es werden Dinge genannt, die damals unbewusst waren oder die noch in der Zukunft lagen. Das Feedback beim Klassentreffen ist das Interessanteste: hier erfährt man als Träumer seine Wahrheit im Nachhinein.

Klassenzimmer: Übergeordneter Aufenthaltsraum für das Leben, und zwar ab der Geburt.

Kleben: Hier beschäftigen wir uns mit dem Symbol „kleben" als anhaften, und zwar in dem sprichwörtlichen Sinne, dass jemand an seinem Posten oder Stuhl klebt. Es geht also oft im Traum darum, dass jemand seine Position oder Entscheidung überhaupt nicht aufgeben will. Mit anderen Worten, es geht um einen starren, festgefahrenen Willen.

Kleid in Länge: Manchmal tragen Frauen im Traum ein sehr langes Kleid, das bis zum Boden reicht und auf diese Weise alles bedeckt oder verdeckt. Hier wird verraten, dass jemand sein Inneres nicht gezeigt haben will oder auch viele Geheimnisse verdrängt, versteckt. Wenn also in Männerträumen eine Frau mit sehr langem Kleid auftritt, kann es heißen, dass die Mutter oder die Partnerin sehr wenig Wahrheit von sich zeigt.

Kleid: Hier meinen wir besonders das Kleid als Kleidung der Frauen. Wie beim Mann der Anzug, so spricht die Kleidung Bände über die unbewussten Absichten und Rollen-Strebungen einer Frau. Insgesamt Symbol für verschiedene Varianten der Weiblichkeit und Stimmung.

Kleider: Kleider, Klamotten, gar Lumpen können in Einzelfällen für Personen selbst stehen. Ansonsten sind sie Rollen, Verhaltensweisen, äußerliche Charaktere.

Kleiderbügel: Ähnlich wie einzelne, separate Kleidungsstücke kann der Kleiderbügel für eine Person stehen. Auch nicht zu selten für eine verstorbene oder bedrohte Person, und zwar dann, wenn der Kleiderbügel auffallend leer und schwarz ist.

Kleiderstange: Im Frauentraum ist damit etwas wie die Figur oder die Attraktivität einer (weiblichen) Person gemeint. Auf dem symbolischen Flohmarkt steht die Kleiderstange für das allgemeine erotische Angebots- und Nachfrage-Spiel.

Kleiderverbrennung: Das ist die Beendigung von Rollen, die evtl. aufgesetzt oder manipuliert waren. Gemeint ist also eine radikale Änderung im Verhalten, ob sinnigerweise zur Wahrheit hin oder vielleicht auch im Sinne einer anderen Änderung.

Kleid-Identität: Es kann im Traum vorkommen, dass beispielsweise eine Frau eine Gegenüberperson sieht – z.B. auf der anderen Seite der Gleise – die dasselbe Kleid trägt wie sie selbst. Die Deutung ist einfach, hier haben wir eine Schattenpersönlichkeit, die versteckt in der Hauptakteurin anwesend ist. Dieser Schatten kann für eine verdrängte Seite oder für eine verdrängte Tat stehen.

Kleidung entsorgen: Unsere Kleider sind unsere Rollen, und es kommt natürlich vor, dass wir nach langer Zeit eingefahrene Verhaltensweisen ablegen, symbolisch per Kleidungsstück.

Kleidung: Es geht um äußere Dinge auf dem Körper des Menschen, und das meint Rollen, Charakterteile, die aufgeprägt, angelernt, aufge-

zwungen oder erwählt sind, die also äußerlich sind, die nicht dem (geheimen) Kern der Persönlichkeit entsprechen. Natürlich denkt der Be-
obachter, diese Charakterseiten seien echt, d.h. sie gehörten kongenial
zur Persönlichkeit. Ein nackter Mensch jedoch oder jemand in Unterwäsche im Traum ist authentischer als ein Bekleideter (Nacktheit ist
Wahrheit; und in der Unterwäsche kann beispielsweise ein Hinweis
auf die Abstammung stecken). Es gibt enorm stark eingefahrene Rollen und Verhaltensweisen, in den Kleidern ersichtlich, und doch sind
sie nicht das innerste Wesen der Persönlichkeit. Typisch sind z.B. dicke, lange, dunkle Mäntel, d.h. hier ist jemand von seiner Identität weit
entfernt und durch aufgezwungenes Verhalten stark bedrückt, seiner
selbst entfremdet. Dickrippiger Pullover und allgemein Wolle suchen
Liebe, Anlehnung. Hellblaue Kleidung im Brustbereich: Spiritualität,
Geistiges. Rosafarbenes: Sehnsucht und Regression in Richtung des
Kindhaften. Schwarze Kleidung, besonders bunte, meint, gern power
oder Sexualität. Auch Uniformen haben ihre Bedeutung. Weiße Kleidung = Verstärkung, Kühle/Tod, Geistiges, Idealität. Helles Blau mit
Weiß: Vollkommenheit. Die Kleider zeigen also Charakter und Prägung
eines Menschen, welche durch Umwelt, Eltern, Gesellschaft ihm aufer-
legt, für ihn hergestellt werden bzw. wurden. Falsche Kleidung ist eine
Persönlichkeitsmanipulation, eine Umerziehung. Überraschend neue,
andere, „elegante Kleidung" kann ein Thema andeuten, was mit einer
anderen Dimension zu tun hat. Kostüme, etwa zu Karneval, zeigen eine
starke Selbstentfremdung oder die wahreren Schattenseiten.

Kleidungsbeengung: Eine beengende Kleidung oder ein Zuviel an Kleidung oder zu viel Polster an der Kleidung können anzeigen, dass man
beim Geburtsprozess gegen eine Blockade kämpfen musste – oder auch
später ziemlich unfrei war. Man hat eventuell unpassende, angstbe-
setzte, falsche Rollen aufgezwungen bekommen. Ein böses Omen früherer Manipulation.

Kleidungs-Päckchen: Wenn man im Traum seine Kleidung fein säu-
berlich zusammenlegt und etwa in Schuhkartongröße abstellt oder de-
poniert, dann kann ein Thema angesprochen sein, das zu tun haben
könnte mit dem Abschied vom Leben.

K **Klein:** Ein kleiner Mensch (nur symbolisch zu sehen) bedeutet, dass es sich um einen kleingeistigen, ängstlichen, engstirnigen, egoistischen Menschen handelt oder um einen egozentrischen Suchtgeist; auch ein Mensch, der wenig mit Spiritualität im Sinn hat.

Kleinanzeige: Meist steckt dahinter das Geheimnis, dass ein Person sich für ein sexuelles Verhältnis interessiert und anbietet.

Kleinheit, extreme: Siehe „Zwerg"

Kleinkariert: Geistig beengt, eingeschränkt oder auch ängstlich. Kleingeistig und tendenziell süchtig. Vgl. auch zu kariert das Stichwort „Karo".

Kleinmädchen: Gelegentlich ist es ein Symbol für eine Charakterhaltung: „sich als kleines Mädchen darstellen". In dieser Attitüde erwartet ein Mensch, besonders natürlich eine Frau, dass eine starke, überlegene Person ihr hilft und zwar nicht selten ein Mann. Man kann darin also einen erotischen Trick erkennen, wie eine Frau einen Mann um den Finger wickelt.

Kleinschlangen: Sehr kleine Schlangen oder kleine Echsen, die mit ihren schnellen Bewegungen auffallen, die vielleicht dann auch flugs irgendwo verschwinden, können eine ‚schnelle' Schwängerung darstellen, von der man überrumpelt wird.

Kleinschreibung: Wenn im Deutschen dort, wo üblicherweise großgeschrieben wird, zu Anfang eines Wortes kleingeschrieben wird, bedeutet es entweder die Bescheidenheit einer Person oder aber eine Art Minimieren-Wollen bzw. gar das Verlöschen/Vertuschen.

Kleinvögel: Als typisch oder beispielhaft kann man hier Kanarienvögel im Traum wie auch in der Realität nennen. Sie stehen für kleine Seelen und können deshalb oft Platzhalter sein für Embryos, die die Geburt nicht erreichen.

Klemmen: Hat oft mit sich anklammern zu tun. Kann z.b. mit der Abhängigkeit gegenüber einer unangenehmen Person zu tun haben, welche sich festklemmt, anklammert.

Klient: Das kann jede Form eines Verwandten oder Bekannten meinen.

Klima: Der Zustand des Wetters oder das Klima allgemein verrät eine psychische Stimmung; es wird ein Gefühl von Trauer, Freude, Trübsinn usw. dargestellt. Aber es ist nicht nur ein inneres Gefühl, sondern das Äußere, die Lebensumstände sind von solcher Art, dass sie logischerweise eine bestimmte Stimmungsreaktion hervorrufen. Also trübes Wetter, regnerisches Klima zeigen an, dass das Leben nicht sehr viel Freude aufweist oder dass man traurig ist. Das Außen zeigt das Innen, wie im Märchen „De Fischer un sine Fru": Farbe und Gestalt und Klima des Meeres drücken das dazugehörige Mentale aus.

Klingel: Hier konzentrieren wir uns auf die Szene, dass jemand an einer Haustüre oder an Änlichem klingelt. Das ist klar der Wunsch einer Kontaktaufnahme. Dabei kann es um eine Süchtigkeit, Bindung an eine andere Person, z.B. an einen Elternteil gehen oder aber auch um die Neuaufnahme einer sexuellen Beziehung.

Klingeln: Das Klingeln an der Haustüre oder auch das Klingeln des Telefons meint mehr als nur einen Ton, nämlich manchmal sogar eine gravierende Sache wie etwa den Lebensbeginn oder den Beginn eines sexuellen Verhältnisses. Es ist aber ein verhaltenes, verstecktes Symbol für solche Dinge, eine nicht offene und direkte Sache. Ob das Klingeln nun auf eine Haustürklingel oder auf einen Wecker bezogen ist, so wird eine Bereitschaft, ein dringender Zeitpunkt angezeigt. Und zwar ist ein Start gemeint, der sich auf Leben, Lust, Sex, Essen oder Ähnliches beziehen kann. Zum Läuten an einer Haustür: Wer draußen steht, hat ein großes Verlangen, ein starkes emotionales Bedürfnis oder eine objektive Notwendigkeit, eine Bezugsperson im Innern zu erreichen. Wie man weiß, kann man oft vergeblich „klingeln" ...

Klippe: Meistens verbunden mit Schwindel oder Angst oder mit dem Problem, zu springen, wo es darum geht, sich zu überwinden oder evtl.

etwas nicht zu können. In der Regel geht es um das Geburtstrauma und um das damit später sekundär verbundene Thema, sich sexuell auszuleben oder aber umgekehrt sexuell blockiert zu sein. Sprung in die Tiefe, nämlich Entwicklungsschritt(!), oder aber umgekehrt Verweigerung, das sind die Alternativen auf der Klippe, ein Leben lang (also in Wiederholungen). Ein Tatproblem oder Mutterthema ist meist Hintergrund dieses Entwicklungs-Archetyps.

Klitoris: Wenn auffallend oder groß im Traum, verrät es ein starkes Sexinteresse der Frau. Allgemeines Gleichnis für Lustfähigkeit.

Klopfen: Wenn jemand verhalten, aber deutlich an eine Tür oder an eine Wand klopft, kündigt sich etwas Neues oder Unbekanntes an. Nach altem Volksglauben, wie schon der antike Römer Prokop über die Friesen berichtet, hat das Klopfen irgendwie indirekt mit dem Tod zu tun. Ob das im kollektiven Unbewussten des modernen Menschen auch so wirkt, ist natürlich unsicher.

Kloß-im-Hals: Ein böses, tabuisiertes, geheimes Szenerium, das sich in die Biografie geschlichen hat und das im Unbewussten liegt. Irgendeine negative Erfahrung oder ein Trauma hindert die Person an einer angebrachten Aktivität. Wenn man Glück hat im Traum, wird das Hindernis im Hals ausgespuckt.

Klötzchen: Im Einzelfall können Klötzchen aus einem kleinen Sack in ein Gefäß rutschen im Traum. Das ist eines von vielen Symbolen für die Befruchtung einer Frau durch ein männliches Wesen. – Als Kinderspielzeug stehen sie auch für Infantilitätsthemen.

Knall: Ein Knall ist ein Explosionsgeräusch. Die Explosion zeigt eine radikale Wende an. Ein Knall kann einleiten oder den Wunsch ausdrücken, dass alles Leid ein Ende hat, dass alle Probleme schlagartig erledigt sind oder ein solcher Wunsch besteht.

Kneipe: Die kleine oder gar heruntergekommene Kneipe verweist manchmal auf ein Suchtthema, auf Bedürftigkeit, etwa auf Oralsucht,

Muttersucht Die Kneipe ist eine Stätte der persönlichen, auch erotischen Lust oder Kommunikation.

Knick (im Papier): Manche Blätter sind eingeknickt oder es gibt sonst Ecken im Bereich von Papier. Da muss man darauf achten, was in dem Knick an Informationen vorhanden ist oder fehlt. – Man kann vermuten, dass der Knick andeutet, dass irgendetwas unterdrückt ist, nicht offen ist oder sich nicht frei entwickeln durfte; evtl. geht's dabei um den Träumer, um seine Biografie, z.b. dann wenn der Träumer in „geknickter" Position irgendwo sitzt oder liegt.

Knie: Ein allgemeines Stärke- und Beweglichkeitssymbol, kann Durchsetzungsvermögen oder gegenteilig das Sich-Unterwerfen andeuten; tendenziell eher männlich gedacht. In der Regel Sitz einer vaterähnlichen oder männlichen Kraft. Da gibt es dann Attraktivität, Verletzung, Stärke, oder aber Schwäche, oder auch manchmal ein Trauma für das ganze Leben.

Kniekehle: Unsere Einstellung zu den Kniekehlen einer anderen Person verrät etwas an Erotik. Kniekehlen können für andere Person, z.B. eine Frau, anziehend oder abstoßend sein. Die Ansicht von hinten, also Rücken, Po, Beine sind eh' ein wichtiger Indikator für die erotische (= genetische) Anziehungskraft.

Knie-Stoß: Das ist eine kleine, nicht offene, subtil gezeigte Ablehnungsgeste.

Knochen: Das Harte im Unterschied zum Weichen, dem Fleisch; daher psychosomatisch meist ein Vaterthema oder sonst etwas Männliches beinhaltend, auch bezogen auf (symbolisch zu lesende) Krankheiten. Kern von Verhalten, Persönlichkeit. Manchmal Indiz für etwas ganz Altes, sehr Frühes (wie Knochen archäologisch). In alten Kulturen wurde gedacht: das Kind hat das Knochengerüst vom Vater, die Weichteile von der Mutter.

Knopfdruck: Verbunden mit der Aktivität, einen Knopf (button) zu drücken, ist eine Entwicklungsaktivität angesprochen. Dies kann eine

Phase in einer Biografie, z.b. die Pubertät sein; da ergibt sich etwas ‚automatisch', kann aber das unbewusste Wollen einer Person erforderlich machen: Knopfdrücken als Auslösung.

Knöpfe: Knöpfe in der Kleidung sprechen für das Thema, sich zu öffnen oder auch offen zu sein. Da geht es also um Kommunikation, um Beziehung und auch um Erotik. Die Kleidungsknöpfe können fehlen oder auf dem Rücken anstatt vorne sein oder sonstwo eine bestimmte Einstellung verraten. Man kennt ja auch die Redewendung „zugeknöpft sein". Im Prinzip müsste über Knöpfe ein Zugang zu einem Menschen ablaufen.

Knoten, Verknotung: Ein Hindernis, was dem Träumer bereits verschlossen oder abgewehrt gehalten worden ist, also vor ihm versteckt wurde, wird durch Knoten oder Verknotung in seiner Aversion noch einmal gesteigert.

Koala-Bär: Symbol für ein Baby, was sich an die Mutter anklammern möchte, was sie oder die Brust erreichen möchte.

Kochen für jemanden: Liebende Fürsorge, d.h. im Grundsätzlichen, nicht speziell in der Essensvorbereitung.

Kochenkönnen: Mag es auch klischeehaft klingen, so ist „kochen" doch letztlich ein Symbol für die Weiblichkeit, Erotik und Mütterlichkeit einer Frau.

Koffer (Taschen, Akten, Rucksäcke): Etwas, das wir mitschleppen, das uns nötig für den Lebensweg erscheint(1). Daneben sind es quasi weibliche, auch uterale Gegenstände(2). Meistens handeln die Träume davon, dass man unter Stress und Verspätung sucht seine Koffer mitzunehmen oder dies nicht schafft. Der Kern solcher Träume ist das Geburtstrauma oder generell eine nicht gelöste Trennung oder der immer wiederkehrende Versuch, etwas Fehlendes (von ehemals) nötig zu brauchen, zu bekommen (zum Beispiel eine Unterstützung). Eine tod-nahe Geburt verleitet zum Festhalten von Koffern später, zum Nicht-loslassen-Können; die Fähigkeit zu Verzicht, Abschied, Trennung, Änderung ist unbewusst erschwert (eigentlich: um Tod zu vermeiden). Ballast, Früheres, das unerledigt (!) ist, schwere Lasten und Hypotheken fürs Leben verbergen sich in den Koffern. Das Kofferproblem behindert in der Regel Entwicklung. Zusammenfassend geht es um ein großes Problem von früher, meist Mutter und Todesgefahr tangierend, welches als Last Fortschritt erschwert und oft Bezug zu Verspätungen in der Realität hat und was einen fast irreparablen Mangel enthält. Etwas das man nicht fähig ist aufzugeben (aber besser weggäbe). Beziehungsweise man hat im übertragenen Sinne einen erheblichen Ausstattungsmangel, eine große Erlebnislücke von früher her, da „fehlte" etwas, deshalb nimmt man den „Koffer" mit, um Mangel auszugleichen. Zugleich meint es Nicht-loslassen-Können, weil eine frühere Trennung, Loslösung eine traumatische war.

Kofferraumklappe: Hier liegt das Thema Schwangerschaft in der Luft.

Kohl: Abgesehen von der Affinität zum Kopf ist wie bei „Gemüse" bevorzugt etwas Weibliches gemeint, gern etwas im Zusammenhang mit Wachstum. Als Wirsing fast eine Geheimaufnahme des Gehirns (äußere Blätter = Cortex). Neben dem Weiblichen kann Kohl stellvertretend für ein Thema stehen, was mit dem" Kopf" zu tun hat, u.a. für Krankheiten im Kopf.

Kohle: Erinnerung an eine schwarze Tat, ein negatives Ereignis, z.B. an Beraubung; oft als Kontrast zu Gold, Eros, Hellem, Liebe – woraus sich jeweils die Deutung ergibt. Die typische Komplementärbedeutung ist Glück (statt Unglück), deshalb auch umgangssprachlich „Kohle" positiv als Geld.

Kohlenstaub: Ein Reichtum, manchmal auch spiritueller Art, der sich hinter Schwarzem verbirgt (Komplementärtraum).

Kollege: Als Kumpan, Kollege, Kumpel, Mitspieler können Schattenseiten eines Menschen auftreten, d. h. im Traum als Figur manifest werden, die eine besondere unbewusste Seite oder Fähigkeit der agierenden Traumperson zeigen. Da können die Beharrlichkeit auftreten, eine erstaunliche Kunstfertigkeit oder das überraschende Können, eine ausweglose Situation zu bewältigen bzw. ein Spiel zu drehen. Kollege meint meistens keinen Arbeitskollegen, sondern einen genetisch verwandten oder einen seelisch ähnlichen Mann/Menschen und wie gesagt eine unbekannte zweite Seite einer Person, den C.G. Jungschen „Schatten".

Kollegin: Versteckte Schattenseite einer Frau, Mutter oder Partnerin.

Kollision: Hier zu begreifen als einen nicht besonders schweren Autounfall. Kollisionen in einem relativ harmlosen Rahmen zeigen an, dass die den Zusammenstoß verursachende Person ein Sex- oder Aggressionsinteresse an einer anderen Person hat. Das Motiv hat eine große Bandbreite. Das kann von einer ungewollten Zeugung bis hin zu einem Tod-Thema gehen, d.h. eine schwere Kollision ist ein ernstzunehmendes Traumsymbol. Da scheint manchmal nur Zufall im Spiel zu sein, aber in Wahrheit geht es um Streit und große Auseinandersetzung, z.B. in einer Schuldfrage.

Köln: Für das Unbewusste eher eine weibliche Stadt, daher symbolisch mit entsprechenden Themen affiziert.

Komet: Hat zu tun mit der Himmelssphäre, d.h. mit der Bedeutung von Stern, Licht; in Einzelfällen mit einer möglichen transzendenten Botschaft (oder auch symbolisch mit einer Seele, die sich meldet).

Kommode: Umgangssprachlich meist (im Rheinland) als „Kommödchen" auftretend, ist ein Thema zu einem Schlafzimmerkomplex angedeutet, beispielsweise zu einer Bettszene.

Kommunion: Im Christentum gibt es die heilige Erstkommunion oder die übliche Kommunionsfeier, die im Traum auf einen eher banalen Inhalt verweisen kann, nämlich auf die Bedeutung der lateinischen communio. D.h. das Traumbild Kommunion steht für eine Partnerschaft. Und eine abgesagte oder verhinderte Kommunion oder eine früh verweigerte kann anzeigen, dass eine Beziehung zu Ende geht. Eine gelungene Kommunion = geglückte Bindung.

Kommunismus: Eine Gesellschaft oder Familie ist rein nach rationalen Gesichtspunkten eingerichtet, das bedeutet meist auch recht gefühllos und traditionsarm. Kommunismus will gleich machen, er zerstört Individuelles. Mit dieser Ideologie als Vehiculum kann man natürlich leicht eine Menschenmenge (ggf. diktatorisch) führen. Markant ist auch die Leugnung einer geistigen, göttlichen Welt = ebenfalls geeignet für Herrschaftsansprüche von Menschen. – Doch soll der ideale Communio-Gadanke hier nicht negiert werden.

Komplex: Siehe „Seelenanteil"

Kompliment: Sehr gerne ein Bluff, ein Trick, um bei einem Menschen gut anzukommen, um Gefallen zu erregen. Vergleichbar mit Schmeicheleien, die von im Prinzip unsicheren oder abgelehnten Menschen ausgehen. Komplimente zu machen steht in dem Zusammenhang, um eine Person zu werben. Ähnlich kann im Traum auch ein Kontakt krampfhaft gehalten werden oder ein Gespräch absichtlich verlängert werden. Dahinter verbirgt sich die uralte, verdrängte Erfahrung, dass andere Personen einmal desinteressiert am Träumer waren.

Konferenz: An einer Konferenz teilnehmen heißt: zusammenleben mit jemandem.

Konflikt: Häufig als ein innerer Kampf zwischen zwei Entscheidungen, z.B.: die richtige Fahrkarte lösen – oder dies gerade nicht schaffen. Die Verhinderer des Ziels werden im Traum meist als Außenkräfte dargestellt, doch subjektstufig gedeutet zeigt es, dass aus dem Menschen selbst ein unbewusstes Nein kommt. Innere Gegensätze oder Widersprüche sind normal, der Konflikt zwischen zwei Entscheidungen im Menschen, z.B. zwischen Weglaufen und Stehenbleiben, ist nicht unüblich und psychologisch nicht auffällig. Wie wenig an Irdischem ist überhaupt in Wahrheit eindeutig?

Kongress: Das Symbol kann auch als Tagung oder Verhandlung auftreten. Die Träume entlarven solche, ggf. sogar weltpolitischen Kongresse als von privatem, gar primitivem persönlichem Interesse gesteuert. Das simpel Persönliche wird auch tatsächlich auf manchen historischen

Kongressen eine Hauptrolle gespielt haben, nicht nur auf dem Wiener Kongress. Das trifft auch für Geschäftsverhandlungen zu, obwohl das banale persönliche Interesse meistens geleugnet wird. Immer werden Sympathie und Antipathie hinter Rationalem, Objektivem, hinter Weltgeschichte versteckt.

König: Chef, Anführer sein; eine Sache beherrschen. Vom Wort her als König und Königin manchmal Elternstellvertreter. Das Unbewusste weiß wohl noch, dass bei „König" romanisch rex/regere zugrunde liegt, weshalb dirigieren, bestimmen, regieren und führen mit darin steckt; germanisch jedoch genus/gens = Abstammung, Geschlecht, so dass gar ein Familien-, oder Abstammungsthema darin angesprochen sein kann (Zugehörigkeit). Königliches der Seele; genialer geistiger Überblick, hohe Erkenntnis. Auch etwas an Einbildung, Arroganz; Stärke, Aggressivität kann anklingen.

Konkurrenz: Kann auf uralten Geschwisterneid verweisen (Anfangsproblem in allen Nestern, Anfangsproblem der Menschheitsgeschichte [vgl. Kain und Abel]). Alle Lebewesen stehen in Konkurrenz – das ist unübersehbar.

Konstruktion: Hier mehr verstanden als Konstrukt, Modul, Bauteil, Möblierungsteil. So ein Stück oder Konstrukt kann tatsächlich dafür stehen, dass ein Mensch hergestellt werden soll, steht also für Zeugung. Die Arbeit mit Holzteilen kann das Zeugungsthema unterstreichen.

Kontaktverlust: Findet beispielsweise in einer Gruppe ein nachhaltiger Kontaktverlust des Träumers statt, so malt er eine relativ tödliche Einsamkeit an die Wand, ans Traumpanorama.

Konto: Siehe „Account"

Kontrolle: Zur Kontrolle oder Prüfung im Traum gehört auch das große Thema der Prüfungsangst in der Realität. Als Traummotiv stehen Kontrolle und Prüfung für einen gewissen Stress sowie für einen unbewussten Komplex, in irgendeiner Sache vielleicht bestimmten Anforderungen nicht genügen zu können. Das geht hin bis zu einem

Versagens- oder Schuldkomplex. Das zu kontrollierende Objekt ist meistens schon ein verschobener Inhalt, ein Anstatt.

Kontroll-Leiterin: Der Geist einer Mutter, der im eigenen Kind, das nun ggf. schon erwachsen ist, nachwirkt. Die ganze Erziehung und Prägung ist in einer solchen kontrollierenden Leiterin zusammengefasst, nicht selten natürlich auch Abhängigkeit. Ebenso nicht selten ist, dass die weibliche Kontrollinstanz Aktivitäten behindert, blockiert, die nicht in ihrem Sinne sind. Da kann es um gravierende Lebenseinschränkungen gehen. Die Mutter als Kontroll-Leiterin (auch als Vermittlerin der Großmutter) wirkt in der Regel stärker als die väterliche Kontrollinstanz.

Konzentrationslager: Symbol für elende, unfreie Lebensphase, primär politisch zu sehen.

Konzert: Analog des Archetyps Musik ein Lust- und Gefühlserlebnis, mit einem Mitmenschen oder in einer bestimmten, abgegrenzten Lebensphase.

Kopf zusammengepresst: Wenn wir einen Kopf mit Pressspuren vor uns haben oder mit den Folgen einer Art von Zwangshelm, ist gerne ein Hinweis auf ein Geburtstrauma gegeben. Es geht dann um eine eminente Blockierung (des Kopfes) bei der Geburt oder um die Tatsache, dass die Nabelschnur sich um den Hals gewickelt hatte.

Kopf größer: Die Höhe, Länge, also Figurengröße eines Wesens kann immer dann eine Art göttlichen Eingreifens oder eine Art Engel darstellen, wenn die Höhe mindestens einen Kopf größer ist als eine Traumperson oder als ein Mensch generell. Gegebenenfalls kann man an einem wunderbaren Eingreifen feststellen, ob diese Deutung sich bestätigt.

Kopf: Manchmal stellvertretendes Symbol für den ganzen Menschen oder Körper. Der Kopf steht für das Ich, für das Leben, als pars pro toto für die Person sowie für Absicht, Wille, Meinung. „Kopf ab" heißt meist nicht Tod, sondern radikale mentale Änderung. Auch gern das Männliche, Väterliche zeigend; psychosomatisch sitzt ein Vater-Inhalt bevorzugt im Haupt, Kopf. Manchmal auch im Zusammenhang mit Kopfschmerzen auftretend, weisend, warnend.

Kopfbedeckung: Meist ungünstig, da sie etwas bedeckt, nicht authentisch ist. Fremdbestimmung oder Druck/Belastung. Andererseits auch neutrales Kennzeichen einer besonderen (auffälligen) Mentalität. Kopfbedeckung, dunkelbau: Ein Problem der Seele oder des Körpers ist konzentriert im Kopf. Es könnten Trauer, Depression, Migräne, Kopfverletzung oder auch Gehirnschlag dargestellt sein bzw. angedeutet sein.

Kopf-Ende: Die Position am Kopfende eines Tisches z.b. zeigt an, dass der Träumer der Beherrscher der Situation ist, der Leiter einer Angelegenheit oder wenigstens souverän und distanziert sich seine Beziehungen (am Tisch) ansehen kann. Vielleicht ist dies nur Wunsch.

Kopfgröße: Es verweist seltener auf einen starken Willen, der beispielsweise im Kopf sitzen kann, als auf einen großen starken Kopf, der viel Intelligenz vereint. Die Kopfgröße steht also für Geistesgröße oder für Erkenntnisgröße.

Kopflos: Das kann wörtlich genommen werden im Traum als Kopf-los, d.h. als Figur oder Person ohne Kopf. Diese bewegt sich im tod-nahen oder tödlichen Umfeld. Ohne Kopf zu sein im Traum ist ein Todesurteil oder eine sehr arge Erinnerung an einen Beinahe-Tod.

Kopföffnung: Will jemand im Traum über den Kopf nach oben hin aus sich ausfahren, spricht das für eine Suizidabsicht oder eine tod-nah Erinnerung.

Kopfputz, skurril: Bei auffälligen, recht schrägen oder skurrilen Kopfbedeckungen, ob als Hut, Kappe oder Kopfputz, – nehmen wir als Beispiel an: wie eine unübliche Karnevals- oder Astronauten-Kopfbedeckung – ist daran zu denken, dass gesundheitliche Schäden im Bereich des Kopfes vorliegen könnten.

Kopfstand: Die Position kann eine Assoziation zu einem Kind vor der Geburt haben, mit „Kopf unten"; als Traumsymbol kann also ein noch nicht geborenes Kind gemeint sein; oder es ist anderweitig die Erinnerung an einen pränatalen Zustand. Auch das meditative Yoga-Sitzen ist eigentlich der Versuch, eine Entspannung wie im Mutterbauch zu erhalten, oder wie im ersten Lebensjahr. Es gibt symbolisch eine Verbindung zu einem Alter, als wir die Oberschenkel noch angewinkelt, nach außen stehend hatten. Insgesamt sind solche auffallenden Körperpositionen im Traum auf die entsprechende Altersstufe hinweisend (ob nun als Regression oder als Heilung). Auch aber natürlich als Erkenntnisstreben zu verstehen (vgl. Yoga), es ist eine enorme Erfahrungsmöglichkeit, völlig unkonventionell aus einer anderen Position heraus zu blicken, gedanklich mal alles auf den Kopf zu stellen. Auch gegebenenfalls analog der Redewendung „da kannst du dich auf den Kopf stellen" zu deuten.

Kopfüber: Das kann sich auch auf Gegenstände z.b. auf einen Tisch beziehen, der umgekehrt transportiert wird, also mit den Beinen in der Luft steht. Generell bedeutet dieses Symbol, dass sich irgendetwas sträubt, entweder ein Mensch, tief im Unbewussten, oder eine Sache, oder, bezüglich des Tisches, eine Beziehung. Das geht so weit, dass „kopfüber" das genaue Gegenteil des Normalen bezeichnet, also beispielsweise: in Tod-Nähe, in Lebensgefahr statt in Lebendigkeit.

Kopfzerstörung: Ähnlich ist auch eine Hirnzerstörung im Traum zu deuten, d.h. der Kopf kann stellvertretend für einen ganzen Menschen stehen und gemeint ist oft die Zerstörung einer ganzen Person.

Kopie: Eine Kopie, ein Doppel herstellen nach einem Muster, beispielsweise als Schriftstück auf einem Blatt Papier, aber auch als Pflanzenfigur oder als Spielgerät oder als Schreibmaschinen-Abschrft, tendiert zu der Bedeutung, dass hier jemand ein Kind zeugt. Im Traum werden solche Kopien mit individuellen Gemälden variiert. Das bedeutet sehr schön, dass ein Nachkomme zu einem gewissen Teil Kopie eines Vorfahren ist, aber auf jeden Fall auch zu einem anderen Teil ein einmaliges Individuum ist. Das Thema bei solchen Kopien ist gern die Abstammungslehre. Die Kopie ist also oft ein Nachkomme, meist auf die Mutter bezogen, d.h. die Kopie ist betont der Mutter Produkt, Abbild. Kann also allgemein Kind oder Kinderwunsch des Träumers oder der

Träumerin zeigen. – Ansonsten irgendein Doppel, Niederschlag mit einem wichtigen Inhalt. Das ist allerdings nicht wörtlich zu nehmen, z.b. als Kopierblatt, sondern allgemein als Wiederholung, Doppel, Reflex.

Kopieren: Vervielfältigen, oft im Sinne von zeugen; also ist ein Mensch als Kopierer oder als Copyshop-Mitarbeiter oder als Kopierladen-Besitzer ein Vater (Erzeuger) – oder eine Mutter. – Wer sich mit „Kopien" beschäftigt, die als Abbilder gelten können, kann auch real Fotograf, Traumdeuter, Künstler oder Tiefenpsychologe sein; da deutet „kopieren" gewisse affine Berufe oder Tätigkeiten an.

Korb: Ein Thema zur Schwangerschaftszeit oder zu irgendeiner möglichen Schwangerschaft wird angesprochen. Die Frucht liegt im Korb. Hat also meist uterale Bedeutung (wie Tasche, Koffer, Nest). Im weitesten Sinne Symbol für Frau, Mädchen, Weibliches, nicht zuletzt für Mütterliches. Meistens ein Symbol der Schwangerschaft der eigenen Mutter. Da gibt es natürlich Nebeninformationen. Ein Korb aus Holz oder Weidengeflecht ist recht positiv, ein Korb aus Draht verrät schon gewisse Schwierigkeiten oder Aversionen (Eisen ist problematisch, gerne aggressiv), oder ein Korb mit Löchern sagt natürlich auch etwas aus...

Koreaner: Stellt eine exotische, d.h. sehr fremde, verborgene Wahrheit dar (für Nicht-Koreaner).

Korn: Das ist ein Fruchtbarkeitssymbol, hat aber wenig mit dem Essen zu tun. Sondern im übertragenen Sinne geht es um die große oder gute Wirkung irgendeines Ereignisses.

Körner: Samen des Erzeugers, damit überhaupt die väterliche Abstammung betreffend, oder auch allgemein die Fruchtbarkeit, also etwa als ein Haufen oder eine Handvoll Weizenkörner oder dergleichen (Getreide). Im Asiatischen ist es die Hochzeits-Glücks-Gabe „Reis", die etwas Ähnliches (Fruchtbarkeit) andeutet.

Körper-Anbietung: Das kann man natürlich als sexuelles, körperliches Angebot deuten, aber die Hauptbedeutung ist, dass seelische, mentale Liebe angeboten wird.

Körperchen: Darstellung unseres Existenzanfanges, ab Embryo, also schon direkt ab der Zeugung.

Körperlosigkeit: Oft ist es verbunden mit dem Archetyp „fliegen". In Ausnahmefällen können wir uns im Traum völlig von der Körperlichkeit entfernen und befreien. Dann sind wir ein körperloser Geist, wie wir es in anderen Dimensionen schon erlebt haben. Es passt zu Träumen, die in einer Zeit spielen vor der Zeugung oder vor der Geburt, aber es meint auch einen aktuellen Ausstieg in die geistige Welt. Gehört zum „transzendenten Träumen".

Kosmos: Ein Bild des Alls mit etwa den Gestirnen, den typischen Farben, dem blauen Hintergrund, den goldenen Elementen, repräsentiert die momentane große Erkenntnis des Träumers. Er bewegt sich wie ein Wissender in der Ewigkeit.

Kostenlos: So werden Gabe, Talente und Fähigkeiten bezeichnet, die man hat, ohne dass man sie sich im Leben mühsam verdient hat.

Kostenübernahme: Verantwortungsübernahme, Gerechtigkeit, Liebe.

Kostüm: Die Bedeutung liegt darin, dass man sich z. B. zu Karneval kostümiert, d.h. man schlüpft vorübergehend in eine andere Rolle. Im Traum hat das Kostüm die Bedeutung, dass man sich bezüglich seiner Identität entfremdet hat. Man ist leider nicht authentisch in einem Kostüm. Manch ein Mensch kann durch Prägungen, Gesellschaft, Lügen von seinem Kern weggekommen sein. In der Regel fühlt man sich im Traum kostümiert außerordentlich unwohl, zu Recht. Aber es ist auch eine spielerische Schattenseite, wie eine humorvolle Wahrheit.

Kot: Umgangssprachlich als „Scheiße", in der Bedeutung von Fehler, Pech, Missgeschick. Geht es in Richtung Mist, Jauche, Morast, Schlamm, evtl. sogar mit Einsinken, ist, erheblich ernster, das Todthema nahe.

Auf der anderen Seite lag S. Freud mit seiner Analyse richtig, dass der Kothaufen das ‚erste Produkt' eines Menschen ist, also kann Kot ein gegebenenfalls großes, wichtiges Werk eines Träumers meinen, positiv sein. In einem typischen Komplementärtraum ist „Scheiße" das genaue Gegenteil eines Negativums, also ein Glückszeichen. Die Verrichtung der Notdurft hat oft mit einem Druck, mit einer Not-Situation zu tun, also mit einem gravierenden „Muss" – und dann gibt es dazu drei mögliche Bedeutungen: starke Emotionen „müssen" nach draußen (1), oder die Geburt (!) „muss" erfolgen (2); oder handelt es sich etwa um ein Vorzeichen (3), und zwar als die berühmte Entleerung (Schwangere vor der Geburt, Sterbende vor dem Tod)?

Kothaufen (setzen): Symbol für die archaischste Bedürfnisanmeldung. Diese lautet: Ich will leben, ich muss leben, ich möchte hier sein! Der Kern wäre etwa so zu übersetzen: Ich muss unbedingt die Geburt hier schaffen. Kurz zu übersetzen als Ich-Anmeldung. Als Ersterinnerung: Je schwieriger es ist, einen Kothaufen im Traum abzusetzen, umso schwieriger war die Geburt! Einen Kothaufen setzen heißt, sein stärkstes „Muss" durchsetzen zu wollen. Und damit ist der Lebensstart gemeint, wo man bei der Geburt geboren werden „musste". Später kann es auch eine Information sein zu sexuellen Themen, d.h. zu Blockade oder zu Gelingen. Sollte es auf der Toilette im Traum so sein, dass der Kot nicht abgesetzt werden kann, dann kann man davon ausgehen, dass die Geburt behindert wurde oder nicht willkommen war. Es gibt sogar das Extreme im Traum, dass eine Kot-Wurst aggressiv dem Hintern entgegen ragt, etwa aus der Toilette heraus. Dann muss man erkennen, dass es sogar sehr aktiven Widerstand gegen die Geburt, gegen die Existenz gab. – Wenn weiblich, bzw. im Traum einer Frau, meint Kothaufen-Setzen Gebären. Männlich eher: Ejakulation, Zeugen. Insgesamt geht es um eine allgemeine Befriedigung bzw. um ein Produkt, um das Produzieren. Klarstellung: Einen Haufen zu setzen, zumal wenn man sich mit der analen Phase des Kleinkindes beschäftigt, hat weniger eine unbewusste Affinität zur ersten sexuellen Aktion, wie es Sigmund Freud annahm, sondern es gibt eine Affinität zur ersten Lebensaktion, d.h. zur Geburt. In Träumen haben wir mit einem solchen Kot-Produkt, insbesondere mit dem Prozess des Herausdrückens, einen Archetyp (eine Erinnerung) des Geburtsprozesses vor uns!

Kothaufen-Entfernung: Hier muss jemand möglichst viel an Negativem (an Scheiße) aus seinem Leben entfernen.

Kotzen: Ein Slang-Ausdruck, der für „sich übergeben" und „brechen" steht, aber in den drastischen Träumen natürlich viel öfter genau so vorkommt. Bedeutet eine außerordentliche Abwehrhaltung, eine Aversion, die nicht selten in Müttern bzw. Frauen steckt, die geschwängert wurden; beruht aber meist auf unbekannten Sippschafts-Vorfrauen. Oft sind nur die Kotz-Spuren im Traum zu sehen, aber sie verraten genug.

Krähe: Vgl. „Rabe"; manchmal ein wenig negativer oder auch weiblicher als ein Rabe.

Kran: Als Bergungskran bedeutet er ein lebensrettendes Element, Hilfe in der Not. Zum Aspekt schwerer Arbeit: Hier hat jemand eine übermächtige, überfordernde Mühe, ein Werk ins Leben zu setzen oder auch eine Beziehung zu bewältigen.

Kranich: Siehe „Schwan"

Krank: Das ist seelisch zu deuten und heißt wenigstens, dass die kranke Person psychisch angegriffen ist. Evtl. ist die kranke Person aber auch nicht unerheblich psychisch geschädigt. Oder umgekehrt recht wenig, weil nämlich der durchschnittliche Kranke sich auch schnell wieder erholt.

Kranken-Besuch: Meist Hinweis auf ein psychologisches Problem, auf eine ungute Sache, wenigstens auf ein Geheimnis, allerdings auch manchmal auf ein größeres Leid.

Krankenhaus: Eine Stätte, wo zwar auch Heilung möglich ist, wo aber primär sich jemand befindet, der ein Leiden hat. In aller Regel wird man solch ein Bild im Traum so deuten müssen, dass es um ein psychisches Leiden geht. Sowohl eine Szenerie, in der man krank ist, als auch eine, in der man Heilung findet: d.h. „Krankenhaus" steht sehr ambivalent für Ort oder Erinnerung des Leides, aber auch umgekehrt für das

Medium der Rettung. Insgesamt sowohl Indikator für eine psychische Verletzung als auch für den Versuch der Heilung.

Krankheit: Die Träume bringen folgende Erkenntnisse zu den Krankheiten: die Krankheiten sind psychisch bedingt – das Krankheitssymptom ist eine kompensatorische Erscheinung, ist als Kompensation zu verstehen – eine sogenannte „Nicht-Anwendung" eines Gliedes oder eines Triebes oder irgendeines Naturaspekts führt zur großen Kompensation. Krankheit ist ein verquerer, verschobener, übertriebener Heilungsversuch. Manchmal wird im Traum gezeigt, dass die Krankheit durch Stress oder Aggression entstanden ist, wobei Personen auftauchen, die zwar indirekt und kodiert und neutral erscheinen, oft aber die geheimen Ursachen der Krankheit (z.b. in der momentanen Umgebung) darstellen.

Kranz: Ist ähnlich wie das Symbol „Kreis" und auch „Ring" beziehungs- und bindungs-affin zu sehen. Auch eine Auszeichnung (kränzen, bekränzen) oder ein Ausdruck stärkerer Gefühle im Kopf (Freude).

Kränzchen: Als Kranz auf dem Haupt geht es um eine besondere Würdigung, Auszeichnung, Ehrerweisung.

Kräuter: Das kollektive Unbewusste weiß oft noch, dass Kräuter heilende Auflagen sein können, so z.b. Spitzwegerich (lancetta lanceolata) für Wunden durchs Schwert. Meist ist also etwas Gutes, Linderndes gemeint.

Krawatte: Die Krawatte bei Männern zeigt eine Einstellung an, ein Gefühl. Oder man könnte auch sagen: der Schlips verrät das Unbewusste. Eine schwarze Krawatte z.B. kann man als eine Andeutung zu irgendeinem Thema mit Tod oder Unglück deuten, eine rote Krawatte bedeutet in der Regel Erregung, aber weniger sexuell, sondern versteckt aggressionsbezogen oder auch als Bluff-Power.

Krebs: Die Bedeutung ist eigentlich: „zuviel" Wachstum, Leben, Kompensation, Heilung wollen, dabei schlägt das Zuviel ins Gegenteil um... Psychosomatisch auf schwerer seelischer Verletzung beruhend. Der

Traum scheint zu sagen, dass vielleicht Thuja occidentalis homöopathisch angesagt wäre. Ansonsten meint „Krebs" im Traum, übertreibend, extremisierend, oft nur eine Anfälligkeit, Krankheit, z.B. bezogen auf den Magen, ja oft nur eine nervliche Störung, Irritation. Krebs kommt also im Traum, und zwar als Angst und Befürchtung und Warnung, öfter vor, als er real auftritt. Ungeliebt-Sein, seelisch Verletzt-Sein ist bei Krebs immer nahe. Schocksituationen können Krebs erzeugen (vgl. u.a. Dr. Hamer) sowie endlos dauerndes (unterdrücktes) Leid. Vgl. „Zerrüttung"

Kreis: Die Hauptbedeutung ist Schutzkreis, Abgrenzung; in der Magie: gesichert, gefeit sein (etwa an einer Viererkreuzung mit Kreis, wie im Volksbuch Dr. Faustus), oder beschwörend; einen deutlichen Unterschied anzeigend zu den Wesen außerhalb eines Kreises, einer Draußen-Gruppe, der gegenüber der Kreis „Stopp" sagt. – Auch wichtiges Symbol von Selbst, Ganzheit, und Vollkommenheit (ähnlich Mandala, Kugel). Schließlich die geheime Struktur der Zeit (ewige Wiederkehr des Gleichen), des Kosmos, des Raumes aufweisend. Alle Bewegungen und Linien im All sind in Wahrheit kreisförmig, und so ist der Kreis nicht nur ein sonnenartiges, sondern auch ein göttliches Symbol. Kreis und Kreuz können zusammen auftreten, als Idealität bzw. gegenseitige Steigerung.

Kreisbewegung: Hier denken wir besonders an ein auffälliges Hin- und Herlaufen in Gegenrichtungen („im Kreise") und dann ist es ein deutliches Stress-Symbol.

Kreissäge: Das kann im Einzelfall ein Symbol für eine sehr problematische Operation sein oder auch für eine Abtreibungsgeschichte.

Krieg: Das Unbewusste assoziiert persönliche Katastrophen- oder Untergangsszenerien gern mit kollektiv bekannten Begriffen. Ein „Krieg" mit vielleicht vielen Toten, kann also eine tödliche Bedrohung nur für eine einzige Person meinen, d.h. dann meist für den Träumer. Krieg ist Symbol innerer Gegensätze, aber auch echter Auseinandersetzungen, u.a. in Vorstufen (Ahnen, Reinkarnationen). Oft hat es mit dem psychologischen Thema, sich des Fremden zu erwehren, zu tun.

K

Die realen Kriegsereignisse der Vergangenheit sind im kollektiven Unbewussten umfassend abgespeichert und vorhanden, auch in den Träumen von Kindern (vgl. pavor nocturnus), sie haben eine enorme, traumproduzierende Energie, weil sie oft nicht be- und verarbeitet wurden, besonders nicht bei den Besiegten. – Kriege können jedoch auch für persönliche lebensgefährliche Kämpfe stehen, z.b. bei Abtreibung oder im Ehe-Krieg.

Kriegsszenen: Es ist immer auch die Möglichkeit zu beachten, dass wir konkrete Szenen aus den Kriegserlebnissen unserer Vorfahren träumen. Natürlich ist es daneben auch ein zeitloses Aggressionssymbol (persönlicher Art). Schließlich kann man aber auch ausnahmsweise Kriege voraussehen.

Kristall: Es ist die eher männliche Schöpfungskraft gemeint, allerdings in sehr weit gefasstem Sinne. Ein Kristall kann eine Rolle spielen, wenn eine Zeugung im Traum das Thema ist. Ein Kristall kann aber auch die kosmische Dimension eines Vatergottes andeuten, etwa in Obeliskform.

Krokodil: Gefahr, Aggression, das böse Prinzip darstellend, sehr betont, zumal als tückisches, verborgenes Prinzip; vgl. „Drache"

Krokodilmaul: Unausweichlicher Tod, den man vor sich sieht; ggf. eine Erinnerung an eine sehr tod-nahe Situation. Es geht um einen Tod oder Beinahe-Tod, der durch die Aggression von anderer, fremder Seite aus ausgelöst worden ist.

Krone: Ob als Kopfkrone oder nur als Wort oder als skandinavische Währung, meint es die Krönung einer Sache (Ergebnis, Effekt), meist mit Erfolg einhergehend.

Kröte: Einerseits ein Glückszeichen. – Andererseits im Sinne des Sprichwortes, dass man eine Kröte schlucken muss: schmerzliche Rolle, ungeliebte Position. – Allgemein eher ein Überlebens- und Glückssymbol (wie in Mythologie, Volkskunde, Märchen).

Krücke, Krückstock: Zeichen für eine psychische Verletzung im unteren Leib, in den unteren Extremitäten, etwa in der Art, dass die Person nicht recht ins Leben gehen kann, sondern ihre Entwicklung stoppt, oder dass im bein-verwandten Erotikbereich ein Problem vorliegt.

Krumme Linie: Hier liegt eine Geschichte, ein Prozess, oder eine Ursache, die etwas Ungenaues, Faules oder Schwieriges in sich trägt, vor. Irgendetwas ist unkorrekt, unordentlich oder auch verlogen. Man kennt ja auch die Redewendung: „krumme Geschäfte" oder „krummer Hund". Man kann sagen, Aufrichtigkeit und Ehrlichkeit sind dem gegenüber eine „Gerade" also auch eine „gerade Linie".

Kubisches: Ähnlich wie bei Hohlem oder bei einer Verpackung oder bei einer Kiste ist nicht selten etwas zum Mutterbauch gesagt.

Küche einrichten: Hat mit Entstehung und Produktion (sowie Mutter) im sehr persönlichen Bereich zu tun. Hier könnte die Frage angerissen werden: Wer war beteiligt bei der Zeugung des Träumers, oder wie waren damals eigentlich die näheren Umstände. Küche assoziiert im Unbewussten immer sofort mit Mama.

Küche: Typisch für die Muttererfahrung; zentrale, ggfs. nachträgliche Information über die Mutter – mit Auswirkung auf das Erotik-Verhalten des Erwachsenen. Siehe auch „Haus"

Kuchen: Die Gabe (jeglicher Art) von Frau darstellend, nicht zuletzt wegen des Runden, des Süßen und des Backens, die tendenziell zu einer Mutter/Frau gehören. Kuchen ist quasi, so könnte man sagen, nicht ganz so vernünftig oder erwachsen wie die Muttergabe Brot/Mahlzeit, enthält also eher Liebe/Erotik denn Fruchtbarkeit oder Nützliches. Steht für diverse Varianten von Lust (eventuell Lustsucht). Manchmal simpel stellvertretend für das Mütterliche, in Einzelfällen für ein Schwangerschaftsthema, auf jeden Fall im weitesten Sinne nicht unerotisch. Ein gängiges Symbol für das Liebensangebot sowohl einer Mutter als auch einer Frau. Auch als ein Anstatt, als Ersatz, als Kompensation fungierend.

K **Küchenjunge:** Sohn der Mutter, männlicher Foetus in der Gebärmutter.

Küchenraum: Neben vielen Bedeutungen zur „Mutter"-Erfahrung meint „Küche" auch allgemein Weibliches bzw. ein Oralthema.

Küchenschrank: Neben der Mutter- und Schwangerschaftsbedeutung ist er ein subtiles Symbol für Erotik, für genetische Affinität oder Anziehung. Das kommt daher, dass die Liebe des Erwachsenen später auf seiner ersten Liebeserfahrung bei der Mutter beruht. Und Küchenschrank passt symbolisch zur Mutter und Kindheit (letztlich uteral). Der Küchenschrank ist also auch manchmal ganz direkt der mütterliche Körper.

Kugel, rote: Ursprungsenergie, Entstehungsthema, Seelen- und Lebenskern.

Kugel/Frucht: Ein rundes Gebilde, ob als goldene Kugel, als rote Sonne, oder als Orange, Apfel oder ähnliche Frucht, stellt gerne das Mütterliche dar. Im Besonderen ist es das weibliche Ei, das befruchtet wird oder das empfängniswillig ist. Das männliche Befruchtungswerkzeug kann sich in solchen transzendenten Träumen gerne als Kulli, Stift, Obelisk oder als Strahl darstellen.

Kugel: Bei Kugel oder Ball empfiehlt sich, an ein Schwangerschaftsthema (a) zu denken oder an ein Ich-Thema (b). Ein großes Kugelgebilde, mit einer Größe sogar, worauf man im Traum klettern kann, dürfte bevorzugt mit einem Thema Schwangerschaft/Mutter assoziieren. Und beispielsweise wäre ein Set von drei Kugeln ein Hinweis darauf, dass eine Frau drei Schwangerschaften gehabt hat oder ggf. auch drei Fehlgeburten. Insgesamt ist die Kugel ein Ganzheitssymbol, ein Selbst, das fertig ist oder sich selbst genug ist. Im Platonischen Mythos von der Entstehung des Eros und im Märchen „Froschkönig" zeigt die Kugel aber, dass sie nicht für Entwicklung oder für das Du offen ist, also zerschneidet Zeus den Kugelmenschen bei Platon (in Mann und Frau), und es lässt die Königstochter absichtlich die Kugel (der geschlossenen Kindheitsidylle) ins Dunkle, zum Mann/Frosch rollen. So ist die Kugel der Archetyp eines idealen Alls (das aber weniger in einem Evolutionsgeschehen eingebettet ist). Daneben, ähnlich wie Ball, Ballon oder wie Kugelraum, also zum Schwangerschaftsbauch assoziierend.

Kugeln, sich kugeln: Das ist ein Freude-Ausdruck. Wonne und originäre Lebensfreude sind gemeint (z.b. primordial desire).

Kugelschreiber, Stift: Siehe „Schreiben" und „Stift"

Kuh: In vielen Kulturen Symbol der Großen Mutter, in der Moderne nicht zuletzt wegen des auffallenden, großen (überzüchteten) Euters. Weibliche Erzeugerin des Lebens, so in der ägyptischen, germanischen und indischen Mythologie (heilige Kuh). Auch in der Maltherapie offensichtlich als Mutter der Patienten zu erkennen; manchmal etwas übermächtig oder im Intellekt nicht besonders ausgezeichnet (vgl. dumme Kuh), aber der Intellekt zählt im Kuh-Archetyp nicht.

Kühe: Das Symbol gehört gern zum Thema Mutter oder Mutterschaft. Ein Positivum, zumal wenn es eben zu einer Frau gehört: da kann es deren Fähigkeit und Willen ausdrücken, zu gebären, überhaupt Lebensstoff zu geben, natürlich auch zu stillen. Und alles auch im übertragenen Sinne.

Kuh-Herde: Irgendeine Frau will irgendetwas stark von der träumenden Person. Das kann ein Liebesbegehren sein, aber auch Stress und Aggression, wobei man natürlich beachten muss, dass die Kühe mit ihren Hufen eine harmlosere Bedrohung darstellen als etwa ein Raubtier. Trotzdem kann man in Ausnahmefällen vor einer solchen Herde auch einmal fliehen, d.h. die Kuhherde kann losstürmend, verfolgend sein. Natürlich steht am Anfang etwas Ähnliches wie eine erregte Leitkuh, diese setzt quasi die Herde in Bewegung, besonders wenn sie etwas verfolgt, im Sinne hat.

Kühlschrank als Müll: Meistens geht es um eine illegale Entsorgung. Da hat es Kräfte im Leben des Träumers gegeben, die diesen betrogen haben. Wahrscheinlich ist bei der Entstehung gepfuscht worden. Der Kühlschrank ist gerne über Essen und Vorrat ein Symbol der Mutter, zumal der schwangeren Mutter. Es hat Gegenkräfte gegen die Schwangerschaft (die Müll sein sollte) gegeben, von wem auch immer, in welcher Form auch immer.

Kühlschrank/Tasche: Ein Kühlschrank kann eine geheime Information anzeigen über ein orales Problem, mehr aber über ein Problem im Mutterbauch. Das Motiv Kühlschrank kann gegen das Motiv Tasche in Träumen ausgetauscht werden, da Tasche ebenfalls den ersten Lebensraum im Uterus darstellt. Es geht also bei beiden Symbolen um eine alte, tiefgreifende Muttererfahrung.

Kühlschrank: Reflex der Erfahrung mit der ersten Lebensmittel-Geberin, also der Mutter. Für Süchtigkeit und Oralbefriedigung ist der Kühlschrank das Ziel – der nebenbei als Kaltes aber auch verraten kann, dass es in diesem Bereich einmal große Frustration gegeben hat. Zuweilen auch allgemeines Bild für die sexuelle Partnerperson (Befriedigungsstreben spielt eine Rolle). Als Vorrat für Lebensmittel, im Grunde für Leben ein gewisses Baby- oder Uterus-Thema.

Kuh-mit-Kalb: Erinnerung an die eigene Kindheit mit der Mutter.

Küken: Wenn es speziell um die Szene geht, dass Küken sich aus dem Ei herausarbeiten, liegt ein Foetus-Embryo-Thema vor. Es dürfte in diesem Symbol weniger um die Geburt gehen als um eine ‚verfrühte' Angelegenheit. Halbe Küken nackt im Ei sprechen für das Abtreibungsthema, besonders dann, wenn im Traum für diese Küken Gefahr besteht. Gefahr meint, dass es keine Schutzvorrichtung oder Abdeckung für solche Küken gibt.

Kuli: Wie die ähnlichen Symbole Schreibmaschine oder Füllfederhalter meint es die Fähigkeit oder den Auftrag an den Träumer, etwas nieder zu schreiben, etwas zu ‚produzieren'. Könnte auch auf eine Schriftsteller-Existenz hinweisen. – Als Stift = Aktivitätssymbol.

Kumpel: Hiermit ist ein sehr vertrauter, nahestehender Freund gemeint. Dasselbe gilt auch für Freundinnen in den Träumen von Frauen. So ein Kumpel stellt einen unbewussten, einerseits sehr naheliegenden, anderersorts aber auch abgespaltenen Inhalt dar. Wenn beispielswei-se der Kumpel sexuell missbraucht worden ist, dann verrät das, dass man wahrscheinlich selber sexuell missbraucht worden ist, aber kei-nen bewussten Zugang mehr zu dieser Information hat. Der Kumpel trägt also manchmal eigene, quasi vergessene oder geleugnete Persön-lichkeitsteile, abgespaltene Persönlichkeitserfahrungen. Kumpel unbe-kannter Art = Begleiter, Helfer, meist aus der spirituellen Dimension, positiver „Schatten", versteckter Engel oder höheres Selbst, besonders dann, wenn sehr unbekannt. – Insgesamt als Mitstreiter oder Weggefährte auftretend, und dann ergibt sich immer die Frage: Wie soll man diesen Schatten deuten? Das hat eine enorme Bandbreite und schwankt zwischen Schutzengel und Gevatter Tod.

Kunst: Ersatz, Ablenkung, Ausweg bei Triebverzicht, Sublimation. Aber umgekehrt auch ein „Können", das hat dann mit Ersatz nichts zu tun, sondern mit Fähigkeit, Potentialität.

Kunstfertigkeit: Hiermit ist das Können jeglicher Art gemeint. Da kann es archaisch darum gehen, sein Überleben zu bewerkstelligen, aber es ist jede Anstrengung gemeint, bei der es auf Fertigkeiten ankommt.

Künstlich: Hat zwar auch mit Kunst zu tun, aber im negativen, verdrängenden Sinne. Gegen natürliches, biologisches, animalisches Verhalten – dazu gehören z.B. Aggressionen und der Sex – kann der Mensch „künstlich" in unterdrückender und verdrängender Manier auftreten. Das Motiv „künstlich" im Traum kann an die Frage erinnern: Unterdrücke ich meine Natur?

Kupfer: Kupfer/Cyprus/Kypros gehört zur Venus bzw. Aphrodite. Daher verweist Kupfer sehr gern auf eine sexuelle Geschichte. Jedenfalls ziemlich klar auf ein Weiblichkeitsthema.

Kurve: Tendenziell ein Überlebensproblem, ehemals oder aktuell: „die Kurve zu kriegen", das entscheidet über Erfolg oder Versagen. Wir denken hier an Kurvenfahrbahn, kurvigen Weg.

Kurzgeschnitten: Das kann man beispielsweise auf einen Rasen beziehen, und es steht gerne im Kontrast zum Motiv „wachsen lassen". Pflanzen oder Ähnliches kürzen, meint meist eine gewisse Beschränkung oder Einschränkung, wenn nicht gar Vernichtung. Dagegen steht das Motiv „wachsen lassen" für das Überleben jeglicher Kreatur oder jeglicher Anlagen.

Kurzschluss: Wenn ein Kurzschluss gerade dann geschieht, wenn etwas in eine Steckdose gesteckt wird, dann könnte man evtl. von der Gefahr eines Orgasmus sprechen. Das meint aber viel eigentlicher: Gefahr einer ungewollten Zeugung; das wäre der Charakter des Kurzschlusses. – Es kann das Phänomen des Stromausfalles aber auch für das genaue oder komplementäre Gegenteil stehen, also für das Sterben.

Kuss: Insgesamt ein Liebesbeweis, etwa in dem Sinne: dies Ziel, diese Person will ich unbedingt haben. Der Kuss steht also für Begehren, Sympathie, Werbung, Sich-Verbinden-Wollen mit etwas. Küssen ist eine Art Vorstufe zur Sexualität, besonders der Zungenkuss. Der Mundbereich ist mit dem Unterleib durch Erregungsbahnen eng verbunden. Küssen bereitet den Coitus vor, bzw. Sex ist im Prinzip oral (beginnt dort). Das Erleben des Säuglings in der oralen Phase gestaltet die Sexualität des Erwachsenen (deshalb ist Stillen wichtig). Ergo sind Küssen und Sex fast austauschbar, agieren stellvertretend. Der intensive Kuss deutet Sex, Coitus, Fremdgehen an. – Der Kuss ist auch ein allgemein übergreifendes Zeichen für Zuwendung und Liebe, auch für spirituelle und religiöse Liebe, und nur zum Teil ein klassisches Sexualsymbol. Der Kuss ist als Archetyp erotischer als ein Coitus. Und er ist das zentrale Symbol für mentale Harmonie, Verbundenheit. Seelische Sympathie und mentale Einstellung spielen eine große Rolle.

Küssen: Das ist das eigentliche oder zentrale Symbol für erotisches Tun, ein Indikator. Küssen ist ein vielschichtiges Symbol, es meint keinesfalls nur die Erotik, sondern es will eine tiefe Verbindung und Bindung andeuten. Küssen eignet sich auch gut zur Demonstration, d.h. zum ostentativen Zeigen einer Bindung. Küssen ist körperlich, zielt aber auf die Psyche. Dennoch bleibt es aber natürlich ein Haupt-Erotik-Indikator. Wer nicht küssen kann oder Küssen ablehnt, ob nun in der Realität oder im Traum, ist sexuell, also auch genital, erheblich gestört, eigeschränkt. Ablehnen oder Missfallen bezüglich des intimen Zugenkusses zeigt eine generalisierte, unbewusste Sexualitätsabwehr. Korrespondiert ggf. auch mit Anorgasmie und ähnlich, bei Männern mit Impotenzphänomenen. Das Kussverhalten ist eine Information, an der man viel ablesen kann.

Küste: Siehe „Strand"

Artemidor von Daldis, Traumkunst (Oneirokritikon), aus d. Griechischen übersetzt und bearbeitet von Friedrich S. Krauss et. al., Reclam Verlag, Leipzig 1991

Bächtold-Stäubli, Hanns, Hrsg., Handwörterbuch des deutschen Aberglaubens, unveränderter photomechnanischer Nachdruck der Ausgabe Berlin und Leipzig 1927-1942, Verlag Walter de Gruyter, Band 1 bis 10, Berlin und New York 1987

Bauer, Wolfgang, und I. Dümotz und S. Golowin, Lexikon der Symbole, Tb. W. Heyne Verlag, 2001

Betz, Otto, Das Geheimnis der Zahlen, Anaconda Verlag 2019 (Kreuz Verlag Stuttgart 1981)

Biedermann, Hans, Knaurs Lexikon der Symbole, Bechtermünz Verlag, Augsburg 2000

Brackertz, Karl, Übersetzer und Hrsg., Die Volks-Traumbücher des byzantinischen Mittelalters, Deutscher Taschenbuch Verlag, München 1993

Chairon, Peter (= Willy Peter Müller), Die Traumdeutung von A bis Z, Norderstedt 2018

Chairon, Peter (= Willy Peter Müller), Lexikon der Symbole und Archetypen für die Traumdeutung, Norderstedt 2018

Cheiro, das Buch der Zahlen, Verlag Hermann Bauer, Freiburg i.Br., 7. Aufl. 1989

Cooper, J.C., Das große Lexikon traditioneller Symbole, aus dem Englischen, Arkana/Goldmann Verlag, München, 2. Aufl. 2004

Das Buch der Symbole, Hrsg.: The Archive for Research in Archetypal Symbolism (www.aras.org), New York 2010, deutsch: Taschen Verlag, Köln 2011

Diffenbaugh, Vanessa, Die verborgene Sprache der Blumen, Droemer 2012

Eberhard, Wolfram, Lexikon chinesischer Symbole. Die Bildersprache der Chinesen, Hugendubel Verlag, München 2004

Edinger, Edward F., Der Weg der Seele. Der psychotherapeutische Prozeß im Spiegel der Alchemie, Kösel Verlag, München 1990

Endres, Franz Carl, und Annemarie Schimmel, Das Mysterium der Zahl. Zahlensymbolik im Kulturvergleich, Hugendubel Verlag, München 2005

Focke, Wenda, Die Symbolwelt in den Träumen alter Menschen, Königshausen und Neuman Verlag, Würzburg 1994

Freud, Sigmund, Die Traumdeutung. Eine kommentierte Auswahl, Reclams Universalbibliothek, 2019 (ursprünglich 1900)

Jacobi, Jolande, Vom Bilderreichtum der Seele. Wege und Umwege zu sich selbst, Walter Verlag, Olten und Freiburg i.Br. 1997

Jung, Carl Gustav, Archetypen, dtv-Sachbuch, München 2014

Jung, Carl Gustav, Der Mensch und seine Symbole, Patmos Verlag, Ostfildern, 18. Aufl. 2012

Jung, Carl Gustav, Traum und Traumdeutung, dtv-Sachbuch, München 1990

Hark, Helmut, Hrsg., Lexikon Jungscher Grundbegriffe, Walter Verlag, Olten und Freiburg i.Br. 1998

Heinz-Mohr, Gerd, Lexikon der Symbole. Bilder und Zeichen der christlichen Kunst, Diederichs Verlag, München 1998

Hermes, Laura, Aphrodites Traum. Traumdeutung in der Antike, Königsfurt Verlag, Königsförde 2000 (ursprünglich als: Traum und Traumdeutung in der Antike, Artemis und Winkler Verlag, Zürich/Düsseldorf 1996)

Hillman, James, Am Anfang war das Bild. Unsere Träume – Brücke der Seele zu den Mythen, aus dem Amerikanischen, Kösel Verlag, München 1983

Holzapfel, Otto, Lexikon der abendländischen Mythologie, Herder Verlag, Freiburg im Breisgau 2002

Kieser, Günter, Wörterbuch der Märchensymbolik, param Verlag, Ahlerstedt, 2. Aufl. 2014

Klopfer, Helmut, Übersetzung aus dem Arabischen mit Kommentar: Das arabische Traumbuch des Ibn Sirin, Eugen Diederichs Verlag, München 1989

Kretschmer, Hildegard, Lexikon der Symbole und Attribute in der Kunst, Reclam Verlag, Stuttgart 2011

Laubach, Peter (= siehe auch dito Müller, Willy Peter), Gott im Traum, broschiert, Norderstedt 2020

Lexikon der östlichen Weisheitslehren. Buddhismus – Hinduismus – Taoismus – Zen, von verschiedenen wiss. Bearbeitern/Autoren, Scherz Verlag, Bern, München und Wien 1986

Lurker, Manfred, Die Botschaft der Symbole. In Mythen, Kulturen, Religionen, Kösel Verlag, München 1990

Lurker, Manfred, Lexikon der Götter und Symbole der alten Ägypter, Scherz Verlag, Bern und München 1974

Lurker, Manfred, Hrsg., Wörterbuch der Symbolik, Kröners Taschenausgabe (KTA), Stuttgart 1999

Müller, Willy Peter, Das Alphabet der Traumdeutung, Norderstedt 2016

Müller, Willy Peter, Gott im Traum, gebundene Ausgabe, Norderstedt 2020

Müller, Willy Peter, Trauer in Träumen. Traumbilder können helfen und heilen, Vandenhoeck und Ruprecht Verlag, Göttingen 2014

Müller, Willy Peter, Träume verstehen. Psychologische und spirituelle Traumdeutung, Drachenmond Verlag, Leverkusen 2012

Neumann, Erich, Die Große Mutter. Eine Phänomenologie der weiblichen Gestaltungen des Unbewussten, Walter Verlag, Sonderausgabe 1985

Oesterreicher-Mollwo, Marianne, Bearbeiterin (im Auftrag der Herder Lexikonredaktion), Herder Lexikon Symbole, 7. Aufl., Herder Verlag, Freiburg i.Br. 1978

Riedel, Ingrid, Farben in Religion, Gesellschaft, Kunst und Psychotherapie, Kreuz Verlag, Stuttgart 1999

Riedel, Ingrid, Formen. Kreis – Kreuz – Dreieck – Quadrat – Spirale, Kreuz Verlag, Stuttgart 2001

Roob, Alexander, Alchemie und Mystik, Taschen Verlag, Köln 2018

Schimmel, Annemarie, sieh: Endres

Schliephacke, Bruno, Bildersprache der Seele. Lexikon zur Symbolpsychologie, Telos-Verlag, Berlin 1979

Schmidt, Heinrich und Margarethe, Die vergessene Bildersprache christlicher Kunst, Verlag C.H.Beck, Becksche Reihe 2007

Tripp, Ewald, Reclams Lexikon der antiken Mythologie, (ursprünglich: Crowell's Handbook of Classical Mythology, New York), Philipp Reclam jun. Verlag, Stuttgart 2012

Vollmar, Klausbernd, Handbuch der Traum-Symbole. Die Bildersprache der Träume verstehen und nutzen, Wilhelm Heyne Verlag, München 2007

Weinreb, Friedrich, Zahl – Zeichen – Wort. Das symbolische Universum der Bibelsprache, Thauros Verlag, Weiler im Allgäu, 2. Aufl. 1986

Zerbst, Marion, und Werner Waldmann, DuMonts Handbuch Zeichen und Symbole. Herkunft, Bedeutung, Verwendung, Köln 2003

Zerling, Clemens, Lexikon der Pflanzensymbolik, AT Verlag, Baden und München 2007

Zerling, Clemens, Lexikon der Tiersymbolik. Mythologie – Religion – Psychologie, hrsg. Von Wolfgang Bauer, Kösel Verlag, München 2003